# 상대 갑골문 한국어 독본
Reading of Shang Inscriptions
商代甲骨文選讀

진광우(陳光宇)·송진호(宋鎭豪)·
유원(劉源)·매튜 앤더슨(Matthew Anderson) 저
하영삼(河永三) 역

# 상대 갑골문 한국어 독본
## 商代甲骨文中英讀本
### Reading of Shang Inscriptions

경성대학교 한국한자연구소
HK+ 한자문명연구사업단 한자총서 07

# 상대 갑골문 한국어 독본

원제: 商代甲骨文中英讀本
　　　Reading of Shang Inscriptions

Korean Translation Copyright ⓒ 2021 by 3publication Co. All rights reserved.
이 책은 저작권법에 의하여 보호를 받는 저작물이므로 무단 전재와 복제를 금합니다.

This work was supported by the Ministry of Education of the Republic of Korea
and the National Research Foundation of Korea (NRF-2018S1A6A3A02043693)

## 한국어판 서문

필자의 『상대 갑골문 중영 독본(商代甲骨中英讀本)』이 하영삼 교수의 번역을 통해 『상대 갑골문 한국어 독본』이라는 이름으로 한국에서 출간을 앞두고 있습니다. 이 책의 원저자로서 이번 출판을 계기로 한국어판 독자들께 몇 말씀을 서문으로 남기고자 합니다. 갑골문은 중국 상나라(기원전 1600~기원전 1100년경) 때의 거북딱지와 짐승의 뼈에 새겨 보존된 문자를 말하는데, 주로 상나라의 왕실에서 행한 점복 기록들입니다. 지난 20세기 초, 상나라 말기 수도였던 하남성 안양(安陽)의 소둔(小屯)이라는 마을에서 3년 9개월에 걸친 고고학적 발굴을 통해 발견된 십 수만 편의 갑골에는 약 200년 동안에 걸친 상 왕실의 다양한 활동들이 기록되어 있었습니다. 이는 중국을 비롯해 동아시아에서 발견된 최초의 원시 문자자료입니다.

갑골문은 현재까지 알려진 가장 오래된 한자입니다. 인류의 역사를 보면, 수메르, 고대 이집트, 마야, 한자 등 4가지 기원문자가 있는데, 모두 그림—음성 문자입니다. 그중 살아남은 유일한 기원문자가 한자이며, 오늘날까지 쓰이는 유일한 그림—음성 문자이기도 합니다. 그러나 다른 세 가지 기원문자와는 달리 동아시아를 제외하면 서구 국가에는 갑골문 학습을 위한 입문서가 거의 없습니다. 3천여 년 이전에 써진 기록이라 매우 심오하고 어려워 보이지만, 갑골문은 문자구조와 문법 등에서 현대 한자와 일맥상통하고 있습니다. 그래서 입문서만 있으면 갑골문을 배우는 것은 그리 어렵지 않습니다.

이번에 출판되는 『상대 갑골문 한국어 독본』은 대표성을 띤 갑골 120편을 선정하였고, 이에 상응하는 한자와 한국어 번역을 제공하여 일일이 대조할 수 있도록 하였습니다. 이는 독자들이 현대 한자와 상나라 때의 고대 한자를 직접 비교할 수 있을 뿐더러, 다른 한편으로는 3천여 년 전의 천체 현상, 사냥, 농업, 전쟁 및 제사에 대한 기록 등의 해독을 통해 당시의 은상 왕국을 상상할 수 있게 될 것입니다. 그리하여 『상대 갑골문 한국어 독본』은 한국 독자들에게 갑골문을 배울 수 있는 교재로서 가장 오래된 한자 자료를 직접 학습하고 해독할 수 있도록 인도해 줄 것입니다. 또한 한국 독자들에게 동아시아 문명 속에서의 상 왕조의 역사를 이해하는 데도 도움을 줄 것입니다.

이 책을 번역한 하영삼 교수는 경성대학교 한국한자연구소 소장, 세계한자학회 사무총장으로 있고, 대한중국학회 회장을 역임하였습니다. 대표작으로는 『한자와 에크리튀르』, 『한자어원사전』, 『한국 역대 자전 총서』(16책) 등이 있어, 한자의 역사 및 한자학 연구에 혁혁한 학술적 공헌을 하였습니다. 그는 장광직(張光直, 1931~2001) 교수의 『중국청동기시대』(학고방, 2013)를 비롯해 왕우신(王宇信, 1940~ ) 교수의 『갑골학 일백년』(소명, 2011) 등과 같은 여러 학술 명저를 한국에 번역 소개하기도 했습니다. 저의 이 책이 하 교수의 번역을 통해 출판됨으로써 더욱 학술적 의의를 더하게 될 것이라 생각하며, 이 자리를 빌려 진심으로 감사드립니다.

2020년 10월
진광우(陳光宇)

# 머리말

1899년 은허(殷墟)에서 갑골문이 발견된 이후 지금까지 1세기 이상의 세월이 흘렀습니다. 갑골문의 발견은 상나라의 존재를 실제로 증명해 주었고, 상나라 역사를 더욱 실제에 맞게, 정확하게 만들어 주었습니다. 현재까지 확보한 고고 발굴 자료에 의하면, 갑골문은 중국 한자의 가장 이른 시작점이라 할 수 있습니다.

갑골문은 티그리스 강과 유프라테스 강 유역의 메소포타미아 설형 문자(Sumerian Cuneiform System), 나일 강 유역의 이집트 신성 문자(Egyptian Hieroglyphic System), 메소아메리카의 올멕―마야 문자(Olmec-Maya Hieroglyphic System)와 함께 인류의 역사에서 출현한 독립적 기원을 가진 네 가지 문자체계의 하나입니다. 독립된 기원을 가진 이 네 가지의 기원문자(혹은 自源文字)는 모두 형체[形]·독음[音]·의미[義]가 함께 존재하는 의미부 문자(혹은 표의문자, logographic writing)입니다. 메소포타미아와 이집트 문자는 알파벳 문자의 시원이 되었고, 한자는 동아시아 문명의 초석이 되었습니다. 한자를 제외한 나머지 세 종류의 고대 문자는 일찍이 없어져 이미 죽은 문자가 되었습니다. 이에 비해 한자는 지금까지도 사용되는 세계의 유일한 기원문자입니다.

인류의 역사에서, 한자는 사용 인구가 가장 많은 문자이며, 21세기 컴퓨터시대에까지도 진입하여 여전히 사용되고 있는 세계 유일의 의미체계 문자입니다. 상나라 때의 갑골문부터 계산한다 하더라도 한자는 이미 3천5백년이나 계속 사용되어 왔으며, 그래서 인류의 역사에서 사용 시간이 가장 긴 문자라 하겠습니다. 그러나 다른 기원문자와 비교해서 국내외의 일반적인 독자들은 갑골문에 대한 이해가 부족한 실정입니다. 특히 서방 세계의 경우 그들이 이해하는 이집트문자와 메소포타미아문자 및 마야문자와 비교하면 그 이해도가 훨씬 떨어집니다. 필자의 경험에 의하면, 구미 지역의 서점에 가보면 이집트문자와 메소포타미아문자 및 마야문자에 관한 서적은 상당히 많이 보이지만 영어나 다른 외국어로 된 갑골문에 관한 저작은 잘 찾아볼 수가 없었습니다. 더구나 전문서적 말고 일반인을 위한 교양서는 거의 찾아볼 수가 없는 실정이며, 전문 서적이라 하더라도 영어로 기술된 책은 손에 꼽을 정도입니다. 예를 들어, 키틀리(吉德煒, David N. Keightley, 1932~2017)의 『상나라 역사』(*Sources of Shang History*, 1978, 1985), 『선조들의 모습』(*The Ancestral Landscape*, 2000), 『폐하를 위해 일하다』(*Working for His Majesty*, 2012)를 비롯해 타카시마 겐이치(高嶋謙一, Ken-ichi Takashima, 1939~ )의 『은허에서 발견된 세 묶음의 갑골 다발』(*Studies of Fascicle Three of Inscriptions from the Yin Ruins*, 2010) 정도가 있을 뿐입니다. 인류 역사에서 한자가 갖는 특수한 지위 및 국제적 범위의 한자 인지 교육의 중요성을 고려해 볼 때, 갑골문의 인식과 해독이라는 이러한 공백은 국내외를 막론하고 앞으로 보완이 필요한 부분입니다.

필자가 대만대학을 다닐 때, 김상항(金祥恒, 1918~1989) 교수님께 갑골문을 배울 수 있었고, 예일대학에서 연구를 할 때에는 운 좋게도 장광직(張光直, 1931~2001) 선생님과 요종이(饒宗頤, 1917~2018) 선생님께 고대사를 배울 수 있었습니다. 최근 몇 년 동안에는 도경이(涂經詒, 1935~ ) 교수의 초청으로 뉴저지 주의 러트거스 주립대학(Rutgers University, New Jersey) 동아시아 학과에서 갑골문과 한자의 기원에 대해 영어로 강의할 기회를 갖게 되었습니다. 그리고 갑골문 외에도 독립적으로 기원한 네 가지 문자의 비교에 대해서도 강의를 했습니다.

갑골문자를 이해할 수 있는 영어 교재가 부족해 필자가 편집한 필사자료를 갖고서 강의를 했습니다. 강의방식은 필자가 대학에서 공부하던 당시의 김상항 교수님의 방법, 즉 갑골을 한 편 한 편씩 읽어나가는 방식을 그대로 원용했습니다. 이 책은 그때의 교재를 기초로 해서 만든 것입니다. 그래서 이 책으로 갑골문자를 영어로 강의하거나, 또 스스로 학습하는 교재로도 사용할 수 있을 것입니다. 이를 통해 앞으로 더 많은 국내외 독자들이 갑골문자를 인식하고 중국의 고대문명에 대해 흥미를 갖게 되길 기대합니다.

이 책의 편찬과정에서 저의 제자인 안데르손과 또 다른 제자 매튜 앤더슨(安馬修, Matthew Anderson, 1977~ )이 컴퓨터상에서 디스플레이할 수 있는 갑골문 폰트의 설계는 물론 전체 글자어휘표를 작성해 주었으며, 영어로의 전사와 번역도 담당해 주었습니다. 또 질효나(郅曉娜, 1984~ ) 박사는 갑골편의 모사를 책임져주었습니다. 그리고 길림(吉林)대학의 임운(林澐, 1939~ ) 교수께서는 여러 차례에 걸쳐 필자의 의문점을 해결해 주시기도 했습니다. 또 러트거스 대학의 다트리히 첸츠(詹富國, Dietrich Tschanz) 교수께서도 원고를 하나하나 꼼꼼히 읽어주셨습니다. 그리고 중국사회과학원 역사연구소 선진사(先秦史) 연구실의 송진호(宋鎭豪, 1949~ ) 교수께서도 귀중한 의견을 많이 보태주었으며, 유원(劉源, 1973~ ) 박사도 전체 중국어 원고를 자세히 읽어 주었으며 편찬의 전 과정에도 참여해 주셨습니다. 이 자리를 빌려 모두에게 진심으로 감사드립니다. 물론 책에 오류가 없지 않을 것입니다. 이에 대해서는 여러 독자들의 기탄없는 질정을 바랍니다. 마지막으로 저의 아내 유이장(劉貽章, 1948~ ) 교수께도 그간에 보내준 지지와 격려와 도움에 감사드립니다.

진광우(陳光宇)

# 일러두기

1. **본문**: 상나라(Shang, 1300~1046 bce) 후기의 갑골문(OBI) 120편을 선별하여 모았다. 이들은 역법, 천문학, 왕권, 희생 제물, 사냥, 농업 및 전쟁을 포함하여 상 왕실의 다양한 삶의 모습을 다루고 있다. 각각의 갑골 편에 대해 탁본(tàběn, 拓本), 모사본(móběn, 摹本), 갑골문(OBI) 글꼴, 전사(Transcription), 직역(Reading, 중국어 및 영어의 직역 번역), 주석(Annotation)을 제공하였다. 이 책은 상나라 문명과 고대 중국에 관심이 있는 독자를 대상으로 하며, 교육용 또는 자가 학습용 교재로 사용할 수 있을 것이다.

   다만 한국어 번역판에서는 한국의 상황을 고려해 영어 번역과 갑골문(OBI) 글꼴 등은 빼고 "탁본→모사본→전사(Transcription)→번역→주석→글자풀이→연습" 등을 순서대로 배치했다.

2. **탁본과 모사본**: 주로 『갑골문합집(甲骨文合集)』에서 가져왔다. 하지만 『갑골문합집』은 30여 년 전에 출판되어 사진의 해상도가 낮아 일부 작은 글자는 변별이 어려웠다. 그래서 모든 탁본에 대해 그대로 그린 '모사본'을 추가로 제공해 이러한 한계를 보완했다. 그리고 갑골문을 쉽게 읽을 수 있도록 해독 방향과 순서를 화살표로 따로 표시해 두었다.

3. **디지털 갑골문(OBI) 글꼴**: 선별된 모사본은 전부 디지털화 한 갑골문(OBI) 글꼴을 사용하여 텍스트 형식으로 그대로 전사해 두었다. 이는 독자들로 하여금 갑골문자를 인식하고 습득하는데 도움을 줄 것이다. 그러나 갑골문자에는 이체자가 많이 등장하므로, 디지털화 한 갑골문(OBI) 글꼴과 탁본상의 갑골문이 완전히 일치하거나 동일하게 대응하지는 않을 것이다. 하지만 모사본에 비해 더욱 깨끗하고 선명한 차이는 느낄 수 있을 것이라 생각한다.

4. **전사(Transcription)**: 모든 갑골문을 그에 대응하는 한자로 그대로 옮기고 영어로 옮겨 적었다(한국어 번역본에서는 영어는 제외했다). 이러한 한자 전사는 독자들에게 갑골문을 편리하게 인식하게 해 줄 것이다. 또한 거기에 대응하는 현대 한자가 없는 경우, 해서(楷書)체로 옮기는[隸定] 방법을 사용했다. OBI 텍스트의 표기에서, 누락 된 글자(손상으로 인한)는 '□'로 표시하였으며, 잘려나간 글자가 한 글자 이상 돼서 잘 알 수 없을 경우에는 '☑'로 표시하였다. 또 잘려나간 내용을 보충할 수 있을 경우에는 【 】나 [ ]로 표시해 두었다. 그리고 개인 이름의 경우, 영어 원서에서는 중국의 경우 한어병음을 원칙으로 하고, 홍콩이나 대만 등의 경우에는 현지 음으로 표기했다.

   다만 한국어 번역본에서는 한국 고유 한자독음을 갖고 있는 한국의 실정을 고려해 한국 한자음으로 표기했다.

5. **직해**: 모든 OBI에 직역 번역문을 붙여 두었다. 필요한 경우 주석을 달아 대체적인 의미를 이해하는데 도움이 되게 했다. 정복복사(貞卜卜辭)에 대해서는 "정(貞)은 물어보다는 뜻이다(卜問也)."라고 한 『설문해자』의 견해를 따라 의문문으로 처리했다. 다만 키틀리(吉德煒, David Keightley, 1932~2017)나 구석규(裘錫圭, 1935~ ) 등은 이들 복사가 의문문이 아니라고 주장하고 있으므로 문장 끝에 물음표를 붙이지는 않았다.

다만 한국어 번역본에서는 번역이라는 특수성 때문에 원문은 저자의 의견대로 두되, 번역문에 대해서는 의문문에 해당하면 물음표를, 평서문에 해당하면 마침표를 써 구분해 두었다. 아울러 이견이 많은 해석이라도 필자의 견해를 따랐으며, 필요한 경우 역주를 추가했다.

6. **주석**: 먼저 OBI의 출처를 밝혔고, 해당 갑골이 속한 시기와 개별 글자 및 단어에 대해 해석해 두었다. 개별 글자의 경우 뒤에다 번호를 붙여 두었는데, 이는 『갑골문자고림(甲骨文字詁林)』에서 부여한 번호이다. 예컨대, "✻(2202)"의 경우 『갑골문자고림』의 2202번째 글자를 말한다. 그래서 더 상세한 글자해석을 보려면 『갑골문자고림』에서 찾아 대조하면 될 것이다. 다른 인용 문헌의 경우, 부록의 「주요 참고자료」를 참조하면 된다.

7. **연습**: 각 장의 마지막에는 독자들의 진일보한 학습을 위해 1~4개의 관련 탁본을 제공해 두었다.

8. **부록**: 이 책에는 다음 부록이 포함되어 있다.

   부록 1 : 출현 어휘목록(Vocabulary List)
   부록 2 : 참고 문헌(References and Bibliography)
   부록 3 : 간지(干支)표(60일 주기 테이블)(Gānzhī Table: Table of Sixty Day Cycle)
   부록 4 : 갑골복사에 보이는 상왕 계통표(Shāng King List)
   부록 5 : 주제(제사 주기표)(Five-Ritual Cycle)(『商代周祭制度』에서 인용)
   부록 6 : 갑골문에 대한 간략한 소개(Brief Introduction to Oracle Bone Inscriptions)
   부록 7 : 세계 4대 시원문자의 기원(Brief Introduction to Four Original Writings)

# 목차
## Contents

한국어판 서문 ... i
머리말(Foreword) ... iii
일러두기(凡例, Explanatory Notes) ... v

## 갑골의 출처(Source)

1. 「月一正」 간지표(Gānzhī Cycle) 24440 ... 1
2. 「受黍年」 수확(The Millet Harvest) 09950 ... 5
3. 「十五犬」 개 15마리(Fifteen Dogs) 29537 ... 10
4. 「今一月雨」 이번 1월의 비(Rain in the First Month) 12487 ... 13
5. 「自東來雨」 동쪽에서 오는 비(Rain from the East) 12870 ... 18
6. 「旦至食日」 새벽에서 아침까지(From Daybreak to Morning) T624 ... 21
7. 「三啬雲」 삼색 구름(Tricolored Clouds) 13399 ... 24
8. 「有大雨」 장대비(Heavy Rain) 30048 ... 27
9. 「遘大風」 거센 바람을 만나다(Encounter Gusty Wind) 30238 ... 30
10. 「大骤風」 강력한 폭풍(Strong Gale) 00137 ... 32
11. 「出虹」 무지개의 출현(Rainbow Appears) 10406 ... 35
12. 「辛大啟」 '신'일의 맑음(Xīn Day Brightened Up) 30190 ... 38
13. 「昜日」 날짜의 변경(Changing Date) 13271 ... 42
14. 「東方曰析」 '석'이라 불리는 동방의 바람 신(East is Called Xī) 14294 ... 45
15. 「禘于北方」 북방 신에게 '체'제사를 드리다(Performing Dì-Ritual to Northern Fāng) 14295 ... 49
16. 「燎于東母」 '동모'에게 '료'제사를 드리다(Burnt Offering to the East Mother) 14340 ... 54
17. 「新大星」 새로 나타난 큰 별(New Big Star) 11503 ... 57
18. 「鳥星」 조성(Bird Star) 11497 ... 60
19. 「日月有食」 일식과 월식(Eclipse of Sun and Moon) 33694 ... 64
20. 「旬亡禍」 10일 동안 재난이 없을까요?(Xún No Disaster) 11482 ... 68
21. 「月有食」 월식(Moon was Eclipsed) 11485 ... 71
22. 「夕風」 밤에 부는 바람(Night Wind) 13338 ... 74
23. 「立中無風」 바람이 불지 않는 깃발(Flag Shows No Wind) 07369 ... 78
24. 「寧風」 바람을 잠재우다(Pacifying Wind) 34138 ... 80
25. 「酘茲品」 '주'제사와 '자'제사와 '품'제사(Wine Libation and Bundle Ceremony) 32384 ... 83
26. 「十示率牡」 '10시'(10분의 신위)에 암양을 올리다(Ten Shì with Rams) 32385 ... 86
27. 「自上甲至于多毓」 '상갑'부터 '다후'에 이르기까지(From Shàng Jiǎ to Duō Hòu) 37836 ... 89
28. 「十示又三」 '13시'(13분의 신위)(Ten and Three Shì) 34117 ... 93
29. 「甲戌翌上甲」 '상갑'을 위한 갑술일의 '익'제사(Yì-Ritual for Shàng Jiǎ on jiǎxū) 35406 ... 96

30. 「大乙奭妣丙」 '대을'의 부인 '비병'(King Dà Yǐ with Queen Bǐ Bǐng) 36194 — 99
31. 「又歲于兄己」 '유'제사와 '세'제사를 '형기'에게 드리다(Ceremonial Yòu Suì for Brother Jǐ) 27615 — 102
32. 「王亥上甲即于河」 '왕해'와 '상갑'의 신주가 '하'의 사당에 이르다(Arrived at Temple of Hé) 34294 — 105
33. 「燎于河王亥上甲」 '하'와 '왕해'와 '상갑'을 위한 '료'제사(Liáo for Hé, Wáng Hài, and Shàng Jiǎ) 01182 — 107
34. 「侑于唐」 '유'제사를 '당'에게 올리다(Yòu-Ritual for Táng) 01273 — 110
35. 「燎于夒」 '료'제사를 '노'에게 올리다(Liáo-Ritual for Náo) 14369 — 112
36. 「高祖夒」 고조 '노'(High Ancestor Náo) 30398 — 115
37. 「燎于蔑」 '료'제사를 '멸'에게 올리다(Liáo-Ritual for Miè) 14804 — 118
38. 「侑于王恒」 '유'제사를 '왕항'에게 올리다(Yòu-Ritual for Wáng Héng) 14762 — 120
39. 「燎土豕」 돼지를 제물로 '료'제사를 '토'에게 올리다(Liáo-Ritual for Tǔ with Pig) 34185 — 122
40. 「侑于黃尹」 '유'제사를 '황윤'에게 올리다(Yòu-Ritual for Huáng Yǐn) 00563 — 125
41. 「侑于伊尹」 '유'제사를 '이윤'에게 올리다(Yòu-Ritual for Yī Yǐn) 34192 — 128
42. 「射甾以羌」 '사등'이 '강족'을 제물로 바치다(Shè Téng Takes Qiāng) 32023 — 130
43. 「沉三羊」 양 세 마리를 물에 빠트리다(Sinking Three Sheep) 05522 — 134
44. 「武乙宗祊」 '무을'의 종묘에서 드린 '팽'제사(Bēng at Wǔ Yǐ Temple) 36076 — 137
45. 「侑父丁」 '유'제사를 '부정'께 올리다(Yòu Father Dīng) 32054 — 139
46. 「翌日劦日肜日」 '익일', '협일', '융일'의 세 가지 제사(Three Rì Rituals) 32714 — 142
47. 「自上甲卟」 '상갑'부터 '기'제사를 드리다(Jì from King Shàng Jiǎ) 32212 — 144
48. 「侑出日侑入日」 '유'제사를 뜨고 지는 태양에게 올리다(Yòu-Ritual for Sun) ZX543 — 148
49. 「于妣庚禦婦好」 '부호'를 위해 '비경'께 올린 '어'제사(Exorcise Lady Hǎo Against Bǐ Gēng) 02617 — 151
50. 「箙旋禦」 '복선'이 '어'제사를 올리다(Exorcise Fú Xuán) 00301 — 154
51. 「攴羌」 '강족'을 때려죽이다(Shí Qiāng) 00466 — 157
52. 「高祖王亥」 고조 '왕해'(High Ancestor Wáng Hài) 32083 — 160
53. 「祭壹劦」 '제'제사와 '치'제사와 '협'제사(Jì Cái Xié Rituals) 41704 — 163
54. 「工典其幼」 의식 거행을 위한 책자(Ceremonial Codex Presentation) 35756 — 167
55. 「侵我西鄙田」 우리의 서쪽 변경을 침입하다(Raid My West Border Field) 06057 — 171
56. 「王比望乘伐下危」 왕께서 '망승'을 규합하여 '하위'를 정벌하다(King Forms Alliance with Wàng Chéng) 00032 . — 177
57. 「下上弗若」 천지신명께서 허락하시지 않을까요?(Earth and Heaven Not Agreeable) 06316 — 182
58. 「王征盂方伯炎」 왕께서 '우방'의 우두머리 '염'을 정벌하다(Expedition Against Marquis Yán of Yúfāng) 36509 — 184
59. 「在齊次」 '제'에서 잠시 머물다(Stationed at Qí) 36493 — 187
60. 「王來征人方」 왕께서 '인방'을 뒤쫓아 와서 정벌하다(The King Came to Attack Rénfāng) 36484 — 190
61. 「王往伐舌」 왕께서 '공방'을 뒤쫓아 가서 정벌하다(The King Went to Attack Gōngfāng) 06209 — 194
62. 「呼視舌方」 '공방'의 동정을 정찰하게 하다(Reconnaissance about Gōngfāng) 06167 — 197
63. 「共人五千」 5천 명을 동원하다(Supply Five Thousand Men) 06409 — 200

64. 「䖒蔑稱册」 '지곡'이 책에 기록하여 바치다(Zhǐ Guó Presented Codex) 06401 … 202
65. 「王循伐土方」 왕께서 '토방'을 정벌하다(Shock and Awe Against Tǔfāng) 06399 … 205
66. 「王作三師右中左」 왕께서 우서, 중사, 좌사의 3개 사단을 창설하다(The King Established Three Divisions) 33006 … 208
67. 「令王族追召方」 왕족에게 명하여 '소방'을 정벌케 하다(Command Royal Clan to Chase Zhàofāng) 33017 … 210
68. 「三族」 삼족(Three Clans) 32815 … 213
69. 「今夕師無震」 오늘 밤 군대가 혼란에 빠지지 않을까요?(No Commotion This Evening) 34720 … 215
70. 「雉王眾」 왕실의 군사를 불러 모으다(Display Royal Troop) 26879 … 218
71. 「在漕犬中告麋」 '획'에서 '중'이라는 관리가 큰 사슴이 있다고 보고하다(Officer Zhōng Reported Elk) 27902 … 222
72. 「田于雞」 '계' 땅에서 사냥을 하다(Hunting at Jī) 37471 … 225
73. 「之日狩」 하루 동안의 사냥(A Day of Hunting) 10198 … 228
74. 「往來亡災」 오고가는데 재앙이 없을까요?(Safe Hunting Trip) 37379 … 232
75. 「獲象」 코끼리를 잡다(Elephant Captured) 10222 … 236
76. 「獲鹿六」 사슴 6마리를 잡다(Six Deer Captured) 37408 … 238
77. 「逐兕」 무소를 뒤쫓다(Chased Rhinoceros) 10398 … 241
78. 「擒七兕」 무소 7마리를 사로잡다(Seven Rhinos Captured) 33374 … 244
79. 「子央亦墜」 '자앙'도 수레에서 추락하다(Zǐ Yāng Fell) 10405 … 246
80. 「王往狩」 왕께서 사냥을 나가다(King Went Hunting) 10939 … 250
81. 「獲雀八」 공작 8마리를 잡다(Eight Peacock Captured) 09572 … 253
82. 「遘大雨」 큰 비를 만나다(Encountered Heavy Rain) 37646 … 255
83. 「獲大靁虎」 큰 호랑이를 잡다(Big Tiger Captured) 37848 … 258
84. 「省牛于敦」 '돈' 땅에서 소의 사육 상태를 살피다(Inspecting Cattle at Dūn) 11171 … 261
85. 「往延魚」 계속되는 고기잡이(Continuing Fishing) 12921 … 264
86. 「獲魚三萬」 물고기 3만 마리를 잡다(Thirty Thousands Fish Captured) 10471 … 267
87. 「逐杏麋」 '수' 땅에서 사슴을 뒤쫓다(Chase Deer of Shuǐ) 28789 … 269
88. 「東土受年」 동쪽 땅에 풍년이 들다(East Land Received Harvest) 36975 … 272
89. 「我受黍年」 우리에게 풍년이 들다(We Received Millet Harvest) 10094 … 275
90. 「岳河夒」 '악'과 '하'와 '노'(Yuè Hé Náo) 10076 … 278
91. 「寧秋于夒」 '순'에게 메뚜기 떼를 진정시켜 달라고 하다(Calming Locust at Deity Sǔn) 32028 … 280
92. 「弗其足年」 풍년이 들지 않을까요?(Not Having Abundant Harvest) 10139 … 283
93. 「王令多尹圣田」 왕께서 '다윤'에게 명하여 농지를 개간하게 하다(King Orders Opening Land) 33209 … 286
94. 「叠田」 협동하여 농사를 짓다(Plowing Jointly) 00001 … 289
95. 「省黍」 기장 밭을 살피다(Crop Inspection) 09612 … 292
96. 「求生于妣庚妣丙」 아이를 낳게 해달라고 '비경'과 '비병'께 빌다(Pray for Childbearing) 34081 … 294
97. 「婦好娩」 '부호'의 출산(Fù Hǎo Gave Birth) 14002 … 296
98. 「疾齒」 치통(Toothache) 13648 … 299

| | | |
|---|---|---|
| 99. 「疾鼻」 콧병(Nose Pain) 11506 | | 302 |
| 100. 「方其蕩于東」 '방'나라가 동쪽에서 소요를 일으키다(Fāng Swayed from the East) 20619 | | 305 |
| 101. 「王迭」 왕의 군대 사열(King's Inspectional Campaign) 36537 | | 308 |
| 102. 「王作邑」 왕께서 성을 건설하다(King Established Settlement) 14200 | | 312 |
| 103. 「帝咎茲邑」 상제께서 이 성에 재앙을 내릴까요?(Dì Damaged This Settlement) 14211 | | 315 |
| 104. 「帝終茲邑」 상제께서 이 성을 완성하게 할까요?(Dì Terminated This Settlement) 14210 | | 317 |
| 105. 「益屮癸」 '육계'를 더하다(Adding Lù Qǐ) 05458 | | 321 |
| 106. 「旨載王事」 '지'가 왕의 일을 돕다(Zhǐ Managed Royal Affairs) 05478 | | 323 |
| 107. 「西使旨」 서쪽 지방의 관리자 '지'(West Minister Zhǐ) 05637 | | 326 |
| 108. 「璞周」 광석 채굴(Mining the Ore) 06812 | | 329 |
| 109. 「王省」 왕의 시찰(Royal Inspection) 36361 | | 332 |
| 110. 「王其省喪田」 왕께서 '상' 땅을 시찰하다(Inspect the Sàng Field) 28971 | | 335 |
| 111. 「今日步于樂」 오늘 걸어서 '낙' 땅에 도착하다(Today Perambulate at Lè) 36501 | | 338 |
| 112. 「其有來聞」 새로운 소식이 오다(Coming News) 01075 | | 341 |
| 113. 「惟美奏」 음악 연주(Music Performance) 31022 | | 344 |
| 114. 「王入于商」 왕께서 '상' 땅에 진입하다(The King Enters the Shāng) 07780 | | 347 |
| 115. 「祊西饗」 종묘의 서문에서 베푼 연회(Banquet at West Temple-Gate) 23340 | | 350 |
| 116. 「唯丁自征邵」 '정'이 '소'나라를 정벌하다(The Dīng Personally Attack Shào) H3 449 | | 353 |
| 117. 「歲祖甲」 '조갑'께 드린 '세'제사(Suì Ancestor Zǔ Jiǎ) H3 007 | | 356 |
| 118. 「其宜羊」 양을 사용한 '의'제사(Sheep for the Yí-Ritual) H3 421 | | 358 |
| 119. 「王其逐」 왕의 추격(The King Chased) H11:113 | | 360 |
| 120. 「寧鳳于四方」 사방에서 바람을 잠재우다(To Calm Wind at Four Corners)* | | 362 |

*6, 48, 116, 117, 118, 119, 120편을 제외하고는 모두 『갑골문합집』에서 가져왔다.

## 부록

| | |
|---|---|
| 부록 1 : 출현 어휘목록(Vocabulary List) | 365 |
| 부록 2 : 참고 문헌(References and Bibliography) | 386 |
| 부록 3 : 간지(干支)표(60일 주기 테이블)(Gānzhī Table: Table of Sixty Day Cycle) | 388 |
| 부록 4 : 갑골 복사에 보이는 상왕 계통표(Shāng King List) | 389 |
| 부록 5 : 주제(제사 주기표)(Five-Ritual Cycle)(『商代周祭制度』에서 인용) | 390 |
| 부록 6 : 갑골문에 대한 간단한 소개(Brief Introduction to Oracle Bone Inscriptions) | 391 |
| 부록 7 : 세계 4대 시원문자의 기원(Brief Introduction to Four Original Writings) | 394 |

역자후기                                                                                           428

# 상대 갑골문 한국어 독본
## Reading of Shang Inscriptions
### 商代甲骨文選讀

## 본문
### (선독)

## 001
"月一正"

간지표 (Gānzhī Cycle) 24440

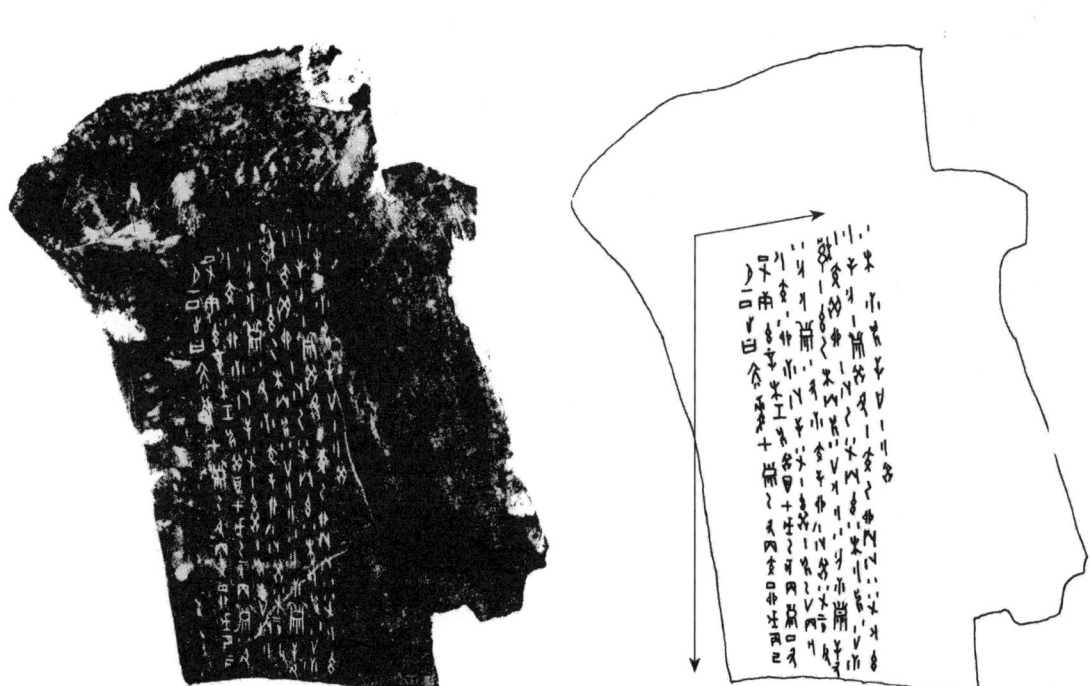

본문(선독) 1

### 번역

月一正, 曰食麥.
甲子, 乙丑, 丙寅, 丁卯, 戊辰, 已巳, 庚午, 辛未, 壬申, 癸酉,
甲戌, 乙亥, 丙子, 丁丑, 戊寅, 已卯, 庚辰, 辛巳, 壬午, 癸[未],
甲申, 乙酉, 丙戌, 丁亥, 戊子, 已丑, 庚寅, 辛卯, 壬辰, 癸巳,
二月, 父🪓.
甲午, 乙未, 丙申, 丁酉, 戊戌, 已亥, 庚子, 辛丑, 壬寅, 癸卯,
甲辰, 乙巳, 丙午, 丁未, 戊申, 已酉, 庚戌, 辛亥, 壬子, 癸丑,
甲寅, 乙卯, 丙辰, 丁巳, 戊午, 已未, 庚申, 辛酉, 壬戌, 癸[亥].

정월을 식맥(食麥)이라 한다.
갑자, 을축, 병인, 정묘, 무진, 기사, 경오, 신미, 임신, 계유.
갑술, 을해, 병자, 정축, 무인, 기묘, 경진, 신사, 임오, 계[미].
갑신, 을유, 병술, 정해, 무자, 기축, 경인, 신묘, 임진, 계사.
이월을 부현(父🪓)이라 한다.
갑오, 을미, 병신, 정유, 무술, 기해, 경자, 신축, 임인, 계묘.
갑신, 을사, 병오, 정미, 무신, 기유, 경술, 신해, 임자, 계축.
갑인, 을묘, 병진, 정사, 무오, 기미, 경신, 신유, 임술, 계[해].

### 해설

『갑골문합집(甲骨文合集)』제24440편에 보이며, 제2기(出組 제2류)에 속한다. 상나라 때의 간지표(干支表)인데, 지금의 달력과 비슷하다. 첫 번째 구절의 "원일정(月一正), 왈식맥(曰食麥)"에 보이는 '식맥(食麥)'은 뜻밖에도 수백 년 뒤의 『예기(禮記)·월령(月令)』에 그대로 등장하는데, 이렇게 말했다. "[음력 정월에는] 보리와 양고기를 주로 먹고, 그래서 성기게 짠 큰 그릇을 쓴다.(食麥與羊, 其器疏以達.)"

십간(十干: 10개의 천간)은 갑(甲), 을(乙), 병(丙), 정(丁), 무(戊), 기(己), 경(庚), 신(辛), 임(壬), 계(癸)를 말한다. 이들의 갑골문 자형은 각각 ⼗ ⟨ ⼞ ⼞ ⼁ ⼂ ⟅ ⟆ ⼯ ⽗ 와 같다. 또 12지(十二支: 12개의 지지)는 자(子), 축(丑), 인(寅), 묘(卯), 진(辰), 사(巳), 오(午), 미(未), 신(申), 유(酉), 술(戌), 해(亥)를 말한다. 이들의 갑골문 자형은 각각 山 又 ⼃ 中 ⺆ ⺆ ⼋ 米 ⼁ ⾣ ⼁ ⼁ 와 같다. 상나라 당시에는 간지(干支)를 가지고 날짜를 표시했는데, 10개의 천간과 12개의 지지로 조합된 60간지를 하나의 주기로 삼았다. 간지(干支)자의 자형은 시기마다 조금씩 다른데, 이들을 갑골문 시기 구분의 근거로 삼기도 한다.

곽말약(郭沫若, 1892~1978)은 『복사통찬(卜辭通纂)』에서 이렇게 말했다. "월일정(月一正)은 바로 일월(一月)을 말하며, 달리 정월(正月)이라고도 한다. 갑골 복사에서는 이 둘을 다 사용했다. 🪓은 식(食)자에서 가로획이 빠진 모습이다. 식맥(食麥)의 경우, 『월령(月令)』에서 이렇게 말했다. '음력 정월에는 보리와 양고기를 먹는다.(孟春之月, 食麥與羊.) 2월에는 도끼로 🪓을 한다(二月父🪓.)'라고 했는데, 부(父)는 부(斧: 도끼)의 원래 글자이다. 이는 손(又)으로 도끼(斧)를 쥔 모습을 그렸는데, 돌도끼를 말한다. 부(父)자 다음 글자는 알아볼 수가 없다. 다만 오른쪽이 목(木)으로 구성된 것으로 보아, 2월에 행했던 어떤 행위를 말한 것으로 보인다. 이러한 해석이 맞다면, 필자의 생각에 이는 고대의 시헌서(時憲書: 월력)를 적었던 것으로 추정된다. 오늘날 존재하는 [하나라 때의 월력을 말하는] 대소(大小) 『하정(夏正)』과 같은 시헌서 말이다."

이 갑골 편의 경우, 가로획을 새기지 않은 생략된 모습이 많이 등장하는데(예컨대 세 번째 행의 모든 각사), 이는 이 갑골 편이 미완성의 작품이라는 것을 강력하게 보여준다. 또 제3행의 '계미(癸未)'에서도 '미(未)'자를 새기지 않았고, 마지막 행의 '계해(癸亥)'에서도 '해(亥)'가 제대로 새겨지지 않았다.

**글자풀이**

① 갑골문 ☗(2778): 음식물이 그릇에 담긴 모습인데, 위에는 뚜껑이 그려졌다. 혹자는 ☗의 [윗부분을 입으로 보아] 식기에 입이 다가간 모습을 그려 '음식(飮食)'이라고 할 때의 식(食)라고 해석하여, '식(食)'자의 원래 글자로 보기도 한다.

② 갑골문 ☗(1512): '맥(麥)'의 원래 글자이다. 『설문해자』에서는 이렇게 말했다. "맥(麥)은 까끄라기가 있는 곡식이다. 가을에 심는데 뿌리가 긴 식물이다. 그래서 [뿌리를 길게 그려] 맥(麥)이라 했다. 래(來)가 의미부인데, 이삭을 가진 곡식을 상징한다. 쇠(夊)도 의미부이다.(麥, 芒穀, 秋種厚薶, 故謂之麥. 从來, 有穗者, 从夊.)"

③ 간지표(干支表): 간지표를 새긴 갑골 편은 자주 보인다. 예컨대, 『합집(合集)』 제37986편은 갑자(甲子)에서 시작해 계해(癸亥)에 이르는 60일의 전체가 다 새겨진 완전한 간지표이다. 이의 탁본과 모사본은 이 책 마지막 부분의 부록 「상나라 간지표(商代干支表)」에도 수록해 두었다. 참고하기 바란다.

**연습**

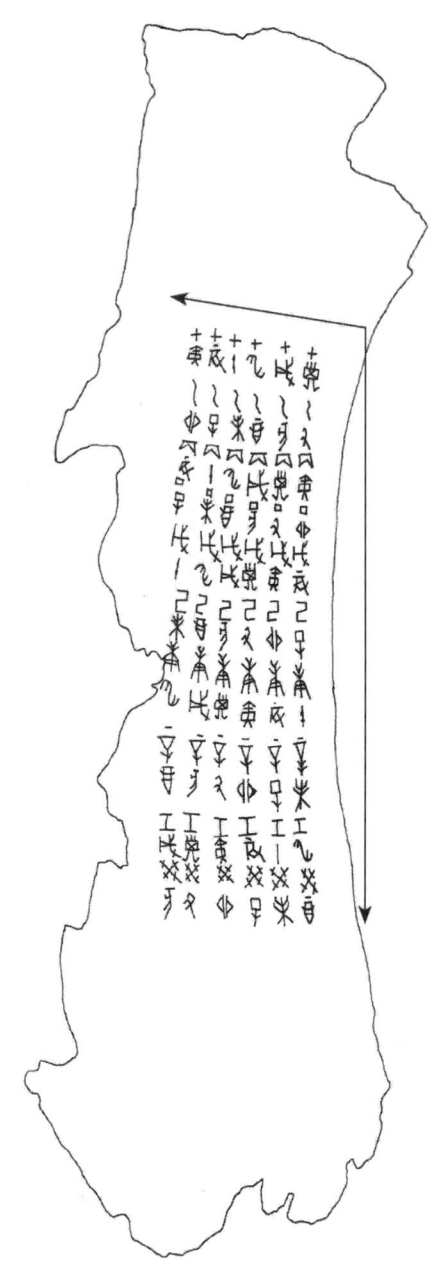

37986

## 002
"受黍年"

수확 (The Millet Harvest) 09950

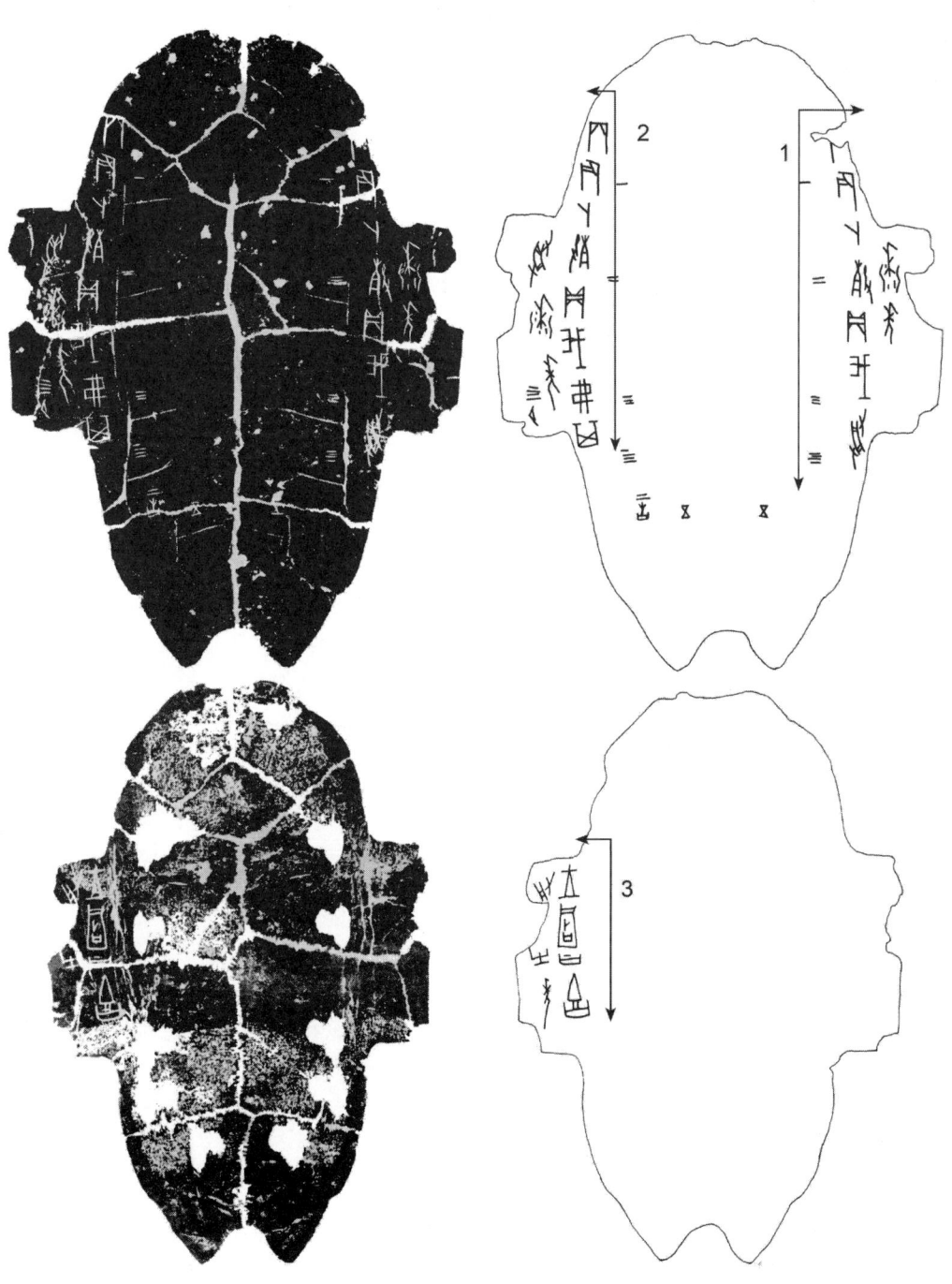

**傳寫**

앞면

뒷면

**번역**

(앞면)

【1】丙辰卜, 殼貞 : 我受黍年.

【2】丙辰卜, 殼貞 : 我弗其受黍年. 四月. 二告.

(앞면)

[1] 병진일(제53일)에 점을 칩니다. 점복관 '각'이 물어봅니다. 우리에게 풍년이 들까요?

[2] 병진일(제53일)에 점을 칩니다. 점복관 '각'이 물어봅니다. 우리에게 풍년이 들지 않을까요? 4월이었다. 두 번째 기도를 드렸다.[1]

(뒷면)

【3】王占曰 : 吉. 受有年.

(뒷면)

[3] 왕께서 점괘를 해석하여 말했다. 길하리라. 풍년이 들 것이다.

**해설**

이 갑골은 『갑골문합집』 제09950편에 보이며, 제1기(典賓類)에 속한다. 상나라 땅에서 풍년이 들 것인가를 점쳐 물은 내용이다. [물어보는 내용을 기록한] 명사(命辭)에서 '서년(黍年)'이라고 명확하게 밝혔으므로, '기장(黍)의 수확'을 특정해서 물어 본 것임을 알 수 있다. 전체 갑골 편의 앞면에 새겨진 두 개의 각사를 보면, 전사(前辭) 외에, 긍정-부정의 명사(命辭)가 대칭을 이루고 있고, 또 조어(兆語)도 있다. 뒷면에 새겨진 각사는 점사(占辭)이다.

---

1) (역주) 告 에 대해서는 의견이 분분하다. 이를 여기에서처럼 고(告)로 해석하기도 하지만, 길(吉)로 해석하기도 한다. 그래서 달리 상길(上吉)로 보기도 한다. '길조'를 나타내는 의미로 해석하는 학자들은 이를 상길(上吉: 매우 길하다), 하길(下吉: 보통 길하다), 소길(小吉: 약간 길하다), 대길(大吉: 크게 길하다), 홍길(弘吉: 대단히 길하다)과 연계지어 '매우 길하다'로 해석하고, 매우 길한 점괘를 나타낸 것으로 본다.

**글자풀이**

① 갑골문 ⼘(3348): '복(卜)'자로 옮길 수 있다. 『설문해자』에서 "복(卜) …… 달리 거북에 점을 치면서 종횡으로 갈라진 금을 형상했다고 한다.(卜, ……一曰像龜兆之縱橫.)"라고 했다. 점복관이 거북이나 동물 뼈 표면에다 새겨 둔 홈(鑽과 鑿)을 불로 지지면 뒷면에 '복(卜)'자 모습으로 갈라진 흔적이 생기는데, 이에 근거해 점괘를 해석한다.

② 갑골문 (2864): '각(殼)'자로 옮길 수 있다. 무정(武丁) 때의 점복관이다.

③ 갑골문 (2746): '정(貞)'자로 해석되는데, 정(鼎: 세발솥)의 모습을 그렸다. 정(貞)과 정(鼎)은 같은 어원을 가진 글자이다. 정(貞)이 점을 쳐서 물어보다(貞問)는 뜻으로 쓰이는데, 이는 점칠 때 사용하던 특수한 용어이다.

④ 갑골문 (2449): 여러 개의 날과 긴 손잡이를 가진 무기를 그렸는데, 1인칭 대명사인 아(我: 우리)로 가차되었다.

⑤ 갑골문 (3128): 2개의 우(又: 又는 손을 그렸다)와 주(舟)로 구성되었다. '수(受)'자로 옮길 수 있다. 회의 구조이며, 받다(受)와 주다(授)의 두 가지 의미를 다 가진다.

⑥ 갑골문 (1503): '서(黍)'자의 초기 글자이다. 서(黍)는 조(黃米)를 말하는데, 상나라 때 가장 대표적인 농작물이었다.

⑦ 갑골문 (1502): '년(年)'자로 해석된다. 『설문해자』에서 "년(年)은 곡식이 익다는 뜻이다. 화(禾)가 의미부이고 천(千)이 소리부이다.(年, 穀熟也, 从禾, 千聲.)"라고 했다. 상나라 때의 년(年)은 곡식이 익다(稔)는 뜻과 같았다. 그래서 복사에서 말한 '수년(受年)'이나 '유년(有年)'은 모두 수확을 말한다.

⑧ 갑골문 (3366): '불(弗)'자로 해석되는데, 끈으로 어떤 물체를 감아 형체를 바로 잡는 모습을 그린 것으로 추정된다. 이후 부정을 나타내는 부사로 가차되었다. 복사에서 '불(弗)'과 '불(不)'은 '~할 수 없다'는 뜻을 가진다. 서로 용법은 비슷하나 여전히 차이를 갖고 있다. 예컨대, 복사에 '불우(不雨: 비가 오지 않을까요?)', '불구우(不冓雨: 비를 만나지 않을까요?)'라는 표현은 있지만, '불우(弗雨)'나 '불구우(弗冓雨)'라는 표현은 보이지 않는다. 또 복사에서 '불유(不惟)'라고는 했지만, '불유(弗惟)'라고는 하지 않았다.

⑨ 갑골문 (2815): 키(箕)를 닮았는데, '기(箕)'의 초기 글자로 보인다. 여기서는 어기사인 '기(其)'로 가차되었다.

⑩ 갑골문 (1152): 반달의 모습인데, '월(月)'의 초기 글자이다.

⑪ 갑골문 (0720): 혀(舌)가 입(口) 속에 놓인 모습인데, '고(告)'자로 해석된다. 복사에서의 용법은 다음과 같다. 먼저, 제사를 드려 고하다(祭告)는 뜻인데, '태갑께 제사를 드려 어떤 주변국이 쳐들어 왔음을 알릴까요?(于大甲告某方出)'가 그렇다. 둘째, '적의 수급을 베서 제사를 드리고 알리다(馘其來告)'라는 뜻이다. 이외에도 조어(兆語: 점괘를 예측하는 말)로 쓰이기도 했는데, 이고(二告)나 삼고(三告) 같은 것이 이에 해당한다. 확실한 의미에 대해서는 좀 더 연구가 필요하다.

⑫ 갑골문 (3246): '왕(王)'자로 해석되는데, 도끼(斧鉞)의 모습을 그렸다. 임운(林澐, 1939~ )은 상나라 왕을 '왕(王)'이라 불렀는데, 처음에는 부월(斧鉞: 도끼)로 상대국의 수령을 상징했을 것으로 추정된다고 논증했다.

⑬ 갑골문 (2243): '점(固)'자로 옮길 수 있는데, 이는 점치다(占卜)는 뜻의 '점(占)'자로 해석된다. 『설문해자』에서 "점(占)은 갈라진 금(兆)을 보고 물어보다는 뜻이다. 복(卜)과 구(口)가 모두 의미부이다.(占, 視兆問也, 从卜从口.)"라고 했다.

⑭ 갑골문 ᴗ(0719): '왈(曰)'의 초기 글자이다. 복사에 보이는 '왕점왈(王占(固)曰)'은 점사(占辭)에 습관적으로 쓰던 관용어이다. 왕이 직접 점괘를 해석한다는 뜻으로, 상나라 때의 왕권을 상징적으로 보여준다.

⑮ 갑골문 ᴥ(0731): 이의 구조와 본래 의미는 잘 알 수 없다. 복사에서는 길흉(吉兇)의 '길(吉)'자로 쓰였는데, 글자의 원래 모습과는 무관해 보인다.

⑯ 갑골문 ʯ(3350): 이의 구조와 본래 의미는 잘 알 수 없다. 유(±)자로 옮길 수 있다. 복사에서는 '다시'라고 할 때의 '우(又)', 유무(有無: 있다 없다)라고 할 때의 '유(有)', 복을 내려 보살피다(福佑)라고 할 때의 '우(佑)', 제사 용어인 '유(侑)' 등으로 다양하게 쓰였다.

[보충 설명]

복사의 구조:

완전한 갑골복사라면 전사(前辭: 시간과 장소와 점복관의 이름이 포함된다), 명사(命辭: 점을 쳐 물어보는 내용, 긍정과 부정이 함께 나열된다), 점사(占辭: 일반적으로는 당시의 재위 왕이나 왕위 계승자만이 점괘를 해석할 수 있었다), 험사(驗辭: 점복에서 물었던 내용의 결과) 등이 포함된다. 이외에도 조서(兆序), 조어(兆語), 용사(用辭) 등이 등장하기도 한다. 그러나 일반적인 복사에서는 정도는 다르지만 생략이 자주 이루어진다. 예컨대, 이 갑골문에도 전사(前辭), 명사(命辭), 점사(占辭), 조어(兆語) 등은 있지만, 험사(驗辭)는 보이지 않는다. 이를 표로 정리해 보면 다음과 같다.

| 丙辰卜, 殼貞: | 我受黍年? | 丙辰卜, 殼貞: | 我弗其受黍年? |
|---|---|---|---|
| 병진일에 점을 칩니다. '각'이 물어봅니다. | 우리에게 풍년이 들까요? | 병진일에 점을 칩니다. '각'이 물어봅니다. | 우리에게 풍년이 들지 않을까요? |
| 前辭 | 命辭(正) | 前辭 | 命辭(反) |

| 四月. | 二告. | 王固曰: 吉. 受￪年. |
|---|---|---|
| 4월이었다. | 두 번 알립니다. | 왕께서 점괘를 해석해 말씀하셨다. 길하리라. 풍년이 들 것이다. |
| 前辭 | 命辭(正) | 占辭 |

① '아(我)'자는 두 가지로 해석될 가능성이 있는데, 여기서는 당연히 일인칭 복수 대명사인 '우리'라는 뜻으로 쓰였다. 예를 들어, "왕께서 '망승'과 연합하여 '하위'를 정벌한다면, 천지신명께서 허락하지 않으실까요? 우리가 보살핌을 받지 못할까요?(王比望乘伐下危, 下上弗若, 不我其受又.)"에서 앞 문장의 주어는 '왕(王)'이고, 뒷문장의 '아(我)'는 분명 상왕을 대표로 하는 상나라를 두고 한 말이다. 그래서 "우리에게 풍년이 들지 않을까요?(我不其受年)"는 우리 상나라에 풍년이 들 것인가(혹은 상왕이 직접 통제하는 농지의 풍성한 수확)에 대해 물은 것이다. 그러나 금문(金文)의 족휘(族徽)문자에 '아(我)'라는 족명이 있는 것으로 보아, '아(我)'는 씨족의 이름(氏名)이나 씨족 우두머리의 이름이나 지명일 수도 있다. 복사에 자주 보이는 "부정수년(婦井受年: '부정'에게 풍년이 들까요?)", "아수년(亞受年: '아'에게 풍년이 들까요?)", "불기수년(不其受年: 풍년이 들지 않을까요?)" 등의 예로 유추해 볼 때, '아(我)'족(族)의 농작물에 풍년이 들 것인가를 물은 것일 수도 있다. 그러나 은허복사에 '아수년(我受年)'이라고 기록한 예는 너무나 많아, 다른 씨족들의 풍년에 대해 점을 쳤던 것과는 비율적으로 너무나 차이가 많이 난다. 그래서 일반적으로는 '아수년(我受年)'을 우리 상나라 혹은 상왕의 경작지에 풍년이 들 것인가를 물은 것으로 해석한다.

② 二告: 조어(兆語)나 조기(兆記)인데, 이의 확실한 의미는 분명하지 않다. 호후선(胡厚宣. 1911~1995)과 상승조(商承祚, 1902~1991)는 고(告)자라고 여겼다. 이고(二告)는 아마도 두 번째 드리는 기도나 보고라는 뜻일 것이다.

③ 갑골문 屮: '수유우(受屮又)'나 '수유년(受屮年)' 등에서 유(屮)는 다음의 의미를 나타낸다. (i)'이것'과 같은 한정어나 대명사, (ii)풍족하다, (iii)경어(敬語) 등이다. 여기서는 키틀리(吉德煒, David Keightley)의 설을 따라 '풍족하다'는 뜻으로 해석했다.

④ 은허 갑골 편의 경우, 출토된 지층, 점복관의 이름, 글자체, 조상에 대한 호칭, 인물, 사건 등의 표준에 근거해 대체적인 시기구분이 가능하다. 출토 복사의 연대는 무왕(武丁: K21)에서부터 제신(帝辛: K29)에 이르는 200여 년간에 걸쳐 있으며, 5시기로 나뉜다. 그러나 더욱 정확한 시기 구분법은 새겨진 글자체로 구분하는 것이다. 당시 왕의 재위 연대는 『하상주 시기구분 프로젝트 연구 보고서』에 근거했다. 괄호 속의 K는 'King'(왕)을 대표하며, 그 뒤의 숫자는 그 왕이 상나라 세계(世系)에서 갖는 배열 순서를 뜻한다(부록 4 참조). 그래서 K21은 상나라 제21대 왕이라는 뜻이다.

연습

**09956**

**09965**

## 003
"十五犬"

개 15마리 (Fifteen Dogs) 29537

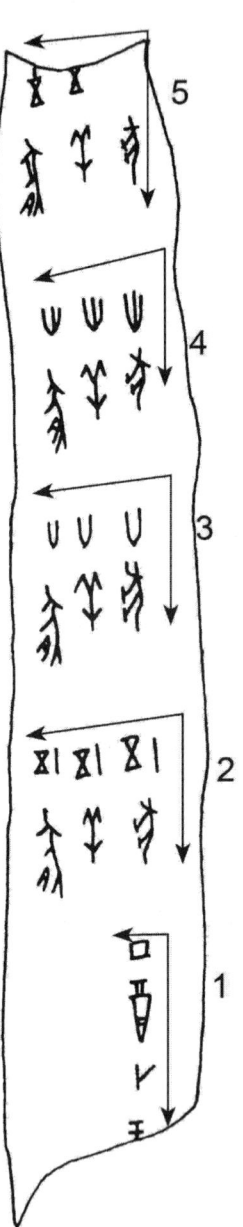

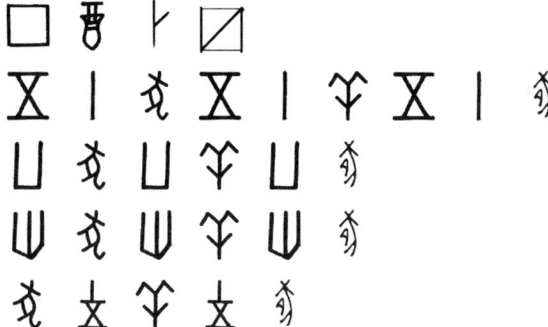

### 번역

【1】 丁酉卜☒
【2】 十五犬, 十五羊, 十五豚.
【3】 廿犬, 廿羊, 廿豚.
【4】 卅犬, 卅羊, 卅豚.
【5】 [五十]犬, 五十羊, 五十豚.

[1] 정유일(제34일)에 점을 칩니다. ☒
[2] 개 15마리, 양 15마리, 돼지 15마리.
[3] 개 20마리, 양 20마리, 돼지 20마리.
[4] 개 30마리, 양 30마리, 돼지 30마리.
[5] 개 [50마리], 양 50마리, 돼지 50마리.

### 해설

이 갑골은 『갑골문합집』 제29537편에 보이며, 제3기~제4기(無名組) 복사에 속한다. 각사는 완전하지 않으나, 제사에 사용할 개, 양, 돼지 희생의 숫자가 얼마인지를 물어본 내용이다. 개와 양과 돼지 등 세 가지 희생을 함께 사용하였는데, 어떤 제사였는지는 알 수가 없다. 그러나 상나라 때의 복사에서 희생으로 사용할 숫자가 얼마인지를 점쳐 물어본 것은 항상 있는 일이었다.

### 글자풀이

① 갑골문 (1585): 상형으로, '견(犬)'자이다.
② 갑골문 (1561): 상형으로, '양(羊)'자이다.
③ 갑골문 (1603): 육(肉)과 시(豕)로 구성되었는데, '돈(豚)'자로 해석된다.
④ 갑골문 : '입(廿: 이십)'자이다.
⑤ 갑골문 : '삽(卅: 삼십)'자이다.
⑥ 갑골문 : '오십(五十)'을 말한다. 합문이다.

[보충설명]
상나라 때, 숫자 15와 50의 구별을 보면, 십(十)과 오(五)가 연이어져 있으면 '오십(五十)'이고, 분리되어 있으면 '십오(十五)'이다.
갑골복사의 단락은 보통의 경우 아래쪽에서 위쪽으로 읽어 나간다. 이 갑골 편을 예로 들면, 희생의 숫자가 15마리에서 50마리로 늘어나는데, 순서는 아래쪽에서 위쪽으로 올라간다.

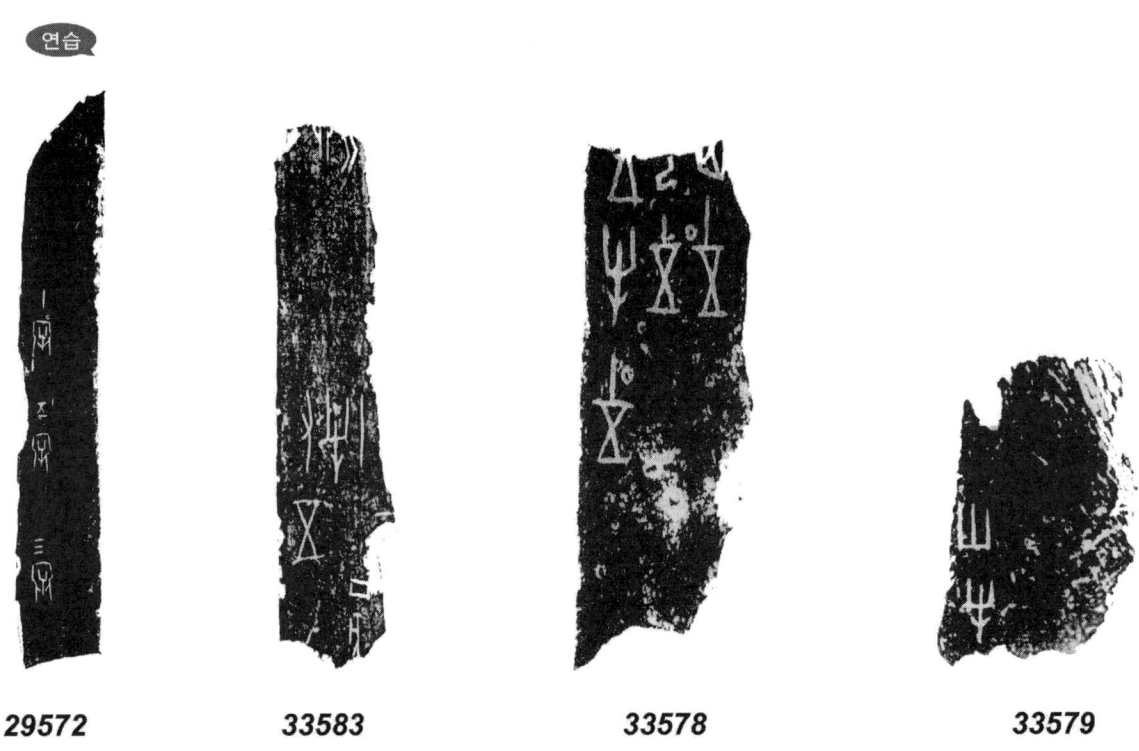

연습

29572　　　33583　　　33578　　　33579

## 004

"今一月雨"

이번 1월의 비 (Rain in the First Month) 12487

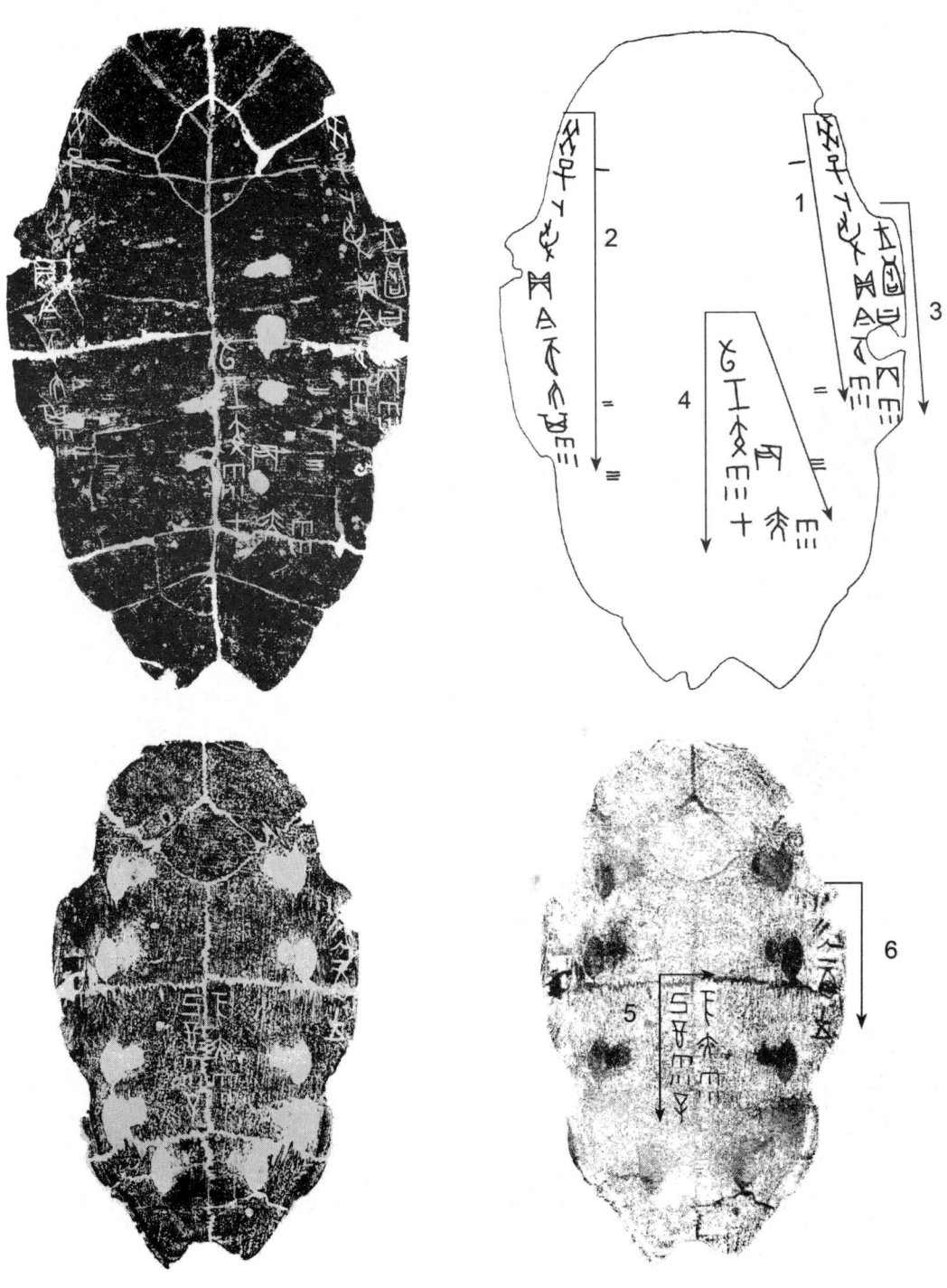

본문(선독) 13

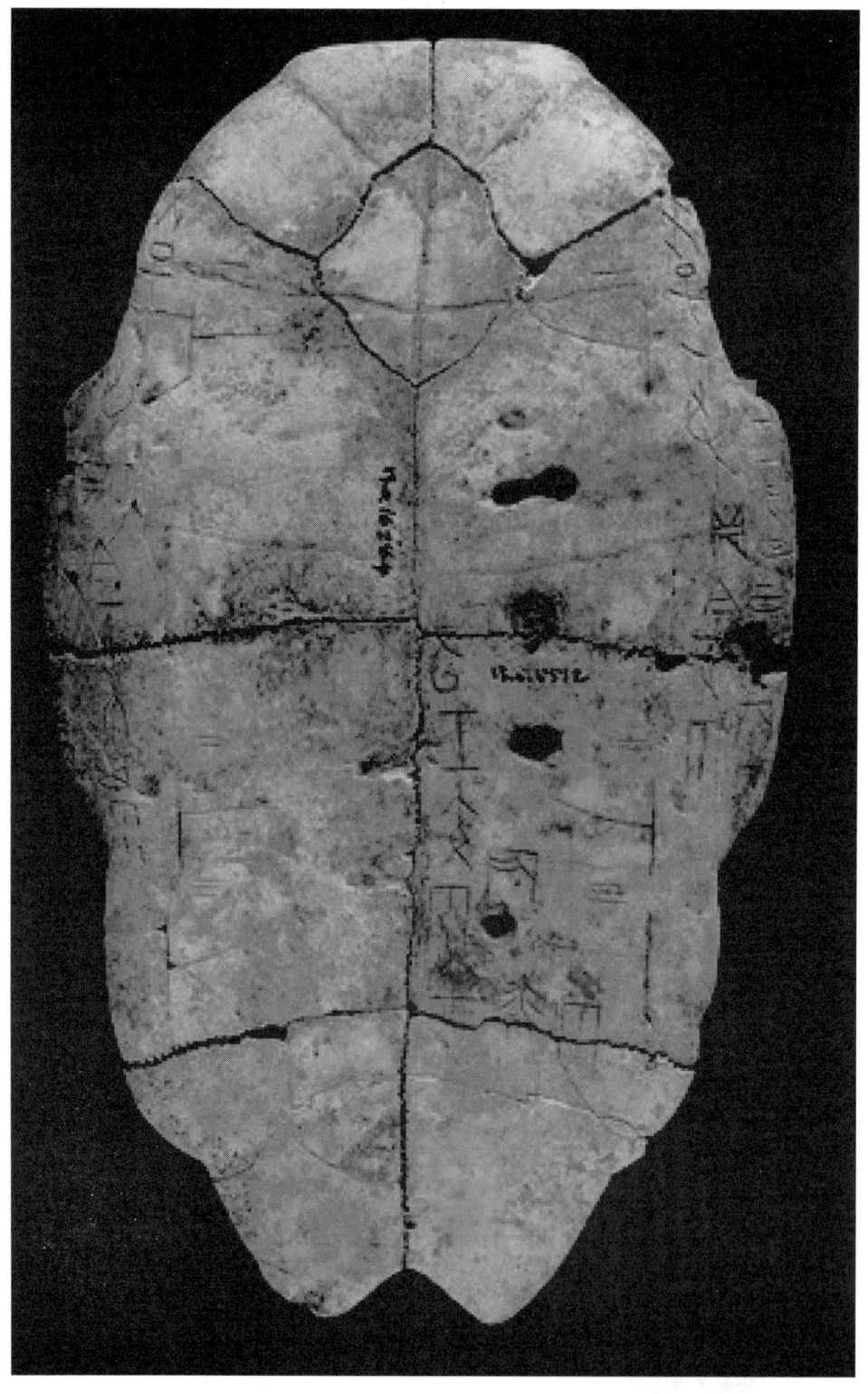

(앞면)

(뒷면)

(앞면)

【1】 癸巳卜, 爭貞 : 今一月雨.

【2】 癸巳卜, 爭貞 : 今一月不其雨.

【3】 王占曰 : 丙雨.

【4】 旬壬寅雨, 甲辰亦雨.

(앞면)

[1] 계사일(제30일)에 점을 칩니다. 점복관 '정'이 물어봅니다. 이번 1월에 비가 내릴까요?

[2] 계사일(제30일)에 점을 칩니다. 점복관 '정'이 물어봅니다. 이번 1월에 비가 내리지 않을까요?

[3] 왕이 점괘를 해석해 말했다. '병'에 해당하는 날(제33일)에 비가 내릴 것이다.

[4] 10일(1순)이 지난 임인일(제39일)에 비가 내렸고, 갑진일(제41일)에도 비가 내렸다.

(뒷면)

【5】 己酉雨, 辛亥亦雨.

【6】 雀入二百五十.

(뒷면)

[5] 기유일(제46일)에 비가 내렸고, 신해일(제48일)에도 비가 내렸다.

[6] '작'이 (거북딱지) 250개를 보내왔다.

### 해설

이 갑골은 『갑골문합집』 제12487편에 보이는데, 제1기(典賓類) 복사에 속한다. 앞면에는 전사(前辭), 명사(命辭), 점사(占辭) 및 험사(驗辭)가 모두 기록되었다. 뒷면에도 험사가 기록되었다. 명사(命辭)에서 물어 본 1월에 비가 올 것인지 오지 않을 것인 지라고 한 '1월'은 '첫 번째 한 달'을 뜻한다. 이 갑골 판은 뒷면의 갑교(甲橋) 부분에 갑교각사(甲橋刻辭)가 기록되었다. 작(雀)이 거북딱지 250개를 보내왔다는 내용인데, '작(雀)'자는 글자가 문드러져 잘 알아볼 수 없는 상태이다.

### 글자풀이

① 갑골문 ✶(1045): '쟁(爭)'으로 읽는다. 무정(武丁) 때의 점복관이다.

② 갑골문 △(1968): '금(今)'자로 해석된다. 즉 금일(今日: 오늘)의 '금(今)'을 말하는데, 왜 그런 뜻인지는 분명하지 않다.

③ 갑골문 ⋒(1180): 상형으로, '우(雨)'자의 초기 글자이다. 『설문해자』에서는 "우(雨)는 물이 구름에서 떨어지는 모습을 그렸다.(雨, 水从雲下也.)"라고 했다.

④ 갑골문 ⋔(2516): '불(不)'자의 초기 글자인데, 왜 그런 뜻인지는 분명하지 않다.

⑤ 갑골문 ♌(1178): '순(旬)'자로 해석된다. 갑일(甲日)부터 계일(癸日)까지가 1순(旬: 10일)이다.

⑥ 갑골문 ✻(0215): '역(亦)'자로 옮길 수 있다. 사람의 양 겨드랑이에 각각 점이 하나씩 그려졌는데, 그곳이 겨드랑이임을 말했다. 이는 '액(腋: 겨드랑이)'자의 초기 글자인데, '역(亦)'자로 가차되었다.

⑦ 갑골문 ✺(1790): '작(雀)'자로 옮길 수 있다. 작(雀)은 상나라 때의 우호국의 하나였다. 여기서 '작(雀)'은 아마도 작(雀)나라의 우두머리나 거기서 보내온 사자를 말했을 것이다. 탁본이 약간 손상되었으나, 해독에는 문제가 없다.

⑧ 갑골문 ∧(1947): 출입(出入)이라고 할 때의 '입(入)'자이다. 갑교각사(甲橋刻辭)에서 말한 '모입(某入)'은 어떤 사람이 점복용 거북딱지나 동물 뼈를 공납으로 들여왔다는 것을 말한다.

⑨ 갑골문 ⊖(1097): '백(百)'자로 옮길 수 있다. 『설문해자』에서 "백(百)은 10이 10개 합쳐진 것이다. 일(一)과 백(白)이 모두 의미부이다. 숫자에서, 1백이 10개면 1관(貫)이라 한다.(百, 十十也. 从一, 白. 數, 十百爲一貫.)"이라고 했다. '백(白)'자를 갑골문에서는 ⊖으로 적었는데, 사람의 머리통을 닮았다. 복사에서는 사람의 머리통으로써 백(百)이라 했고, 사람의 전체 모습으로써 천(千)이라 했고, 전갈의 모습으로써 만(萬)이라 표현했다.

### [보충설명]

상나라 때의 역법에서 1월, 2월, 3월 등의 이름을 사용했는데, 우리가 오늘날 사용하는 1월, 2월, 3월과는 의미가 다르다.

연습

**12433**

**12499**

## 005
"自東來雨"

동쪽에서 오는 비 (Rain from the East) 12870

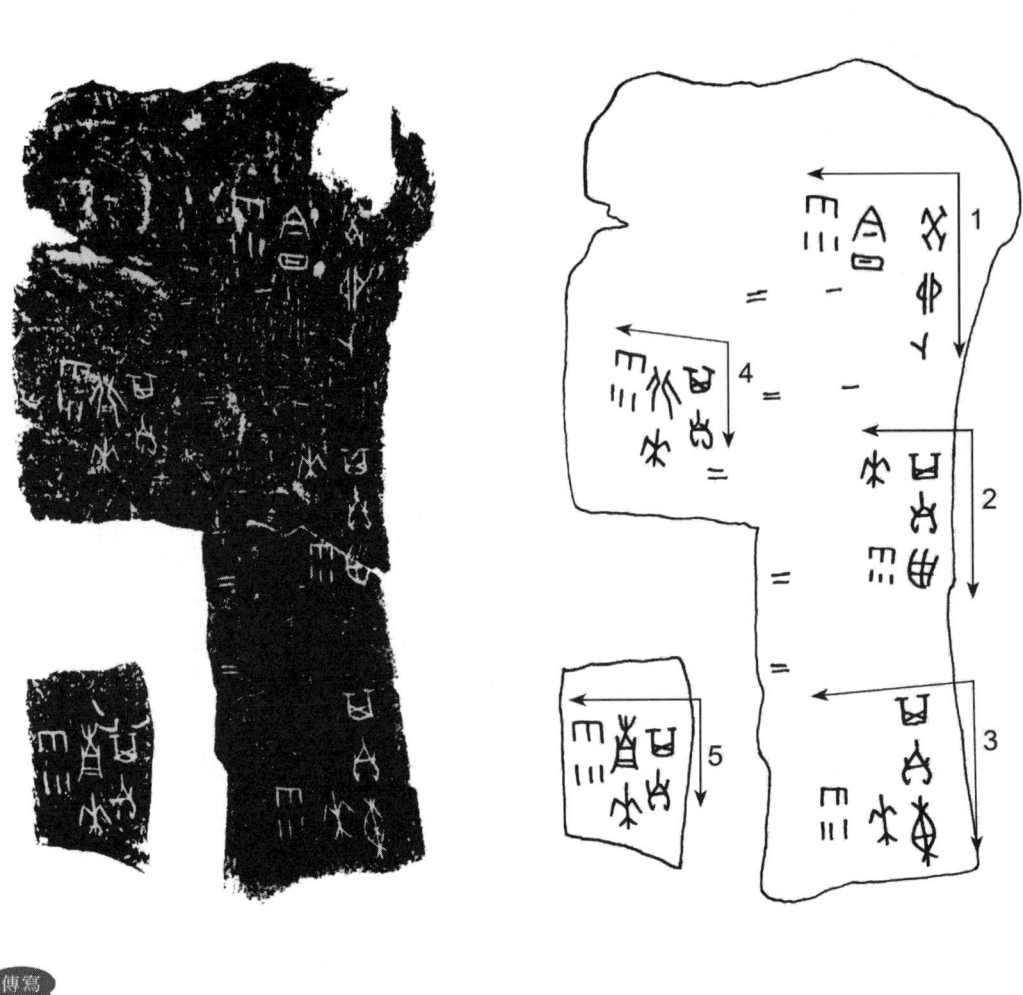

傳寫

### 번역

【1】 癸卯卜 : 今日雨.
【2】 其自西來雨.
【3】 其自東來雨.
【4】 其自北來雨.
【5】 其自南來雨.

[1] 계묘일(제40일)에 점을 칩니다. 오늘 비가 올까요?
[2] 비가 서쪽으로부터 올까요?
[3] 비가 동쪽으로부터 올까요?
[4] 비가 북쪽으로부터 올까요?
[5] 비가 남쪽으로부터 올까요?

### 해설

이 갑골은 『갑골문합집』 제12870편에 보이는데, 제1기(賓組 제1그룹) 복사에 속한다. 갑골복사에 비에 관한 기록은 매우 많다. 비는 대우(大雨: 큰 비), 소우(小雨: 작은 비), 다우(多雨: 많이 내리는 비), 열우(烈雨: 세차게 내리는 비), 질우(疾雨: 소낙비), 족우(足雨: 충분한 양의 비) 등으로 구분되었다. 이 갑골은 상나라 사람들이 비가 어느 방향에서부터 올 것인지를 물어 그 방향에 큰 관심을 가졌는데, 아마도 비를 의인화 했던 것과 관련 있어 보인다. 이 갑골 편에 보이는 동서남북(東西南北) 네 글자는 지금의 한자와 극히 유사하다. 방향은 추상적 개념이기에 이 동서남북 네 글자는 모두 가차로 보아야 할 것이다.

### 글자풀이

① 갑골문 ☐(1136): 태양(日)의 모습을 그려, '일(日)'자로 해석된다.

② 갑골문 ☐(0700): 코(鼻)의 모습을 그려, '자(自)'자로 옮길 수 있다. 자(自)는 '비(鼻)'의 초기 글자이다. 자기(自己)라고 할 때의 자(自)로 파생되었다. "왕께서 직접 서쪽으로 갈까요?(王自往西)"는 그런 뜻이다. 또 '…에서 오다(來自)'라고 할 때의 자(自)는 이 갑골 편에서처럼 "동쪽으로부터 비가 왔다(自東來雨)"와 같다.

③ 갑골문 ☐(1099): '서(西)'자이다. 자는 새의 둥지를 그렸다고도 하는데, 혹자는 대로 엮은 기물을 말한다고도 한다. 서쪽을 뜻하는 방위사로 가차되었다.

④ 갑골문 ☐(1507): 곡물을 그렸는데, '래(來)'자로 옮길 수 있다. 왕래(往來)의 래(來), 장래(將來)의 래(來)로 가차되었다. 복사에 '말을 보내왔다(來馬)', '소를 보내왔다(來牛)' 등의 표현이 보이는데, 모두 소나 말을 공납했다는 뜻이다.

⑤ 갑골문 ☐(2968): 양 끝을 동여매어 놓은 포대기를 그렸는데, '동(東)'자로 옮길 수 있다. 동쪽을 뜻하는 방위사로 가차되었다.

⑥ 갑골문 ☐(0070): 두 사람이 등진 모습을 그렸는데, '북(北)'자로 옮길 수 있다. 북쪽을 뜻하는 방위사로 가차되었다.

⑦ 갑골문 ☐(2863): 무엇을 그렸는지 분명하지 않다. 남쪽을 뜻하는 '남(南)'자로 가차되었다.

**12873**

**12872**

**30175**

## 006

## "旦至食日"

### 새벽에서 아침까지 (From Daybreak to Morning) T624

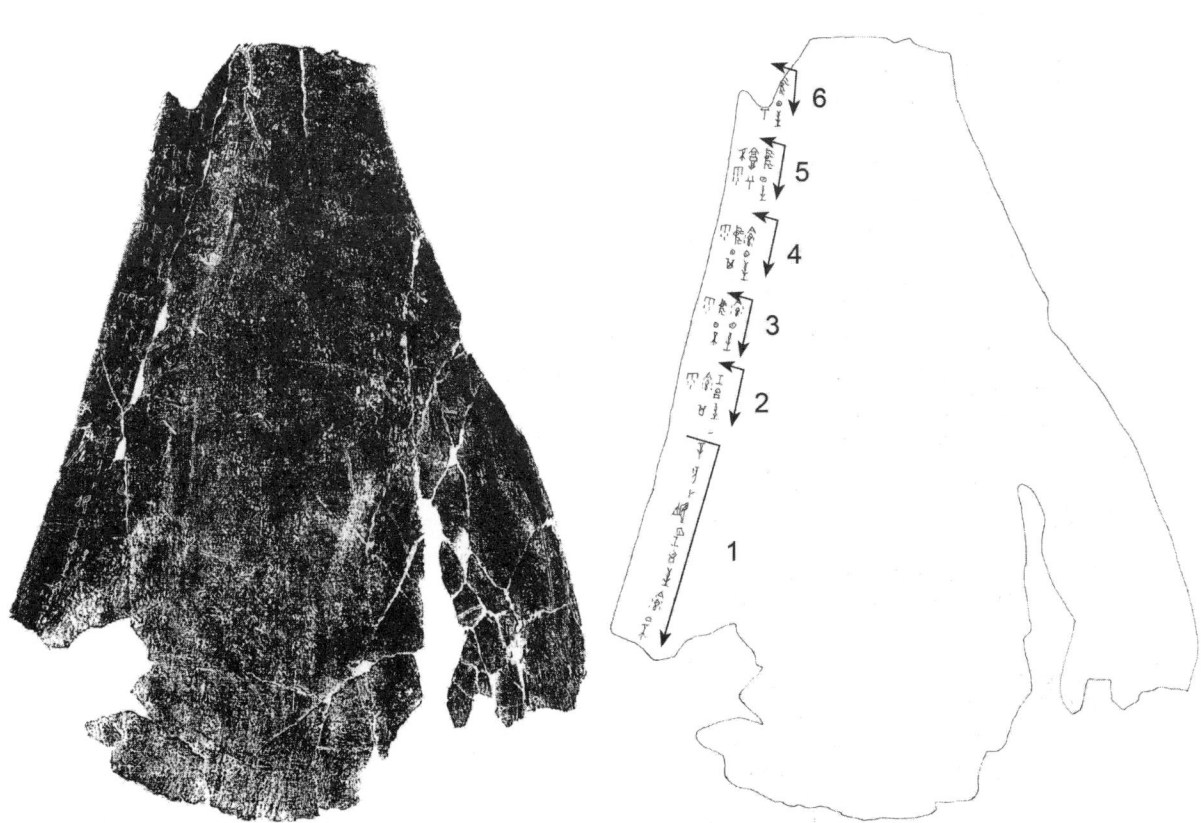

### 번역

【1】 辛亥卜：翌日壬旦至食日不[雨].
【2】 壬旦至食日其雨.
【3】 食日至中日不雨.
【4】 食日至中日其雨.
【5】 中日至郭兮不雨.
【6】 中日至[郭]兮[其雨].

[1] 신해일에 점을 칩니다. 오는 '임'일(제49일)에 해 뜰 때부터 식일 때까지 [비가] 오지 않을까요?
[2] 임일의 해 뜰 때부터 식일 때까지 비가 내릴까요?
[3] 식일 때부터 정오까지 비가 내리지 않을까요?
[4] 식일 때부터 정오까지 비가 내릴까요?
[5] 정오 때부터 곽혜 때까지 비가 내리지 않을까요?
[6] 정오 때부터 [곽]혜 때까지 [비가 내릴까요]?

### 해설

이 갑골은 『소둔남지갑골』 제624편인데, 이튿날의 아침 6시부터 오후 4시쯤까지 어느 시간대에 비가 내릴 것인지를 점쳐 물은 내용이다.

### 글자풀이

① 갑골문 🗝(1908): 어떻게 구성되었는지는 분명하지 않으나, 날개의 깃을 그렸다고도 한다. 익(翌), 익(翊), 욱(昱), 우(羽)자 등으로 옮길 수 있다. 여기서는 익일(翌日: 이튿날)의 익(翌)으로 쓰였는데, 길지 않은 미래의 시간대를 나타내는데 쓰였다. '익(翌)'은 달리 상나라 때의 제사 이름으로 쓰기도 한다.

② 갑골문 🗝(1140): '단(旦)'자로 옮길 수 있는데, 단(旦)의 초기 글자로, 해가 뜨는 시간대를 말한다.

③ 갑골문 🗝(2560): 화살(矢)이 이르는 곳(一)을 말하여, 지사자(指事字)에 해당한다. '지(至)'자로 옮길 수 있으며, 이르다는 의미의 지(至)로 쓰였다.

④ 갑골문 🗝(2778): '식(食)'자로 옮길 수 있다. '식일(食日)'은 상나라 때 사용되던 시간 표현 단위로, 아침 식사 때를 말한다.

⑤ 갑골문 🗝(2924): 깃발을 그렸다. 혹자는 해의 그림자를 측정하던 기구로 보기도 한다. '중(中)'자로 옮길 수 있다. 중(中)은 정중앙(正中)이라고 할 때의 중(中)이다. '중일(中日)'은 상나라 때의 시간 기록 단위로, 해가 하늘 한가운데 왔을 때를 말한다. '식일(食日)'이나 '중일(中日)'의 일(日)자를 '시(時)'자로 보기도 한다.

⑥ 갑골문 🗝(1987): '곽(郭)'자로 옮길 수 있다. 성곽(城郭)의 모습을 그렸으며, 성곽을 지칭하기도 하고, 지명으로도 쓰인다. '곽혜(郭兮)'는 상나라 때의 시간을 기록하던 단위로, 오후 시간대를 말한다.

⑦ 갑골문 🗝(3324): '혜(兮)'자로 옮길 수 있다. 지명을 비롯해 시간을 기록하는 단위로 쓰였다.

[보충설명]

상나라 때 사용되었던 하루 전체에 대한 시간대의 명칭은 대체로 다음의 표와 같다. 점복관의 차이에 따라 시간대에 대한 명칭도 크게 차이가 난다. 상옥지(常玉芝, 1966~ )와 송진호(宋鎭豪, 1949~ ) 등이 이에 대해 자세히 연구한 바 있다. 대체로 말하자면, 단(旦)에서부터 식일(食日)까지의 시간대에는 식일(食日), 대식(大食)과 대채(大采)가 있다. 또 곽혜(郭兮)와 석(夕) 사이의 시간대로는 소식(小食), 소채(小采)와 혼(昏)이 있다.

| *dàn* 旦 | *shírì* 食日<br>*dàshí* 大食<br>*dàcǎi* 大采 | *zhōngrì* 中日 | *zè* 昃 | *guōxī* 郭兮 | *xiǎoshí* 小食<br>*xiǎocǎi* 小采<br>*hūn* 昏 | *xī* 夕 |
|---|---|---|---|---|---|---|
| 6 am | 8 am | 12 pm | 2 pm | 4 pm | 6 pm | 9 pm |

연습

29776　　　29781　　　29794　　　29790

## 007

"三色雲"

삼색 구름 (Tricolored Clouds) 13399

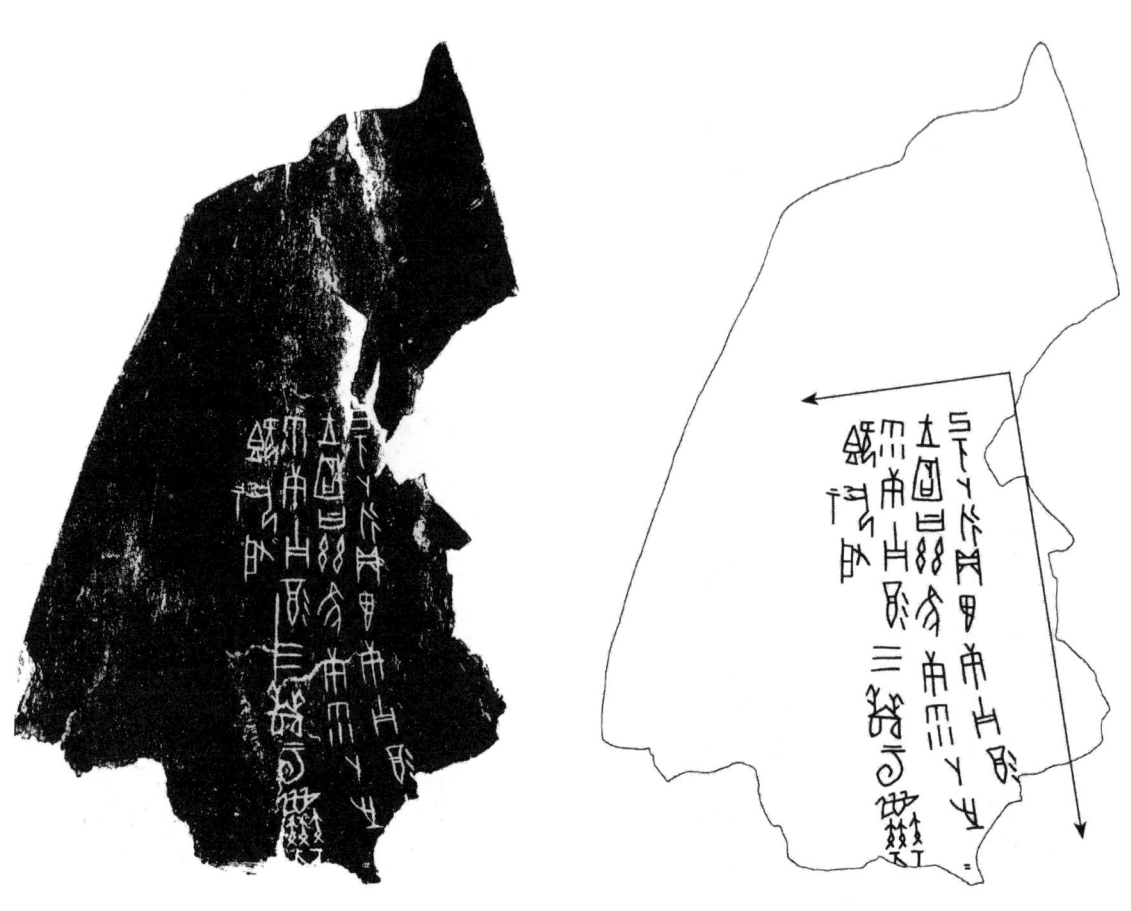

### 번역

【1】 己亥卜, 永貞 : 翌庚子酹, [其雨].

【2】 王占曰 : 玆唯庚雨卜. 之[夕]雨.

【3】 庚子酹, 三色雲積, 其既祝, 啟.

[1] 기해일(제36일)에 점을 쳐, 영(永)이 물어봅니다. 다가오는 경자일(제37일)에 '주'제사를 지내면 [비가 올까요]?

[2] 왕께서 점괘를 해석해 말씀하셨다. 이것은 '경'일(경자일)에 비가 내릴 징조이다. 그날 [밤에] 비가 내렸다.

[3] 경자일에 '주'제사를 올렸다. 삼색으로 된 구름이 층을 이루었다. '축'제사가 끝났을 때, 날이 개었다.

### 해설

이 갑골은 『갑골문합집』 제13399편으로, 제1기(典賓類) 복사에 속한다. 대강의 뜻은 다음과 같다. 기해(己亥)일에 점을 쳐, 다음날인 경자(庚子)일에 주(酹)제사(글자가 떨어져 나간 부분은 경자일에 비가 올 것인지를 물었다)를 드릴 것인지를 물었다. '왕점왈(王占曰)'의 뒷부분은 점사(占辭)로, 왕께서 왕이 점괘를 해석해 이렇게 말씀하였다. "이는 경자일에 비가 내릴 점괘이다." 그 다음 부분의 험사(驗辭)에서는 "기해일 밤에 비가 내렸다"(글자가 떨어져 나간 부분의 '석(夕)'자의 경우 호선으로 된 필획이 아직 남아 있다)고 했다. 경자일이 되어 낮에 '주'제사를 드렸는데, 세 가지 색깔로 된 구름이 출현했다. 축(祝)제사가 끝나자 구름이 다시 개었다.

### 글자풀이

① 갑골문 ㈜(2309): 인(人)과 행(行)으로 구성되었으며, '영(永)'자로 해석된다. 점복관의 이름이다.

② 갑골문 ㈜(1908): '익(翌)'자로 해석되는데, 익일(翌日)이라고 할 때의 익(翌)이다. 복사에 보이는 ㈜, ㈜, ㈜ 등은 모두 익(翌)자로 풀이한다.

③ 갑골문 ㈜(2733): '주(酹)'자로 옮길 수 있는데, 제사 이름이다. 주(酒)와는 다른 글자이다. 제사복사에서 그 성질이 유(屮)의 용법과 비슷한데, 제사 의식 중의 어떤 내용으로 보인다. 일반적으로는 술을 올리는 의식으로 '관(祼)'과 유사한 것으로 본다. 제사 의식에서 시작 단계에 들어 있으며, 공경하게 바친다는 의미를 담았다. 혹자는 '뢰(酹)'로 풀이하기도 하는데, 체(䬩)나 뢰(酹)는 모두 제물을 땅에 뿌리는 의식이다. 그렇다면 체(䬩)는 고기를, 뢰(酹)는 술을 땅에 뿌리는 의식이다. 혹자는 '유(槱)'자로 가차된 것으로 보기도 하는데, 장작을 쌓아놓고 태워서 하늘에 지내는 제사를 말한다. 구체적인 내용에 대해서는 더 깊은 연구가 필요하다.

④ 갑골문 ㈜(3161): 자(兹)자로 옮길 수 있다. 복사에서는 모두 '자(玆)'자로 풀이하는데, 지시 대명사로 쓰였다. '자(玆)'는 가까운 것을 지칭할 때 쓰이며, 차(此)와 비슷한 뜻이다. '지(之)'는 먼 것을 지칭할 때 쓰이는데, 피(彼)와 같다.

⑤ 갑골문 ㈜(1727): '추(隹)'자로 옮길 수 있다. 『설문해자』에서 "추(隹)는 꼬리가 짧은 새의 총칭으로(鳥之短尾總名也), 상형이다."라고 풀이했다. 이 갑골 편의 '자유경우(玆隹庚雨)'처럼 복사에서는 주로 어기사로 사용되며, 유(惟)나 유(唯)로 풀이한다. 또 본래 의미로 쓰인 경우도 있는데, '새 2백 마

리를 잡았다(隻隹二百)'에서와 같이 '새'를 지칭한 경우이다.

⑥ 갑골문 ᒼ(0803): 사람 다리 아래에 가로획이 더해진 모습이다. 복사와 금문에서 모두 지시 대명사인 '지(之)'로 풀이한다. 지(之)는 시(是)와 같다. 그래서 '지석(之夕)'은 '시석(是夕: 이날 밤)'으로 풀이된다.

⑦ 갑골문 ☰(3676): 숫자 '삼(三)'자이다.

⑧ 갑골문 (2022): '색(嗇)'자로 해석된다. 우성오(于省吾, 1896~1984)는 '색(嗇)'과 '색(色)'의 통용 관계에 대해 논증한 바 있다. 유교(劉釗, 1959~ )는 이 글자는 색(嗇)으로 옮겨야 하며 장(牂: 암양)으로 풀이해야 한다고 주장했다.『한서·천문지(天文志)』에 '장운여구(牂雲如狗: 개 모양을 한 붉은색 구름)'라는 표현이 나오는데, 구름의 색깔과 모습을 나타냈다. 여기서는 우성오의 해석을 따랐다.

⑨ 갑골문 (1175): 상형으로, '운(云)'자로 옮길 수 있는데, '운(雲)'의 초기 글자이다. 고대 중국에서 기후에 대해 점을 칠 때, 자주 구름의 모습을 보고 판단했다. 군대의 승리나 풍년이 들지의 여부도 기상에서 조짐을 찾을 수 있다고 여겼다.

⑩ 갑골문 (0645): 자로 옮길 수 있다. 미(眉)와 3개의 시(矢)로 구성되었는데, 글자의 정확한 의미는 확인되지 않고 있다. 여기서는 잠정적으로 '족적(蔟積)'으로 풀이하여, '구름이 층층이 쌓였다'는 뜻으로 해석한다.

⑪ 갑골문 (0338): '기(既)'자로 옮길 수 있다. 사람이 식사를 끝냈음을 그렸다. 기(既)로 해석하며, 마치다(畢), 끝내(竟), 이미(已) 등의 뜻으로 파생되었다.

⑫ 갑골문 (0306): 사람이 꿇고 앉아 기도 드리는 모습을 그렸으며, '축(祝)'자로 해석된다. 제사를 드려 기도하다는 뜻이다. 갑골문에서 축(祝)은 이나 과 같이 쓰기도 한다.

⑬ 갑골문 (2166): 복사에서 나 로 쓰기도 하는데, '계(啟)'자로 해석된다. 구름이 걷히다, 날이 개다는 뜻으로 풀이된다.

> 연습

**13401**     **13393**     **13649**

## 008
"有大雨"

장대비 (Heavy Rain) 30048

 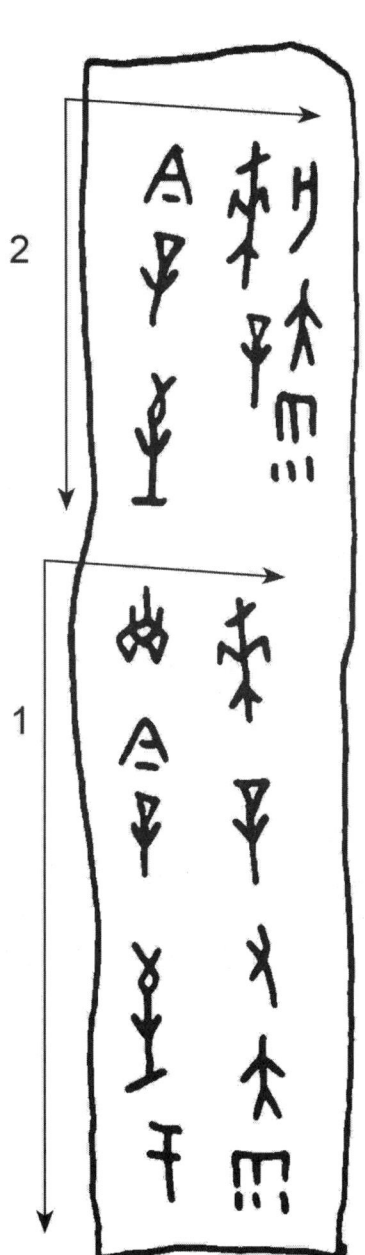

> 傳寫

      [갑골문 摹寫 2행]

> 번역

【1】 自今辛至于來辛, 有大雨.
【2】 自今辛至于來辛, 亡大雨.

[1] 이번 '신'일부터 다가오는 '신'일까지 큰 비가 내릴까요?
[2] 이번 '신'일부터 다가오는 '신'일까지 큰 비가 내리지 않을까요?

> 해설

이 갑골은 『갑골문합집』 제30048편에 보이며, 제3기~제4기(無名組) 복사에 속한다. 대체적인 뜻은 이번 '신'일부터 다음 '신'일까지 큰 비가 내릴 것인지를 점쳐 물은 것이다. 상나라 때 비가 내릴지를 점칠 때 등장하는 시간대는 매우 많은데, 이 갑골은 두 개의 간지일 사이의 시간대에 주목했다.

> 글자풀이

① 갑골문 ⺈(0905): 오른손의 모습을 그렸는데, '우(又)'자로 해독된다. 좌우(左右)라고 할 때의 우(右)이며, 유무(有無: 있고 없음)라고 할 때의 유(有)와 복우(福佑: 보우하다)라고 할 때의 우(佑), 재우(再又: 다시)라고 할 때의 우(又), 유제(侑祭: '유'제사)라고 할 때의 유(侑) 등으로 파생되거나 가차되었다. 이 갑골 편의 '우대우(又大雨)'는 '유대우(有大雨)', 즉 "큰 비가 있을까요?"라는 뜻이다.

② 갑골문 ⼤(0197): 사람이 바로 선 모습으로, '대(大)'자로 옮길 수 있다. 즉 대소(大小)라고 할 때의 대(大)이다. 대(大)는 상나라 때에는 나라 이름으로도 쓰였는데, '대방(大方)'이라는 이름이 등장한다.

③ 갑골문 ⼁(3367): '무(亡)'자로 옮길 수 있다. 즉 '무(亡)'의 초기 글자이다. 구성 원리는 불분명하다. 복사에서는 모두 유무(有無)라고 할 때의 무(無)로 풀이된다. '우(又)'와 대구를 이룬다. 예컨대 이 갑골 편에서 '무대우(亡大雨)'는 '우대우(又(有)大雨)'와 대칭을 이룬다. 무(亡)는 동사로, '없다'는 의미이다. 또 다른 부정사 불(不), 불(弗), 필(弜), 무(毋), 물(勿: 易), 비(非), 매(妹) 등과 결합하여 '~하지 않다'나 '~일리 없다' 등의 의미를 나타낸다.

연습

30038

30171

30040

## 009
### "遘大風"
거센 바람을 만나다 (Encounter Gusty Wind) 30238

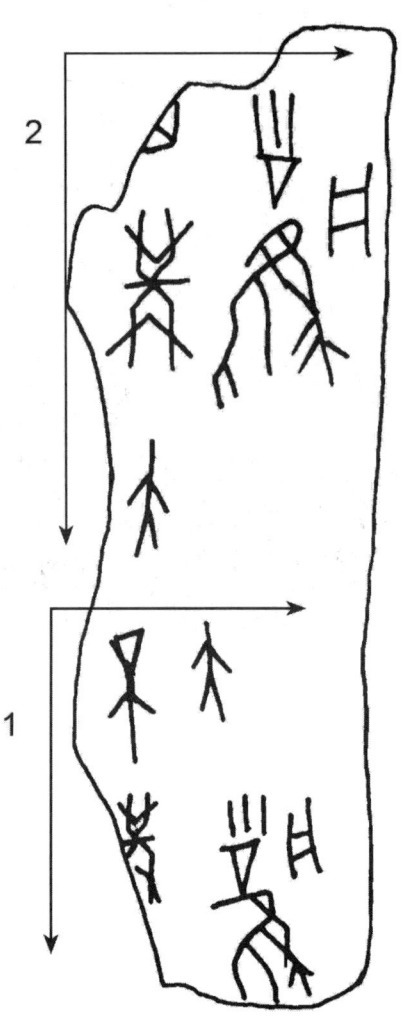

傳寫

### 번역

【1】 不遘大風.
【2】 其遘大風.

[1] 큰 바람을 만나지 않을까요?
[2] 큰 바람을 만나게 될까요?

### 해설

이 갑골은 『갑골문합집』 제30238편으로, 제3기~제4기(無名組) 복사에 속한다. 큰 바람을 만나게 될 것인지를 점쳐 물었다.

### 글자풀이

① 갑골문 ▧(1769): '풍(風)'자인데, 봉황새의 모습이다. 때로 소리부인 '범(凡)'이 추가되기도 했다. 상나라 때는 '바람(風)'이 상제(上帝)의 사신이라 여겨졌다. 그래서 복사에 "상제께서 바람을 불게 할까요?(帝其令風)"라는 기록이 보인다.

② 갑골문 ▧(3116): '구(冓)'자로 옮길 수 있다. 『설문해자』에서 "구(遘)는 만나다는 뜻이다(遇也). 착(辵)이 의미부이고 구(冓)가 소리부이다."라고 했는데, 구(冓)는 '구(遘)'의 초기 글자이다. 어떤 물건 두 개가 교차하거나 물고기 두 마리가 서로 만나는 모습을 그렸다.

### 연습

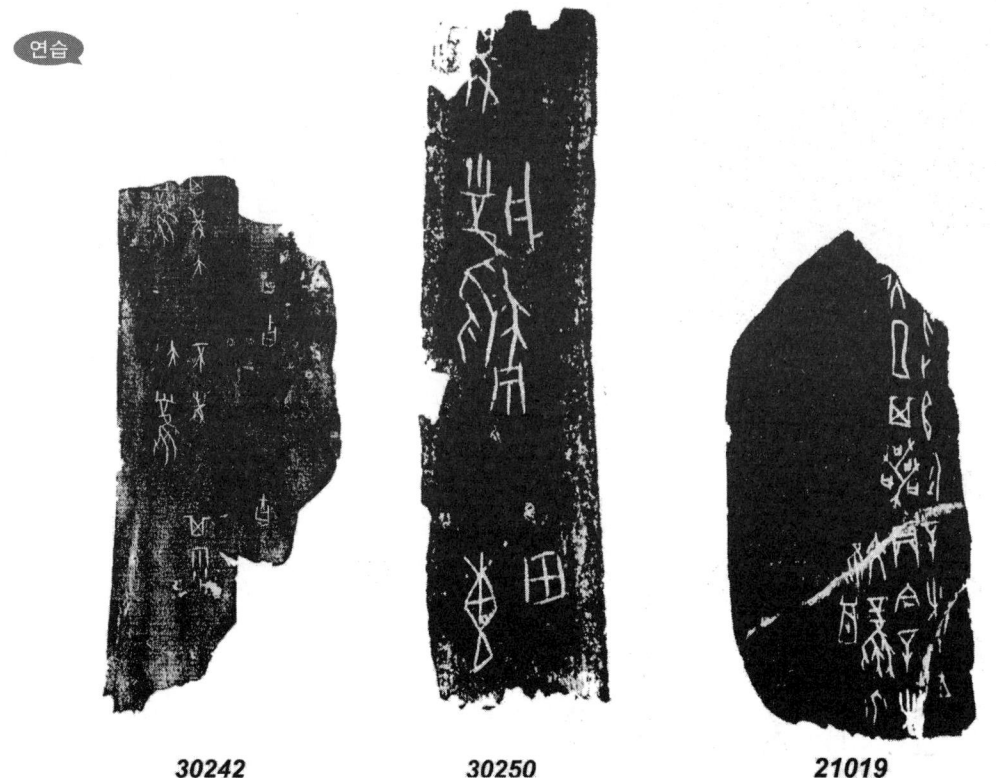

30242　　30250　　21019

## 010
### "大驟風"
강력한 폭풍 (Strong Gale) 00137

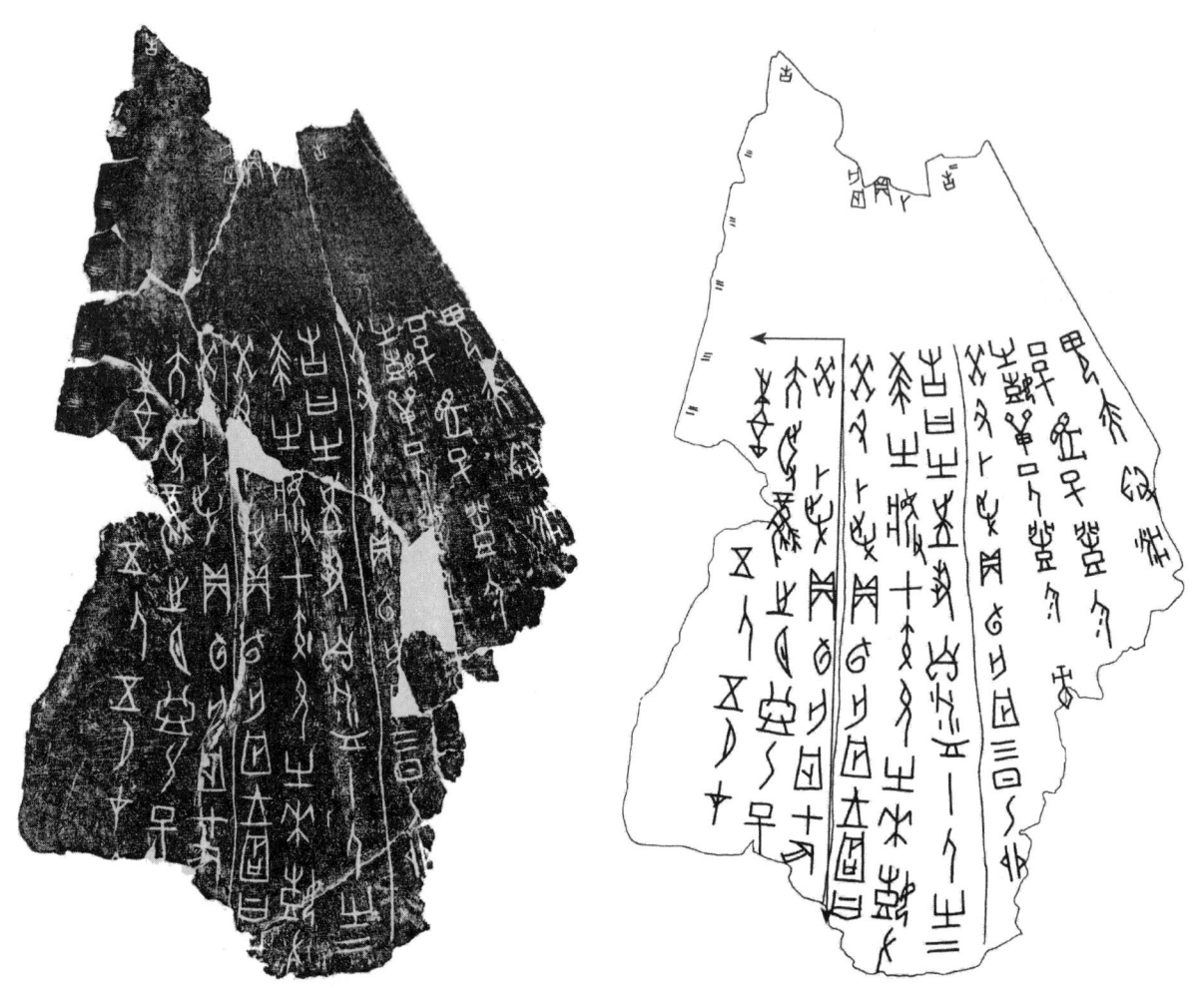

> **번역**

癸卯卜, 爭貞: 旬亡禍. 甲辰大驟風.
之夕嚮乙巳執囗五人. 五月在[敦].

계묘일(제40일)에 점을 쳐, 점복관 '쟁'이 물어 봅니다. 10일 동안 재앙이 없을까요? 갑진일(제41일)에 강풍이 불었다.

그날 밤부터 을사일(제42일)까지 囗5명을 잡았습니다. 오월이었으며, ['돈(敦)'이라는 곳에서]였다.

> **해설**

이 갑골은 『갑골문합집』 제00137편에 보이는데, 제1기(典賓類) 복사에 속한다. 여기서는 화살촉처럼 뾰족한 부분에 새겨진 복사만 살펴보기로 하는데, 두 가지 일에 대해 기록했다. 하나는 점복관 쟁(爭)이 계묘일(제40일)에 다가오는 10일간의 안녕에 대해 점을 쳤는데, 갑신일에 큰 바람이 불 것인지에 관한 것이다. 다른 하나는 갑진일로부터 을사일에 이르는 한 밤중 동안에 일어난 일에 대한 기록이다. 5명이 잡혔거나 도망한 것에 관한 일인데, 당시는 5월이었고, 사건은 '돈'이라는 곳에서 일어났다. 떨어져 나간 부분이 있어서 이 5명의 신분에 대해서는 정확히 알 수 없다.

> **글자풀이**

① 갑골문 囗(2240): 자로 옮길 수 있다. '재앙(禍)'이나 '안 좋은 일(咎)'이나 '걱정거리(憂)'로 해석한다. 복사에 무우(亡尤), 무재(亡災), 무타(亡它), 무화(亡囗), 무재(亡𢦏) 등과 같은 어휘들이 등장한다. 이는 모두 의미가 비슷하여 '재앙이 없음'을 말하지만, 각 시기의 복사에서 쓰인 용법은 각자 차이를 보인다. 예컨대, 10일간의 안녕을 물은 복순(卜旬)복사에서는 '10일 동안 재앙이 없을까요?(旬亡囗)'에서처럼 '무화(亡囗)'로만 쓰였다.

② 갑골문 (0688): 夏자로 옮길 수 있는데, 취풍(驟風: 큰 바람)의 '취(驟)'자로 해석한다. 두 손으로 귀를 가린 모습이다. 이는 '취(撤)'의 초기 글자인데, 취(驟)자로 가차되었다. 혹자는 회의 구조로 보아 사람이 두 손으로 귀를 가릴 정도로 세찬 바람이 부는 것을 그렸다고 보기도 한다.

③ 갑골문 (1769): 봉황새의 모습을 그려 '봉(鳳)'자이다. 복사에서 원래 뜻으로 쓰인 경우는 없으며, 모두 풍우(風雨)라고 할 때의 '풍(風)'자로 가차되었다.

④ 갑골문 (1152): 석(夕)자로 옮길 수 있는데, 갑골문에서 '월(月)'자와 비슷하다. 석(夕)과 월(月)은 복사에서 구분하기 어려운 경우가 종종 있는데, 문장 속의 의미에 근거해 구분해야 한다. 일반적으로 초기 단계의 '월(月)'은 로, '석(夕)'은 으로 적었지만, 후기에 들면 뒤바뀐다. 복사에서는 습관적으로 석(夕)과 일(日)이 대응하여 언급된다. 그래서 '석(夕)'은 '밤(夜)'이라는 뜻으로 풀어야 한다.

⑤ 갑골문 : 발의 모습을 그렸는데, '지(止)'자로 옮긴다. 아랫부분에 가로획 하나를 더하면 '지(之: 가다)'라는 뜻이 된다. 지석(之夕)은 갑진일의 밤을 말한다.

⑥ 갑골문 (2814): 구석규(裘錫圭, 1935~ )는 이를 '명(皿)'자로 해독했다. 『시경·정료(庭燎)』의 '밤이 어떻게 되었나? 날이 막 새려 하네.(夜如何其, 夜嚮晨)'에서의 '향(嚮: 새벽이 되어 가는 시점)'(=向)과 같이 읽어야 하며, 전날과 이어지는 다음날 사이의 시간대를 말한다고 했다. 즉 밤이 끝나고 다

음날이 시작될 때의 시간대를 말한다고 했다. 이 갑골 편의 '지석명을사(之夕㝵乙巳)'는 바로 갑진일이 끝나고 다음날인 을사일이 시작되는 그 시간대를 말한다.

⑦ 갑골문 ⚌(2595): 幸자로 옮길 수 있다. 수갑이나 차꼬를 찬 모습을 그렸으며, 수갑이나 차꼬를 채워 체포함을 말한다. 조평안(趙平安, 1964~ )은 글자에서 수갑이나 차꼬가 분리된 모습을 하였기에 도망가다는 뜻으로 보아야 한다고 했다. 잘려나간 부분이기에 이 5명을 체포했다는 것인지, 아니면 이 5명이 도망을 쳤다는 것인지 분명하게 알 수가 없다.

⑧ 갑골문 ⚌(3332)는 '재(才)'자로 옮길 수 있다. 복사에서는 모두 '…에서(在)'라는 뜻으로 풀이된다.

⑨ 갑골문 ⚌(1986)는 𩫖자로 옮길 수 있다. '돈(敦)'으로 읽는다. 지명이다. 이 탁본에서 이 글자는 이미 잘려나간 상태이다.

**연습**

**00367**

**13362**

**011**

"出虹"

무지개의 출현 (Rainbow Appears) 10406

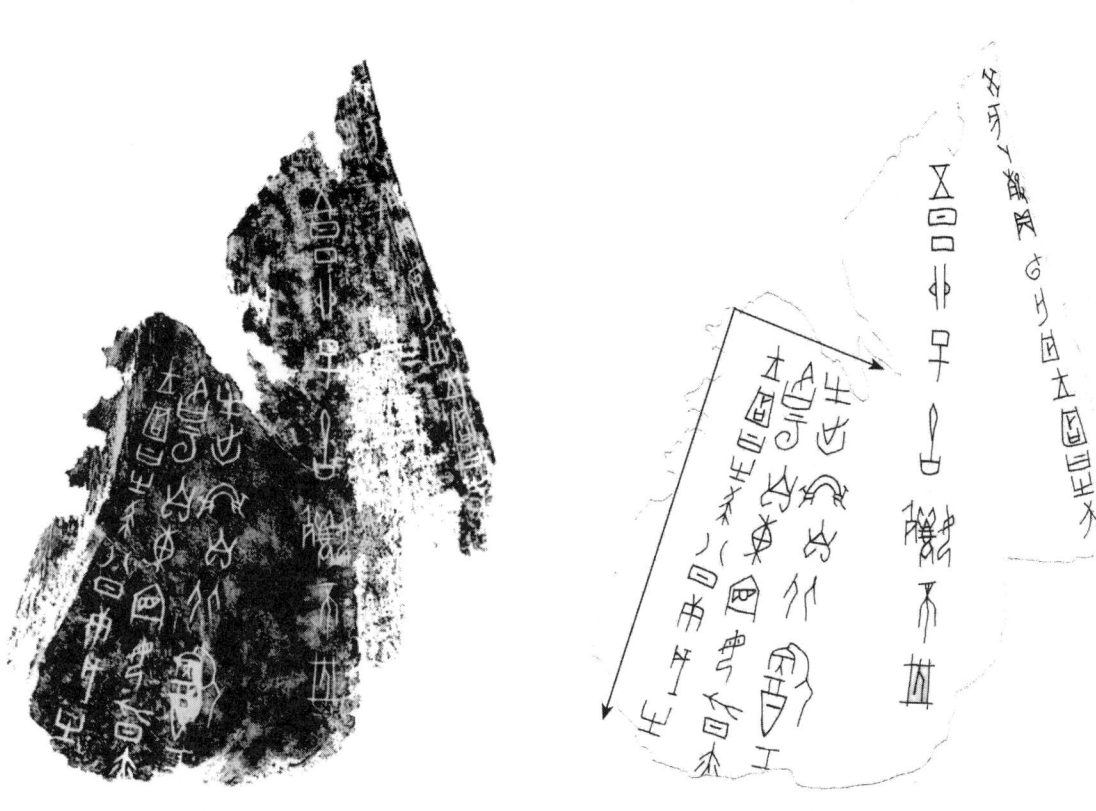

### 번역

王占曰：有祟！八日庚戌, 有格雲自東, 冒晦. 昃, 亦有出虹自北, 飮于河.

왕께서 점괘를 해석해 말했다. 재앙이 생기리라! 8일째 되던 경술일(제47일)에 구름이 동쪽으로부터 몰려와 전체 하늘을 덮어 캄캄해졌다. 해거름이 되자 무지개가 북쪽에서 생겨났는데, 황하에까지 뻗쳐 물을 마시는 형상을 했다.

### 해설

이 갑골은 『갑골문합집』 제10406편(뒷면)인데, 제1기(典賓類) 복사에 속한다. 원편의 3행에는 점사(占辭)와 험사(驗辭)만 실려 있다. 왕은 당시의 무정(武丁) 임금을 말한다. 대체적인 뜻은 다음과 같다. 무정 임금이 갈라진 금을 보고서 점괘를 해석해 말했다. '좋지 않은 일이 발생할 것이다.' 8일이 지난 경술일에 비구름이 동쪽으로부터 몰려왔고 온 천지가 캄캄해졌다. 오후에는 또 무지개가 북쪽으로부터 생겨났고, 황가까지 뻗쳐 물을 마시는 듯 했다.

### 글자풀이

① 갑골문 ᄂ(3350): 구성 의미는 불분명 하다. 유무(有無)라고 할 때의 '유(有)'자로 풀이한다.

② 갑골문 ᄎ(1540): 수(希)자로 옮길 수 있다. 점사(占辭)에 보이는 '유수(ᄂᄎ)'는 '유수(ᄂ希)'로 옮길 수 있는데, 곽말약(郭沫若)은 '재앙이 있을 것이라(有祟)'로 해석했다. 구석규(裘錫圭)는 '유수(ᄂᄎ)'를 '유구(有咎)'로 풀이해야 한다고 했다. '유수(有祟)'나 '유구(有咎)'는 모두 좋지 않은 일이나 불길한 일이 생기다는 뜻이다.

③ 갑골문 八(3685): '팔(八)'자로 해석된다.

④ 갑골문 (0807): '각(各)'자로 옮길 수 있는데, 사람의 발이 구덩이(지하 움집)로 들어가는 모습을 그렸다. 멈추어 서서 나아가지 않다는 뜻이다. 고대문헌에 자주 보이는 '격(格)'과 같은 뜻인데, 『상서』의 '격우상하(格于上下: [은덕이] 상하에 이르렀네)'나 '격우황천(格于皇天: 하늘에까지 이르렀네)' 등이 그렇다. 복사에서는 구름(雲)에 대해 각운(各雲), 이운(二雲), 삼색운(三色雲), 사운(四雲), 오운(五雲), 육운(六雲) 등의 표현이 보인다. 각운(各雲)에서의 '각(各)'은 일반적으로 이르다, 왔다는 뜻으로 해석한다.

⑤ 갑골문 (0609): '면(面)'이나 '환(宦)'자로 옮길 수 있다. '모(冒)'의 초기 글자로, 뒤덮다는 뜻으로 해석한다.

⑥ 갑골문 (0423): 여(女)자에 두 점이 더해졌는데, 유방을 상징한다. '모(母)'의 초기 글자이다. 복사에서 '모(母)'는 어머니라는 원래 뜻으로 사용되는 외에도 여(女)와도 통용된다. 또 부사로도 쓰여 '무(毋: ~하지 말라)'로 해석되기도 한다. 이 갑골 편에서는 '회(晦)'자로 가차되었다. 손상서(孫常敘, 1908~1994)는 이 갑골에서의 '각운(各雲)'을 비구름이 몰려오다는 뜻으로 해석했으며, 를 '모회(冒晦)'로 읽어야 한다고 주장했다. 모(冒)는 '뒤덮다'는 뜻이고, 회(晦)는 '어둠이 몰려오다'는 뜻이다.

⑦ 갑골문 (0240): 해가 서쪽에서 비스듬히 비추어 사람의 그림자가 길게 기울어진 모습이다. '측(昃)'자로 해석되며, 회의자이다. 오후 2시에서 4시 사이를 말한 것으로 보인다.

⑧ 갑골문 (0805): 사람의 발이 구덩이(지하 움집)로부터 나오는 모습을 그렸다. '출(出)'의 초기 글자이다.

⑨ 갑골문 (3358): 물체 하나에 머리가 둘 달린 모습으로, '홍(虹)'의 초기 글자이다. 상나라 때 무지개를 머리가 둘 달린 영물로 보았음을 알 수 있다. 한나라 때까지도 석각 등의 그림에는 무지개를 머리가 둘 달린 용으로 그렸었다.

⑩ 갑골문 (2730): 사람이 입을 크게 벌리고 술통에서 술을 빨아들이는 모습을 그렸다. '음(飮)'자로 해석된다.

⑪ 갑골문 亍(3354): '우(于)'의 초기 글자이다. 무엇을 그렸는지는 알 수 없다. 연결 조사로 쓰여 사람, 장소, 시간 등의 소재를 나타내는데 쓰였다.

⑫ 갑골문 (1328): '하(河)'자로 옮길 수 있다. 고대 문헌에 자주 보이는 '하(河)'는 황하 강을 지칭하는 고유명사이다. 그러나 복사에 보이는 '하(河)'가 황하를 지칭하는 고유명사인지는 아직 실증할 수가 없다. 안양(安陽)을 싸고 흐르는 원수(洹水)를 지칭했을 수도 있다.

> 연습

**13444**

**21025**

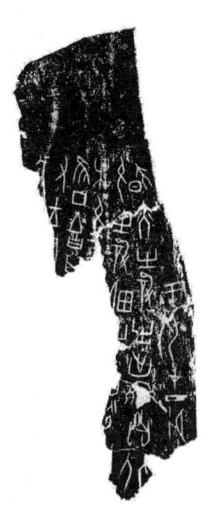

**13442**

## 012
### "辛大啟"
**'신'일의 맑음** (Xīn Day Brightened Up) 30190

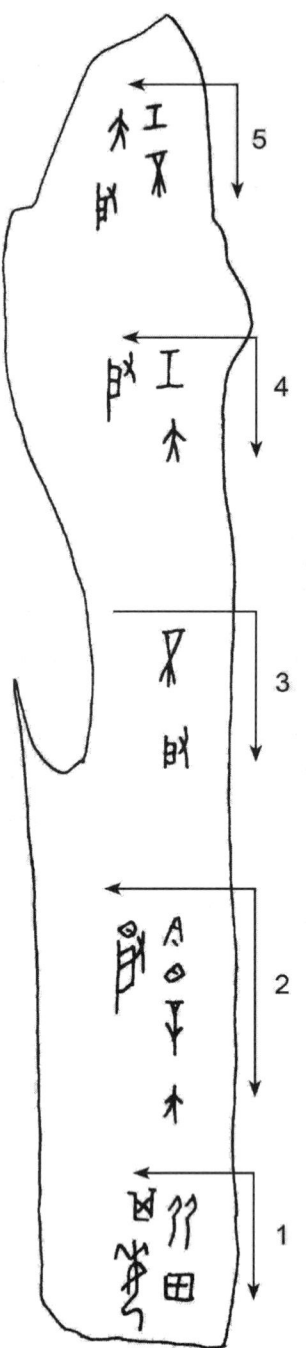

傳寫

弜 田 囚 其

亼 日 辛 大 啟

不 啟

壬 大 啟

壬 不 大 啟

번역

【1】 弜田其悔.
【2】 今日辛大啟.
【3】 不啟.
【4】 壬大啟.
【5】 壬不大啟.

[1] (만약) 사냥을 가지 않는다면 후회하게 될까요?
[2] 오늘, (이) '신'일에 (날이) 크게 갤까요?
[3] 개지 않을까요?
[4] (다음날인) '임'일에 (날이) 크게 갤까요?
[5] '임'일에 (날이) 크게 개지 않을까요?

해설

이 갑골은 『갑골문합집』 제30190편에 보이며, 제3기~제4기(無名組) 복사에 속한다. 골판이 완전한 상태는 아니지만 다행히 대강의 뜻은 알 수 있다. 외지로 사냥을 나가는 것이 잘하는 일일지, 그리고 후회하지 않을 일인지를 점쳐 물었다. 이와 동시에 '신'일과 이튿날인 '임'일에 날이 크게 갤 것인지를 물은 내용이다.

글자풀이

① 갑골문 弜(2630): 필(弜)자로 옮길 수 있다. 2개의 궁(弓)으로 구성되었다. 복사에서는 부정 부사로 쓰였으며, 바람이나 희망에 대한 부정을 나타내는데 사용된다. '필전(弜田)'은 사냥을 가지 않아야 함을 말한다. 갑골문에 등장하는 7개의 부정사 중 필(弜)은 물(芴)(勿)과 가장 비슷하며, '~해서는 아니 된다', '~하지 말라' 등의 의미이다. 그러나 '물(勿)'은 제1기와 제2기 복사에 자주 보이며, '필(弜)'은 제2기 이후의 복사에 자주 보인다.

② 갑골문 田(2189): '전(田)'자로 해석된다. 복사에서 '전(田)'은 대부분 전렵(畋獵: 사냥하다)이라고 할

때의 전(田)으로 쓰인다. 이후 전간(田墾: 밭을 개간하다)라고 할 때의 전(田)을 뜻하게 되었다. 이는 고대 사회에서 사냥과 농경이 밀접한 관계가 있었기 때문이다.

③ 갑골문 🩻(0432): 머리 위에 깃으로 된 장식을 단 여성을 그렸다. '매(每)'자로 옮길 수 있다. 복사에서는 '회(悔)'자로 가차되었다. 예컨대, '기회(其悔)'나 '불회(弗悔)'가 그것인데, '잘못을 하다', '~을 후회하다'는 뜻으로 해석된다. 또 '회(晦)'로도 가차되어 캄캄하다(陰晦)는 뜻으로도 쓰인다. 이 갑골의 '필전기회(弜田其悔)'는 '사냥을 가지 않으면 후회하게 될까요?'라는 뜻이다.

연습

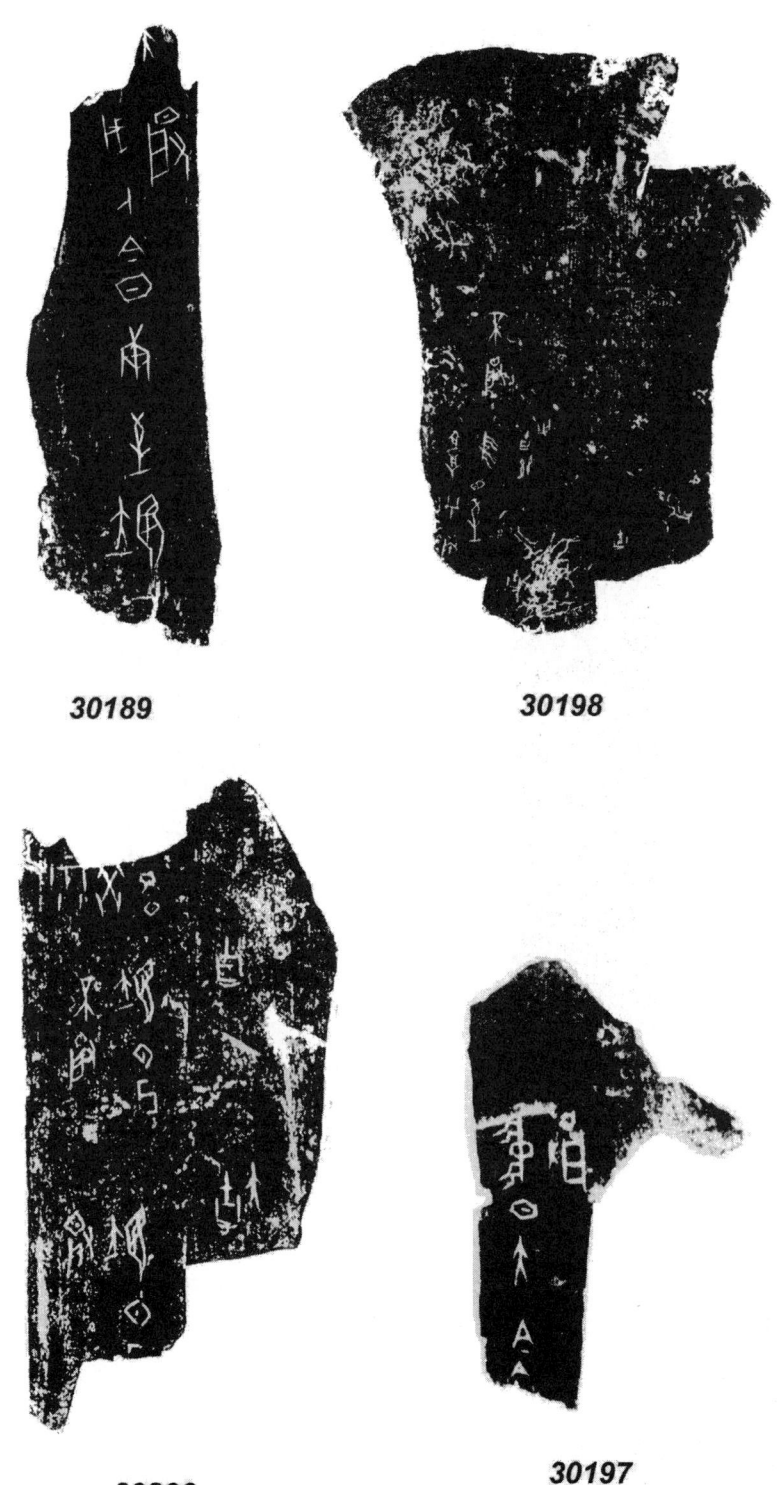

30189

30198

30206

30197

## 013

"瑒日"

날짜의 변경 (Changing Date) 13271

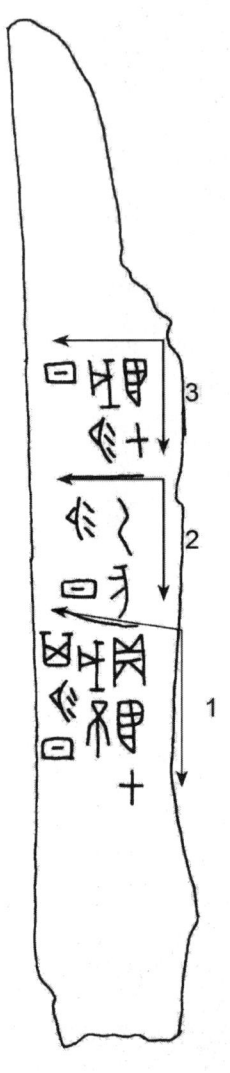

傳寫

### 번역

【1】 貞：翌甲戌不其昜日.
【2】 翌, 甲戌昜日.
【3】 乙亥昜日.

[1] 점을 쳐 물어봅니다. 다가오는 '갑술'일(제11일)에 날짜를 바꾸지 않아도 될까요?
[2] 다가오는 '갑술'일(제11일)에 날짜를 바꾸어야 될까요?
[3] '을해'일(제12일)에 날짜를 바꾸어야 될까요?

### 해설

이 갑골은 『갑골문합집』 제13271편으로, 제1기(典賓類) 복사에 속한다. 대체적인 의미는 이튿날인 갑술(甲戌)일에 날짜를 바꿀 수 있을 것인지, 제3일째인 을해(乙亥)일에 날짜를 바꿀 수 있을 것인지를 물은 것이다. '날짜를 바꾸다'는 것은 아마도 길일의 선택과 관련된 일로 보인다.

### 글자풀이

① 갑골문 ⟨字⟩(3328): '역(易)'자로 옮길 수 있다. 역(易)은 갑골문에 보이는 ⟨字⟩(2659)의 간략화한 모습으로 보인다. 이 글자는 항상 '일(日)'자와 연결되어 사용된다. 역일(易日)(⟨字⟩ ⟨日⟩)에 대한 의미는 학자마다 의견이 다른데, 대체로 다음의 몇 가지 해석이 있다. (i)천상에 관한 용어로 날이 흐림을 뜻하여, 역일(昜日)을 음일(陰日)로 보는 견해이다(郭沫若). (ii)석일(錫日), 즉 사일(賜日)로 해석하여, 날이 맑아지기를 기도하다는 뜻으로 풀이한다. (iii)역일(昜日)은 역일(易日)로 보아, 햇무리를 뚫고 해가 나오다는 뜻으로 풀이한다(吳國升). (iv)갱일(更日) 즉 역일(易日)로 날짜를 바꾸다, 다시 말해 길일이 될 날짜를 택하는 뜻으로 풀이한다. 즉 갱일(更日)은 택일(擇日)인 셈인데, 길하면 날짜를 바꾸지 않고, 불길하다면 날짜를 바꾸다는 뜻이다(孫詒讓, 沈建華). '역일(易日)'의 정확한 의미에 대해서는 좀 더 깊은 연구가 필요하다. 여기서는 갱일설(更日說)을 따랐다.

연습

*14330*

*13272*

*13263*

*13244*

## 014
### "東方曰析"
### '석'이라 불리는 동방의 바람 신 (East is Called Xī) 14294

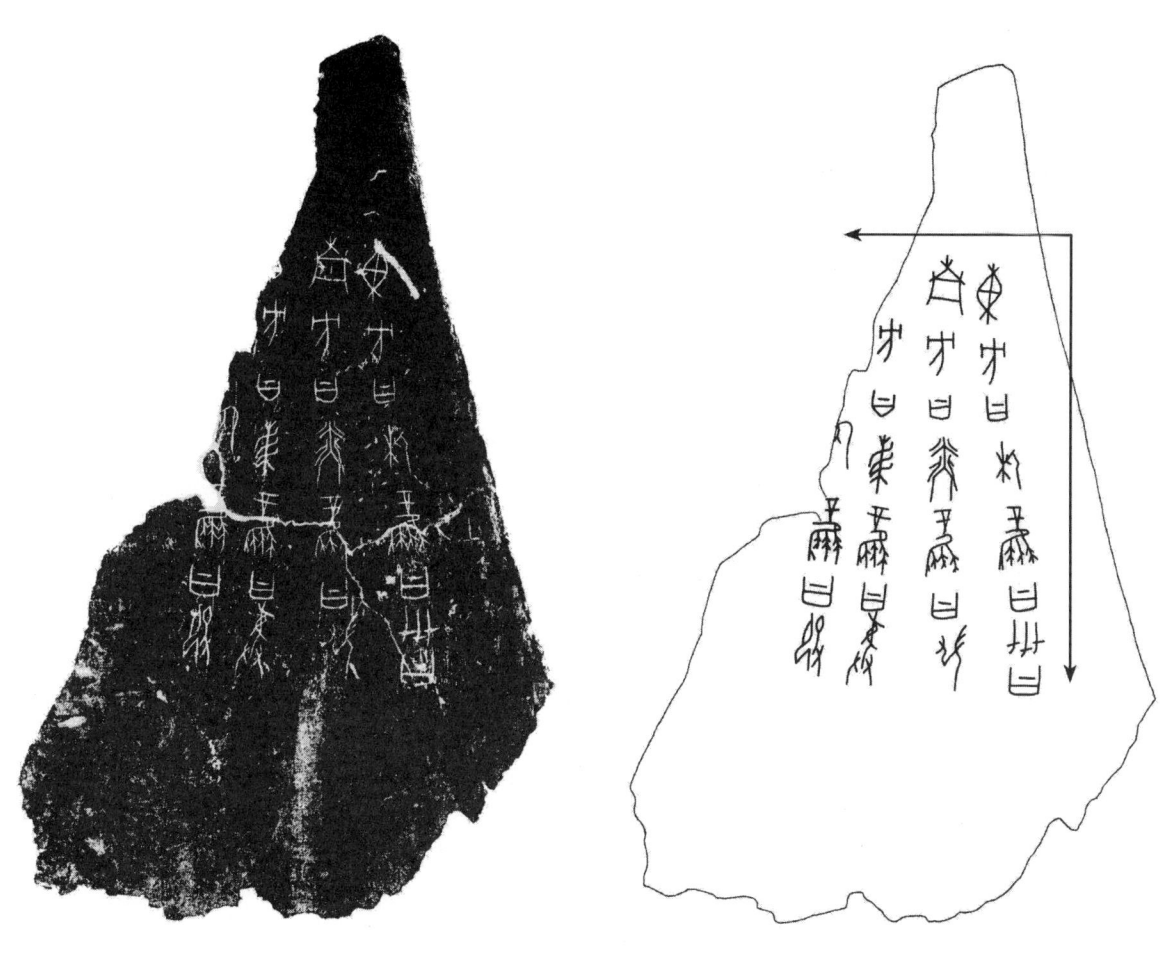

傳寫

東方曰析鳳曰劦

㞢方曰效鳳曰彘

【囟】方曰羍鳳曰彝

【夗方曰】凡鳳曰役

본문(선독) **45**

### 번역

東方曰析, 風曰劦,
南方曰因, 風曰凱,
[西方]曰韋, 風曰彝,
[北方曰]伏, 風曰殳.

동방의 신을 석(析)이라 하고, 동방의 바람 신을 협(劦)이라 한다.
남방의 신을 인(因)이라 하고, 남방의 바람 신을 개(凱)라 한다.
[서방의 신을] 위(韋)라 하고, 서방의 바람 신을 이(彝)라 한다.
[북방의 신을] 복(伏)이라 [하고], 북방의 바람 신을 역(殳)이라 한다.

### 해설

이 갑골은 『갑골문합집』 제14294편인데, 제1기(典賓類) 각사에 속하며, 복사가 아니다. 상나라 때의 7언 절구와 비슷한 형식이다. 기록된 내용은 다음과 같다. 동방을 관장하는 신의 이름은 석(析)이고, 그 신이 부리는 바람의 이름은 협(劦)이다. 남방을 관장하는 신의 이름은 인(因)이고, 그 신이 부리는 바람의 이름은 개(凱)이다. 서방을 관장하는 신의 이름은 위(韋)이고, 그 신이 부리는 바람의 이름은 이(彝)이다. 북방을 관장하는 신의 이름은 복(伏)이고, 그 신이 부리는 바람의 이름은 역(殳)이다.

『산해경(山海經)·대황동경(大荒東經)』에 이런 기록이 보인다. "절단(折丹)이라는 사람이 있는데, 동방을 관장하는 신을 석(析)이라 하며, 내 뿜는 바람을 준(俊)이라 한다. 동방의 극지방에 있으면서 바람을 내뿜고 들이 쉰다.(有人名曰折丹, 東方曰析, 來風曰俊, 處東極以出入風.)" 또 『산해경·대황남경(大荒南經)』에서는 이렇게 말했다. "인인호(因因乎)라는 신이 있는데, 남방을 관장하는 신을 인호(因乎)라 하고, 바람을 내 뿜는 신을 호민(乎民)이라 하는데, 남방의 극지방에 처하면서 바람을 내뿜고 들이 쉰다.(有神名曰因因乎, 南方曰因乎, 夸風曰乎民, 處南極以出入風.)" 이들 표현이 이 갑골 편과 매우 유사해, 놀라움을 금치 못하게 한다. 이는 상나라 때의 사방신(四方神)과 사방의 바람 이름에 대한 인식이 약 1천 년 간이나 전해져 전국시대 때까지 기억으로 존재했음을 말해 준다. 동시에 『산해경』 같은 전래 문헌들이 결코 허위로 날조된 것이 아니라 어떤 근거를 갖고 있음을 보여주기도 한다.

호후선(胡厚宣)으로부터 시작해서 학계에서는 이 갑골 편에 기록된 사방신과 그 신의 이름, 특히 이러한 이름의 의미에 대해서 많은 연구가 이루어졌다. 『산해경』 외에도 『상서(尙書)』와 『노자(老子)』 등과 같은 고대 문헌에서도 이 갑골 편의 사방과 바람에 대한 언급과 유사한 기록이 등장한다.

### 글자풀이

① 갑골문 (3119): 형체 구조는 쟁기(耒)와 유사한데, '방(方)'자로 옮길 수 있다. 인방(人方)이나 토방(土方) 등과 같이 방국(方國)의 방(方)으로 쓰였다. 또 동방(東方)이나 서방(西方) 등과 같이 사방(四方)의 방(方)으로도 쓰인다. 또 "대시를 지내는데, '고방'이 쳐들어올까요?(于大示告方來)"에서와 같이 나라 이름으로도 쓰였다.

② 갑골문 (1413): 목(木)과 근(斤)으로 구성되었는데, 도끼(斤)로 나무(木)를 쪼개는 모습을 그렸다.

'석(析)'자의 초기 글자로 보인다.

③ 갑골문 ▦ (0735: 3개의 쟁기(耒)가 나란히 진열된 모습으로, '협(劦)'이나 '협(劦)'자로 옮길 수 있다. 『설문해자』에서 "협(劦)은 힘을 한데 모으다는 뜻이다(同力也). 3개의 력(力)으로 구성되었다."라고 했다. 『산해경』에서는 "유호의 산에서 부는 바람을 '약협'이라 한다(惟號之山, 其風若劦.)"라고 했다. 복사에서 협(劦)은 바람 신의 이름으로 쓰였다. 또 제사 이름으로도 쓰였는데, 5가지 주요 제사 중의 하나이다.

④ 갑골문 ▦ (0223): 사람이 옷 같은 포대 속에 든 모습을 그렸는데, '인(因)'자로 해석된다. 여기서 '인(因)'은 남방의 신을 지칭하는 이름으로 가차되었다.

⑤ 갑골문 ▦ (0035): 사람이 머리칼을 들어 올리는 모습을 그렸는데, '개(兂)'자로 옮길 수 있다. 복사에서는 남방의 바람 신을 지칭하는 이름으로 쓰였다. 『시경·개풍(凱風)』에 "개풍이 남방으로부터 불어오고(凱風自南)"라고 노래한 표현이 보인다.

⑥ 갑골문 ▦ (3260)은 초목에 꽃이 피고 과실이 열린 모습인데, 桒자로 옮길 수 있으며, 위(韋)로 읽는다. 복사에서는 서방 신을 지칭하는 이름으로 가차되었다.

⑦ 갑골문 ▦ (1044): '이(彝)'자로 읽는데, 포로를 제사에 올리는 모습을 그렸다. 여기서는 서방의 신 이름이나 바람 신의 이름으로 가차되었다. 복사에서 '이(彝)'는 제사 이름으로도 쓰인다.

⑧ 갑골문 ▦ (0047): 사람이 땅에 엎드린 모습인데, '포(勹)'자로 옮길 수 있다. 포(勹)는 '복(伏)'의 초기 글자이다. 『사기색은(史記索隱)』에서 "북방(北方)을 복방(伏方)이라 한다."라고 했는데, 여기서는 북방의 신 이름으로 가차되었다.

⑨ 갑골문 ▦ (0361): '역(殳)'이나 '역(役)'자로 옮길 수 있는데, 한 손으로 어떤 물건을 쥐고 꿇어앉은 사람을 때리는 모습이다. 우성오(于省吾, 1896~1984)는 이 글자를 '열(烈)'로 읽어야 한다고 논증했다. 『시경·사월(四月)』에서 말한 '동일렬(冬日烈烈: 겨울이 되어 추위 매서워지고)'의 열(烈)과 같아 '열(冽: 차다)'로 해석해야 한다. '그 바람을 역(役)이라 한다(風曰役)'라는 말은 '그 바람을 두고 차갑다고 한다(風曰冽)'라는 뜻이다. 북방의 바람 신 이름을 역(役)이라고 했는데, 북풍이 차디찼기 때문에 그렇게 불렀을 것이다.

연습

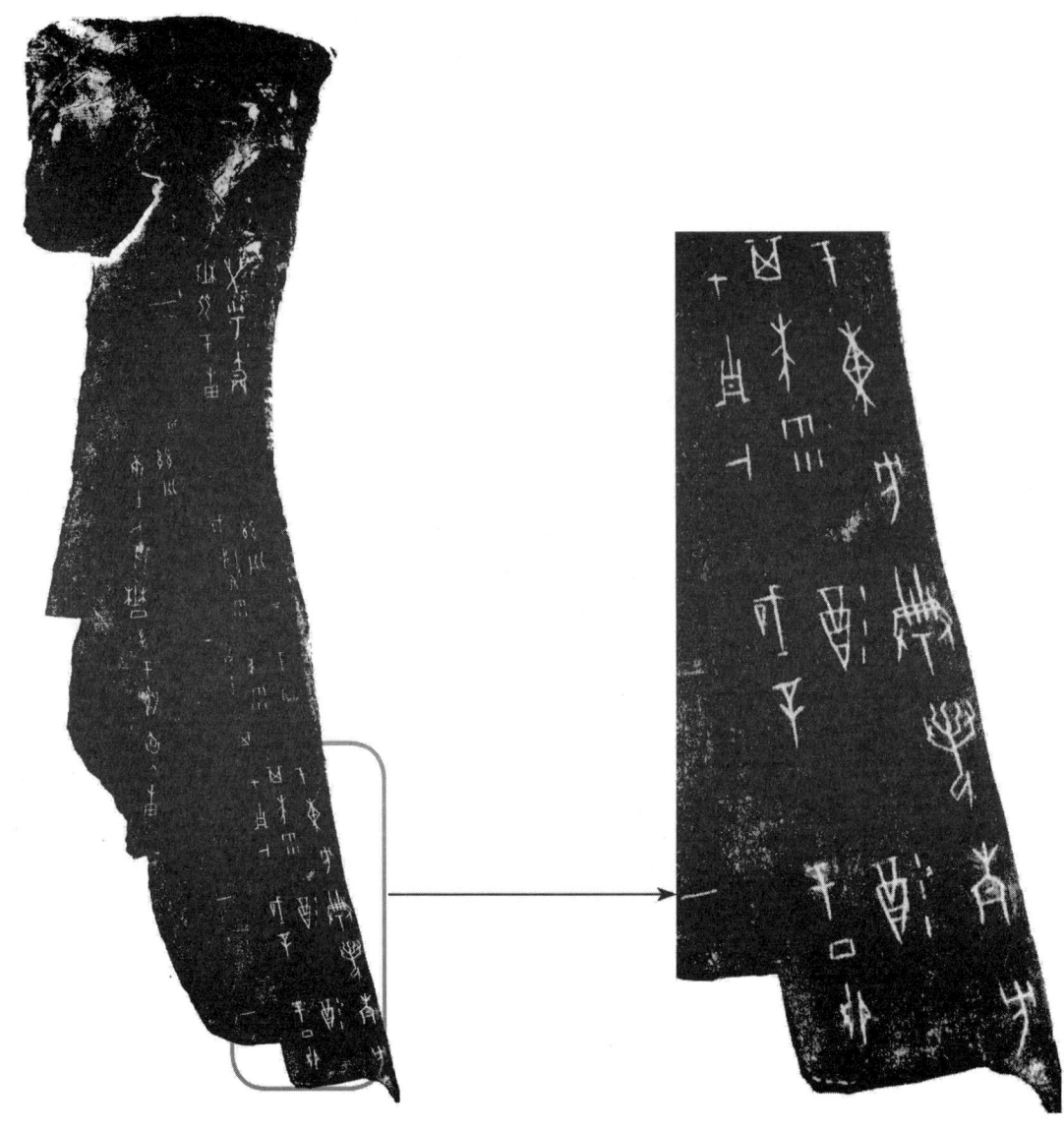

**30173**

## 015
## "禘于北方"

북방 신에게 '체'제사를 드리다 (Performing Dì-Ritual to Northern Fāng) 14295

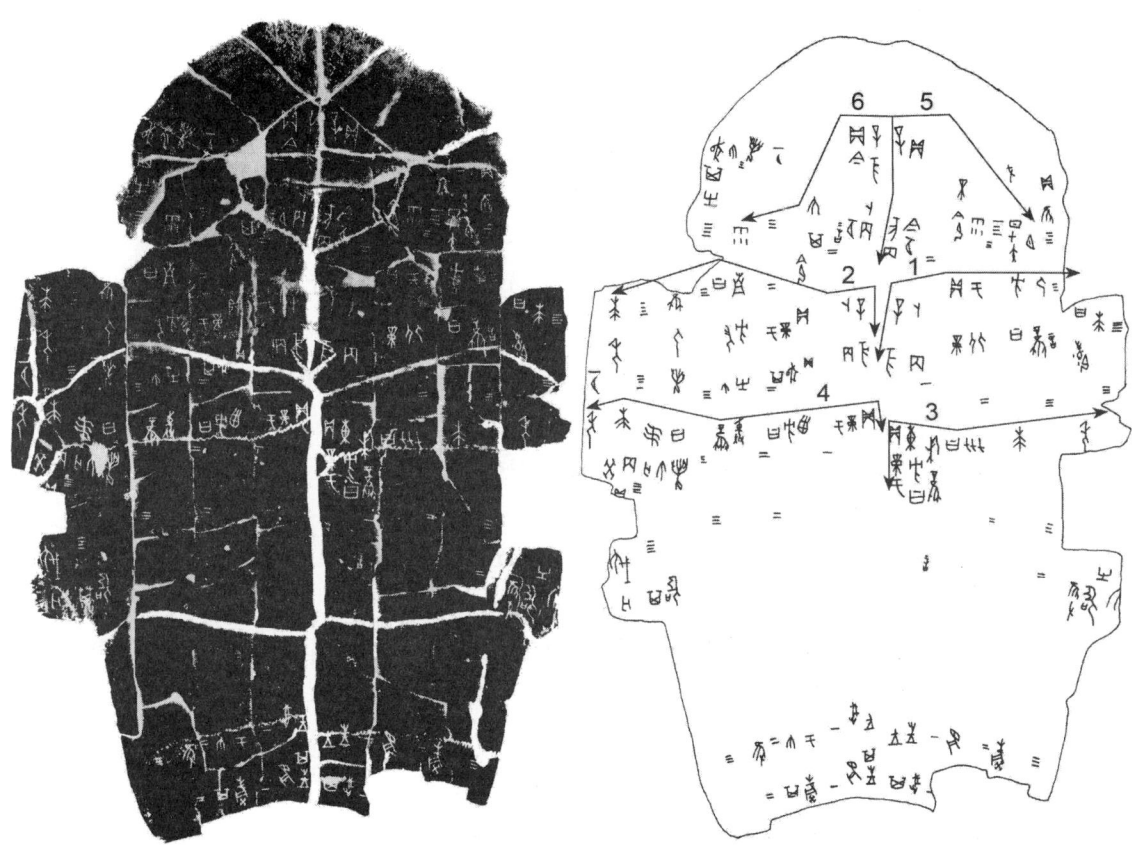

### 번역

【1】 辛亥卜, 内貞: 禘于北方曰伏, 風曰殴, 求[年].

【2】 辛亥卜, 内貞: 禘于南方曰凱, 風夷, 求年, 一月.

【3】 貞: 禘于東方曰析, 風曰魯, 求年.

【4】 貞: 禘于西方曰彝, 風曰韋, 求年.

【5】 辛亥, 内貞: 今一月帝令雨, 四日甲寅夕[雨].

【6】 辛亥卜, 内貞: 今一月[帝]不其令雨.

[1] 신해일(제48일)에 점을 칩니다. 점복관 내(内)가 물어봅니다. 복(伏)이라는 북방의 신과 역(殴)이라는 그 바람 신에게 '체'제사를 드리면, [풍년이] 들까요?

[2] 신해일(제48일)에 점을 칩니다. 점복관 내(内)가 물어봅니다. 개(凱)라는 남방의 신과 이(夷)라는 그 바람 신에게 '체'제사를 드리면, 풍년이 들까요? 1월이었다.

[3] 물어봅니다. 석(析)이라는 동방의 신과 협(魯)이라는 그 바람 신에게 '체'제사를 드리면, 풍년이 들까요?

[4] 물어봅니다. 이(彝)라는 서방의 신과 위(韋)라는 그 바람 신에게 '체'제사를 드리면, 풍년이 들까요?

[5] 신해일(제48일)에 점을 칩니다. 점복관 내(内)가 물어봅니다. 올 1월에 상제께서 [비를 내리실까요]? 4일째인 갑인일(제51일) 밤에 비가 내렸다.

[6] 신해일(제48일)에 점을 칩니다. 점복관 내(内)가 물어봅니다. 올 1월에 [상제께서] 비를 내리주시지 않을까요?

### 해설

이 갑골은 『갑골문합집』 제14295편에 보이며, 제1기(自賓間類) 복사에 속한다. 사방신과 그 바람 신에 대해 제(禘)제사를 거행할 것인지를 물었다. 그와 동시에 각 문장 다음에 풍년을 바란다는 말이 들어 있다. 그래서 사방 신과 사풍 신에게 드리는 제(禘)제사는 풍년의 기원과 관련된 듯 보인다.

이 갑골 편에 보이는 사방신과 사풍사(四風使: 사방 바람 신의 사자)에 대한 호칭이 제14편에 보이는 사방에 대한 갑골과는 약간 차이를 보인다. 이 갑골에서 언급한 동방과 북방의 신과 바람 신의 이름은 제14편과 동일하다. 그러나 남방과 서방의 신과 바람 신의 이름은 제14편과 서로 바뀌어 있다. 다음 표는 갑골문과 고대 문헌에 보이는 사방과 사방풍의 호칭 비교표이다.

|  | 東 | | 南 | | 西 | | 北 | |
|---|---|---|---|---|---|---|---|---|
|  | 方 | 風 | 方 | 風 | 方 | 風 | 方 | 風 |
| HJ14294（骨） | 析 | 魯 | 因 | 兇 | 韋 | 彝 | 伏 | 殳 |
| HJ14295（甲） | 析 | 劦 | 兇 | 尸 | 彝 | 韋 | 伏 | 殳 |
| 《山海經》* | 折 | 俊 | 因乎 | 乎民 | 夷 | 韋 | 鵷 | 狹 |
| 《尚書》** | 析 |  | 因 |  | 夷 |  | 隩 |  |

*『산해경·대황동경(大荒東經)』에서 이렇게 말했다. "대황의 가운데 산이 셋 있는데 '국릉우천', '동극', '리무'가 그것이다. 해와 달이 여기서 뜬다. 이곳을 일러 '절단'이라 한다. 동방을 관장하는 신을 절(折)이라 하며, 거기에서 불어오는 바람을 준(俊)이라 한다. 동방의 극지방에 거처하면서, 바람을 내뿜고 들이 쉰다.(大荒之中, 有山名曰鞠陵于天, 東極, 離瞀, 日月所出. 名曰折丹, 東方曰折, 來風曰俊, 處東極以出入風.)"

또 『대황남경(大荒南經)』에서는 이렇게 말했다. "인인호(因因乎)라는 신이 있는데, 남방을 관장하는 신을 인호(因乎)라 하고, 바람을 내 뿜는 신을 호민(乎民)이라 하는데, 남방의 극지방에 있으면서 바람을 내뿜고 들이 쉰다.(有神名曰因因乎, 南方曰因乎, 夸風曰乎民, 處南極以出入風.)"

또 『대황서경(大荒西經)』에서는 이렇게 말했다. "석이(石夷)라는 신이 있는데, 남방을 관장하는 신을 이(夷)라 하고, 거기서 오는 바람을 위(韋)라 하며, 서방의 극지방에 있으면서 해와 달의 길고 짧음을 관장한다.(有人名曰石夷, 西方曰夷, 來之風曰韋, 處西極隅, 以司日月之長短.)"

또 『대황북경(大荒北經)』에서 이렇게 말했다. "원(鵷)이라는 신이 있는데, 북방을 관장하는 신을 원(鵷)이라 하고, 거기서 오는 바람을 휴(悠)라 하는데, 동방의 극지방에 거처하면서 해와 달을 관리한다. 해와 달이 서로 중복되지 않도록 출몰하게 하며, 해와 달이 출몰하는 시간의 길이를 관장한다.(有人名曰鵷, 北方曰鵷, 來之風曰悠, 是處東極隅, 以止日月. 使無相間出沒, 司其短長.)"

그래서 『산해경』에 의하면, 사방신은 동방신이 절(折), 남방신이 인호(因乎), 서방신이 석이(石夷), 북방신이 원(鵷)이다.

**『상서·요전(堯典)』에서 이렇게 말했다. "그리고 희씨와 화씨에게 명하시어 넓고 큰 하늘을 받들고 따르게 하셨으며, 일월성신에 근거하여 달력을 만들어 사람들이 일을 해야 할 때를 알려주셨다. 희중에게 따로 명하시어 동쪽 바닷가에 살게 하시니 그것이 '양곡'이었다. 해가 뜨는 것을 공손히 맞아들여 봄 농사를 고르게 짓게 하셨다. 밤과 낮의 길이가 같은 것과 조성의 위치로 봄철의 때를 바로 잡아 주시면, 백성들은 들로 나가고 새와 짐승들은 교미를 하고 새끼를 쳤다. 다시 희숙에게 명하시어, 남쪽 대교산에 살게 하시니 그곳이 '명도'라는 곳이었다. 여름의 농사일을 고루 다스리고, 공손하게 해의 그림자를 표시하여 제사를 지내도록 하셨다. 해가 긴 것과 대화성의 위치로 여름철의 때를 바로 잡아 주시면, 백성들은 옷을 벗어젖히고 일을 하고 새와 짐승들은 털과 깃을 갈아 성글게 하였다. 또 화중에게 따로 명하시어 서쪽 땅에 따로 살게 하시니, 그것이 '매곡'이라는 곳이었다. 해가 지는 것을 공경히 전송하여 추수를 고루 다스리게 하셨다. 밤과 낮의 길이가 같은 것과 허성의 위치로 가을철의 때를 바로 잡아주시면, 백성들은 더위가 물러간 것을 기뻐하고 새와 짐승들은 털과 깃을 갈았다. 다시 화숙에게 명하시어 북쪽 땅에 살게 하시니, 그곳이 바로 '유도'라는 곳이었다. 겨울 농사일을 고루 살피도록 하셨다. 해가 짧은 것과 묘성의 위치로 겨울철의 때를 바로 잡아 주시면, 백성들은 방안으로 들어가고 새와 짐승들은 몸에 솜털이 자라났다. 임금께서 말씀하셨다. '아아 그대 희씨와 화씨들이여! 1년은 366일이니 윤달로 사철이 어긋남 없이 일 년을 이루도록 할 것이며, 여러 관리들을 잘 다스리고 여러 가지 일의 공적이 모두 빛나도록 해 주시오.'(乃命羲和, 欽若昊天, 曆象日月星辰, 敬授民時. 分命羲仲, 宅嵎夷, 曰暘谷, 寅賓出日, 平秩東作, 日中星鳥, 以殷仲春, 厥民析, 鳥獸孳尾. 申命羲叔, 宅南交, 曰明都, 平秩南訛, 敬致, 日永星火, 以正仲夏, 厥民因, 鳥獸希革. 分命和仲, 宅西, 曰昧谷, 寅餞納日, 平秩西成, 宵中星虛, 以殷仲秋, 厥民夷, 鳥獸毛毨. 申命和叔, 宅朔方, 曰幽都, 平在朔易, 日短星昴, 以正仲冬, 厥民隩, 鳥獸氄毛. 帝曰：咨！汝羲暨和, 朞三百有六旬有六日, 以閏月定四時成歲, 允釐百工, 庶績咸熙.)" 『상서』에서 말한 '궐민(厥民)'과 '사방'의 관계에 대해서는 좀 더 깊은 연구가 필요하다

**글자풀이**

① 갑골문 ㉠(2132): '내(內)'자로 해석된다. 내(內), 입(入), 납(納)자는 같은 데서 근원한 글자들로, 뜻도 비슷하며, 이후에 분화했다. 여기서의 '내(內)'는 제1기(賓組) 때의 점복관의 이름이다.

② 갑골문 ㉡(1132): '제(帝)'나 '체(禘)'자로 옮길 수 있다. 복사에서는 세 가지 용법이 있다. (i)상제(上帝)라고 할 때의 제(帝)로, 이 갑골 편의 '제령우(帝令雨: 상제께서 비를 내려주실까요?)'에서처럼, 바람이나 비를 부릴 수 있는 자연신을 말한다. (ii)동사로 쓰여, '체우북방(禘于北方: 북방 신에게 '체' 제사를 드릴까요?)'에서처럼 체(禘)제사를 지내다는 뜻이다. (iii)제5기 복사에서 무정(武丁)을 '제정(帝丁)'이라 불렀던 것처럼, 선왕의 묘호(廟號)를 말한다. 제(禘)제사의 체(禘)는 보통 ㉢로 쓰고, 상제(上帝)의 제(帝)는 보통 ㉣로 쓴다. 이 두 글자간의 관계와 구성 원리에 대해서는 학자들이 관심을 많이 갖고 있는 부분이다.

③ 갑골문 ㉤(1533): '훼(槱)'로 읽는데, 대부분 '칠(桼)'자의 초기 글자로 본다. 『설문해자』에서 "칠(桼)은 나무의 즙을 말하는데, 물건을 검붉게 칠할 수 있다. 상형이다.(桼, 木汁. 可以髹物. 象形.)"라고 했다. 칠(桼)은 물방이 아래로 떨어지는 모습을 하였는데, 이후 기구(祈求)하다는 뜻의 구(求)로 가차되었다. 혹자는 도(禱: 기도하다)로 보기도 한다. 복사에 '훼년(槱年)'이라는 말이 자주 보이는데, 풍년이 들기를 빌다(求年), 즉 풍성한 수확을 빌다는 뜻이다.

④ 갑골문 ㉥(0003): '시(尸)'로 읽는데, 다리를 웅크리고 앉은 모습이다. 달리 이(夷)로 쓰기도 하는데, 『논어』에서 말한 '원양이사(原壤夷俟: 원양이 웅크리고 앉아서 공자를 기다렸다)'라고 할 때의 이(夷)이다. 여기서 '이(夷)'는 남방풍의 이름이다. 이(夷)는 방국(方國)의 이름으로도 쓰였는데, 복사에 이방(夷方)을 정벌한 기록이 보인다.

⑤ 갑골문 ㉦(3259): '봉(丰)'자로 옮길 수 있다. 우성오(于省吾)는 대동(戴侗, 1200~1285)의 『육서고(六書故)』를 인용하여, "봉(丰)은 계(契)와 같다. 달리 계(㓞)로 쓰는데, 도(刀)가 더해진 모습이고, 도(刀)는 새기는 도구를 뜻한다."라고 하여 '계(契)'자의 초기 글자로 논증했으며, 칼로 홈을 새기는 모습이라고 했다. 제14편에서는 서방신의 이름을 위(㚻)라고 했다.

필자의 생각에 이 갑골 편에 보이는 서방풍의 이름인 봉(丰)은 위(㚻)나 위(韋)의 생략된 모습이며, 『산해경』에서 말한 '위(韋)'자라고 생각된다. 그래서 서방풍의 이름을 위(韋)로 읽었다.

⑥ 갑골문 ㉧(0332): '령(令)'의 초기 글자로 해석된다. 명령(命令)이라고 할 때의 령(令)이다. 혹자는 입(口)으로 명령을 내리고 그 아래로 꿇어앉은 사람이 복종하는 모습을 그렸다고도 한다.

⑦ 갑골문 ㉨과 ㉩(1152): 반달을 그렸다. '월(月)'이나 '석(夕)'자로 해석된다. 복사에서 월(月)과 석(夕)은 같은 글자이지만, 용법에서는 차이를 보여 앞뒤 문장에 따라 구분한다. 이 갑골 편에서의 ㉩은 몇 월이라고 할 때의 월(月)로 쓰였다.

연습

14317

14303

30394

## 016

"燎于東母"

'동모'에게 '료'제사를 드리다 (Burnt Offering to the East Mother) 14340

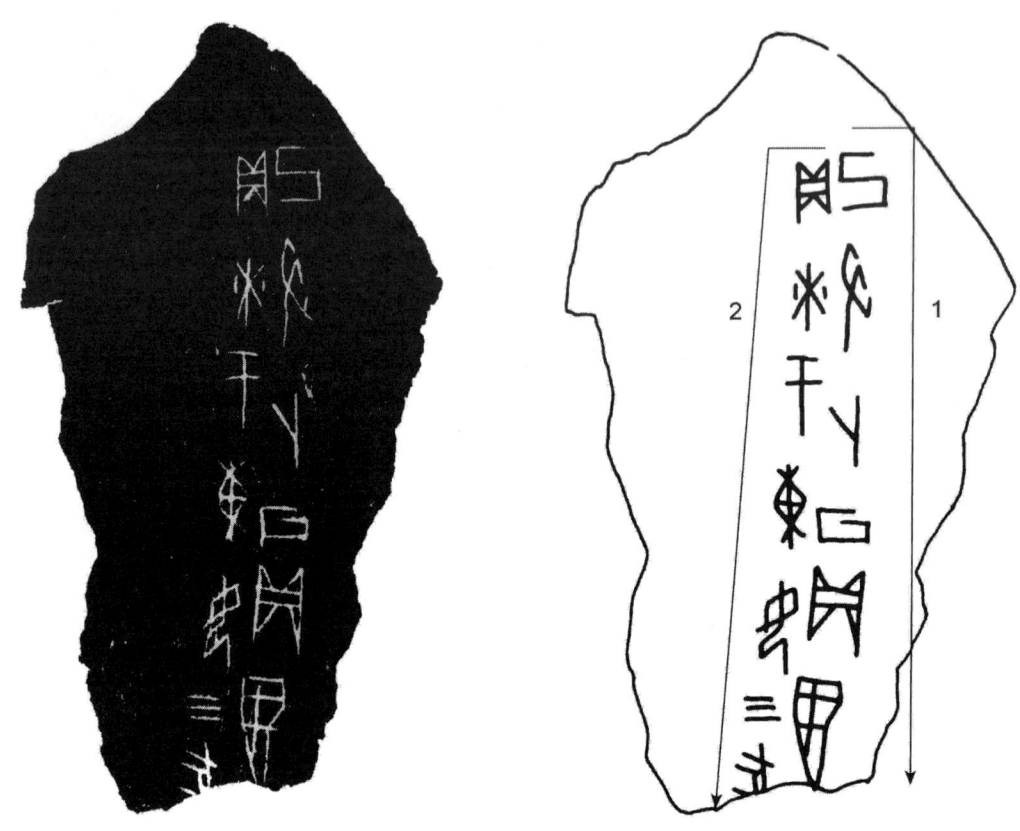

【1】 己丑卜, 亘貞: 翌

【2】 貞: 燎于東母, 三豕.

[1] 기축일(제26일)에 점을 칩니다. 점복관 '원'이 물어봅니다. 내일……?

[2] 물어봅니다. '료'제사를 동모에게 올리는데, 돼지 3마리를 쓸까요?

### 해설

이 갑골은 『갑골문합집』 제14340편에 보이며, 제1기(典賓類) 복사에 속한다. 첫 번째 복사는 온전하지 않다. 두 번째 복사는 대체적으로 동모(東母)에게 료(燎)제사를 지내는 것에 대한 기록이다. 서모(西母)에게 '료'제사를 지낸 기록도 보인다. 동모(東母)와 서모(西母)는 고대 문헌에서는 보이지 않는데, 자연신일 것이다. 혹자는 일신(日神)과 월신(月神)이라 하기도 하고, 명령을 집행하는 신(司命神)이라고도 한다. 그의 신분과 사방신과의 관계에 대해서는 더 깊은 연구가 필요하다.

### 글자풀이

① 갑골문 (2285): '원(耳)'자로 해석되는데, 무정(武丁) 때의 점복관이다. 복사에 원방(耳方)도 보이는데, 점복관 원(耳)과의 관계에 대해서는 좀 더 깊은 연구가 필요하다.

② 갑골문 (1526): '료(燎)'자로 옮길 수 있다. 료(燎)자는 갑골문에서 , , ,  등으로 쓰는데 비슷비슷하다. 모두 나무를 쌓아놓고 불을 피우는 모습으로, 땔감을 태워 하늘에 제사를 지내다는 의미를 그렸다. 이 갑골 편에서의 료(燎)는 제사 이름인데, 복사에 "료제사에 소 3마리를 쓸까요?(燎三牛)"라는 표현이 보이는데, 료(燎)는 희생을 쓰는 방법을 말한다.

③ 갑골문 (0423): 꿇어앉은 여성을 그렸는데, 두 손을 교차하여 가슴 앞으로 모은 모습이다. '모(母)'자로 해석된다. 복사에서 '모(母)'와 '여(女)'는 서로 통용된다.

④ 갑골문 (1599): 상형으로, '시(豕)'자로 해석된다.

**14337**

**연습**

14339

14335

14336

## 017
"新大星"

새로 나타난 큰 별 (New Big Star) 11503

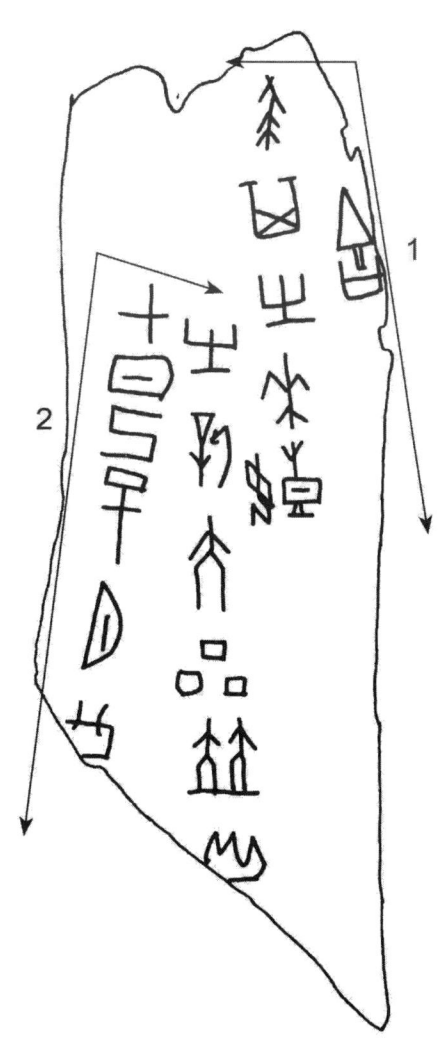

傳寫

本文(선독) **57**

> 번역

【1】 [不]吉. [有]祟, 其有來艱.
【2】 七日, 己巳夕嚮[庚午], 有新大星並火.
[1] [불]길하리라. 재앙이 [생길 것이다.] 과연 어려움이 생길 것이다.(5일 이내에)
[2] 7일째 되던 기사일(제6일) 한밤중부터 [경오일(제7일)]이 되던 시간에 (하늘에서) 새로운 큰 별이 안타레스별과 나란히 나타났다.

> 해설

이 갑골은 『갑골문합집』 제11503편(뒷면)에 보이는데, 제1기(典賓類) 복사에 속한다. 골편이 파손되어 복사가 온전하지 못하다. 그러나 대체적인 뜻은 다음과 같다. 점괘가 불길하다고 나왔다. 재앙이 있을 것이라고 했다. 7일이 지난, 기사일과 경오일 사이 시간대에 새로운 별이 심대성(心大星: 현재의 전갈자리의 일등성인 안타레스(Antares))의 옆에 나타났다.

> 글자풀이

① 갑골문 𢁥(1540): 구성 원리와 원래 의미는 분명치 않다. 많은 학자들이 이(肴)자로 옮긴다. 『설문해자』에서 "이(肴)는 털이 긴 짐승을 말한다. 달리 하내군(河內郡)에서는 돼지를 뜻한다. 계(彑)가 의미부이고, 아랫부분은 털과 다리를 그렸다.(肴, 脩豪獸. 一曰河內名豕也. 从彑, 下象毛足.)'라고 했다. 곽말약(郭沫若)은 이를 수(祟)자로 해석했다. '유이(屮肴)'는 점사에서 자주 보이는 단어인데, '유수(有祟: 재앙을 내리다)'는 뜻이다. 구석규(裘錫圭)는 '이(肴)'가 '구(求)'의 초기 글자이며, 구(咎)로 가차되었다고 논증하면서, '유이(屮肴)'를 '유구(有咎)', 즉 '유수(有祟)'의 의미로 풀이했다. 갑골문의 유(屮)는 유(有)자로 해석된다.

② 갑골문 𡘯(2811): 갑골문의 𡘯자와 통용되는데, 한 여성이나 한 사람이 북 앞에 꿇어앉은 모습이며, 간(嫨)자로 옮길 수 있다. '내간(來嫨)'은 복사에서 습관적으로 쓰던 단어이다. 간(嫨)은 달리 간(囏)으로 적기도 하는데, '내간(來嫨)'은 항상 어떤 주변국가의 침입과 연계되어 있다. 그래서 북을 치며 경계를 발동한다는 의미이며, 이후 재앙 등이 곧 다가 오다는 뜻으로 파생된 것으로 보인다. 『상서·대고(大誥)』의 "큰 어려움이 서쪽 영토로부터 닥쳐왔다(有大艱于西土)"라고 할 때의 '간(艱)'과 같은 뜻이다. 그래서 '내간(來嫨)'은 바로 '내간(來艱: 고난이 다가오다)'의 뜻이다.

③ 갑골문 𢀖(2528): '신(新)'자로 해석된다. 『설문해자』에서 "신(新)은 나무를 가져오다는 뜻이다. 근(斤)이 의미부이고 신(新)이 소리부이다. 혹체에서는 근(斤)과 목(木)이 의미부이고 신(辛)이 소리부이다.(新, 取木也. 从斤新聲. 或謂从斤从木, 辛聲.)"라고 했다. 복사에서는 모두 신구(新舊)의 신(新)으로 풀이된다.

④ 갑골문 𣆪(1142): 상형으로, '정(晶)'이나 '성(星)'자로 해석된다. 정(晶)은 별(星)을 그린 상형자이다.

⑤ 갑골문 竝(0245): 두 사람이 나란히 서 있는 모습으로, '병(並)'이나 '병(竝)'자로 해석된다. 동사로 쓰이거나 부사로 쓰여 '서로 이웃하다'라는 뜻을 나타낸다. 또 명사로 쓰여 인명이나 방국(方國)의 이름으로도 쓰였다.

⑥ 갑골문 火(1219): 불꽃의 모습을 그렸으며, '화(火)'자로 해석된다. 즉 '화(火)'의 초기 글자이다. 그러나 이 갑골 편에서의 '화(火)'는 『시경·칠월(七月)』에서 말한 '칠월유화(七月流火: 칠월엔 대화성이

서쪽으로 내려오고'의 '화(火)', 즉 심대성(心大星)을 가리키며 화성(火星)을 뜻하지는 않는다. 고대 문헌에 의하면 항성(恒星) 중 심수(心宿)의 두 번째 별인 안타레스(Antares)를 '대화(大火)'나 '화(火)'로 불렀는데, 보통 심대성(心大星)이라 불렀다. 하력(夏曆)에 의하면 유월의 심수(心宿) 두 번째 별은 정남방에 나타나는데, 매우 밝은 별의 하나이며, 위치도 가장 높은데 자리한다. 그러나 칠월이 되면 서쪽으로 치우쳐 아래로 향한다. 그래서 '유화(流火)'라고 불렀다.

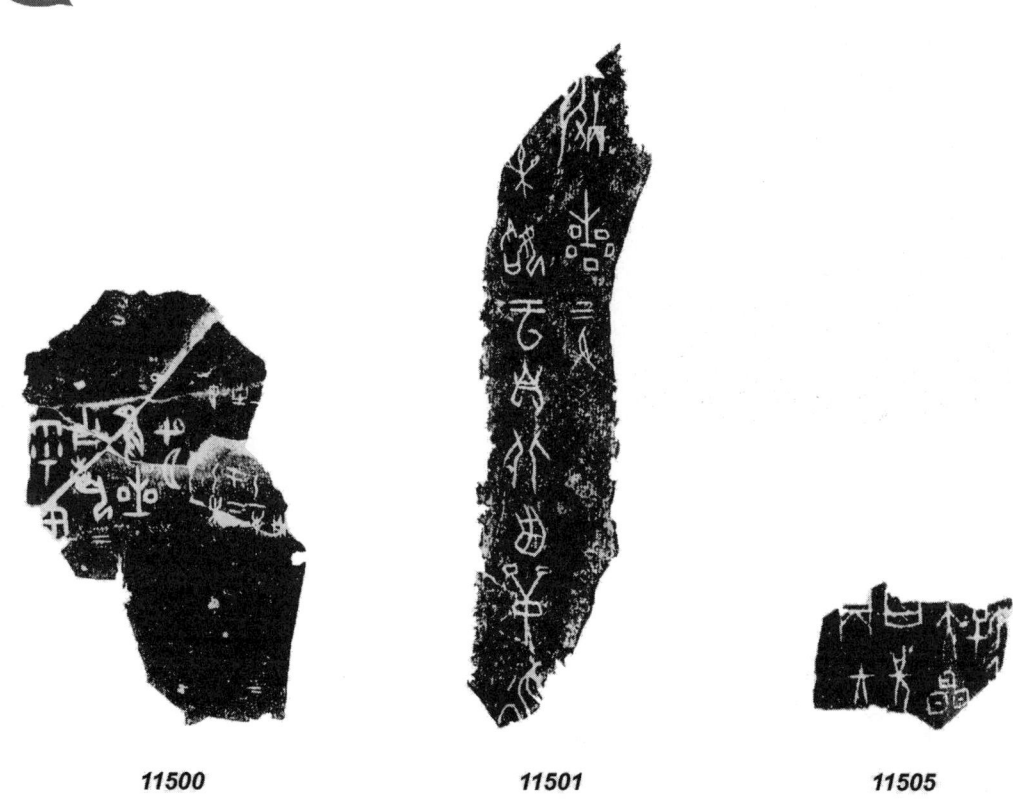

11500　　　　　　11501　　　　　　11505

## 018
"鳥星"

조성 (Bird Star) 11497

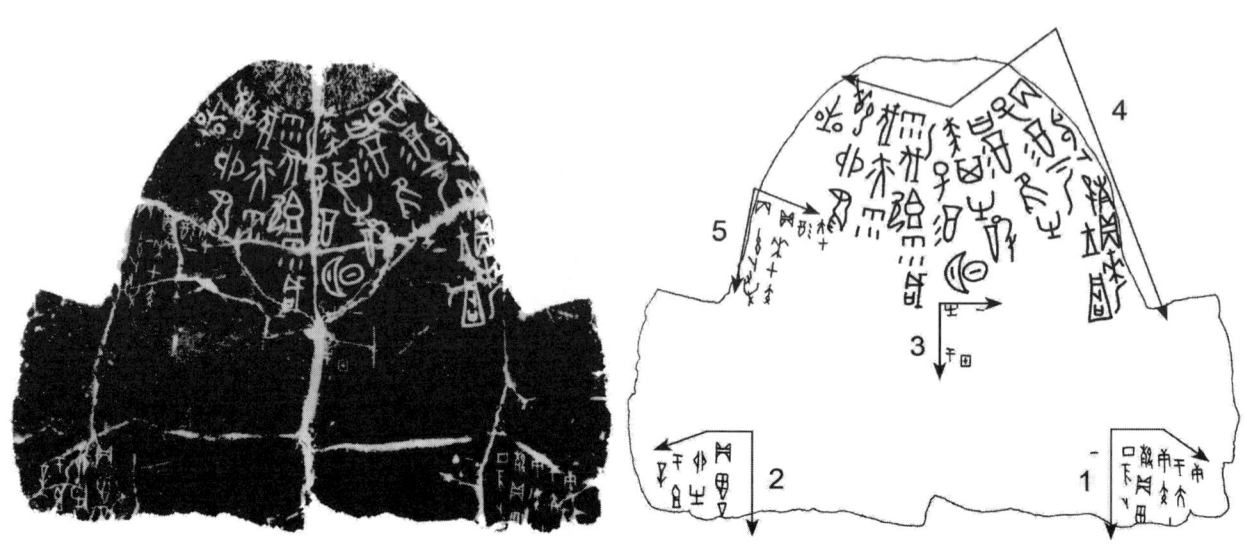

傳寫

囗 下 卜 解 贞 甲 帚 妌 业 于 大 甲

贞 甲 辛 小 业 于 曰 辛

业 于 田

丙 戈 卜 解 贞 木 乙 羽 彡 一 乙 大 國 日 彡 业 羊 囗 业 戉

乙 羽 彡 明 三 杵 鳥 三 告 杵 夨 三 彡 小 兄 止

丙 8 卜 屮 贞 木 十 妌 彡 大 十

> 번역

【1】丁亥卜, 殼貞: 翌庚寅侑于大庚.

【2】貞: 翌辛卯, 侑于祖辛.

【3】侑于上甲.

【4】丙申卜, 殼貞: 來乙巳, 酚下乙. 王占曰, 酚. 惟有祟, 其有設. 乙巳酚. 明雨, 伐, 既雨, 咸伐, 亦雨. 饺, 卯; 鳥星.

【5】丙午卜, 爭貞: 來甲寅酚大甲.

[1] 정해일(제24일)에 점을 칩니다. 점복관 '각'이 물어봅니다. 오는 경인일(제27일)에 '유'제사를 '대경'(K5)께 드릴까요?

[2] 물어봅니다. 오는 신묘일(제28일)에 '유'제사를 '조신'(K13)께 드릴까요?

[3] '유'제사를 '상갑'(PK1)께 드릴까요?

[4] 병신일(제33일)에 점을 칩니다. 점복관 '각'이 물어봅니다. 오는 을사일(제42일)에 '유'제사를 '하을'(K20)께 드릴까요? 왕께서 점괘를 해석해 말씀하셨다. '주'제사를 거행하라. 재앙이 있을 것이다. 별자리에 어떤 징조가 있을 것이다. 을사일(제42일)에 '주'제사를 드렸다. 날이 밝자 비가 내렸다. '벌'제사 때 비가 그쳤다. '벌'제사가 끝나자 다시 비가 내렸다. '샤'제사와 '묘'제사 때 하늘이 갑자기 갰다.

[5] 병신일(제43일)에 점을 칩니다. 점복관 '쟁'이 물어봅니다. 오는 갑인일(제51일)에 '주'제사를 '대갑(K3)께 드릴까요?

> 해설

이 갑골은 『갑골문합집』 제11497편에 보이며, 제1기(典賓類) 복사에 속한다. 복사에 의하면, 을해일(제24일)부터 갑인(제51일)까지 점을 쳐 선왕들의 제사에 관한 일을 물었다. 제사를 지낸 날짜가 선왕의 묘호(廟號)의 간지명과 일치하고 있다. 첫 번째 복사에서는 경인일(제27일)에 '유(侑)'제사를 대경(大庚)(K5)께, 두 번째 복사에서는 신묘일(제28일)에 '유(侑)'제사를 조신(祖辛)(K13)께 지냈고, 세 번째 복사는 온전하지 않아 4글자만 남았다. 네 번째 복사에서는 37자나 되는 긴 문장인데, 글자체도 크고, 명사(命辭), 점사(占辭), 험사(驗辭)가 모두 기록되었다. 명사에서는 다음주(10일)의 을사일(제42일)에 '주'제사를 하을(下乙)께 드렸다고 했다. 하을은 소을(小乙)(K20)로, 무정(武丁)의 아버지이다. 무정(武丁) 임금이 갈라진 금을 보고 점괘를 해석해 선포했다. '주'제사를 거행해도 좋다. 그러나 그날 하늘이 재앙을 내려 특이한 현상이 일어날 것이다. 결과적으로, 을사일 날이 밝자 비가 내렸다. 벌(伐)제사를 드릴 때 비가 멈추더니 '벌'제사가 끝나자 다시 비가 내렸다. 희생의 몸을 갈라 제사를 드릴 때 하늘이 갑자기 갰다. 다섯 번째 복사에서는 갑인일(제51일)에 '주'제사를 대갑(大甲)께 드렸다고 기록했다.

> **글자풀이**

① 갑골문 ✢(3350): 자형구조에 대해서는 아직 정론이 없다. 이 갑골 편의 유(✢)는 "'유'제사를 대경께 지낼까요?(✢于大庚)"나 "'유'제사를 상갑게 지낼까요?(✢于上甲)"에서와 같이 '유(侑)'로 해석되는데, 제사 의식의 하나이다. 또 '유이(✢希)'에서와 같이 유무(有無)라고 할 때의 유(有)로 풀이되기도 한다. 일반적으로 '유이(✢希)'를 '유수(有祟)'로 풀이하는데, 어떤 재앙이나 화가 생길 징조가 있음을 뜻한다.

② 갑골문 ⊞(3557): 갑(甲)자가 네모 속에 놓인 모습인데, 이는 위(口)와 십(十)이 합쳐진 글자로, ⊞자로 옮길 수 있다. 이 글자를 구성하는 위(口)는 신주를 담는 그릇의 정면 모습이고, 십(十)은 갑(甲)자를 새긴 신주의 위패를 말한다. 그래서 ⊞은 '상갑(上甲)'이나『사기』에서 말한 '보갑(報甲)'을 말한다.

③ 갑골문 ⚇(2733): '주(酎)'자로 읽는데, 복사에 자주 보이는 제사 이름이다. 주(酎)는 삼(彡)과 유(酉)로 구성되었지만, 주(酒)자와는 달라 주(酒)로 해석해서는 안 된다. 주(酎)는 선공(先公)과 선왕(先王)에게 지내는 특별한 제사이자 합제(合祭)이다. 주제(周祭)의 제사 계보에서는 자연신의 제사에도 거행되었다. 술을 바치는 제사였을 것으로 추정되나, 구체적인 것은 더 깊은 연구가 필요하다.

④ 갑골문 ⌒(1117): '하(下)'자이다. 단옥재(段玉裁, 1735~1815)는 하(下)자를 두고 "어떤 물건이 가로획 아래에 있음을 그렸다(有物在一之下也)"라고 했다. 이 갑골 편의 하을(下乙)은 바로 소을(小乙)(K20)을 말한다.

⑤ 갑골문 ᷋(0949): ᷋자로 옮길 수 있는데, 한 손에 몽둥이를 들고 어떤 것을 내리치는 모습을 그렸다. 이학근(李學勤, 1933~2019)은 이를 '설(設)'자로 해석하고, 갈라진 금(兆象)을 말한다고 했다. 우성오(于省吾)는 자연계에 나타날 어떤 징조를 전문적으로 나타내는 말이라고 했다. 다카시마 겐이치(高嶋謙一, 1939~ )는 이 글자는 번개를 가리키는 전문 용어라고 했고, 진검(陳劍, 1972~ )은 이(異)자로 해석하여 '재이(災異)'라는 뜻이라고 했다.

⑥ 갑골문 明(1154): '명(明)'자로 해석되는데, 은나라 사람들이 시간을 나타내던 술어이다. 해와 달이 교체되는 시간대로, 하루가 시작되는 때를 말한다.

⑦ 갑골문 ᷐(2410): '벌(伐)'자로 해석되는데, 낫창(戈)으로 사람의 목을 베는 모습이다. 벌(伐)의 초기 글자이다. 복사에서 '벌(伐)'은 사람을 희생으로 쓰는 방법의 일종인데, 사람의 머리를 잘라 조상에게 제사를 지냈다.

⑧ 갑골문 ᷎(2443): '함(咸)'자로 옮길 수 있다.『설문해자』에서 "함(咸)은 모두(皆), 다(悉)라는 뜻이다. 구(口)가 의미부이고 술(戌)도 의미부이다(咸, 皆也. 悉也. 从口从戌.)"라고 했다. 복사에서 '함(咸)'은 명사로 쓰여 옛날 신하의 이름을 말했는데, 고대 문헌에 보이는 함무(咸戊)를 지칭한다. 또 부사로 쓰여 실(悉)이나 개(皆)로 해석되어 '모두'라는 뜻으로 쓰였다. '함벌(咸伐)'은 벌(伐)제사를 다 마쳤다는 뜻이다.

⑨ 갑골문 ᷎(1858): '타(攺)'자로 옮길 수 있는데,『설문해자』에서는 "타(攺)는 던지다는 뜻이다. 복(攴)의 의미부이고 야(也)가 소리부이다. 시(施)와 같이 읽는다.(攺, 投也. 从攴也聲. 讀與施同.)"라고 했다. 희생을 몽둥이로 쳐서 죽이다는 뜻이다.

⑩ 갑골문 ⑉⑉(3355): '묘(卯)'자로 해석된다. 이는 2개의 칼(刀)이 서로 마주한 모습인데, 혹자는 제사에 희생을 둘로 갈라 쓰는 방법을 말한다고 한다.

⑪ 갑골문 (1792): '새(鳥)'의 모습을 그린 것으로 보인다. 복사에서는 '새가 울다(鳴鳥)'에서처럼 본래 의미로 쓰이기도 하고, 인명이나 지명으로도 쓰였다. 이 갑골 편의 '조성(鳥星)'의 '조(鳥)'는 가차 의미로, '홀연히'라는 부사어로 해석한다.

⑫ 갑골문 (1382): 별에 소리부인 생(生)이 더해진 '성(星)'자로 옮길 수 있다. 이 갑골 편에서의 '조성(鳥星)'은 갈리진 금(兆象)이 예시하는 자연현상을 말한다. 어떤 현상을 말하는지에 대해서는 두 가지의 견해가 있다. (i)조성(鳥星)은 『상서·요전(堯典)』에서 말한 주작 7수(朱雀七宿)를 말한다. (ii) '청(姓)', 즉 청(晴)자로 가차되었다. 『합집』 제11499편에 '갑자기 날이 크게 개었다(鳥大啟)'라는 말이 있는데, 자를 청(晴)의 가차자로 해석하는 근거로 삼을 수 있다. '조성(鳥星)'은 바로 '조청(鳥晴)'과 같아, 날이 갑자기 개다는 뜻이다.

연습

11499

11500

11498

## 019
### "日月有食"
### 일식과 월식 (Eclipse of Sun and Moon) 33694

## 傳寫

[갑골문 이미지]

## 번역

- 【1】癸酉貞: 于上甲, 于南兮, 于正京北.
- 【2】癸酉貞: 日月有食, 惟若.
  癸酉貞: 日月有食, 非若.
- 【3】乙亥貞: 侑伊尹.
  乙亥貞: 其侑伊尹, 二牛.

[1] 계유일(제10일)에 점을 쳐 물어봅니다. '상갑'(PK1)에서, '남혜'(남쪽 사원)에서, '정경의 북쪽'에서 지낼까요?

[2] 계유일(제10일)에 점을 쳐 물어봅니다. 일식과 월식이 있어도, 괜찮을까요?
  계유일(제10일)에 점을 쳐 물어봅니다. 일식과 월식이 있어도, 괜찮지 않을까요?

[3] 을해일(제12일)에 점을 쳐 물어봅니다. '유'제사를 '이윤'에게 드릴까요?
  을해일(제12일)에 점을 쳐 물어봅니다. '유'제사를 '이윤'에게 드리는데 소 2마리를 쓸까요?

## 해설

이 갑골은 『갑골문합집』 제33694편에 보이는데, 제1기 후반부터 제2기 초반(歷組 제2그룹) 복사에 속한다. 복사는 3단으로 구성되었다. 제1단은 온전하지 않은데, 대체로 어떤 제사를 상갑(上甲)의 종묘에서 지낼 것인지, 아니면 남쪽의 혜(兮)에서 지낼 것인지, 그것도 아니면 정경(正京)의 북쪽에서 지낼 것인지를 물었다. 여기서 말하는 정경(正京)은 건축물의 이름이 분명하다. 그래서 상갑(上甲)도 상갑(上甲)을 모시는 종묘로 보아야 한다. 제2단에서는 일식과 월식이 있어도 순조로울 것인지 아닌지를 물었다. 제3단에서는 유(侑)제사를 이윤(伊尹)에게 지내는 것에 대해 물었는데, 여기서 말하는 이윤(伊尹)은 고대 문헌에 보이는 이윤(伊尹)으로 상탕(商湯)을 보좌했던 신하이다.

일식과 월식이 있다는 말은 물론 일식과 월식이 동시에 일어난다는 말은 아니다. 그래서 일식과 월식이 일어나다는 것으로 해석해야 한다. 어떤 학자는 월(月)을 석(夕)으로 보아 '해 질 무렵에 일식이 일어나다(日夕有食)'는 뜻으로 해석하기도 한다. 역조(歷組) 복사에서 석(夕)과 월(月)의 필사법이 같기 때문이다. 이학근(李學勤)은 일(日)과 월(月)이 한 글자로 명(明)을 뜻한다고 보아, 명유식(明有食), 즉 아침에 일식이 일어나다는 뜻으로 해석했다. 그러나 필자는 일식이나 월식이 일어나다는 것으로 해석하는 것이 순조롭다 생각한다. 식(食)자는 음식을 먹는 모습을 그렸기에, 해나 달이 그림자에 의해 없어지는 일식과 월식에도 식(食)자를 사용했다.

> **글자풀이**

① 갑골문 ꝭ(3324): '혜(兮)'자로 옮길 수 있는데, 복사에서는 이 책 제6편의 '곽혜(郭兮)'에서처럼 시간대를 말하기도 하고, 신의 이름이나 제사용 건축물을 뜻하기도 하는데, 더 깊은 연구가 필요하다.

② 갑골문 ꝭ(0821): 복사에서 다음의 4가지 용법이 있다. (i)정(征)과 같아 정벌하다는 뜻이다. 예컨대 '왕께서 토방을 정벌하셨다.(王正土方.)'와 같다. (ii)정월(正月)의 정(正)으로, 1월을 정월(正月)이라 불렀다. (iii)족(足)과 같아 충분하다는 뜻이다. 예컨대, '족년(足年)', '족우(足雨)', '우부족진(雨不足辰)' 등이 그렇다. 『시경·신남산(信南山)』의 "기점기족(既霑既足: 흠뻑 적시며 흡족히 내려)"과 『예기·왕제(王制)』의 "나라에 9년 치의 비축물이 없으면 부족하다 할 수 있다(國無九年之蓄爲不足)"가 이에 해당한다. (iv)제사 이름으로, "'정'제사를 '당'에게 드릴까요?(正唐)", "'정'제사를 '황하신'에게 드릴까요?(正河)", "'정'제사를 '조을'께 드릴까요?(正祖乙)" 등이 그렇다. 이 갑골 편의 ꝭꝭꝭ은 '정경북(正京北)'으로 읽는다.

③ 갑골문 ꝭ(1995): 건축물을 그렸는데, '경(京)'자로 옮길 수 있다. 이후 높다는 뜻으로 파생되었다. 복사에서는 지명으로 쓰였는데, 보통 높은 구릉지를 통칭하였다. 정경(正京)은 왕성의 어떤 종묘 건축물을 지칭하였을 것으로 보인다.

④ 갑골문 ꝭ(2778): '식(食)'자로 해석되는데, 음식(飮食)의 식(食)자로 풀이한다. 해나 달이 파 먹히는 것을 식(食)이라 하며, 달리 일식(日蝕)이나 월식(月蝕)이라고도 한다. 마치 벌레가 나뭇잎을 갉아 먹는 것처럼 된다는 뜻이다. 또 대식(大食)이나 소식(小食)처럼 시간대를 말하기도 한다.

⑤ 갑골문 ꝭ(1727): '추(隹)'자로 옮길 수 있다. 어기사로 사용되었으며, '유(惟)'나 '유(唯)'로 읽는다.

⑥ 갑골문 ꝭ(0333): 사람이 꿇어 앉아 두 손으로 머리를 다듬는 모습인데, '약(若)'의 초기 글자이다. 복사에서의 용법과 고대 문헌에서의 용법이 대체로 일치하여, '순조롭다(順)'로 풀이한다. 예컨대『천문(天問)』의 "이후제불약(而後帝不若: 그리하여 상제께서 허락지 않으실까요?)"이나 "제불약(帝弗若: 상제께서 허락하지 않을까요?)" 등이 그렇다.

⑦ 갑골문 ꝭ(0071): '배(排)'의 초기 글자이다. 고대 경전에 보이는 비(非), 비(棐), 비(匪) 등과 용법이 일치한다.

⑧ 갑골문 ꝭ(2555): '윤(伊)'으로 읽는데,『설문해자』에서 "윤(伊)은 은나라 때의 성인인 아형(阿衡)을 말한다. 붓을 잡고 천하를 다스린 자이다. 그래서 인(人)이 의미부이고 윤(尹)도 의미부이다.(伊, 殷聖人阿衡, 尹治天下者. 从人从尹.)"라고 했다.

⑨ 갑골문 ꝭ(0919): 손으로 대(혹은 붓)를 잡은 모습으로, '윤(尹)'자로 옮길 수 있다.『설문해자』에서 "윤(尹)은 다스리다는 뜻이다. 우(又)와 별(丿)로 구성되었는데, 일을 관장하는 자를 말한다.(尹, 治也. 从又, 丿, 握事者也.)"라고 했다. 복사에서는 관직 이름으로 쓰였다. 대전(大田: 큰 사냥), 침(寢:

침소), 향(饗: 식사) 등을 관장했다. 손에 붓을 쥔 모습인데, 관직의 우두머리가 정무를 담당하기 위해서는 반드시 장부와 문서 정리가 필요했기 때문이다. 이후 다스리다(治)는 뜻으로 파생되었다. 이윤(伊尹)이나 황윤(黃尹) 등의 윤(尹)은 관직 이름이고, 이(伊)나 황(黃)은 개인 이름이나 국족(國族)의 이름이다.

⑩ 갑골문 (1545): 상형으로, '우(牛)'자이다.

**연습**

**11483**

## 020
### "旬亡禍"
**10일 동안 재난이 없을까요?** (Xún No Disaster) 11482

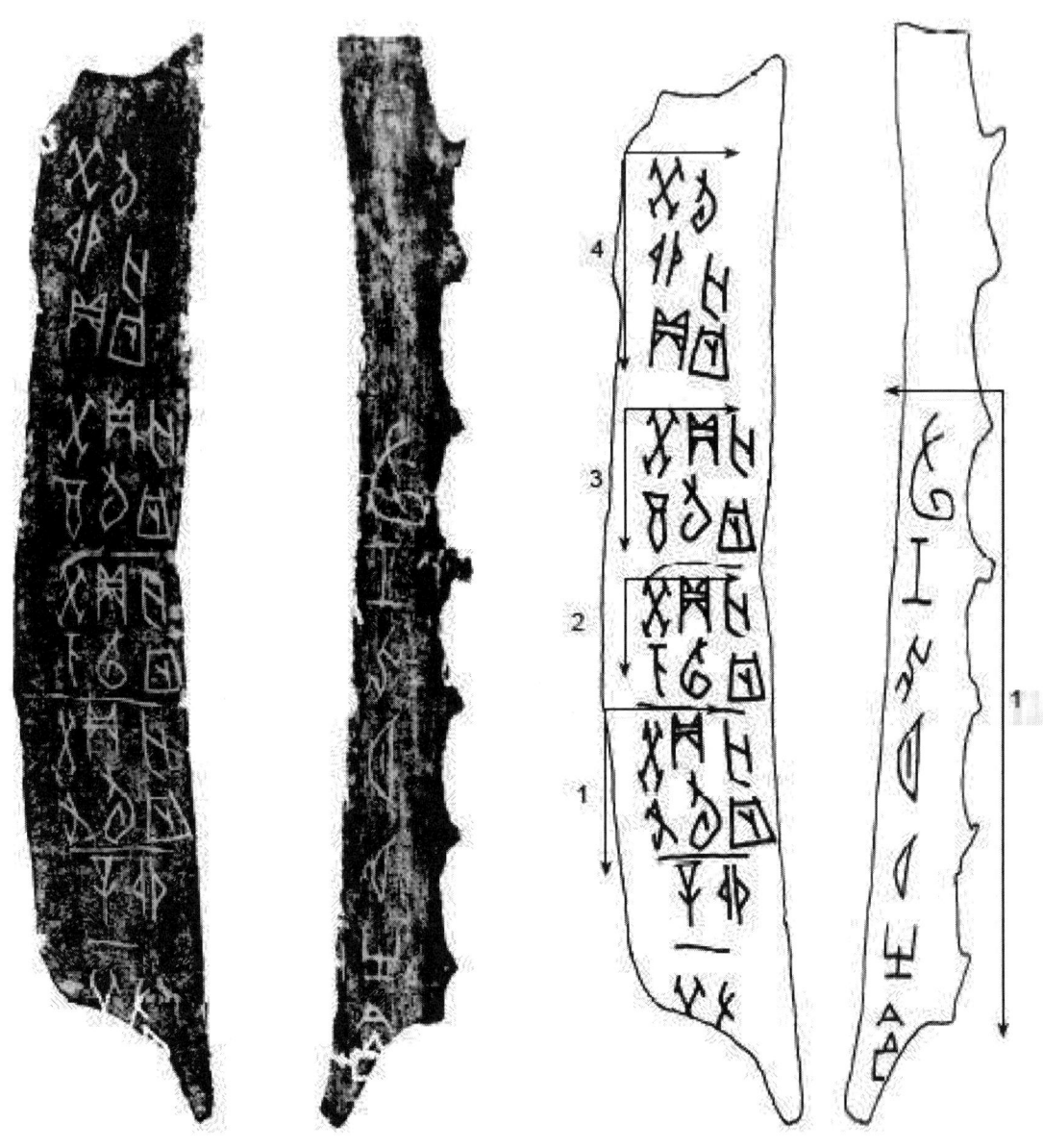

### 傳寫

(앞면)

[갑골문 문자 이미지]

(뒷면)

[갑골문 문자 이미지]

### 번역

(앞면)

【1】癸丑貞: 旬亡禍.
【2】癸亥貞: 旬亡禍.
【3】癸酉貞: 旬亡禍.
【4】癸卯貞: 旬亡禍.

(앞면)

[1] 계축일(제50일)에 물어봅니다. 일주일(10일) 동안 재앙이 없겠습니까?
[2] 계해일(제60일)에 물어봅니다. 일주일(10일) 동안 재앙이 없겠습니까?
[3] 계유일(제10일)에 물어봅니다. 일주일(10일) 동안 재앙이 없겠습니까?
[4] 계묘일(제40일)에 물어봅니다. 일주일(10일) 동안 재앙이 없겠습니까?

(뒷면)

【1】旬壬申, 夕, 月有食.

(뒷면)

일주일(10일)이 지난 임신일(제9일) 밤에 월식이 일어났다.

### 해설

이 갑골은 『갑골문합집』 제11482편에 보이며, 제1기(典賓類) 복사에 속한다. 앞면은 전형적인 10일간의 안위를 점친 복순(卜旬)복사로, 계(癸)에 해당하는 날에 다음 일주일(10일)에 재앙이 없을 것인지를 물은 것이다. 뒷면에는 임신일, 즉 계해일의 10일 이후 밤에 월식이 일어났음을 기록했다.

**글자풀이**

① 갑골문 ⊞: 골판에다 '복(卜)'자가 하나 새겨진 모습인데, 화(田)자로 옮길 수 있다. 이는 '화(禍)'의 초기 글자이다. 어떤 학자는 구(咎)나 우(憂)로 해석되어야 한다고 주장하기도 한다. 무화(亡田)(ㅂ田), 무우(亡尤)(ㅂ尤), 무재(亡災)(ㅂ災), 무타(亡它)(ㅂ它), 무재(亡戈)(ㅂ戈) 등의 의미는 거의 비슷하여, 모두 재앙이나 화근이 없음을 뜻한다. 그러나 10일간의 안녕을 물을 때에는 '순무화(旬亡田)'라는 형식만 사용했다.

**연습**

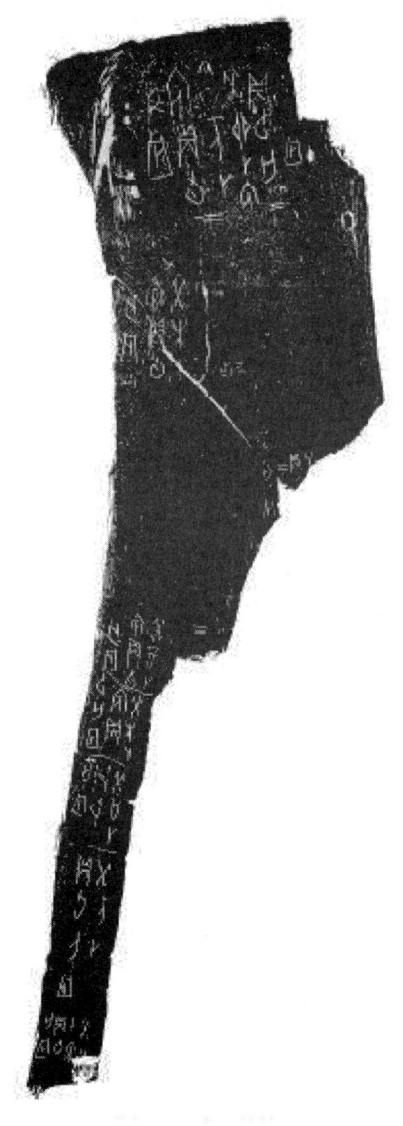

《甲骨文合集補編》
4945                    00522

## 021
### "月有食"
### 월식 (Moon was Eclipsed) 11485

본문(선독) **71**

### 번역

【1】 癸未卜, 爭貞 : 旬亡禍.

【2】 三日乙酉夕, 月有食. 聞. 八月.

[1] 계미일(제20일)에 점을 칩니다. '쟁'이 물어봅니다. 일주일(10일) 동안 불행한 일이 생기기 않을까요?

[2] 3일째 되던 을유일(제22일) 밤에, 월식이 있었다. 이에 관한 보고가 있었다. 8월이었다.

### 해설

이 갑골은 『갑골문합집』 제11485편에 보이는데, 제1기(賓組 제3그룹) 복사에 속한다. 대강의 의미는 이렇다. 계미일에 다음 1주일(10일) 동안 재앙이 없겠는지 안녕을 물었다. 3일째 되던 을유일에 월식이 있었는데, 이 이상 현상에 대한 보고가 있었다. 8월이었다. 그 외에도 같은 달의 월식에 관한 점복관의 고(告)의 기록도 있다. 동작빈(董作賓, 1895~1963)은 이 월식이 기원전 1279년 11월 2일에 일어난 것으로 고증했다.

### 글자풀이

① 갑골문 (0696): 앉은 사람의 모습에 머리 부분에 귀가 커다랗게 키워 그려졌다. 회의자로, 어떤 소식이 이미 보고되었음을 말한다. '문(聞)'자로 해석된다.

11484

## 022

"夕風"

밤에 부는 바람 (Night Wind) 13338

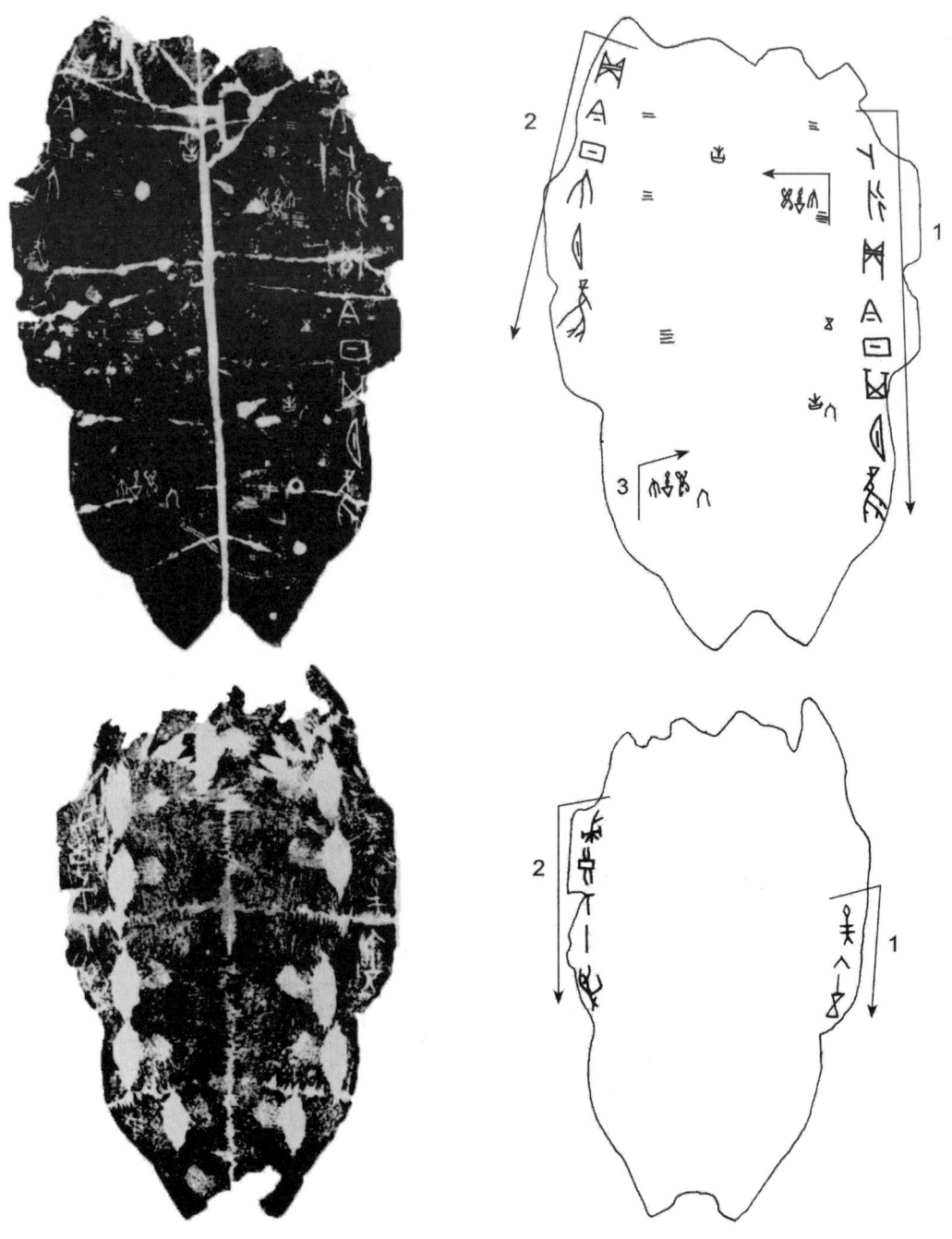

(앞면)

(뒷면)

번역

(앞면)

【1】戊戌卜, 永貞: 今日其夕風.

【2】貞: 今日不夕風.

【3】不啬黽.

(앞면)

[1] 무술일(제35일)에 점을 칩니다. '영'이 물어봅니다. 오늘 밤에 바람이 불까요?

[2] 물어봅니다. 오늘 밤에 바람이 불지 않을까요?

[3] 붉은 색으로 새기지 마시오.

(뒷면)

【1】屵入五十.

【2】婦良示十, 爭.

(뒷면)

[1] 육(屵)에서 50개를 보내왔다.

[2] '부량'이 10개를 다듬었고, '쟁'이 검수했다.

해설

이 갑골은 『갑골문합집』 제13338편에 보이며, 제1기(賓組 제1그룹) 복사에 속한다. 앞면의 대체적인 뜻은 이렇다. 점복관 영(永)이 점을 쳐 밤에 바람이 불 것인지의 여부를 물었다. 뒷면은, 사건을 기록한 기사(紀事)복사로 육(屵)에서 50개의 거북딱지를 보내왔으며, 부량(婦良)이 10개를 다듬었으며, 점복관 쟁(爭)이 이를 검수했다는 내용이다.

> **글자풀이**

① 갑골문 ↑(2309): 달리 ↑, ↑, ↑, ↑ 등으로도 적는데, 사람이 물속에서 수영하는 모습을 그렸다. 혹은 ↑나 ↑와 같이 적기도 하는데, 사람이 길을 가는 모습으로, '도(道)'의 초기 글자이다. 이 갑골 편에서는 점복관의 이름으로 '영(永)'자로 해석된다.

② 갑골문 ↓(3179): 자형구조와 의미형성 과정은 명확하지 않다. 잠정적으로 '오(告)'자로 옮길 수 있다. 아마도 갑골에 새기는 글씨의 색깔과 관련되었을 것으로 생각된다.

③ 갑골문 ※(1866): 때로는 거북(龜)의 모습을, 혹은 맹꽁이(黽)의 모습을, 혹은 거미(蜘蛛)의 모습을 하였는데, '주(黿)'자로 해석된다.

④ 갑골문 ※(0212): '육(屮)'자로 옮길 수 있다. 독음은 '육'인데, 무정(武丁) 때의 사람 이름이다. 아니면 방국(方國)의 이름이나 지명일 수도 있다. 복사에 '육에 재앙이 생기지 않을까요?(屮無禍)', '육에서 1개를 보내왔다(屮入一)' 등의 기록이 보인다.

⑤ 갑골문 ※(2983): 빗자루를 그렸는데, 부녀자(婦女)라고 할 때의 '부(婦)'로 가차되었다. 상왕(商王)의 부인을 말하거나 여성의 신분에 관한 호칭으로 쓰였다.

⑥ 갑골문 ※(3299): '량(良)'자로 해석된다. 여기서는 사람 이름으로 쓰였다.

⑦ 갑골문 T(1118): '시(示)'자로 해석된다. '시(示)'는 거북딱지나 동물 뼈를 어떤 의식에 따라 초기 단계에서 가공하는 것을 말한다.

⑧ 갑골문 ※(1769): '풍(風)'자이다. '풍(風)'자는 봉새(鳳鳥)의 모습을 그렸다. 어떤 때에는 소리부인 범(片, 凡)이 더해지기도 했다.

**[보충설명]**

'불오주(不告黿)'는 습관적으로 보이는 조사(兆辭)에 사용된 술어이다. 여러 학자들이 연구했으나 정해진 결론은 아직 없다. 필자는 여기에 등장하는 '주(黿)'가 주사(硃砂)라고 할 때의 '주(硃)'자로 가차된 것임을 논증한 바 있다. 그래서 '불오주(不告黿)'는 아마도 붉은색 주사를 덧칠하지 말라는 조사(兆辭: 점괘)일 가능성이 높다.

이 갑골 편의 뒷면은 갑교(甲橋) 각사로 기사(紀事) 복사에 속한다. 갑골문 ∧(入)은 점복에 쓸 거북딱지나 소뼈를 들여오는 뜻이다. 시(示)는 거북딱지나 소뼈를 어떤 의식 절차에 따라 초보적으로 가공하는 것을 말한다. 이들을 보내 온 사람의 이름이 육(屮, ※)인데, 어떤 귀족임이 분명하다. 이 이름은 다른 갑골복사에도 보인다. 부량(婦良)은 왕실 귀부인의 하나이다. '량(良)'자는 탁본이 명확하지 않은데, '사(巳)'자로 해석하기도 한다.

연습

13333 正

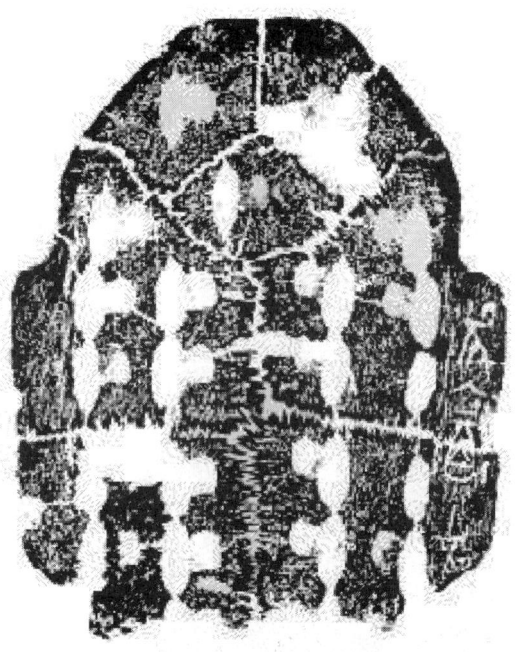
13333 反

## 023
## "立中無風"
### 바람이 불지 않는 깃발 (Flag Shows No Wind) 07369

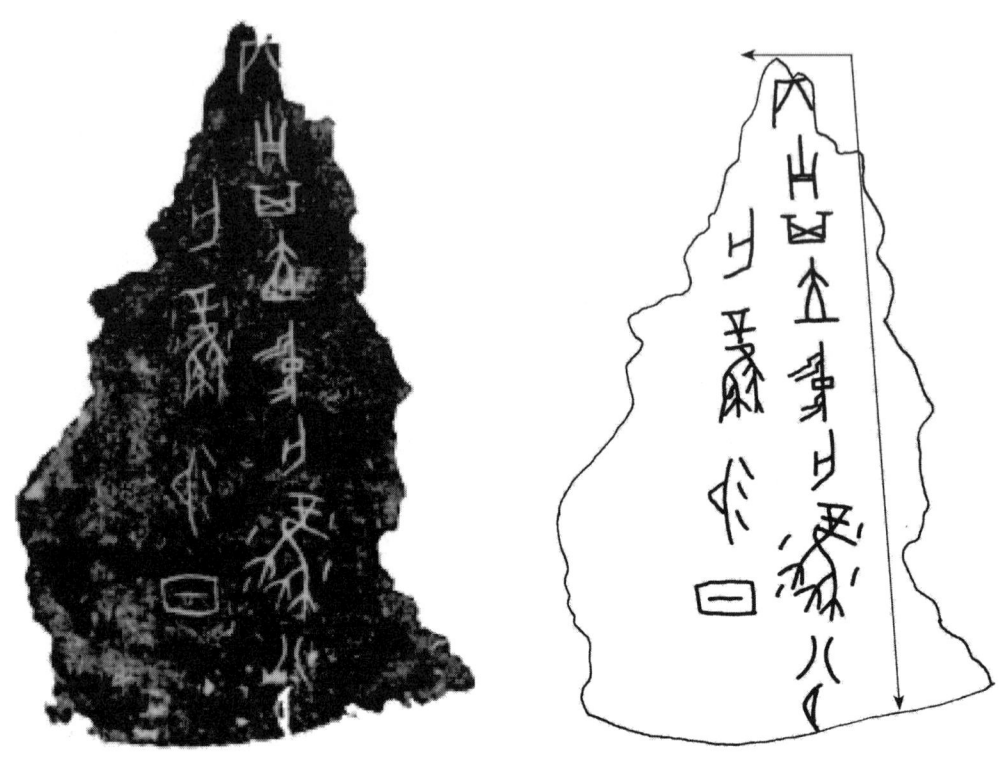

🗨 傳寫

🗨 번역

丙子, 其立中, 亡風. 八月.
亡風, 昜日.
병자일(제13일)에 (바람을 분별하기 위해) 깃대를 세웠다. 바람이 불지 않았다. 8월이었다.
바람이 불지 않았다. 날짜를 바꾸었다.

### 해설

이 갑골은 『갑골문합집』 제07369편에 보이는데, 제1기(典賓類) 복사에 속한다. 대체적인 뜻은 깃대를 세워 바람을 관측했다는 내용이다. '중(中)'자를 갑골문에서는 ![중]으로 적었는데, 깃발이 나부끼는 깃대의 모습이다. '입중(立中)'은 깃대를 세우다는 뜻이고, 깃발이 나부끼는 방향으로써 바람의 방향과 바람이 부는지의 여부를 판단했다.

### 글자풀이

① 갑골문 : 사람이 땅위에 선 모습으로, '입(立)'자로 해석된다. 이후 '위(位: 자리)', '리(蒞: 다다르다)', '리(涖: 다다르다)' 등으로 분화했다. 복사에 보이는 '입사(立史)'는 이사(涖事: 일이 다가오다)이며, '입중(立中)'은 깃대를 세우다, 바람을 측정하다, 민중을 불러모으다는 뜻이다.

② 갑골문 : 깃발이 달린 깃대를 말한다. '중(中)'자로 해석되는데, 토템이나 표식이 그려진 깃발이 원래 뜻이다. 깃대를 세우는 곳이 언제나 중앙(中央)이었으므로, 가운데(中)라는 뜻이 나왔다.

③ 양일(暘日): 갑골문에서는 역일(𠃓 日)로 적었다. 혹자는 이를 천상(天象)에 관한 용어로 보고 '흐린 날'을 뜻한다고도 한다. 또 혹자는 석일(錫日), 즉 사일(賜日)로 보아, '날이 밝기를 기원하다'는 뜻으로 풀기도 한다. 또 다른 사람은 갱일(更日), 즉 역일(易日)로 보아, '날짜를 바꾸다'는 뜻이며, '날짜를 선택해 길일로 정하다'는 의미로 풀기도 한다.

### 연습

**07370**

**07371**

## 024
"寧風"

바람을 잠재우다 (Pacifying Wind) 34138

傳寫

### 번역

辛酉卜, 寧風巫九豕.

신유일(제58일)에 점을 칩니다. 바람을 잠재우는데 무당 신에게 돼지 9마리를 바칠까요?

### 해설

이 갑골은 『갑골문합집』 제34138편에 보이는데, 제4기(歷組 제2그룹) 복사에 속한다. 이 갑골 편에 보이는 '녕풍무구가(寧風巫九豕)'는 무당(巫)에게 9마리의 돼지를 제물로 바쳐 바람을 잠재우게 할까요? 라는 내용이다. 복사에 "계해일에 물어봅니다. 오늘 '체'제사를 무당에게 지내는데 돼지 1마리와 개 1마리를 사용할까요?(癸亥貞, 今日禘于巫豕一犬一)", "계유일에 점을 칩니다. 무당 신에게 바람을 잠재위달라고 할까요?(癸酉卜, 巫寧風)"라는 언급들이 보인다. 그래서 무당(巫)은 상나라 사람들이 제사를 지냈던 대상이자 풍우(風雨)와 사방 신과 관련된 것으로 추정할 수 있다.

### 글자풀이

① 갑골문 ¥(2667): '녕(寧)'자로 옮길 수 있다. 『설문해자』에서 "녕(寧)은 안정하여 쉬다는 뜻이다. 혈(血)이 의미부이고 병(甹)의 생략된 모습이 소리부이다. 정(亭)과 같이 읽는다.(寧, 定息也. 从血, 甹省聲. 讀若亭.)"라고 했다. 바람을 잠재우는 일 외에도 비를 잠재우거나 홍수를 잠재우거나 질병을 잠재우는 등의 제사가 보이는데, 이러한 재앙들이 없어지기를 기원하는 제사이다. 또 갑골문의 ⽂(2049)도 녕(寧)자로 해석되는데, 녕(寧)과 같은 의미이다.

② 갑골문 ✞(2909): '무(巫)'자로 해석된다. 이의 자형구조와 초기 단계의 의미는 불명확하다. 당란(唐蘭, 1901~1979)은 「저초문(詛楚文)」에 근거해 이 글자가 무(巫)라고 증명했으며, 이는 무신(巫神)이지 무당(사람)을 지칭하는 것은 아니며, 동서남북마다 무신이 있었다고 했다.

③ 갑골문 ᔕ(3682): '구(九)'의 초기 글자이다.

**34137**　　　　　　**34144**

## 025
"酒鬯品"

**'주'제사와 '자'제사와 '품'제사** (Wine Libation and Bundle Ceremony) 32384

傳寫

### 번역

乙未, 酻, 酻品上甲, 十. 報乙, 三. 報丙, 三. 報丁, 三. 示壬, 三. 示癸, 三. 大乙, 十. 大丁, 十.
大甲, 十. 大庚, 七. 小甲, 三. [大戊, 十. 中丁, 十. 戔甲], 三. 祖乙, [十. 羌甲, 三.]

을미일(제56일)에, '주'제사를 드리고서, '자'제사와 '품'제사를 드릴 때, 상갑(PK1)께 10마리, 보을(PK2)께 3마리, 보병(PK3)께 3마리, 보정(PK4)께 3마리, 시임(PK5)께 3마리, 시계(PK6)께 3마리, 대을(K1)께 10마리, 대정(K2)께 3마리, 대갑(K3)께 3마리, 대경(K5)께 3마리, 소갑(K6)께 3마리, [대무(K7)께 10마리, 중정(K9)께 10마리, 전갑(K11)께] 3마리, 조을(K12)께 3마리, [그리고 강갑(K14)께 3마리를 올릴까요?]

### 해설

이 갑골은 『갑골문합집』 제32384편에 보이는데, 제1기~제2기(歷組 제2그룹) 복사에 속한다. 대강의 뜻은 이렇다. 을미일에 조상께 드린 제사에 관한 기록이다. 먼저 상갑부터 시작되는 선왕(先王)의 순서는 완전히 세계(世系)에 의해 배열되었다. 그래서 일부 파손된 부분이 있지만, 이미 확인된 상왕의 세계에 근거해 빠진 선왕들의 이름을 보충해 넣을 수 있다. 이 갑골은 왕국유(王國維, 1877~1927)가 '상나라 때의 선왕선공(先王先公)을 고증'할 때 사용했던 주요한 기초 자료였다.

### 글자풀이

① 갑골문 (3173): 여러 가닥의 실을 한데 모으는 모습을 그렸다. 우성오(于省吾)는 상나라 사람들이 귀신과 교접하기 위해 어떤 물품을 사용하여 그들과 연결시키고자 한 것이라 여겼다. 그래서 주품(酻品)은 주(酻)제사와 품(品)제사를 말하는데, 대체로 제사에 사용될 물품 즉 제수를 실로 묶어서 선조들의 신위 앞에다 진열했다.

② 갑골문 (0758): '품(品)'자로 해석된다. 『설문해자』에서 "품(品)은 매우 많다는 뜻이다. 3개의 구(口)로 구성되었다.(品, 眾庶也, 从三口.)"라고 했다. 복사에서는 제사 이름으로 사용되었다. 금문의 용례에 의하면, 옥(玉), 씨(氏), 족(族), 토지(土田), 나라(國) 등도 모두 제수로 바칠 수 있었다.

③ 갑골문 (3548): 숫자 '십(十)'을 말한다.

④ 갑골문 (3558): '보을(報乙)'의 합문이다.

⑤ 갑골문 (3559): '보병(報丙)'의 합문이다.

⑥ 갑골문 (3560): '보정(報丁)'의 합문이다.

⑦ 갑골문 (1118): '시(示)'자로 옮길 수 있다. 은 '시임(示壬)'을, 는 '시계(示癸)'를 말한다.

⑧ 갑골문 (3571): '소갑(小甲)'의 합문이다.

연습

32437

32227

34526

34532

## 026
"十示率牪"

'10시'(10분의 신위)에 암양을 올리다 (Ten Shì with Rams) 32385

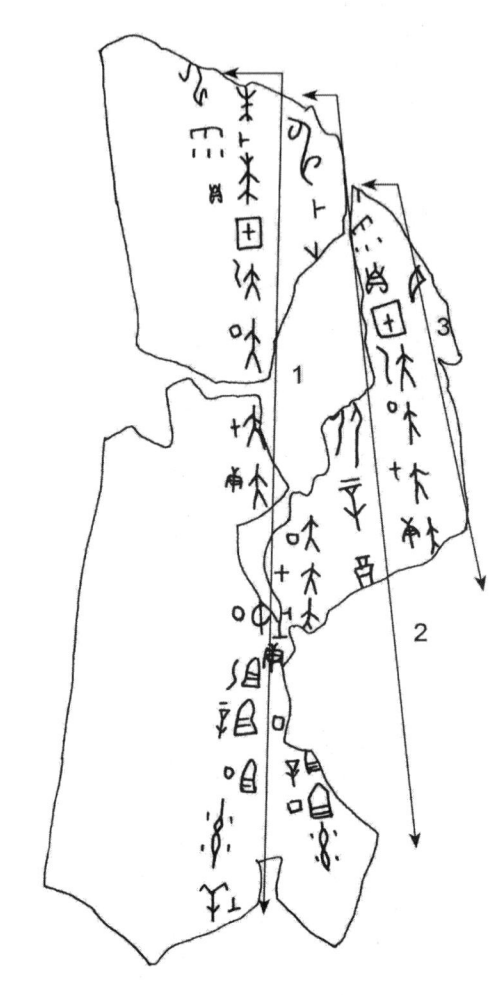

傳寫

### 번역

【1】 [己]未卜：求雨自上甲, 大乙, 大丁, 大甲, 大庚, 大戊, 中丁, 祖乙, 祖辛, 祖丁十示, 率𦏵.

【2】 [庚]申卜：☒弜辛酉☒[大乙], 大丁, 大甲, 大戊, [大]庚, [中丁], 祖乙, 祖辛, 祖丁, 率示.

【3】 [求]雨自上甲, 大乙, 大丁, 大甲, 大庚☒

[1] [기]미일(제56일)에 점을 칩니다. 비가 내리기를 비는데, 상갑(PK1), 대을(K1), 대정(K2), 대갑(K3), 대경(K5), 대무(K7), 중정(K9), 조을(K12), 조신(K13), 그리고 조정(K15)께 드리는 10가지 제사에 모두 숫양을 사용할까요?

[2] [경]신일(제57일)에 점을 칩니다. ☒신유일(제58일)에 ☒, [대을(K1)], 대정(K2), 대갑(K3), 대무(K7), [대]경(K5), [중정(K9)], 조을(K12), 조신(K13), 조정(K15)과 모든 조상께 제사를 드릴까요?

[3] 비가 내리기를 [비는데], 상갑부터 시작해서 대을(K1), 대정(K2), 대갑(K3), 대경(K5)☒?

### 해설

이 갑골은 『갑골문합집』 제32385편에 보이는데, 제1기(𠂤그룹) 복사에 속한다. 대략적인 의미는 상갑부터 조정에 이르는 10명의 직계 선왕의 신령께 비를 내려 주기를 기도하면서 숫양을 사용하였다는 내용이다. 이 갑골은 파손이 되긴 했지만, 10시(示)에 해당하는 선왕의 순서에 근거해 파손된 부분을 쉽게 보충할 수 있다.

### 글자풀이

① 선왕(先王)의 명칭:

갑골문 𣪘(3563): '대을(大乙)'의 합문이다.

갑골문 𠂤(3566): '대정(大丁)'의 합문이다.

갑골문 𣪘(3567): '대갑(大甲)'의 합문이다.

갑골문 𣪘(3570): '대경(大庚)'의 합문이다.

갑골문 𣪘(3572): '대무(大戊)'의 합문이다.

갑골문 𠂤(3574): '중정(中丁)'의 합문이다.

갑골문 𣪘(3577): '조을(祖乙)'의 합문이다.

갑골문 𣪘(3582): '조신(祖辛)'의 합문이다.

갑골문 𣪘(3587): '조정(祖丁)'의 합문이다.

② 갑골문 丁(1118): '시(示)'자로 해석된다. 갑골문에서 시(示)는 신주의 위패를 그렸다. 상왕의 세계 및 제사 체계에 근거하면, 대시(大示)는 직계 선왕을, 소시(小示)는 방계의 선왕을 말한다.

③ 갑골문 𦏵(3149): '솔(率)'자로 해석되는데, 큰 동아줄을 그렸으며, 솔(䌛)의 본래 글자이다. 복사에서는 부사로 쓰여 '모두', '다'라는 뜻을 가진다.

④ 갑골문 (1569): 모(牡)자로 옮길 수 있는데, 숫양을 말한다. '모(牡)'는 수소를 말하는데, 이후 이 모(牡)자로 모든 수컷 동물을 지칭하였다. 솔모(率牡)는 '모든 숫양을 말한다.

⑤ 갑골문 ※: 훼(莽)자로 해석된다. 일반적으로 기구하다, 기도하다는 뜻으로 해석한다. 여기서 '훼우(莽雨)'는 '비가내리기를 구하다(求雨)'라는 뜻이다.

> 연습

**32447**　　　**32439**　　　**34117**

## 027
"自上甲至于多毓"
'상갑'부터 '다후'에 이르기까지 (From Shàng Jiǎ to Duō Hòu) 37836

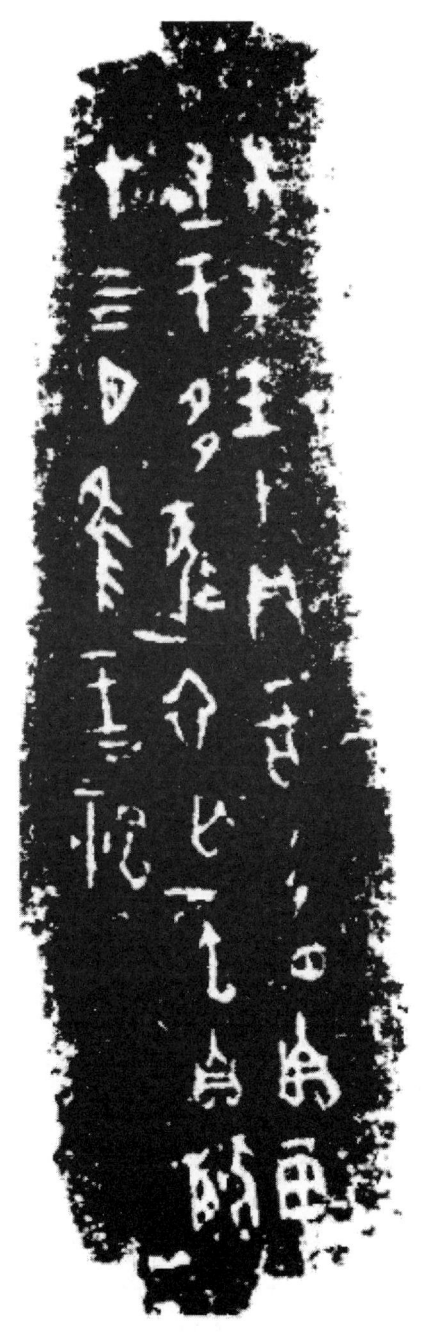
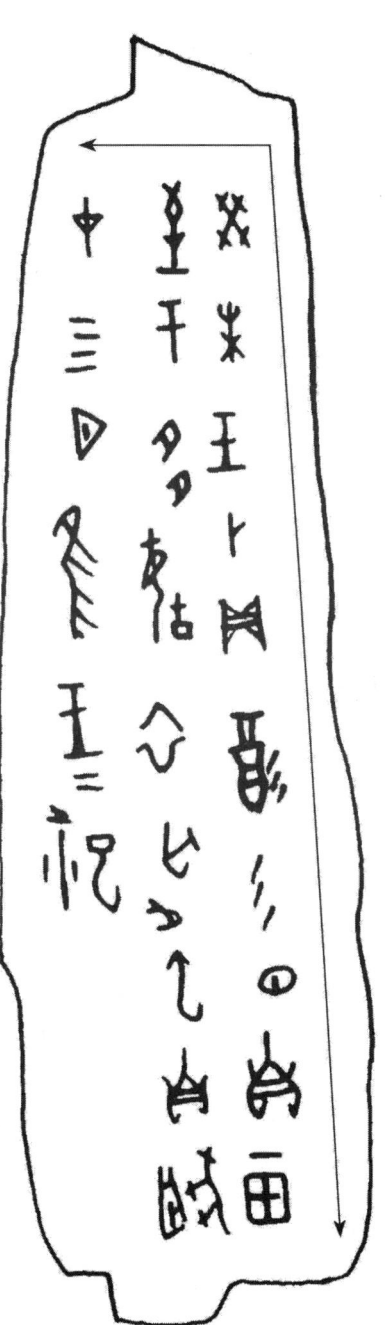

## 傳寫

癸未王卜貞：肜，肜日。自上甲至于多后，衣。亡尤自尤.
在四月唯王二祀.

## 번역

癸未, 王卜貞：肜, 肜日. 自上甲至于多后, 衣. 亡尤自尤.
在四月唯王二祀.

계미일(제20일)에 왕께서 점을 쳐 물어봅니다. '주'제사를 지내고, '융일'제사를 드릴까요? '상갑'(PK1)부터 모든 임금에 이르기까지 모두 합제인 '의'제사를 드릴까요? 재앙이 없을까요? 4월이었다. 왕의 재위 2년 되던 해였다.

## 해설

이 갑골은 『갑골문합집』 제37836편에 보이는데, 제5기(黃組) 복사에 속한다. '주'제사와 '융일'제사를 드리는데, '상갑' 이하 모든 선왕을 함께 합제(合祭)해서 지낼 것인가를 물은 것이 대략적 의미이다. '유왕이사(唯王二祀)'는 제을(帝乙)의 재위 첫 번째 주제(周祭)를 말하며, 제을 재위 2년째 되던 해라는 뜻이다.

## 글자풀이

① 갑골문 彡(3327): '융(彡)'자로 해석된다. 자형구조와 최초의 의미는 불명확하다. 일반적으로는 융(肜)으로 해석한다. 나진옥(羅振玉, 1866~1940)은 융(彡)에 대해 이는 계속해 끊이지 않음을 뜻한다고 했다. 『공양전(公羊傳)』 선공(宣公) 8년(B.C. 601) 조의 주석에서 '융(肜)은 즐거움이 끊이지 않음을 말한다(肜者肜肜不絶)'라고 했다. 복사에서는 제사 이름으로 쓰였는데, 동작빈(董作賓)은 북을 치면서 올리는 제사를 말한다고 했다. 융(彡)은 주제(周祭)의 5가지 제사 중의 하나이며, 달리 융일(肜日)이나 융석(肜夕) 등으로 쓰기도 한다. 제사의 내용에서 대해서는 더 연구가 필요하다.

② 갑골문 多(3278): '다(多)'자로 해석된다. 왕국유(王國維)는 "다(多)는 두 개의 육(肉)으로 구성된 회의자이다"라고 했다. 복사에서는 많다는 뜻으로 사용되었다.

③ 갑골문 毓(0461): 여(女)자와 자(子)의 거꾸로 된 모습(즉 㐬)으로 구성되었는데, 아이를 낳는 모습이다. 그래서 '육(毓)'자로 해석된다. 이후 선후(先後)라고 할 때의 후(後)와 『시경·상송(商頌)』의 "상지선후(商之先后: 상나라의 선대 임금께서는)"에서와 같이 왕위를 계승할 임금(后)을 말했다. 이 갑골 편에서는 다육(多毓) 즉 다후(多后)를 말하는데, 상갑 이후에 출현한 5가지 제사에서의 모든 선왕(先王)과 선비(先妣)를 말한다.

④ 갑골문 衣(1948): 옷의 모양을 그렸는데, '의(衣)'자로 해석된다. 복사에서는 제사 이름으로 쓰였다. 즉 선대 제왕과 선비(先妣)를 함께 나열하여 지내는 제사를 말한다. 소위 "'의' 제사에서는 '다후'들을 합사한다(衣祀多后合食)"라는 것으로, 주나라 때 부르던 은제(殷祭)이다. 『상서·강고(康誥)』에서 "문왕께서 오랑캐 은나라를 쓰러뜨리셨다(文王殪戎殷)"라고 했고, 『예기·중용(中庸)』에서 "오랑캐

은나라를 통일하셨다(壹戎衣)"라고 인용했는데, 은(殷)과 의(衣)는 독음이 같았다. 복사에서는 부사로 쓰였으며, 함께 모으다, 회합하다 등의 뜻이다. 그래서 "왕전(王田), 의축(衣逐)"은 "왕께서 사냥을 하셨는데, 모두 모여 함께 따라갔다."라는 뜻이다.

⑤ 갑골문 ☶(1842): 타(它)자로 옮길 수 있다. 지(止)(즉 발가락)와 타(它)(즉 뱀이나 벌레)로 구성된 회의자로, 상해를 입다, 재앙을 당하다 등의 뜻이다. 구석규(裘錫圭)는 이 글자가 '해(害)'의 본래글자라고 논증한 바 있다.

⑥ 갑골문 ☶(2245): 화(㕦)자로 옮길 수 있다. '무타자화(亡它自㕦)'는 복사에 자주 쓰이는 관용어이다. '무타(亡它)'는 대부분 '무해(亡害: 해가 없다)'로 해석하는데, 화를 입지 않다는 뜻이다. 화(㕦)도 '해를 입다'는 뜻이다. 4글자를 함께 합친 '무타자화(亡它自㕦)'의 의미에 대해서는 좀 더 깊은 연구가 필요하다.

⑦ 갑골문 ☶(1856): '사(祀)'자로 해석되는데, 바로 제사(祭祀)를 말한다. 상나라 말에 들면 5가지 제사로써 선왕(先王)과 선비(先妣)에 대해 제사를 드렸다. '상갑'부터 시작된 제사가 한 바퀴를 돌아 전체를 다 마치려면 36순(旬)이나 37순이 걸렸는데, 이는 약 1년의 시간에 해당한다. 그래서 복사에서 "유왕기사(隹王幾祀)"라는 것은 당시 왕의 재위 몇 년임을 표현하는 방식이 되었다.

**연습**

**34093**

**35404**

*10111*

## 028
## "十示又三"
### '13시'(13분의 신위) (Ten and Three Shi) 34117

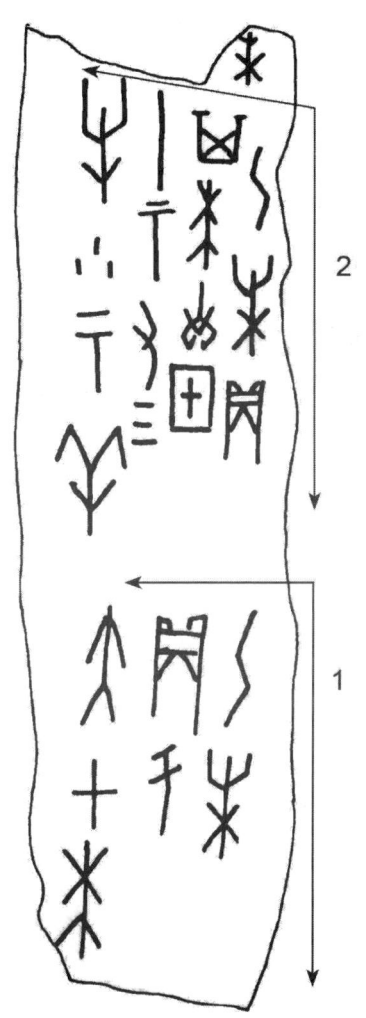

본문(선독) **93**

### 번역

【1】乙未貞: 于大甲求.

【2】乙未貞: 其求. 自上甲十示又三, 牛, 小示, 羊.

[1] 을미일(제32일)에 물어봅니다. '대갑'께 부탁을 드릴까요?

[2] 을미일(제32일)에 물어봅니다. 부탁을 드릴까요? '상갑'부터 지내는 13시(示) 제사에 소를 사용하고, 방계 제사(소시)에는 양을 사용할까요?

### 해설

이 갑골은 『갑골문합집』 제34117편에 보이는데, 제1기~제2기(歷組 제2그룹) 복사에 속한다. 대체적인 의미는 이렇다. '상갑'께 구원의 기도를 올릴까를 물었으며, 또 '상갑'을 포함한 13명의 선왕께도 기도를 올릴까를 물었고, 소를 희생으로 올려야 할지, 방계(소시) 제사에는 양을 올려야 할지 등을 물었다.

### 글자풀이

① 갑골문 示(1118): 이의 자형 구조에 대해서는 아직 정론이 없다. 아마도 토템을 새긴 기둥이거나 신주의 위패, 혹은 돌로 만든 신주와 관련 있어 보인다.

복사에서 제사에 대해 언급하면서 시(示)라 불렀다면 모두 선공선왕(先公先王)에 해당한다. 상왕의 세계와 제사 체계에 근거하면, 대시(大示)는 직계의 선왕을, 소시(小示)는 방계의 선왕을 말한다. 이 갑골 편에서 말한 '상갑부터 시작하는 13시(自上甲十示又三)'는 '상갑'부터 시계(示癸)에 이르는 6시(示)에다 대을(大乙)부터 조을(祖乙)에 이르는 7시(示)를 더한 13명의 직계 선왕을 말한다.

② 갑골문 ※: 훼(韓)자로 옮길 수 있다. 독음은 '훼(hū)'로 기구하다, 기도하다는 뜻이다. '도(禱: 기도하다)'나 '구(求: 도움을 청하다)'자로 해석된다.

연습

14875

32440

32330

## 029
"甲戌翌上甲"

**'상갑'을 위한 갑술일의 '익'제사** (Yì-Ritual for Shàng Jiǎ on jiǎxū) 35406

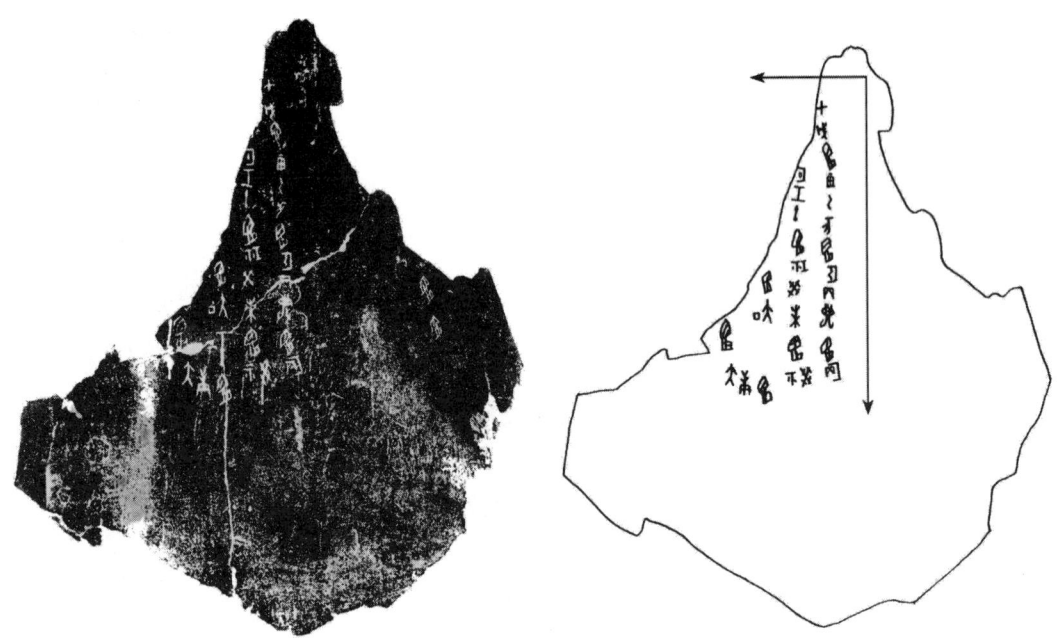

傳寫

> **번역**

甲戌翌上甲,
乙亥翌報乙,
丙子翌報丙,
[丁丑翌]報丁,
壬午翌示壬,
癸未翌示癸,
[丁亥]翌大丁,
[甲午]翌[大甲],
[庚子]翌大庚.

갑술일(제11일)에는 '익'제사를 '상갑'(PK1)까지,
을해일(제12일)에는 '익'제사를 '보을'(PK2)까지,
병자일(제13일)에는 '익'제사를 '보병'(PK3)까지,
[정축일(제14일)에는 '익'제사를] '보정'(PK4)까지,
임오일(제19일)에는 '익'제사를 '시임'(PK5)까지,
계미일(제20일)에는 '익'제사를 '시계'(PK6)까지,
[정해일(제24일)에는] '익'제사를 '대정'(K2)까지,
[갑오일(제31일)에는] '익'제사를 ['대갑'(K3)까지],
[경자일(제37일)에는] '익'제사를 '대경'(K5)까지.

> **해설**

이 갑골은 『갑골문합집』 제35406편에 보이는데, 제5기(黃組) 복사에 속한다. 주제(周祭) 제사보와 유사한 것으로 보인다. 비록 완전하지는 않지만 주제(周祭)의 엄정한 순서에 따라 배열되었기 때문에 빠진 부분도 보충해 낼 수가 있다. 주제의 기본 원칙을 보면, 선왕의 경우 '상갑'부터 시작하여 5가지 제사로 한 바퀴 돌아 한 주기를 이루며, 각각의 선왕의 간지명과 제사일의 간지명이 일치한다. 그래서 갑(甲)을 간지 명으로 하는 선왕의 경우 반드시 갑(甲)에 해당하는 날에 제사를 받았다.

> **글자풀이**

① 갑골문 甲과 翌(1908): '익(翌)'자로 해석된다. 전자는 곤충의 날개를 닮았고, 후자는 여기에 '입(立)'자가 더해졌는데 소리부의 역할을 한다. 익(翌) 제사는 주제(周祭)의 5가지 제사의 하나이다.

32508

32329

### 030
"大乙奭妣丙"

'대을'의 부인 '비병' (King Dà Yǐ with Queen Bǐ Bǐng) 36194

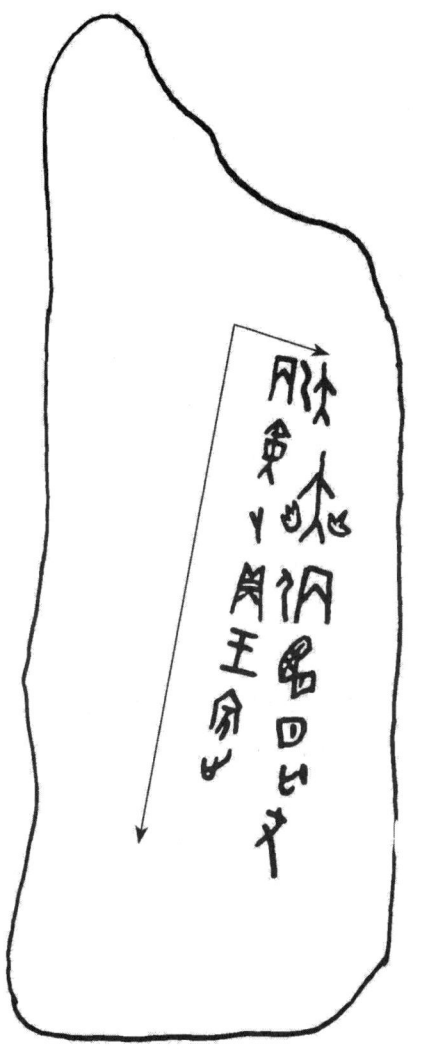

傳寫

### 번역

丙寅卜, 貞: 王賓大乙奭妣丙, 翌日, 亡尤.

병인일(제3일)에 점을 칩니다. 물어봅니다. 왕께서 '대을'과 왕비 '비병'의 혼령을 모시는데, '익일'제사를 올리면, 허물이 없겠습니까?

### 해설

이 갑골은 『갑골문합집』 제36194편에 보이며, 제5기 (黃組) 복사에 속한다. 당시의 왕이 선왕 '대을'과 그의 부인 '비병'의 혼령을 모시면서, 익일(翌日) 제사를 올리면 문제가 없겠는지를 물은 내용이다. 익일(翌日)은 5가지 제사 중의 하나로 익(翌)제사라고도 한다.

### 글자풀이

① 갑골문 (2066): 빈(𡨽)자로 옮길 수 있다. 일반적으로는 빈(賓)으로 풀이하는데, 빈객(賓客)이라고 할 때의 빈(賓)으로, 공경스럽게 예를 표하다는 동사로 쓰인다. 『예기·예운(禮運)』의 "산천에 제사를 올려 예를 다해 귀신을 맞아들인다(山川所以儐鬼神)"에서처럼 고대 문헌에 보이는 '빈(儐)'에 해당한다.

② 갑골문 (0225): '석(奭)'자로 옮길 수 있다. 양 팔을 크게 벌린 사람의 두 겨드랑이에 어떤 물건이 그려진 모습이나, 정확한 자형구조와 최초의 의미는 알 수 없다. 복사에서 이 글자는 항상 공식적인 배우자의 의미로 사용된다. 예컨대 '대을석비병(大乙奭妣丙)'이라 했다면 비병(妣丙)은 대을(大乙)의 부인임이 분명하다.

③ 갑골문 (3630): '비병(妣丙)'의 합문이다.

④ 갑골문 (3353): '우(尤)'자로 옮길 수 있다. 우(又)와 가로획(一)으로 구성되어, 오른손 손가락이 잘린 모습을 그렸다. 이로부터 원한, 후회, 재이(災異)라는 뜻이 생겼다. 무우(亡尤)(ㅂ尢), 무타(亡㞢)나 무해(亡害)(ㅂ㝿), 무화(亡囘)나 무구(亡咎)(ㅂ囘), 무재(亡災)(ㅂ巛) 등은 '탈이 없다는 뜻으로 의미가 모두 비슷하다.

연습

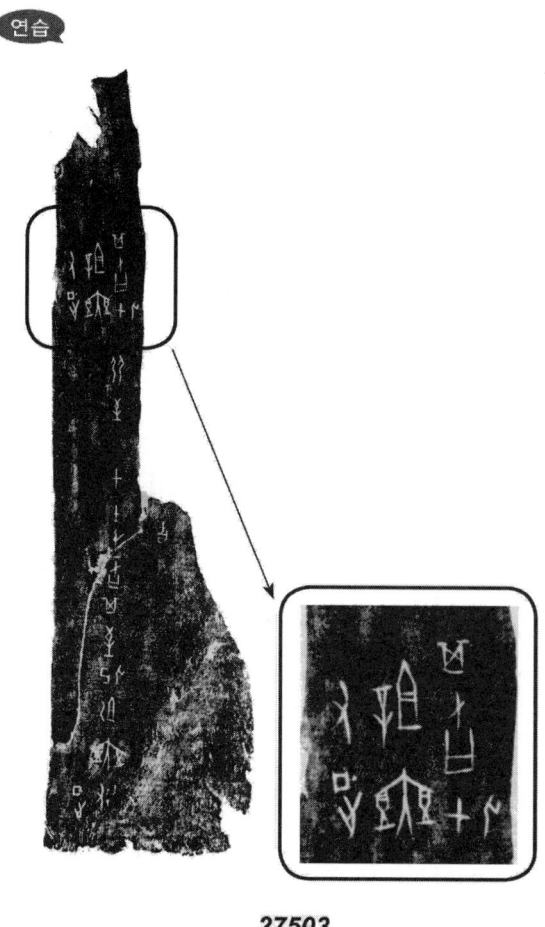

**27503**

**36261**

## 031
"又歲于兄己"

**'유'제사와 '세'제사를 '형기'에게 드리다** (Ceremonial Yòu Suì for Brother Jǐ) 27615

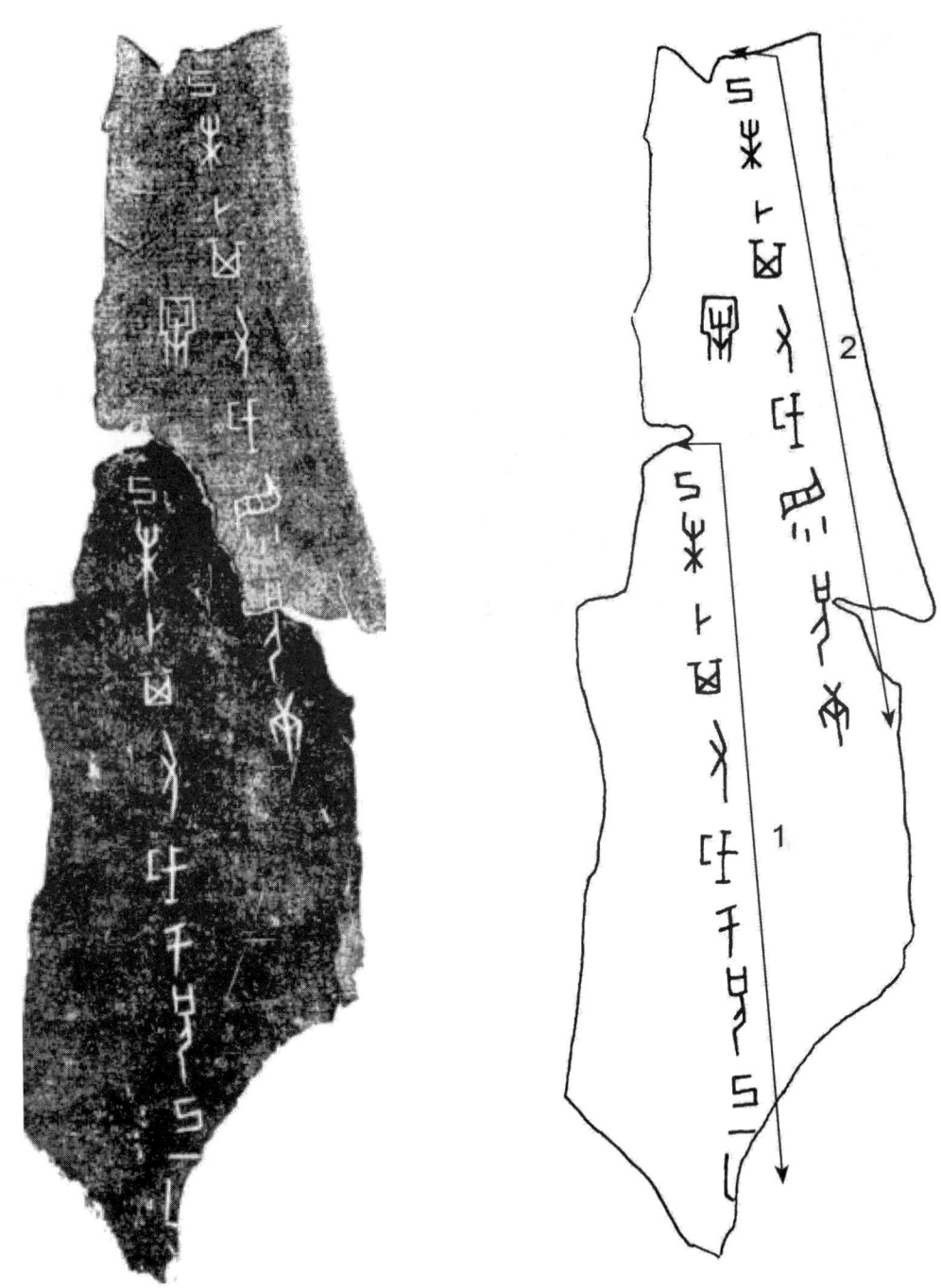

> 傳寫

```
ᄃ ※ ㅏ ⊠ ㇈ ㅌ ㆍ ㆍ ᄃ 一 ♈
ᄃ ※ ㅏ ⊠ ㇈ ㅌ ❦ ㆍ ♆ ♋
```

> 번역

【1】 己未卜, 其侑歲于兄己, 一牛.

【2】 己未卜, 其侑歲暨兄庚, 牢.

[1] 을미일(제56일)에 점을 칩니다. '유'제사와 '세'제사를 '형기'(기 형님)에게 올리는데, 소 1마리를 쓸까요?

[2] 을미일(제56일)에 점을 칩니다. '유'제사와 '세'제사를 '형경'(경 형님)에게도 올리는데, 희생용 소를 쓸까요?

> 해설

이 갑골은 『갑골문합집』 제27615편에 보이는데, 제3기(歷無名間類) 복사에 속한다. 전체는 2개의 복사로 되었는데, 첫 번째 복사는 형기(兄己)에 대한 제사를, 두 번째 복사는 형경(兄庚)에 대한 제사를 기록했다. 이로부터 이 갑골이 조갑(祖甲)(K23) 때의 점복 자료임을 알 수 있다.

> 글자풀이

① 갑골문 ㇈ (0905): 오른손을 그렸으며, '우(又)'자로 옮길 수 있다. 좌우(左右)라고 할 때의 우(右), 유무(有無)라고 할 때의 유(有), 보우(保佑)하다고 할 때의 우(佑), 또다시(再又)라고 할 때의 우(又), 유제사(侑祭)라고 할 때의 유(侑) 등으로 파생 확장되었다. 갑골문의 우(㇈)와 유(ㅓ)를 일반 적으로는 유(侑)제사의 유(侑)로 풀이한다. 고대문헌에서 보이는 '유(侑)'는 권하다는 뜻이다. 이 갑골에서의 '유(侑)'는 공경스레 헌상하는 제사라는 뜻으로 보인다.

② 갑골문 ㅌ과 ㅌ (2429): 도끼를 그렸는데, '세(歲)'의 초기 글자이다. '세(歲)'자는 복사에서 다음의 몇 가지 용법이 있다. (i)1년을 헤아리는 단위로, '금세(今歲: 올해)', '내세(來歲: 내년)' 등이 그렇다. (ii)귀(劌)로 해석하여, 상처를 입히다는 뜻이며, 희생을 죽이는 방법을 말한다. (iii)제사 이름으로 사용되었다.

③ 갑골문 ㆍ (0044): '형(兄)'의 초기 글자이다. 복사에서 형(兄)(ㆍ)과 읍(邑)(ㆍ), 축(祝)(ㆍ, ㆍ) 등은 자형이 비슷하여 헷갈리기 쉽다.

④ 갑골문 ❦ (0611): 눈물을 흘리는 모습으로, '답(眔)'(눈으로 뒤따르다)자로 옮길 수 있다. 『설문해자』에서 "답(眔)은 눈길이 서로 닿다는 뜻이다. 목(目)이 의미부이고, 이(隶)의 생략된 모습도 의미부이다. 독음은 도(徒)와 합(合)의 반절이다.('眔, 目相及也. 从目, 从隶省. 徒合切.)"라고 했다. 답(眔)에는 '이어지다(連及)'는 뜻도 있다. 그래서 '~및(暨)'이라 번역한다. 이 갑골에서 말한 '유세답형경(侑歲眔兄庚)'은 형기(兄己)에 대한 제사 의식을 형경(兄庚)에게까지 적용하다는 뜻이다. 상나라 왕인 조갑(祖甲)(K23)은 조기(祖己)와 조경(祖庚)(K24)을 형으로 두었는데, 이 갑골에서는 그들이 제사 대상으로 등장했다.

⑤ 갑골문 (1548): '뢰(牢)'자로 옮길 수 있다. 특별히 사육한 소를 말하는데, 희생용으로 쓰고자 준비했던 것으로 보인다.

> 연습

**23187**

**27617**

**23477**

## 032
### "王亥上甲即于河"
**'왕해'와 '상갑'의 신주가 '하'의 사당에 이르다** (Arrived at Temple of Hé) 34294

 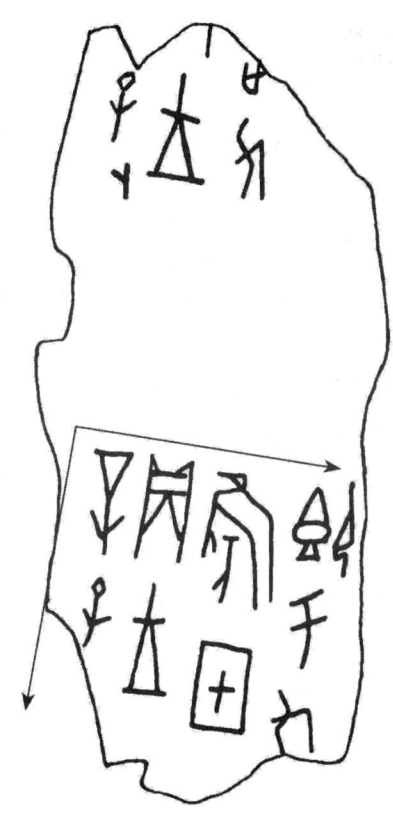

辛巳卜, 貞: 王亥, 上甲即于河.
신사일(제18일)에 점을 칩니다. 물어봅니다. '왕해'와 '상갑'(PK1)(의 신주가) '하'(의 사당)에 도착하였을까요?

### 해설

이 갑골은 『갑골문합집』 제34294편에 보이는데, 제1기~제2기(歷組 제2그룹) 복사에 속한다. 왕해(王亥)와 상갑(上甲)의 신주가 황하 신을 모시는 사당에 도착하였는지를 물었다. 하(河)는 자연신인 강의 신, 즉 황하(黃河)의 신을 말한다. 그러나 혹자는 조상신을 말하며, 달리 '고조하(高祖河)'의 신을 말한다고도 한다. 이 갑골의 '하(河)'는 아마도 '고조하(高祖河)'의 의미로 쓰였을 것으로 보인다.

### 글자풀이

① 갑골문 𦫵 (3691): '추(隹)'와 '해(亥)'의 합문으로 해(夒)나 해(夋)자로 옮길 수 있다. 왕해(王亥)를 지칭하는 고유명사로 쓰였다. 왕해는 상갑(上甲)의 아버지로, 선왕(先公)이 시작되는 조상이기에, 그 지위가 매우 높았다. 『산해경·대황동경(大荒東經)』에서 이런 기록이 있다. "왕해라는 사람이 있었는데, 두 손으로는 새를 마음대로 부리며 그 머리를 먹었다. 왕해가 유역 땅에 머물렀는데, 하백이 야생 소를 길들여 가축으로 만들었다. 유역 사람들이 왕해를 죽이고, 길들인 소를 빼앗아 갔다.(有人曰王亥, 兩手操鳥, 方食其頭, 王亥託於有易, 河伯僕牛, 有易殺王亥, 取僕牛.)" 왕해의 이름에 새의 모양이 더해진 모습(𦫵)를 한 것은 『산해경』에서 말한 "왕해가 새를 마음대로 부리며 그 머리를 먹는다"라는 전설과 관련 있어 보인다.

② 갑골문 𩇵 (0336): '즉(卽)'자로 해석된다. 『설문해자』에서 "즉(卽)은 식사를 하다는 뜻이다. 급(皀)이 의미부이고 절(卩)이 소리부이다.(卽, 卽食也. 从皀卩聲.)"라고 했다. 갑골문에서는 한 사람이 음식 앞에 꿇어 앉아 식사 하려는 모습을 그렸으며, 이로부터 '곧 식사를 하려하다'는 뜻을 그렸다. 이로부터 '즉시(卽)'나 '곧(就)'이라는 의미가 나왔다.

③ 갑골문 𣱵 (1328): 수(水)와 교(丂)로 구성되었는데, '하(河)'자로 해석된다. 복사에서 하(河)는 두 가지 의미가 있다. 하나는 큰 강 즉 황하(黃河)를 말하고, 다른 하나는 조상의 이름이다. 이 갑골의 하(河)는 조상신을 지칭한다.

### 연습

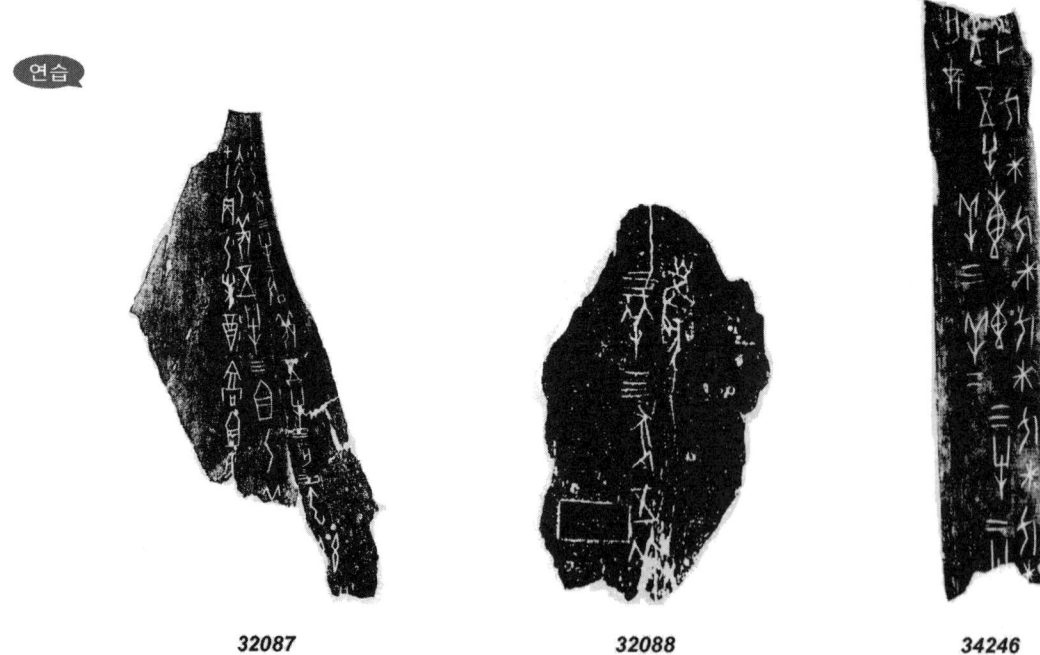

32087　　　32088　　　34246

# 033

## "燎于河王亥上甲"

### '하'와 '왕해'와 '상갑'을 위한 '료'제사 (Liáo for Hé, Wáng Hài, and Shàng Jiǎ) 01182

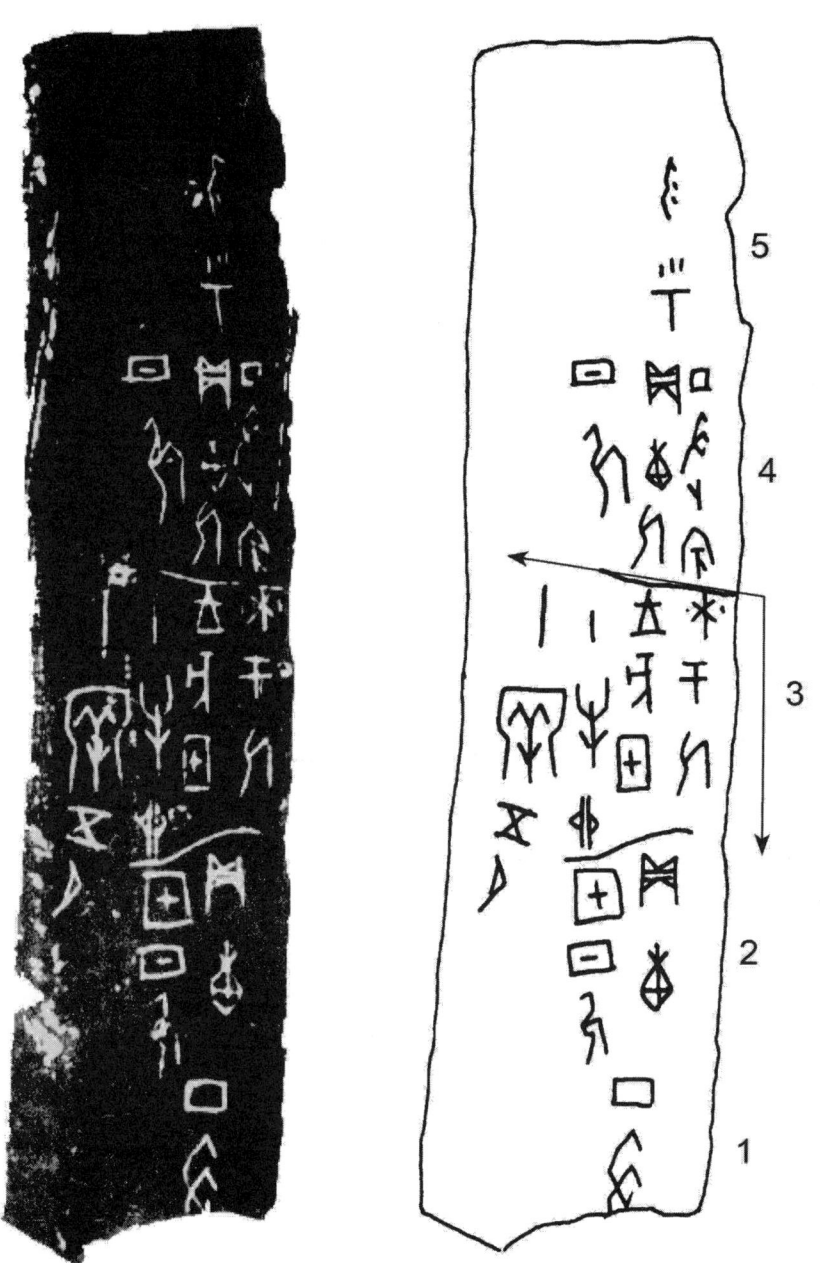

본문(선독) **107**

> 傳寫

𝍠 于 𝍡 𝍢 𝍣 田 | 𝍤 𝍥 | 𝍦 𝍧 𝍨

> 번역

燎于河, 王亥, 上甲十牛, 卯十牢, 五月.
료(燎)제사를 하(河), 왕해(王亥), 상갑(上甲)께 올리는데, 소 10마리와 배를 가른 희생용 양 10마리를 쓸까요? 5월이었다.

> 해설

이 갑골은 『갑골문합집』 제01182편에 보이는데, 제1기(賓組 제3그룹) 복사에 속한다. 아래에서 위로 총 5개의 복사가 기록되었다.
첫 번째와 다섯 번째 복사는 온전하지가 않아 해독이 불가능하다. 두 번째와 네 번째 복사는 상갑(上甲)과 하(河)께 일기(日祈)제사를 올리는 것에 대해 기록했지만, 기(祈)자의 의미에 대해서는 정확히 알 수 없다. 세 번째 단락에서는 하(河)와 왕해(王亥)와 상갑(上甲)에게 료(燎)제사를 드리는데 소 10마리와 배를 갈라 죽인 희생용 양 10마리를 사용했다는 기록이다.

> 글자풀이

① 갑골문 ✵ (1526): '료(燎)'자로 해석되는데, 나무를 쌓아놓고 불을 지핀 모습이다. 고대 사회의 제의의 일종이다. 『여씨춘추(呂氏春秋)·계동(季冬)』의 주석에서 이렇게 말했다. "료(燎)는 장작이나 땔감을 쌓은 후 둥근 옥을 놓고 그 위에다 희생물을 올리고 불을 지펴 태워 그 연기가 하늘로 올라가게 하는 제사이다.(燎者, 積聚柴薪, 置璧與牲於上而燎之. 升其煙氣.)"
② 상나라 사람들은 제사의식에서 희생을 바치기 위해 보통의 소와 우리 속에서 기른 특별한 소를 구분해 사용했다. 우리 속에서 특별히 길러진 소나 양은 희생에 쓸 목적으로 특별히 양육했을 것이다. 다만 그들이 어떤 의식에 특별히 길러진 소를 사용했는지에 대해서는 알지 못한다. 묘(𝍥, 卯)는 '절반으로 나누다'라는 뜻의 동사이다.

14671

14662

## 034
"侑于唐"
### '유'제사를 '당'에게 올리다 (Yòu-Ritual for Táng) 01273

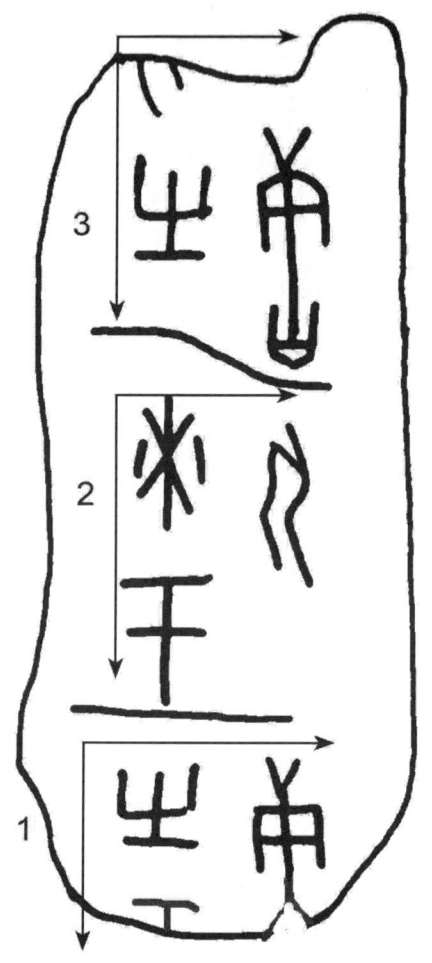

傳寫

屮 于 甾
米 于 彳彳
彳彡 屮 甾

### 번역

【1】 侑[于]唐?
【2】 燎于河?
【3】 勿侑[于]唐?

[1] '유'제사를 '당'(대을, K1)[에게] 올릴까요?
[2] '료'제사를 '하'에게 올릴까요?
[3] '유'제사를 '당'(K1)[에게] 올리지 말까요?

### 해설

이 갑골은 『갑골문합집』 제01273편에 보이는데, 제1기(典賓類) 복사에 속한다. 복사는 3부분으로 구성되었는데, 첫 번째와 세 번째는 당(唐)에게 유(侑)제사를 드릴 것인지를 물었고, 두 번째 복사에서는 하(河)에게 료(燎)제사를 거행할 것인지를 물었다. 글자들이 잘려나가는 바람에 전체 문장의 뜻은 잘 알 수 없다.

### 글자풀이

① 갑골문 &#x20;(3565): '당(唐)'자인데, 문헌에서 말하는 탕(湯) 임금이다. 상나라를 열었던 개국조인 성탕(成湯)을 말하는데, 묘호(廟號)가 대을(大乙)이었다. 복사에서는 성당(成唐)이라 부르기도 했다.

② 갑골문 &#x20;(2625): 부정사로 '물(勿)'로 풀이한다. 갑골문에는 모두 7가지의 부정 부사가 보이는데, 물(勿), 필(弜), 불(不), 불(弗), 무(毋), 비(非), 매(妹) 등이 그것이다. 이들 용법은 시기구분과 관계있으며 함의도 약간씩 다르다. '물(勿)'과 '필(弜)'은 의미가 비슷하지만, '물(勿)'은 제1기 복사에 자주 보인다.

### 연습

01272

01333

## 035
## "燎于夒"
### '료'제사를 '노'에게 올리다 (Liáo-Ritual for Náo) 14369

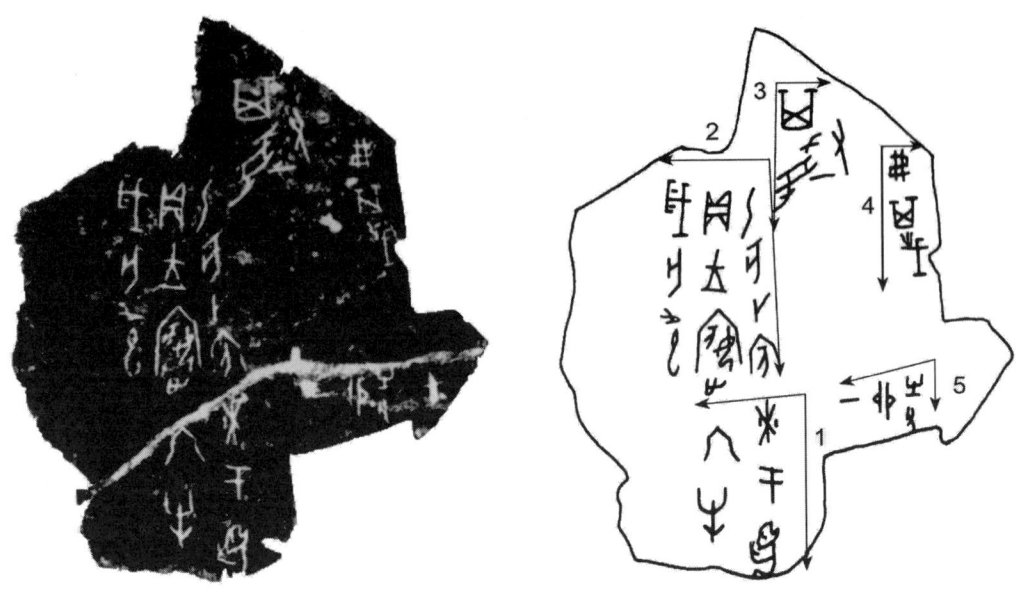

傳寫

번역

【1】燎于夒, 六牛.

【2】乙亥卜, 賓貞: 王儐, 歲, 亡老.

【3】其受祐.

【4】弗其𢦏.

【5】侑父口卯☒

[1] '료'제사를 '노'에게 드리는데, 소 6마리를 사용할까요?

[2] 을해일(제12일)에 점을 칩니다. '빈'이 물어봅니다. 왕께서 조상의 혼령을 맞이하여 인도하는데, '세'제사를 올리면, 탈이 없을까요?

[3] 보살핌을 받을 수 있을까요?

[4] 재앙이 일어나지 않을까요?

[5] '유'제사를 '부□'에게 지내는데, 배를 가른 희생 …를 쓸까요?

### 해설

이 갑골은 『갑골문합집』 제14369편에 보이는데, 제1기(典賓類) 복사에 속한다. 첫 번째 단락에서는 노(夒)에게 료(燎)제사를 드리는데 소 6마리를 쓸 것인가에 대해 물었다. 두 번째 단락은 왕이 예의를 갖추어 세(歲)제사를 드리면 재앙이 없겠는지를 물었다. 나머지는 신의 보살핌을 받을 수 있을 것인지, 재앙은 없을 것인지 등을 물었는데, 앞의 두 단락과는 관계가 없는 내용으로 보인다.

### 글자풀이

① 갑골문 (1543): '노(夒)'로 읽히는데, 당란(唐蘭)이 그렇게 해석했다. 왕국유(王國維)의 논증에 의하면, 이는 바로 전통 문헌에서 말하는 노(夒)로, 제곡(帝嚳)을 말한다고 했다. 『시경·상송(商頌)』에서 "하늘께서 현조에게 명하시어, 내려와 상나라 조상을 낳게 하셨네.(天命玄鳥, 降而生商.)"라고 노래했는데, 이는 상 민족의 기원이 현조(玄鳥)와 관련되었음을 말해준다. 『사기·은본기(殷本紀)』에서도 새의 알을 삼켜 '설'을 낳은 간적(簡狄)이 바로 제곡(帝嚳)의 둘째 부인으로 나온다.

② 갑골문 (3679): '육(六)'자로 옮길 수 있다. 은 갑골문의 (즉 入)에서 근원했는데, 입(入)자가 육(六)자로 가차되었다.

③ 갑골문 (2065): 빈(宀)자로 옮길 수 있는데, 빈(賓)자로 해석된다. '빈(賓)'이 제사와 관련된 용어로 쓰일 때에는 변이형이 대단히 많아, , , , , 등으로 썼다. 그러나 점복관의 이름으로 쓰일 때에는 항상 으로 썼고 다른 변이형은 등장하지 않는다. 이 갑골의 은 무정(武丁) 때의 점복관 이름이다.

④ 갑골문 (2066): 빈(宀)자로 옮길 수 있는데, 제사에 사용하던 용어이다. '빈(賓)'이나 '빈(儐)'자로 해석된다. 빈(儐)은 맞이하여 인도한다는 뜻이다. 예컨대, 『예운(禮運)』에서 "예라는 것은 귀신을 모시는 방법이다(禮者所以儐鬼神也)"라고 한 것이 그렇다. 빈(儐)에는 배향(配享)하다는 뜻도 있는데, "다가오는 을일에 상제께 '빈'제사를 드리지 말까요?(下乙不賓于帝)"가 그 예이다. 복사에서의 빈례(儐禮)는 아마도 맞이하는(儐接) 예를 말했을 것이다. 이 갑골에 보이는 '왕빈세(王儐歲)'의 빈(儐)은 그 용법이 『상서·낙고(洛誥)』의 "왕께서 제사 받으실 신들을 마중하기 위해 제물로 짐승을 잡고 정결한 제사를 지내니, 모든 신이 내려오셨네.(王賓, 殺禋, 咸格.)"라고 한 것과 같은데, 왕께서 조상의 영혼을 맞이하여 인도한다는 뜻이다.

⑤ 갑골문 (2419): '재(烖)'자로 옮길 수 있다. 재(烖)가 동사로 쓰여 정벌과 관련된 복사에 사용될 때에는 제거하다, 상해를 입히다, 패망시키다 등의 뜻으로 쓰여, 그 용법이 재(𢦏)와 같다. 그러나 무재(亡烖)와 같이 명사로 사용될 때에는 재앙이 없는지를 말한다. 이때의 용법은 재(𢦏), 재(),재(), 재(), 재(), 재() 등과 유사하다.

⑥ 갑골문 (3650): 손에 도끼를 든 모습으로, '부(父)'자로 해석된다. 부모(父母)라고 할 때의 부(父)이다.

**14372**

**14368**

## 036
"高祖夒"

고조 '노' (High Ancestor Náo) 30398

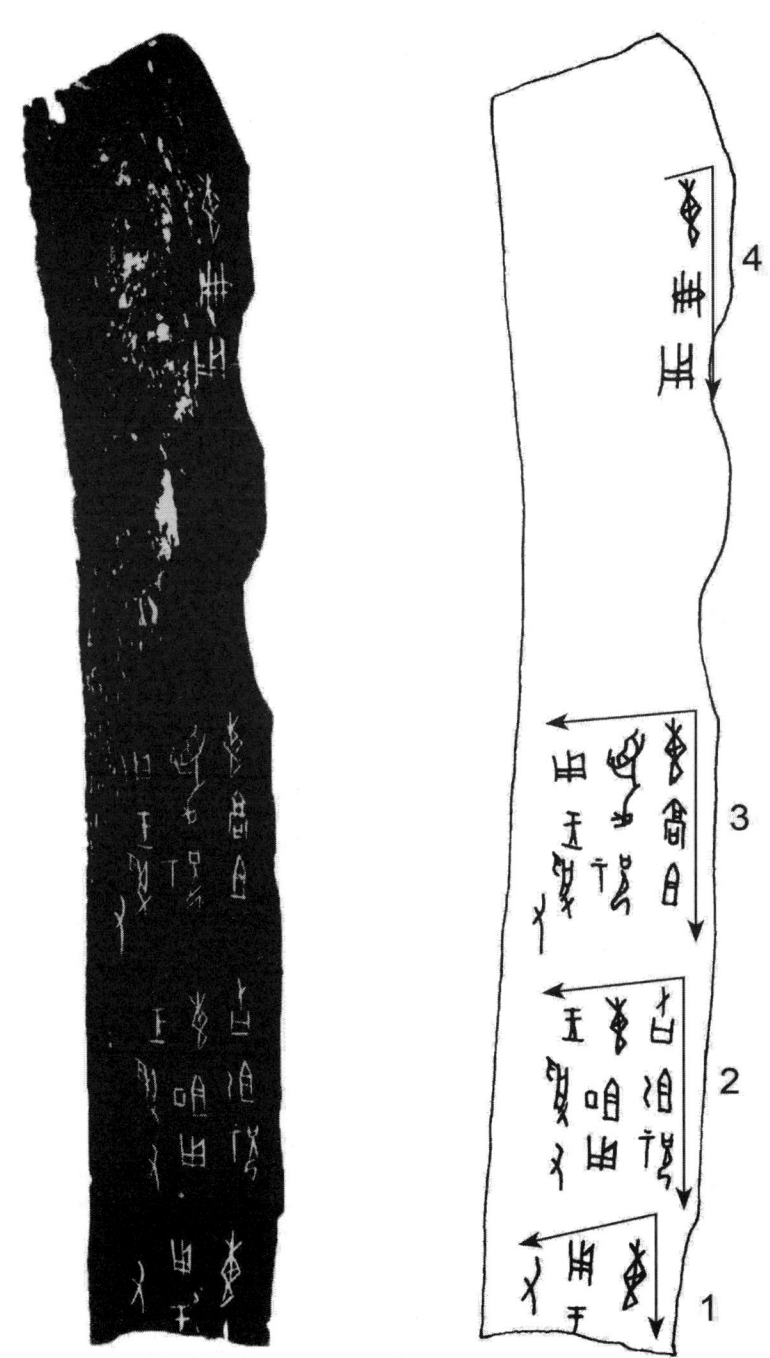

> 傳寫

```
爲冊甶
古祖祝 爲呂冊王受祐
爲高曰夒祝冊王受祐
爲冊甶
```

> 번역

【1】 惠☑用于☑又☑
【2】 劦祖乙, 祝. 惠祖丁, 用. 王受祐.
【3】 惠高祖夒, 祝, 用. 王受祐.
【4】 惠册用.

[1] ☑사용하여 ☑에게 빌면 ☑도움을 받을까요?
[2] '협'제사를 '조을'께 드리는데, '축' 의식을 거행할까요? '조정'께 시행하면 왕께서 보살핌을 받을까요?
[3] 고조 '노'께 드리는데, '축' 의식을 거행할까요? 시행하면 왕께서 보살핌을 받을까요?
[4] '책' 의식을 거행할까요?

> 해설

이 갑골은 『갑골문합집』 제30398편에 보이는데, 제3기~제4기(無名組) 복사에 속한다. 4부분의 복사로 되었는데, 아래로부터 위쪽으로 읽어 올라가야 한다. 첫 번째 복사는 완전하지 못하여, 어떤 선조에게 지낸 제사인지를 정확히 알 수 없다. 두 번째 복사는 협(劦)제사를 조을(祖乙)께 드리면서 축(祝) 의식을 거행하면서 희생을 조경(祖丁)께 올리면 왕께서 보살핌을 받을 수 있는지를 물었다. 세 번째 복사는 고조(高祖) 노(夒)에게 축(祝) 의식을 거행하고 희생을 바치면 왕께서 보살핌을 받을 수 있는지를 물었다. 네 번째 복사는 '혜책용(惠冊用)' 3글자만 남아 있어, 그 대상이 누군지를 알 수 없다.

> 글자풀이

① 갑골문 古(0736): '협(劦)'자로 옮길 수 있다. 갑골문 협(古)은 협(劦)자와 같은 글자인데, 제사 이름이다. 학자에 따라서 이것을 겹제(祫祭)로 보기도 하고, 납제(臘祭)로 보기도 한다.

② 갑골문 冊(3338): 통(桶) 모양을 그렸는데, '용(甬)'의 초기 글자이다. 이후 시행하다, 사용하다는 뜻으로 파생, 가차되었다.

③ 갑골문 爲과 爲(2953): '혜(叀)'자로 옮길 수 있다. 베를 짜는데 쓰는 실패의 모습이며, 고대 독음은 혜(惠)와 비슷하고, 어기사로 가차되었다. 그래서 어기사 '유(唯)'와 비슷하며, 강조 어기를 나타낸다. 그러나 혜(叀)와 유(唯)에는 차이가 존재한다. 예컨대, 혜(叀)는 어기 부사로 쓰여 "신일에 '주' 제사를 드리면 왕께서 보살핌을 받을까요?(叀辛酒, 王受祐)"와 같이 필요나 긍정의 어기를 나타낸

다. 그리고 '유(唯)'는 '비(非)'와 대응하는 문장을 이루지만, '혜(叀)'는 그렇지 못하다.

④ 갑골문  (2006): '고(高)'자로 옮길 수 있다.『설문해자』에서 "고(高)는 높다는 뜻이다. 높다랗게 지은 누대의 모습이다.(高, 崇也. 像臺觀高之形.)'라고 했다. 복사에서 고조(高祖)로 불렸던 인물로는 왕해(王亥), 노(夔), 하(河) 등이 있다.

> 연습

## 037
## "燎于蔑"
### '료'제사를 '멸'에게 올리다 (Liáo-Ritual for Miè) 14804

 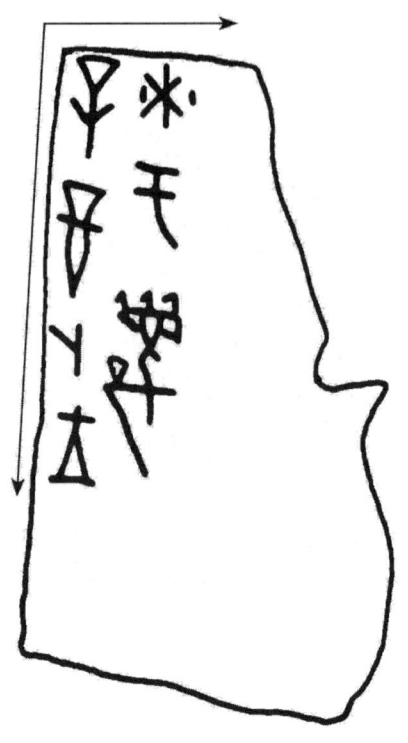

 傳寫

 번역

辛酉卜, 王燎于蔑.
신유일(제58일)에 점을 칩니다. 왕께서 '료'제사를 '멸'에게 올릴까요?

해설

이 갑골은 『갑골문합집』 제14804편에 보이는데, 제1기(賓組 제1그룹) 복사에 속한다. 왕께서 료(燎)제사를 멸(蔑)에게 드려야 할지의 여부를 물었다. '멸'은 조상이나 선대의 중요한 신하였음이 분명하나, 그 신분을 아직 확정할 수는 없다.

### 글자풀이

① 갑골문 ⚡(2459): '멸(蔑)'자로 해석된다. 복사에서 제사의 대상으로 등장한다. 이윤(伊尹)과 나란히 등장하는 것으로 보아, 상나라 때의 먼 옛날 중요한 신하였던 것으로 보인다.

### 연습

14807　　　14801　　　14808　　　14811

본문(선독) **119**

## 038
### "侑于王恒"
### '유'제사를 '왕항'에게 올리다 (Yòu-Ritual for Wáng Héng) 14762

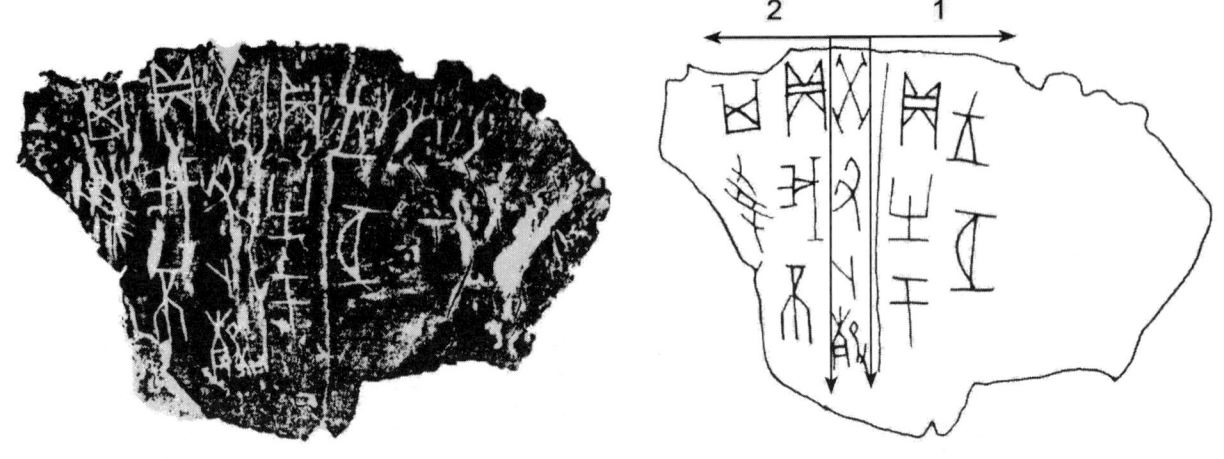

 傳寫

### 번역

【1】 癸丑卜, 殼貞: 侑于王恒.

【2】 癸丑卜, 殼貞: 我不其受[佑].

[1] 계축일(제50일)에 점을 칩니다. '각'이 물어봅니다. '유'제사를 '왕항'에게 올릴까요?

[2] 계축일(제50일)에 점을 칩니다. '각'이 물어봅니다. 우리가 [보살핌을] 받지 못할까요?

### 해설

이 갑골은 『갑골문합집』 제14762편에 보이는데, 제1기(典賓類) 복사에 속한다. 두 단락의 복사가 전사(前辭)인 "계축일에 점을 칩니다. 각이 물어봅니다.(癸丑卜殼貞)"를 함께 사용하고 있다. 오른쪽으로 읽어나갈 부분은 유(侑)제사를 왕항(王恒)에게 드릴 것인지를 물었고, 왼쪽으로 읽어나갈 부분은 보살핌을 받을 수 있을는지를 물었다.

> **글자풀이**

① 갑골문 (2908): '항(亙)'으로 옮길 수 있는데, '항(恆)'자로 해석된다. 서호(徐灝)의 『단주전(段注箋)』에서 항(亙)에 대해 이렇게 설명했다. "달의 절반 모습이 활시위의 양 쪽을 닮았기에 현(弦)이라 부른다. 달이 차면 이지러지기 마련인데, 활시위처럼 된 반달이 가장 일상적이다. 그래서 항(恆)이라 했고, '항상'이라는 뜻을 갖게 되었다. 옛날에는 긍(亙)으로 적었는데, 월(月)과 이(二)가 모두 의미부인데, 이(二)는 상현과 하현을 가리킨다.(月之半體如弦繩兩端, 故謂之弦. 月盈則缺, 唯弦時多, 故謂之恒, 而訓爲常, 古作亙, 从月从二, 指上下弦.)" 왕국유(王國維)는 복사에 보이는 왕항(太亙)은 바로 『초사(楚辭)·천문(天問)』에 보이는 왕항(王恒), 즉 왕해(王亥)의 동생임을 논증했다. 복사에서 왕항(王恒)을 太⑧으로 적기도 하는데, 『갑골문합집』제14760편에 보인다.

> **연습**

**14766**

**14760**

**14767**

## 039
## "燎土豕"

### 돼지를 제물로 '료'제사를 '토'에게 올리다 (Liáo-Ritual for Tǔ with Pig) 34185

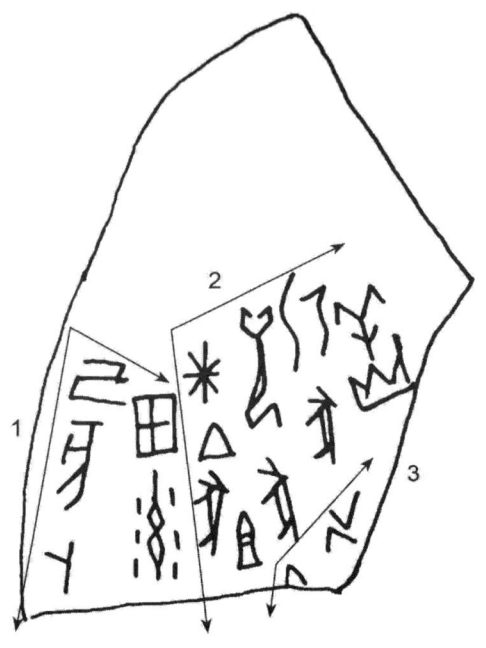

🔵 傳寫

🔵 번역

【1】 己亥卜, 田率.
【2】 燎. 土, 豕;契, 豕;河, 豕;岳, [豕].
【3】 且☐岳☐

[1] 기해일(제36일)에 점을 칩니다. '솔' 땅에서 사냥을 거행할까요?
[2] '료'제사를 지내는데, '토'에게 돼지를, '설'에게 돼지를, 황하 신에게 돼지를, 산악 신에게 [돼지를 올릴까요]?
[3] 조상 ☐, 산악 신 ☐?

**해설**

이 갑골은 『갑골문합집』 제34185편에 보이는데, 제1기~제2기(歷組 제1그룹) 복사에 속한다. 두 단락으로 되었는데, 첫 번째 단락에서는 솔(率) 땅에 가서 진행할 수렵에 관해 점을 쳤고, 다른 한 단락에서는 선공(先公)께 료(燎)제사를 지낼 때 각각의 선공들께 돼지를 희생으로 바칠 것인지를 점쳤다. 제사 대상으로 등장한 사람은 토(土), 설(兇), 하(河), 악(岳) 등이다. 왕국유(王國維)의 논증에 의하면, 토(土)는 바로 『사기·은본기(殷本紀)』에서 말한 상토(相土)이다. 설(兇)은 동작빈(董作賓)에 의하면 설(契)이다. 하(河)와 악(岳)은 그들이 자연신인지 아니면 선공인지에 대해서는 아직 정해진 결론이 없다. 이 갑골의 기록으로부터 료(燎)제사도 희생을 사용한 제사였음을 알 수 있다. 이 갑골의 잘려 나간 아랫부분에 '조(祖)'와 '악(岳)' 등 두 자가 있으나, 문장을 이루지 못하고 있다.

**글자풀이**

① 갑골문 Ω(1211): 달리 ⊥로도 적는데, 구조의 원래 의미는 알 수 없다. '토(土)'자로 옮길 수 있다. 복사에서는 선공(先公)의 이름이나, 방국(方國)의 이름 즉 토방(土方)으로 쓰였다. 또 "동쪽 영토에서 풍년이 들까요?(東土受年)"에서처럼 사토(社土)나 방토(邦土)의 의미로 쓰이기도 한다. 또 '사(社)'로 해석되어, 토지신의 의미로 쓰이기도 한다.

② 갑골문 (1946): 상나라 사람들이 기우제나 풍년제를 거행할 때 기원하던 중요한 대상인데, 설(兇)이나 흉(兇)으로 적었다. 그 지위는 하(河)나 악(岳) 등과 동일했다. 일부 학자들은 이들이 자연신이거나 어떤 신위를 말한다고 보기도 하고, 또 어떤 학자들은 상나라의 시조인 설(契)로 보아, 상나라 선공의 하나로 보기도 한다. 필자는 후자의 견해를 채택하고자 한다. 그래서 갑골문 설( )을 설(契)자로 해석했다.

③ 갑골문 (1221): '악(岳)'자로 옮길 수 있다. 혹자는 상나라 때의 조상이라 하기도 하고, 혹자는 상나라 때의 자연신이라 보기도 한다.

④ 갑골문 (3149): 큰 동아줄을 그렸는데, 솔(率)자로 해석되며, 솔(鑠)의 본래 글자이다. 이 갑골 편에서는 지명으로 쓰였다. 복사에서 '솔(率)'은 부사로도 쓰이는데, 그때는 '모두'라는 뜻이다.

*34183*

*34186*

## 040
### "侑于黃尹"
**'유'제사를 '황윤'에게 올리다** (Yòu-Ritual for Huáng Yǐn) 00563

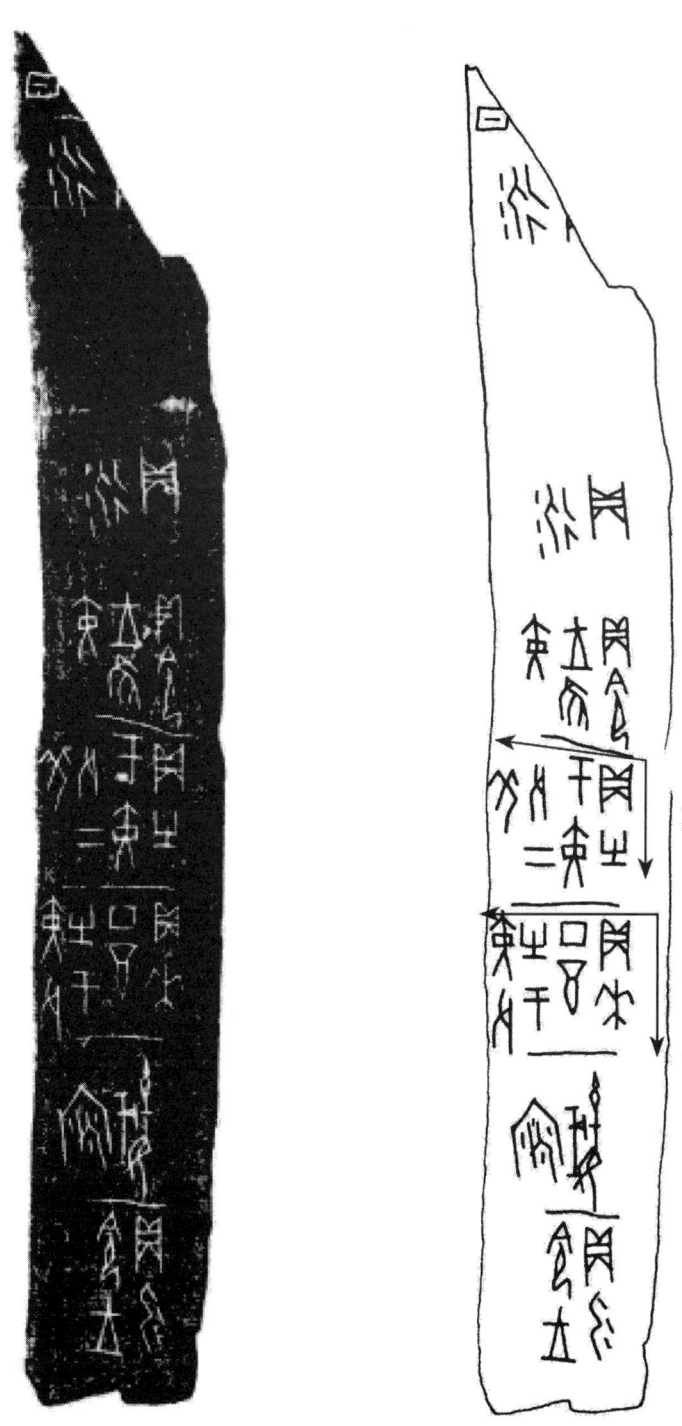

### 傳寫

### 번역

【1】 貞: 來丁酉, 侑于黃尹.
【2】 貞: 侑于黃尹, 二羌.

[1] 물어봅니다. 오는 정유일(제34일)에 '유'제사를 '황윤'께 올릴까요?
[2] 물어봅니다. '유'제사를 '황윤'께 올리는데, 강족 2명을 쓸까요?

### 해설

이 갑골은 『갑골문합집』 제00563편에 보이는데, 제1기(典賓類) 복사에 속한다. 위에서부터 아래까지 총 여섯 단락으로 이루어졌는데, 여기서는 중간의 두 단락만 해석한다. 앞의 한 단락에서는 다가오는 정유일에 '유'제사를 '황윤'께 올릴 것인가를 물었다. 뒤의 한 단락에서는 '유'제사를 '황윤'께 올릴 때 강족 두 명을 제사의 희생으로 쓸 것인가를 물었다. 유(侑)제사의 구체적 내용에 대해서는 알 수가 없다. 이로부터 강족을 희생으로 사용하는 것이 '유'제사의 일부분에 포함되었음을 알 수 있다.

### 글자풀이

① 갑골문 (2550): 달리 로 적기도 하는데, '황(黃)'자로 옮길 수 있다. 이는 시(矢)( )와 인(寅)( )자가 같은데서 근원하였으나 이후 분화했음을 보여준다. 여기서는 황색(黃色)이라고 할 때의 황(黃)으로 쓰였다. 이 갑골에 등장하는 황윤(黃尹)의 경우, 황(黃)이 개인 이름이다. 혹자는 황윤(黃尹)이 바로 이윤(伊尹)이라 하기도 하고, 혹자는 『상서·군석(君奭)』에서 말한 보형(保衡)을 말한다고도 했다.

② 갑골문 (0064): '강(羌)'자로 해석된다. 변이형이 매우 많은데, 모두 사람의 모습(人) 머리에 양 뿔이 더해진 모습이다. 강(羌)은 방국(方國)의 이름인데, 강방(羌方)은 은(殷)의 서북쪽에 있었다. 아마도 춘추시대 때의 융적(戎狄)이 이들이었을 것으로 추정된다. 강방은 상나라 때의 적국으로, 은상들이 사람 희생을 쓸 일이 있으면 주로 그들을 사용했다.

연습

**06209**

**06142**

**06137**

## 041
## "侑于伊尹"
### '유'제사를 '이윤'에게 올리다 (Yòu-Ritual for Yī Yǐn) 34192

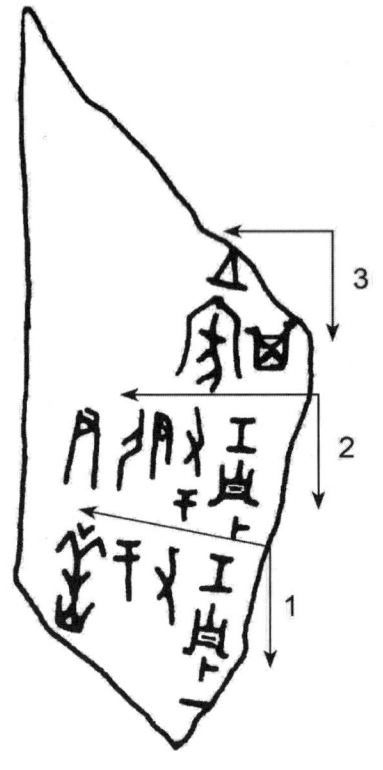

🔵 傳寫

🔵 번역

【1】 壬子卜, 侑于岳.
【2】 壬子卜, 侑于伊尹.
【3】 ☒其☒王家.

[1] 임자일(제49일)에 점을 칩니다. '유'제사를 산악 신께 올릴까요?
[2] 임자일(제49일)에 점을 칩니다. '유'제사를 '이윤'께 올릴까요?
[3] ☒ 아마도 ☒ 왕실에서.

### 해설

이 갑골은 『갑골문합집』 제34192편에 보이는데, 제1기~제2기(歷組 제2그룹) 복사에 속한다. 세 단락으로 되었는데, 위로부터 아래쪽으로 이어진다.

첫 번째 단락은 '유'제사를 산악 신께 올릴 것인지에 관한 점복이다. 두 번째 단락은 '유'제사를 '이윤'께 올릴 것인지에 관한 점복이다. 세 번째 단락은 세 글자만 남아 의미가 불분명하다.

문헌 기록에 의하면, 이윤(伊尹)은 대을(大乙)을 보좌하여 하(夏)나라를 정벌하고 상(商)나라를 세웠던 명신이다. 복사에서 이윤이 산악 신과 동격으로 등장하는 것으로 보아 그 지위가 상당히 높았을 것으로 추정된다. 그래서 이는 문헌에서 말하는 상나라를 세웠던 공신인 이윤을 말한 것이 분명하다.

### 글자풀이

① 갑골문 ⊁와 ↳: 일반적으로 '유(侑)'로 해석하며, 공경하며 바치다, 권유하다는 뜻으로 사용된다. 이 갑골에서는 희생을 사용한 제사인지에 대해서는 구체적으로 명시하지 않았다.

### 연습

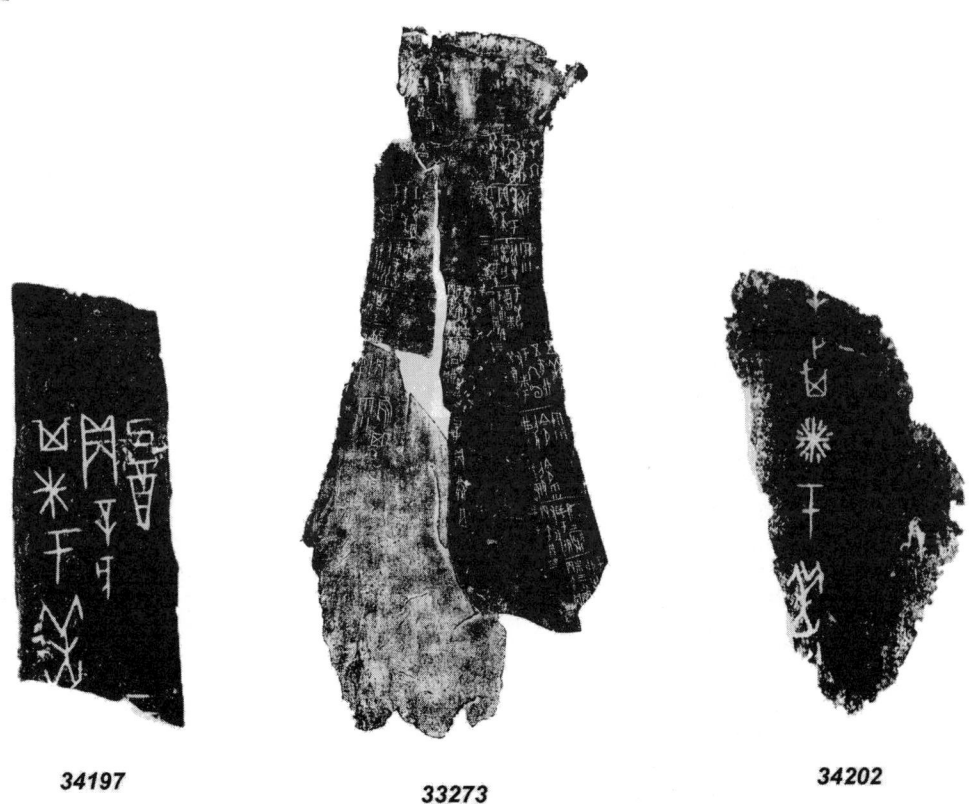

34197      33273      34202

## 042

"射𢦏以羌"

**'사등'이 '강족'을 제물로 바치다** (Shè Téng Takes Qiāng) 32023

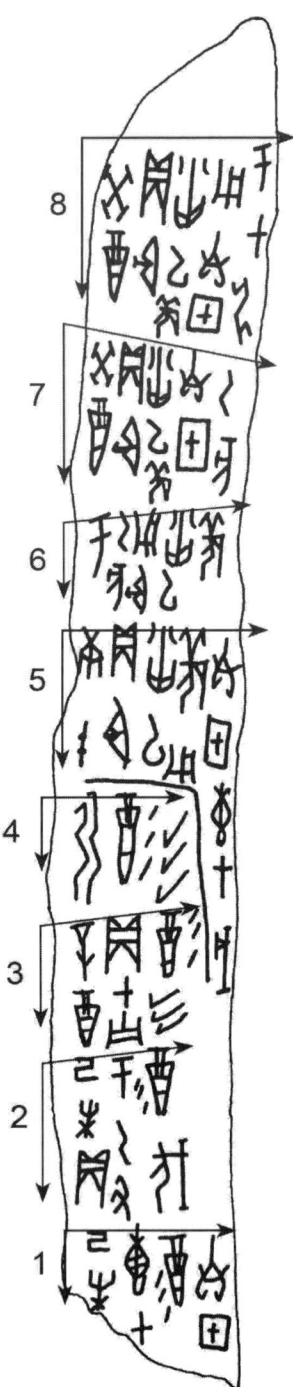

**傳寫**

**번역**

【1】 己未[貞]: 惠甲[子]酒, [伐], 自上甲.
【2】 己未貞: 于乙丑酒, 伐.
【3】 辛酉貞: 甲子酒, 肜.
【4】 弜酒, 肜.
【5】 庚午貞: 射以羌, 用. 自上甲, 惠甲戌.
【6】 于乙亥, 用. 射𥄎以羌.
【7】 癸酉貞: 射𥄎以羌, 自上甲, 乙亥☐.
【8】 癸酉貞: 射𥄎以羌, 用. 自上甲, 于甲申.

[1] 을미일(제56일)에 [물어봅니다]. 갑[자]일(제1일)에 '주'제사와 ['벌'제사를] '상갑'(PK1)부터 지낼까요?

[2] 을미일(제56일)에 물어봅니다. 을축일(제2일)에 '주'제사와 '벌'제사를 지낼까요?

[3] 신유일(제58일)에 물어봅니다. 갑자일(제1일)에 '주'제사와 '융'제사를 지낼까요?

[4] '주'제사와 '융'제사를 지내지 말까요?

[5] 경오일(제7일)에 물어봅니다. '사등'이 제물로 바친 강족을 '상갑'부터 갑술일(제11일)에 쓸까요?

[6] 을해일(제12일)에 물어봅니다. 쓸까요? '사등'이 바친 강족을 제물로 쓸까요?

[7] 계유일(제10일)에 물어봅니다. '사등'이 제물로 바친 강족을 '상갑'부터 을해일(제12일)에……할까요?

[8] 계유일(제10일)에 물어봅니다. '사등'이 제물로 바친 강족을 쓸까요? 써라. '상갑'부터 갑신일(제21일)에 하라.

> **해설**

이 갑골은 『갑골문합집』 제32023편에 보이며, 제1기~제2기(歷組 제2그룹) 복사에 속한다. 위로부터 아래쪽으로 총 8단락으로 되었으며, '상갑'부터 제사를 드릴지에 대해 물었다. 사등(射𢀳)이 강족 포로를 헌상했고, 그런 다음 강족 포로를 선왕의 제사에 사용했다.

제1단락은 기미일에 점을 쳐 갑자일에 지낼 상갑의 제사에서 '주'제사부터 시작하고 그 다음에 '벌'제사를 진행할 것인지를 물었다.

제2단락은 을축일에 지낼 제사에서는 어떻게 해야 할지를 물었다.

제3단락은 신유일에 점을 쳐 갑자일에 지낼 상갑의 제사에서 '주'제사부터 시작하고 그 다음에 '벌'제사를 진행할 것인지를 물었다.

제4단락은 갑자일의 제사 때 '주'제사부터 시작하고 그 다음에 '벌'제사를 진행하지 않으면 어떨지를 물었다.

제5단락은 경오일에 점을 쳐 갑술일에 '사등'이 헌상한 강족 포로를 바쳐 상갑을 비롯한 그 이후의 선왕들께 제사를 지낼 것인지를 물었다.

제6단락은 을해일에 사람 희생을 사용한 기록이다.

제7단락은 계유일에 점을 쳐 을해일에 포로로 헌상한 강족을 상갑께 바쳐 제사지낼 것인지를 물었다.

제8단락은 계유일에 점을 쳐 '사등'이 헌상한 강족 포로를 갑신일에 상갑께 바쳐 제사를 지낼 것인지를 물었다.

> **글자풀이**

① 갑골문 (0735): '융(彡)'자로 옮길 수 있는데, '융(肜)'자로 해석한다. 이는 제사 이름이며, 주제(周祭)의 5가지 제사 중의 하나이다.

② 갑골문 (2623): 화살이 활시위에 놓인 모습으로, '사(射)'의 초기 글자이다. 복사에 보이는 '사록(射鹿)'이나 '사시(射兕)' 등은 원래 뜻인 활을 쏘다는 뜻으로 쓰였다. 복사에서 '사(射)'는 '다사(多射)'나 '삼백사(三百射)'에서처럼 상나라 때의 무관의 관직명으로 쓰이기도 했다.

③ 갑골문 (1038): 𢀳자로 옮길 수 있다. 상나라 때에는 관직명과 개인 이름을 연결해 사용했다. 사(射)는 관직명이고, 등(𢀳)은 개인 이름이다. 사등(射𢀳)은 무정(武丁) 때의 무관이었다.

④ 갑골문 (0022): '이(目)'자로 옮길 수 있는데, 갑골문 이(㠯)자의 생략된 모습이다. 이(㠯)는 사(侣)자로 옮길 수 있다. 『설문해자』에서 "사(侣)는 닮다는 뜻이다. 인(人)이 의미부이고 이(目)가 소리부이다.(侣, 象也. 从人目聲.)"라고 했다. 또 "이(目)는 쓰다는 뜻이다. 사(巳)를 반대로 뒤집은 모습이다.(目, 用也. 从反巳.)"라고 했다. 갑골문에서 와 는 모두 이(以)자로 해석된다. 이 갑골에서 말한 '이강(目羌)'은 '강족을 사용하여', '강족으로 ~를 하다' 등의 의미로 쓰였다.

⑤ 갑골문 (0064): 사람의 머리에 양의 뿔이 놓인 모습인데, 변이형이 매우 많다. '강(羌)'자로 해석된다. 강(羌)은 상나라 때의 주요 방국으로 상나라의 서북쪽에 있었으며, 춘추시대 때의 융적(戎狄)으로 추정된다. 상나라 때 사람을 희생으로 삼던 주요 내원의 하나였다.

⑥ 갑골문 (2733): 주(酒)자로 옮길 수 있다. 이는 제사의식의 한 가지로, 료(燎), 체(禘), 벌(伐), 세(歲), 묘(卯) 등의 제사 활동과 함께 거행되었다. 구체적인 내용에 대해서는 더 연구가 필요하다. 그러나 술을 올려 지내던 제사이며, 행사의 초기에 진행되던 의식이었다는 점만은 분명하다.

연습

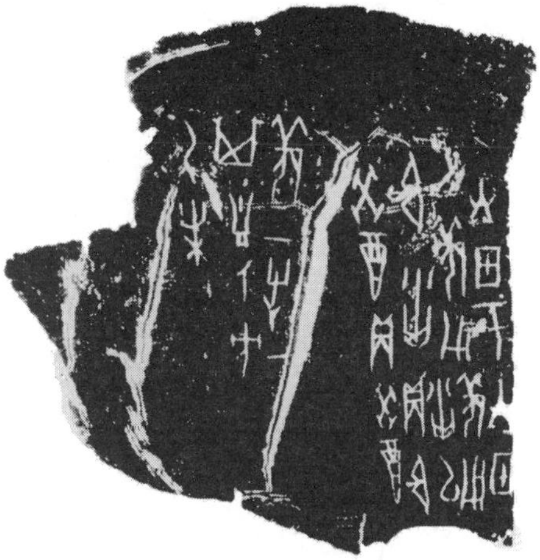

32022

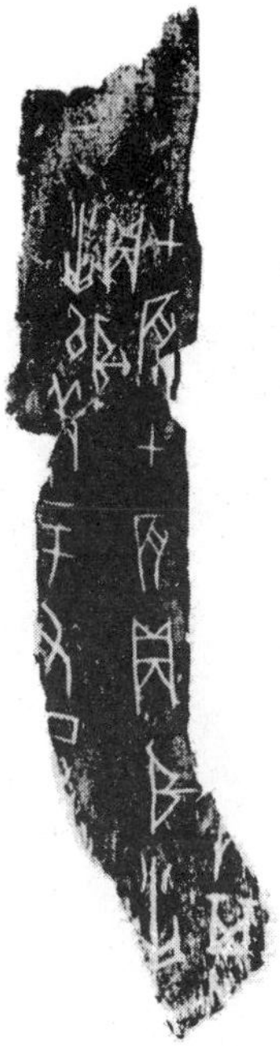

32025

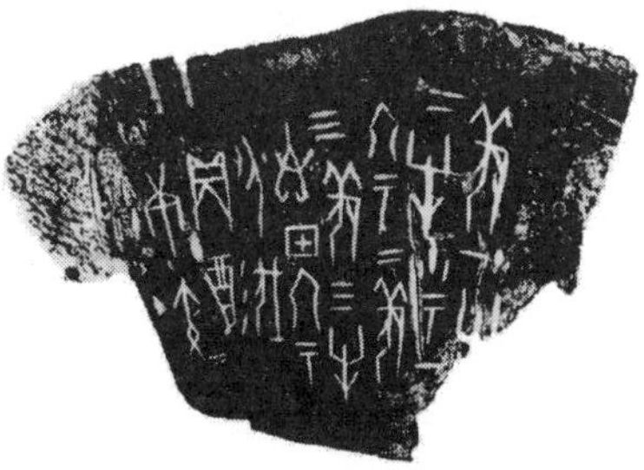

32099

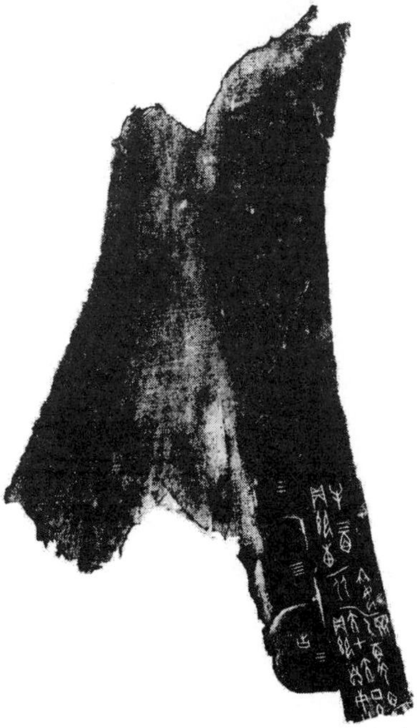

00300

## 043
## "沉三羊"

### 양 세 마리를 물에 빠트리다 (Sinking Three Sheep) 05522

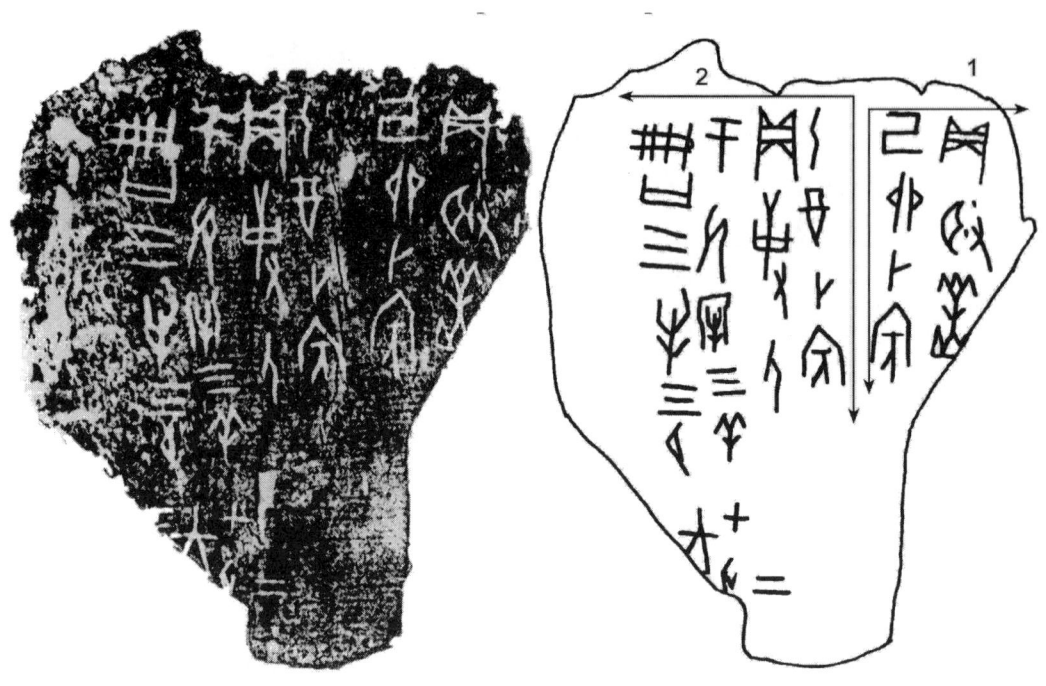

傳寫

번역

【1】 己卯卜, 宕貞: 櫑岳.

【2】 乙酉卜, 宕貞: 使人于河, 沉三羊, 曹三牛？三月.

[1] 기묘일(제16일)에 점을 칩니다. 점복관 '빈(宕)'이 물어봅니다. '초'제사를 산악 신에게 올릴까요?

[2] 을유일(제22일)에 점을 칩니다. 점복관 '빈(宕)'이 물어봅니다. 사람을 시켜 황하 신에게 제사를 지낼 때 양 3마리를 강에 빠트리고, 소 3마리를 잘라 지낼까요? 3월이었다.

> 해설

이 갑골은 『갑골문합집』 제05522편에 보이는데, 제1기(典賓類) 복사에 속한다. 두 부분으로 되었는데, 한 단락은 기묘일에 점을 쳐 산악 신에게 유(槱)제사를 지낼 것인가를 물었다. 다른 부분은 을유일에 점을 쳐 사람을 보내 황하 신에게 제사를 드릴 때 양 3마리를 물에 빠트리고 소 3마리를 죽여서 지낼 것인가를 물었다.

> 글자풀이

① 갑골문 (0681): '취(取)'자로 옮길 수 있다. 갑골문에서 우(又)와 이(耳)로 구성되었는데, '취(取)'자이다. 일반적으로 취득하다는 뜻의 취(取)로 풀이한다. 진몽가(陳夢家, 1911~1966)는 취()가 제사 이름으로 쓰일 때에는 바로 '유(槱)'와 같으며, 장작으로 불을 피워 지내는 제사를 말한다고 했다.

② 갑골문 (2933): "손에 깃발이나 대나무 같은 부절을 든 모습"으로, 사(使)나 사(事)나 사(史)로 풀이할 수 있다. '사인우하(使人于河)'는 사람을 보내 황하 신의 사당에 이르게 하다는 뜻이다.

③ 갑골문 (0001): 선 사람의 옆모습을 그렸으며, 팔과 다리가 하나씩 그려졌다. '인(人)'자로 옮길 수 있다.

④ 갑골문 (1553): 양이나 소를 강물에 빠트리는 모습을 그렸는데, '침(沉)'자로 옮길 수 있다. 희생의 한 가지 방법이었다. 『주례·춘관(春官)』의 종백(宗伯) 제3편에 보인다.

⑤ 갑골문 (2937): 책(册)으로 구성되었으며, '책(册)'자로 옮길 수 있다. 『설문해자』에서 이렇게 말했다. "책(册)은 부명(符命: 책명이 적힌 책)을 말한다. 제후들이 나아가 왕에게서 받는다. 하나는 길고 하나는 짧은 댓조각을 그렸고, 중간은 가로로 묶은 두 가닥의 끈을 그렸다.(册, 符命也. 諸侯進受於王也. 象其札一長一短, 中有二編之形.)" 책(册)은 책(册)자에서 파생한 글자이다. 우성오(于省吾)는 책(册)이 소리부이며, 산(删)과 같이 읽고, 간(刊)과 통용되는데, 아마 감(砍: 베다)의 초기 글자로, 희생 방법의 하나였을 것이라 논증했다. 키틀리(David Keightley, 1932~2017)는 '서약하다(pledge)'는 뜻이라고 풀이했다.

05520　　　　　05521　　　　　05519

## 044
### "武乙宗祊"
#### '무을'의 종묘에서 드린 '팽'제사 (Bēng at Wǔ Yǐ Temple) 36076

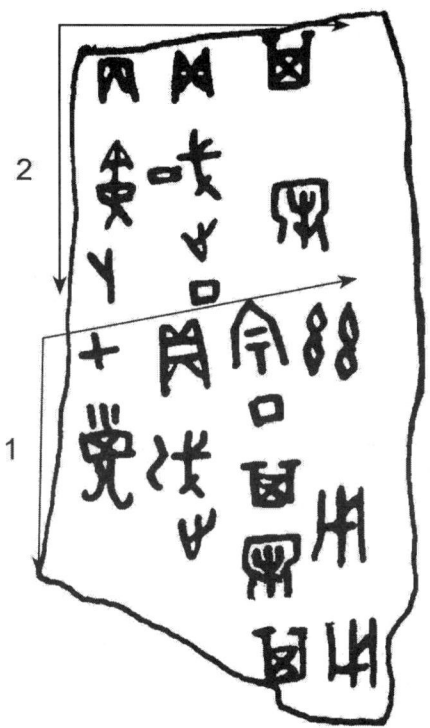

傳寫

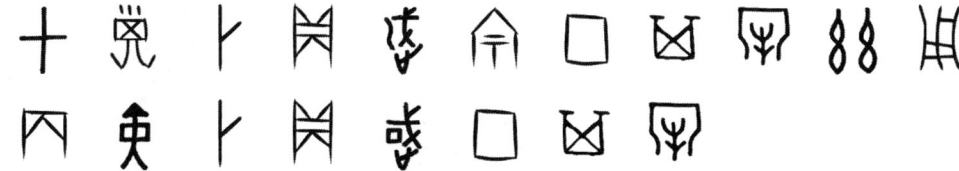

번역

【1】甲子卜, 貞: 武乙宗, 祊, 其牢, 玆用.

【2】丙寅卜, 貞: 武丁, 祊, 其牢.

[1] 갑자일(제1일)에 점을 칩니다. 물어봅니다. '무을'(K26)의 종묘에서 '팽'제사를 드리는데 희생 소를 사용할까요? 사용하라.

[2] 병인일(제3일)에 점을 칩니다. 물어봅니다. '무정'(K21)께 '팽'제사를 드리는데 희생 소를 사용할까요?

> **해설**

이 갑골은 『갑골문합집』 제36076편에 보이는데, 제5기(黃組) 복사에 속한다. 두 단락으로 되었는데, 첫 번째 단락에서는 갑자일에 점을 쳐 무을(武乙)(K26)의 종묘에서 팽(祊)제사를 거행하는데 희생소를 쓸 것인가를 물었다. 그리고 다시 병인일에 무정(武丁)(K21)의 종묘에서 팽(祊)제사를 거행하는데 희생소를 사용할 것인지를 물었다.

> **글자풀이**

① 갑골문 ▧(3609): '무을(武乙)'의 합문이다. 제5기(帝乙, 帝辛) 복사에서는 문정(文丁)의 아버지인 무을(武乙)을 무조을(武祖乙)이라 부르기도 했다.

② 갑골문 ▧(2041): 위패(즉 神主)를 집안에 둔 모습인데, '종(宗)'자로 해석된다. 신주가 모셔진 종묘(宗廟)를 말한다. 여기서 말한 '무을종(武乙宗)'은 바로 무을(武乙)을 단독으로 모신 종묘를 말한다. 무을종팽(武乙宗祊)은 그 종묘에 부속된 제사 장소와 거기서 거행된 제례를 말한다.

③ 갑골문 ▧(2179): '팽(祊)'자로 해석된다. 네모꼴을 그렸기에 방(方)으로 해석되며, 팽(祊)으로 가차되었다. 팽(祊)은 제사 이름인데, 『설문해자』에서 "팽(祊)은 문 안에서 지내는 제사를 말한다.(祊, 門內祭也.)"라고 했다. 이는 『시경·초자(楚茨)』에서 말한 "축관이 사당 문안에서 제사를 지냈다(祝祭于祊)"는 것과 같다. 갑골문에서 정(丁)자와 팽(祊)자는 자형이 비슷한데, 크기로 구분할 수밖에 없다. 큰 네모는 팽(祊)자, 작은 네모는 정(丁)자이다.

④ 갑골문 ▧(3161): 『설문해자』에서 말한 '자(玆)'자이다. 자(茲)와 같으며, 지시대명사인 '이것(此)'으로 해석한다. 가까운 것을 가리키는데 쓴다. 이에 반해 '지(之)'는 먼 것을 가리키며, '저것(彼)'으로 풀이한다.

⑤ 갑골문 ▧(3338): '용(用)'자로 해석되는데, '용(用)'의 초기 글자이다.

> **연습**

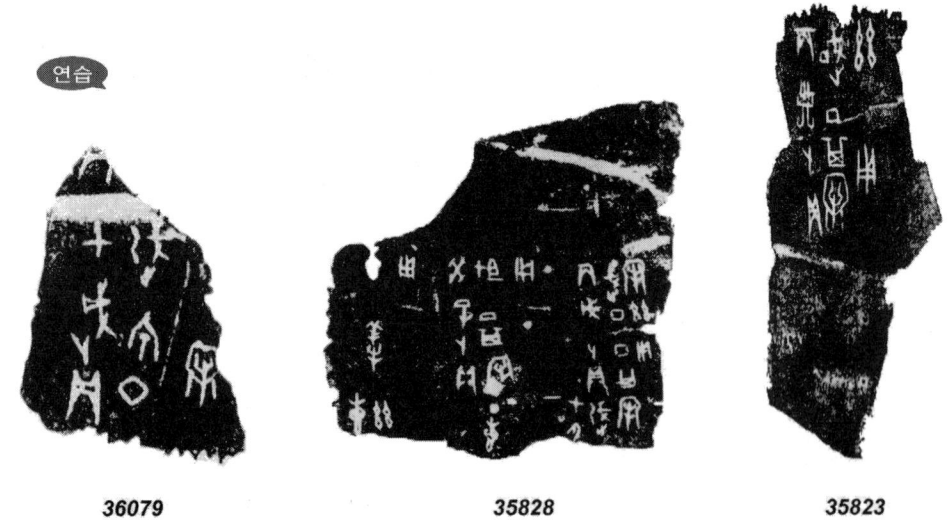

36079　　　35828　　　35823

## 045
### "侑父丁"
#### '유'제사를 '부정'께 올리다 (Yòu Father Dīng) 32054

**傳寫**

**번역**

【1】貞☐今日令束尹☐
【2】丙子貞, 丁丑, 侑父丁伐三十羌, 劌三牢. 茲用.

[1] 물어봅니다. ☐ 오늘 '자윤'으로 하여금 ☐?
[2] 병자일(제13일)에 물어봅니다. 정축일(제14일)에 '유'제사를 '부정'께 드리면서, 목을 벤 강족 30명과 '귀' 의식을 거친 희생 소 3마리를 쓸까요? 지금 써라.

> 해설

이 갑골은 『갑골문합집』 제32054편에 보이는데, 제1기~제2기(歷組 제2그룹) 복사에 속한다. 두 단락으로 되었는데, 첫 번째 단락은 온전하지 못하여 전체 의미를 알 수 없다. 단지 자윤(束尹)에게 어떤 명령을 내렸다는 것만 알 수 있을 뿐, 구체적 내용을 알 수 없다. 두 번째 단락은 병자일에 점을 쳐 정축일에 부정(父丁)께 제사의식을 드리려 하는데, 희생으로 목을 자른 30명의 강(羌)족과 찔러 상처를 낸 소 3마리를 쓸 것인가를 물었다. 이 갑골에서 말한 부정(父丁)은 무정(武丁)(K21)을 말한다.

> 글자풀이

① 갑골문 ✡ (2571): '자(束)'자로 옮길 수 있다. 속윤(束尹)은 관리를 말하는데 이름이 자(束)였다.

② 갑골문 ᄇ (2429): 둥근 도끼처럼 생긴 무기를 그렸는데, 복사에서는 다음의 몇 가지 용법이 있다. '세(歲)'자로, 금세(今歲)나 내세(來歲)와 같이 '한 해'를 말하기도 하고, 귀(劌)로 해석하여 희생을 찔러 제사에 사용하다는 뜻이라고도 한다.

연습

32053

32050

32075

## 046

### "翌日肜日彡日"

### '익일', '협일', '융일'의 세 가지 제사 (Three Ri Rituals) 32714

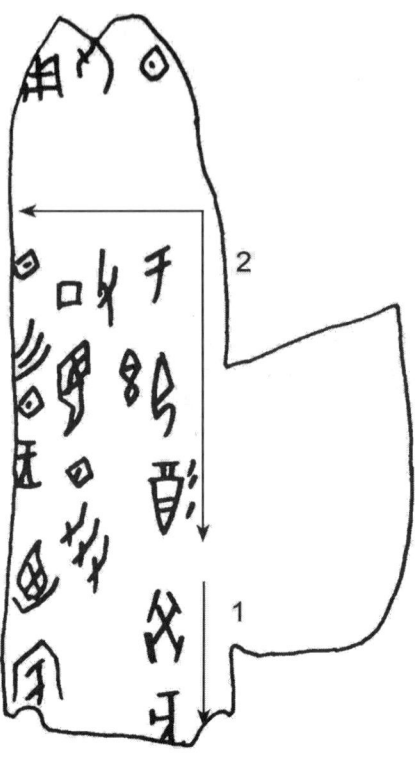

傳寫

[번역]

【1】 癸亥☐

【2】 于即酒父丁, 翌日, 肜日, 彡日. 王迺賓☐

[1] 계해일(제60일)에……☐

[2] '즉'과 '주' 의식을 '부정'께 드리고, '익일', '협일', '융일' 제사를 드리면 왕께서 선조의 영혼을 모셔 ☐……?

> 해설

이 갑골은 『갑골문합집』 제32714편에 보이는데, 제3기~제4기(無名類) 복사에 속한다. 대강의 뜻을 보자면, 부정(父丁)께 제사를 드린다는 내용이다. 먼저 즉(卽)(음식을 올리는 제사)과 주(酒)(술을 올리는 제사) 의식을 진행하고, 다시 익일(翌日), 협일(劦日), 융일(彡日)의 세 가지 제사를 드렸다. 계해(癸亥)라는 두 글자 이후로는 잘려 나갔다. 이 갑골에서 말한 부정(父丁)은 무정(武丁)(K27)을 지칭한다.

> 글자풀이

① 갑골문 (1908): 날짐승의 날개를 그린 것으로 보이며, '익(翌)'자로 해석된다. 우(羽), 익(翊), 익(翊) 등과는 차이가 없이 통용되었으며, 욱(昱: 빛나다)으로 풀이한다.『설문해자』에서 "욱(昱)은 빛나는 태양을 말한다. 일(日)이 의미부이고 입(立)이 소리부이다.(昱, 明日也. 从日立聲.)"라고 했는데, 제의의 하나로 가차되었다. 익(翌)제사는 주제(周祭)의 5가지 제사 중의 하나이다. 주제(周祭)에서는 익(翌)제사를 시작으로 하여, 제(祭)제사, 치(?)제사, 협(劦)제사 등 세 가지를 지내고, 마지막에 융(彡)제사를 거행했다. 여기서 말한 익일(翌日)은 '익'제사(翌祭)를 말한다.

② 갑골문 (0735): '협(劦)'자로 옮길 수 있다. 갑골문 도 '협(劦)'자로 옮길 수 있다. 이 두 글자는 같은 글자의 다른 표기법이다. 모두 제사 이름으로, 주제(周祭)의 5가지 제사의 하나이다. 이곳에서 말한 협일(劦日)은 협제사(劦祭)를 지칭한다.

③ 갑골문 (3327): '융(彡)'자로 옮길 수 있다. 이의 자형구조와 최초의미는 불분명하다. 일반적으로 융(肜)으로 해석한다. 나진옥(羅振玉)은 융(彡)자가 연이어 끊이지 않은 모습을 그렸다고 했다.『공양전(公羊傳)』선공(宣公) 8년 조의 주석에서 "융(肜)은 평화롭고 즐거운 모양이 끊임없이 이어지다는 뜻이다(肜者肜肜不絶)"라고 했다. 복사에서는 제사 이름으로 쓰였는데, 동작빈(董作賓)은 이것을 북을 치면서 지내는 제사로 보았다. 융(彡)이나 융일(彡日)은 주제(周祭)의 5가지 제사의 하나이다.『상서·고종융일(高宗肜日)』위공전(僞孔傳)에서 "제사를 지낸 다음날 또 지내는 제사를 은나라에서는 융(肜), 주나라에서는 역(繹)이라 했다.(祭之明日又祭, 殷曰肜, 周曰繹.)"라고 했다.

④ 갑골문 (1104): 자형구조와 원래의미는 불분명하다. '내(酒)'자로 해석된다. 어기사로 사용되어, '그리하여'라는 뜻으로 쓰였다.

> 연습

35773

35812

# 047
## "自上甲汎"
**'상갑'부터 '기'제사를 드리다** (Jǐ from King Shàng Jiǎ) 32212

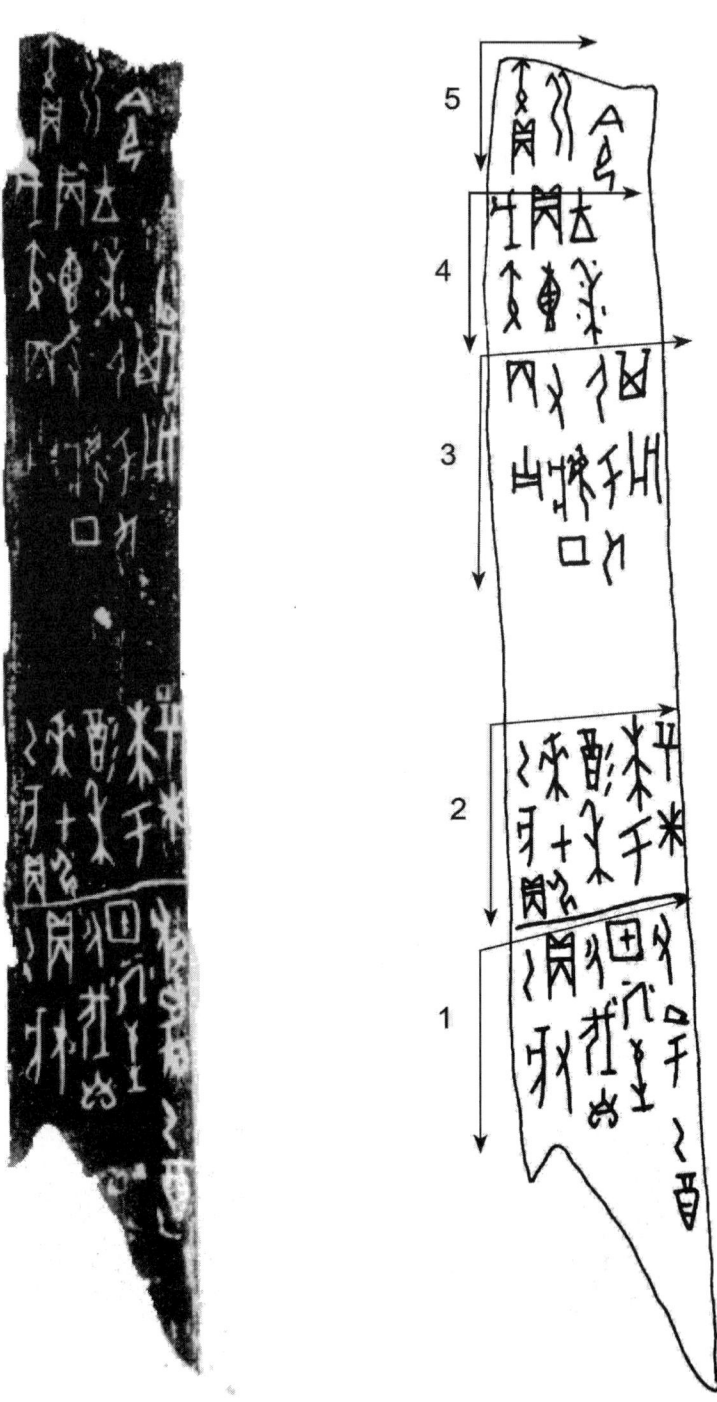

### 傳寫

(갑골문 이미지)

### 번역

【1】乙亥貞: 侑勺伐. 自上甲ル至父丁. 于乙酉.
【2】乙亥貞: 來甲申酌, 禾莘于兮, 燎.
【3】丙子 : 有夢, 丁人于河, 其用.
【4】戊寅貞 : 叀…王粟.
【5】[戊]寅貞 : 弜令☒

[1] 을해일(제12일)에 물어봅니다. '유'제사와 '작'제사와 '벌'제사를 '상갑'(PK1)부터 '부정'께 올릴까요? 을유일(제22일)에 올릴까요?

[2] 을해일(제12일)에 물어봅니다. 다가오는 갑신일(제21일)에 '주'제사를 드려, 곡식의 풍년을 '혜'에게 기원하면서, '료'제사를 올릴까요?

[3] 병자일(제13일), 꿈을 꾸었다. '정인'이 황하에 드셨는데, 유용할까요?

[4] 무인일(제15일)에 물어봅니다. 왕께서 조를 심어도 될까요?

[5] [무]인일(제15일)에 물어봅니다. ☒로 하여금 하지 말게 할까요?

### 해설

이 갑골은 『갑골문합집』 제32212편에 보이는데, 제1기~제2기(歷組 제2그룹) 복사에 속한다. 모두 5단락으로 되었는데, 아래로부터 위쪽으로 올라가며 읽는다. 첫 번째 단락은 을해일에 점을 쳐 세 가지 의식, 즉 유(侑), 작(勺), 벌(伐)제사를 거행할 것인지를 물었다. 제사 대상은 상갑(上甲)부터 부정(父丁)까지였고, 희생의 피를 사용한 제사였으며, 제사날짜는 10일 이후인 을유일이었다. 이 복사는 역조(歷組)복사이다. 그래서 부정(父丁)은 무정(武丁)(K21)을 지칭한다. 두 번째 단락은 을해일에 점을 쳐 9일 이후인 갑신일에 진행할 술을 바치는 의식과 료(燎)제사에서 희생을 바쳐 풍년을 기원할 수 있을지를 물었다. 두 번째 단락의 "丙子貞, 有夢, 丁人于河, 其用.(병자일에 물어봅니다. 꿈을 꾸었다. '정인'이 황하에 드셨는데, 유용할까요?)"은 잘 이해되지 않는 문장이다. 네 번째 단락에서는 무인일에 왕께서 조(粟)를 파종해도 좋을지를 물었다. 다섯 번째 단락은 잘려나가는 바람에 온전하지가 않다.

> **글자풀이**

① 갑골문 ᶜ(3335): 국자의 모습을 그렸으며, '작(勺)'자로 읽는다. 여기서는 '약(礿)'으로 가차되었으며, 제사 이름으로 쓰였다. 약(礿)은 언제나 벌(伐)과 세(歲)와 함께 제사 복사에 등장한다. 예컨대, '우작벌(ᶜᶜᶜ)', '유작벌(ᶜᶜᶜ)', '우작세(ᶜᶜᶜ)', '유작세(ᶜᶜᶜ)' 등이 그렇다. 벌(伐)과 세(歲)는 희생을 사용한 제사이다. 작(ᶜ)을 제사 이름으로 보기도 하고, 희생을 사용하는 방법으로 보기도 하지만, 구체적인 내용에 대해서는 좀 더 연구가 필요하다. 우(ᶜ)와 유(ᶜ)는 유(侑)로 해독되는데, 유식(侑食)이나 헌식(獻食) 즉 '음식을 바치다'는 뜻이다.

② 갑골문 ᶜ(3284): 궤(几)로 구성되었는데 이는 도마를 그렸고, 점 몇 개가 더해졌는데 이는 피가 떨어지는 모습을 형상했다. '기(刉)'자로 해독한다. 우성오(于省吾)에 의하면 이는 양의 피로써 지내는 제사, 즉 기(衈)인데 『설문해자』에서는 "목을 딴 부분에 희생물의 피를 발라 지내는 제사(以血有所刉涂祭也)."라고 했다. 『산해경』에서 "암컷 양 한 마리를 찔러 그 피를 바친다. 털을 가진 짐승을 희생으로 쓰면 기(刉)라 하고, 날개 달린 날짐승을 쓰면 위(衈)라 한다. 모두 피를 바쳐 지내다는 뜻이다.(刉一牝羊獻血, 用牲毛者曰刉, 羽者曰衈. 訓衈.)"라고 했다. 대부분의 학자들은 희생을 사용하는 방법을 말하며, 피를 바쳐 지내던 제사로 풀이한다. 그러나 진검(陳劍)은 ᶜ자를 '개(皆)'나 범(凡)'으로 해독해야 하며, '전부'를 뜻한다고 논증했는데, 참고할 만하다.

③ 갑골문 ᶜ(1482): '화(禾)'로 읽는다. 경전에서 '화(禾)'는 기장(稷)을 한정하여 지칭하거나 곡식류를 지칭하는 말로 쓰였다. 이 복사에서는 곡식 일반을 지칭하는 의미로 쓰였다. 복사에서 화(禾)와 년(年)은 종종 통용되기도 하지만, 년(年)은 수확을, 화(禾)는 곡식을 통칭한다. 그래서 '수서년(受黍年)'이라고는 할 수 있지만 '수서화(受黍禾)'라고 할 수는 없다.

④ 갑골문 ᶜ(3324): '혜(兮)'자로 해독된다. 여기서는 선조의 귀신 이름으로 쓰였는데, 아마도 순(徇)과 같은 뜻이었을 것이다.

⑤ 갑골문 ᶜ(3074): '몽(夢)'자로 해석된다. 달리 몽(ᶜ)으로 적기도 하는데, 사람이 눈을 뜬 채 침상 위에 누운 모습을 그렸다. 『설문해자』에서 말한 몽(寢)자이다. 『설문해자』에서는 "몽(寢)은 자면서도 깨어 있는 상태를 말한다(寐而有覺也). 면(宀)이 의미부이고, 질(疒)도 의미부이며, 몽(夢)이 소리부이다."라고 했다. 또 『주례』에서 이렇게 말했다. "일월성신으로 여섯 가지 꿈의 길흉에 대해 점을 쳤다. 첫 번째가 정몽이고, 두 번째가 악몽이고, 세 번째가 사몽이고, 네 번째가 오몽이고, 다섯 번째가 희몽이고, 여섯 번째가 구몽이다.(以日月星辰占六寢之吉凶：一曰正寢, 二曰咢寢, 三曰思寢, 四曰悟寢, 五曰喜寢, 六曰懼寢.)" 이로부터 상나라 당시 꿈에 근거해 길흉을 판단하는 습관이 있었음을 알 수 있다. 이 갑골에서는 꿈을 꾸었다고 했다. 그러나 이것이 '정인우하(丁人于河: 정인이 황하에 드셨다)'와 관련된 것인지 알 수는 없다. 정인(丁人)의 '정(丁)'은 아마도 '팽(祊)'자로 해석해야 할 것이다. 이전괴(李殿魁, 1933~ )는 정인(丁人)이 주변국(方國)의 사람을 말한다고 했다. '정인우하(丁人于河)'의 의미는 분명하지 않으며, 더 깊은 연구가 필요하다.

⑥ 갑골문 ᶜ(1504): '속(粟)'으로 해독된다. 복사에 '수속년(受粟年)', '속년(粟年)', '속수년(粟受年)' 등의 표현이 보이는데, 상나라 사람들이 조의 수확에 큰 관심을 가졌음을 볼 수 있다. 복사에는: '왕속(王粟)', '왕기속(王其粟)', '왕필속(王弜粟)' 등의 표현이 보이는데, 이때의 속(粟)은 동사로 쓰여, 조를 파종하거나 조를 파종할 결정으로 하다는 의미로 해석해야 한다. 이 갑골에서 말한 "戊寅貞惠…王粟(무인일에 물어봅니다. 왕께서 조를 심어도 될까요?)"는 왕께서 조의 파종을 결정해야 할지를 물은 것으로 보인다.

연습

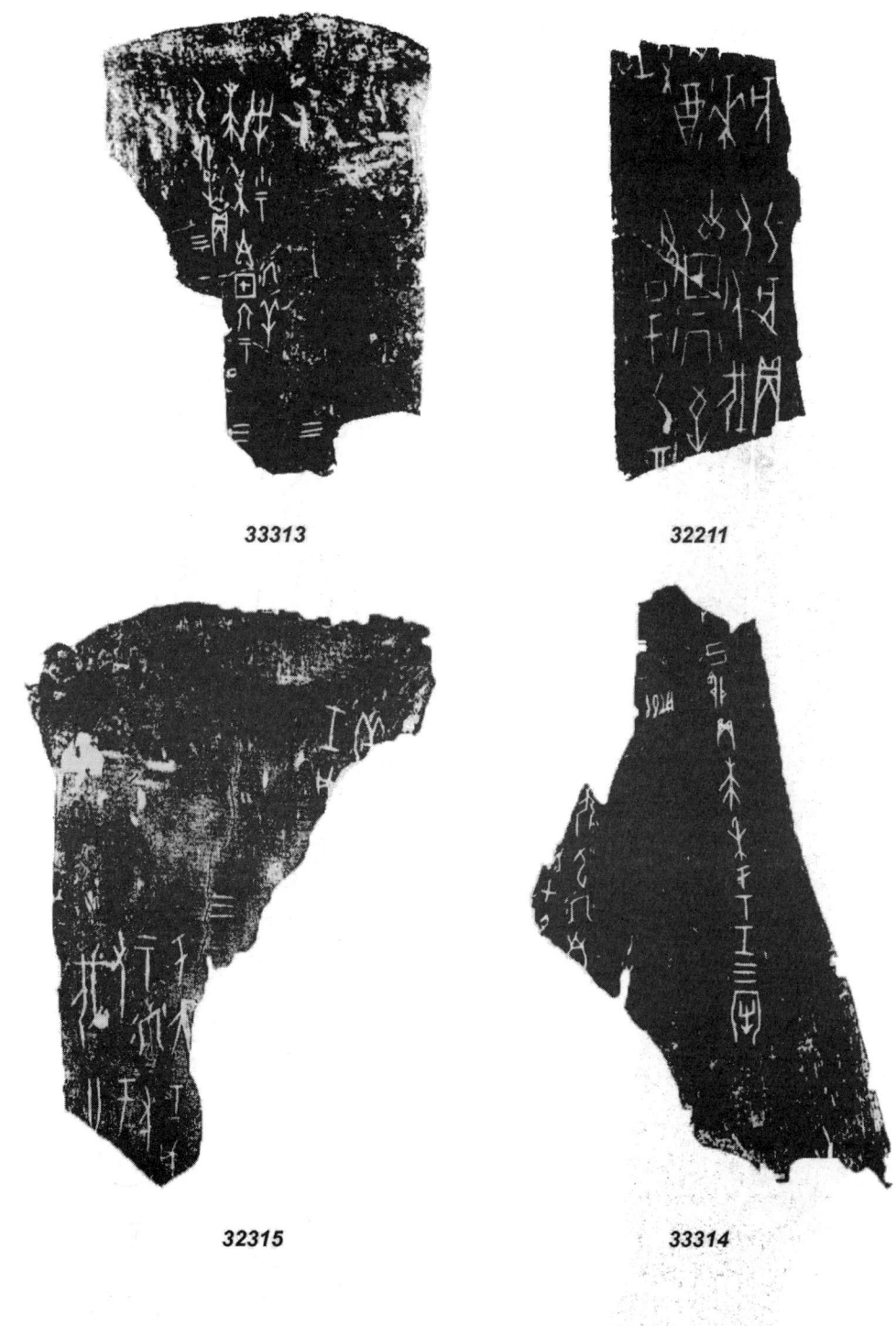

33313

32211

32315

33314

## 048

"侑出日侑入日"

**'유'제사를 뜨고 지는 태양에게 올리다** (Yòu-Ritual for Sun) ZX543

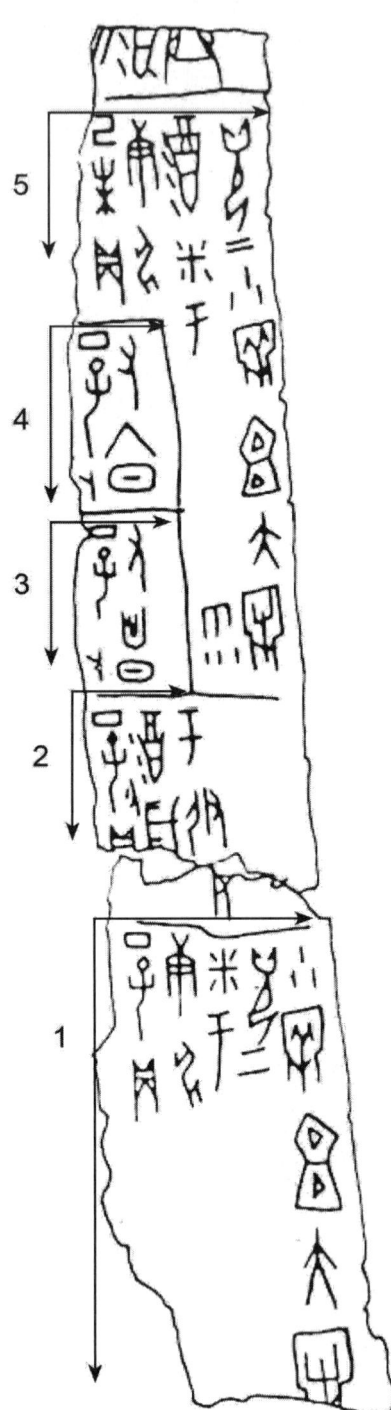

🔸 傳寫

[甲骨文 이미지]

🔸 번역

【1】 丁巳貞: 庚申燎于契, 二小. 宜大牢.

【2】 丁巳貞: 酒, 勺, 歲于伊尹.

【3】 丁巳卜, 侑出日.

【4】 丁巳卜, 侑入日.

【5】 己未貞: 庚申酒, 燎于契, 二小. 宜大牢. 雨.

[1] 정사일(제54일)에 물어봅니다. 경인일(제57일)에 '료'제사를 '설'에게 올리는데 작은 희생 양 2마리를 쓸까요? 도마에 놓인 큰 희생 전용 소를 사용할까요?

[2] 정사일(제54일)에 물어봅니다. '주'제사, '약'제사, '세'제사를 '이윤'에게 올릴까요?

[3] 정사일(제54일)에 점을 칩니다. '유'제사를 떠오르는 태양에게 드릴까요?

[4] 정사일(제54일)에 점을 칩니다. '유'제사를 지는 태양에게 드릴까요?

[5] 기미일(제56일)에 점을 칩니다. 경신일(제57일)에 '주'제사를 드리는데, '료'제사를 설에게 작은 희생 양 2마리를 쓸까요? 도마에 놓인 큰 희생 전용 소를 사용할까요? 비가 내렸다.

🔸 해설

이 갑골은 『갑골문합집』 제34163편과 34274편에 보이는데, 이 두 편을 병합한 것(즉 『綴新』 543)으로, 제1기~제2기(歷組 제2그룹) 복사에 속한다. 모두 5단락으로 되었다. 첫 번째 단락과 다섯 번째 단락은 설(契)에게 특별히 사육한 작은 양 2마리와 도마에 올려 진 큰 소 1마리를 사용해 '료'제사를 지낼 것인지를 물었다. 두 번째 단락은 '주'제사와 '작'제사와 '세'제사를 '이윤'에게 드릴까에 대해 물었다. 세 번째 단락은 떠오르는 태양에 대해 '유'제사를 지낼까를 물었다. 네 번째 단락은 지는 태양에 대해 '유'제사를 드릴 것인지를 물었다.

유원(劉源)에 의하면, 복사에 '유왈(屮曰)'('(어떤 귀신에게) 음식을 바치다')도 있고, 또 '유벌(屮伐)', '유료(屮燎)', '유모귀신(屮某鬼神), 벌인생(伐人牲)(혹은 燎에 의한 犧牲)' 등의 문구가 있는 걸로 봐서, 유(屮)(又, 侑)는 제사의 방식을 구체화하거나 확정하는 동사는 결코 아닐 것이라고 했다. 그래서 유(屮)(又, 侑)를 제의 어떤 구체적 방법으로 확정해서는 아니 되며, 어떤 제수를 올리다는 추상적 의미의 동사로 해석해야만 한다고 했다.

**글자풀이**

① 갑골문 : 상나라 사람들이 기우제를 지내거나 풍년을 기원할 때 빌던 주요한 대상이며, 하(河)나 악(岳) 등과 지위가 같았다. 상나라의 선공(先公) 중의 한 사람임이 분명하나 그 신분에 대해서는 아직 정설이 없다. 여기서는 동작빈(董作賓)의 설을 따라 상나라 시조인 '설(契)'로 해석했다.

② 갑골문 (0805): 지하 움집에서 발이 나오는 모습을 그렸다. '출(出)'의 초기 글자이다. '출일(出日)'이나 '입일(入日)'은 상나라 사람들이 지냈던 태양신에 대한 제사로 보인다. 『상서』에 "인빈출일(寅賓出日: 인일에 떠오르는 태양에게 '빈'제사를 드렸다)", "인전납일(寅餞納日: 인일에 지는 태양에게 '전'제사를 드렸다)"라는 표현이 보이는데, 학자들은 '일출(日出)', '일몰(日沒)'로 해석한다.

③ 갑골문 와 (3279): '의(宜)'자로 해석된다. 도마 위에 놓인 고기 덩어리나 고깃덩어리가 진열대 위해 진설된 모습이다. 이전의 학자들은 이 글자가 '조(俎)'와 '의(宜)'자로, 원래 같은 데서 나온 동원자인데 이후 분화한 것으로 보았다. 금문에는 또 '조(俎)'자가 있는데, 갑골문의 '의(宜)'자와 비슷하면서도 달라 혼동하기 쉽다. '의(宜)'는 복사에서 제사 이름으로 쓰였으며, 희생의 방법을 지칭하기도 한다.

**연습**

34164

34276

## 049
### "于妣庚禦婦好"
**'부호'를 위해 '비경'께 올린 '어'제사** (Exorcise Lady Hǎo Against Bǐ Gēng) 02617

傳寫

> 번역

【1】 貞: 勿于妣庚(禦婦好).
【2】 貞: 于妣庚禦婦好.
【3】 貞: 勿于妣庚(禦婦好).
【4】 貞: 于妣庚禦(婦好).

[1] 물어봅니다. '비경'에게 ('어'제사를 '부호'를 위해) 지내지 말까요?
[2] 물어봅니다. '비경'에게 '어'제사를 '부호'를 위해 지낼까요?
[3] 물어봅니다. '비경'에게 ('어'제사를 '부호'를 위해) 지내지 말까요?
[4] 물어봅니다. '비경'에게 '어'제사를 ('부호'를 위해) 지낼까요?

> 해설

이 갑골은 『갑골문합집』 제02617편에 보이는데, 제1기(典賓類) 복사에 속한다. 모두 4단락으로 되었는데, 아래에서부터 위쪽으로 읽어나간다. 이는 부호(婦好)를 위해서 비경(妣庚)에게 어(禦)제사를 지낼 것인지를 물었다. 긍정과 부정 형식으로 되었다. 첫 번째 단락과 세 번째 단락에서는 '어부호(禦婦好)'라는 3자가 생략되었고, 네 번째 단락에서는 '부호(婦好)'라는 2자가 생략되었다.

> 글자풀이

① 갑골문 （2625）: 자형구조와 원래 의미는 불명확하나, 물(弓)자로 옮길 수 있다. '물(勿)'의 초기 글자로, 복사에서는 부정을 나타내는 부사로 쓰였다.
② 갑골문 （0460）: '호(好)'자로 옮길 수 있다. 부호(帚好)'는 바로 부호(婦好)를 말한다. 무정(武丁) 임금의 여러 부인 중 하나였는데, 지위가 매우 높았다.
③ 갑골문 （0351）: 어(卸)자로 옮길 수 있다. 『설문해자』에서 "어(禦)는 '어'제사를 말한다(禦祀也).'라고 했다. 어(卸)는 바로 이 어(禦)를 말한다. 일반적으로 어(禦)는 재앙을 없애거나 질병을 떨쳐버리기 위해 지냈던 제사로 알려져 있다.

연습

*02620*

*02618*

본문(선독) **153**

## 050
### "箙旋禦"
### '복선'이 '어'제사를 올리다 (Exorcise Fú Xuán) 00301

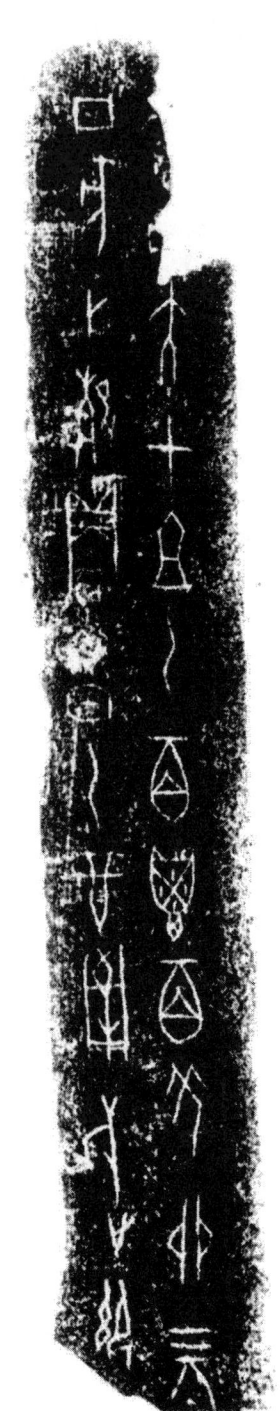
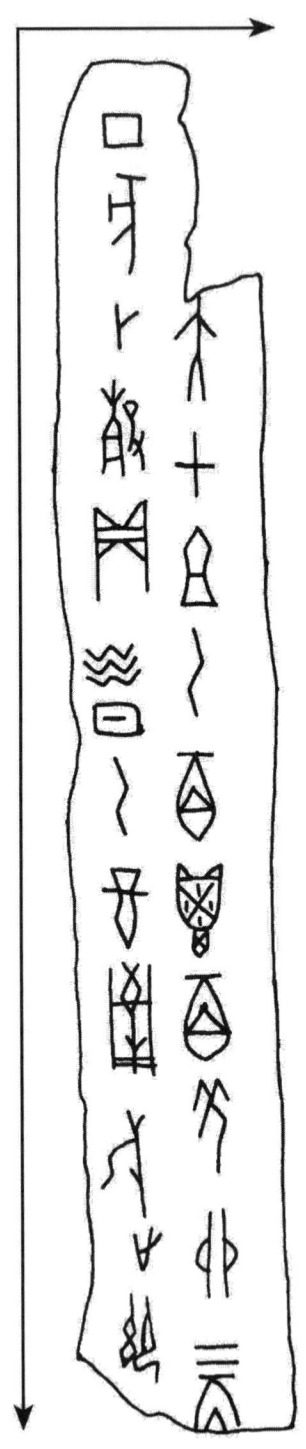

□ 巨卜 解 昔 ⼄ 百 ▨ 殸
大 十 日 ⼄ 百 羌 百 ⼧ ⺣ 三 百

### 번역

丁亥卜, 殸貞：昔乙酉箙旋禦▨[于大丁], 大甲, 祖乙, 百鬯, 百羌, 卯三百□.

정해일(제24일)에 점을 칩니다. '각'이 물어봅니다. 지난 을유일에 '복선'이 '어'제사 ▨를 ['대정'(K2)과] '대갑'(K3)과 '조을'(K12)께 드리는데, 향기로운 술 1백 통, 강족 1백 명, 배를 가른 3백 마리 [□]?

### 해설

이 갑골은 『갑골문합집』 제00301편에 보이는데, 제1기(典實類) 복사에 속한다. 이 갑골은 매우 특이하다. 점을 친 날(정해일)이 제사를 지낸 날(을유일) 뒤에 있기 때문이다. 각사 내용은 어떤 사람(구체적인 이름은 파손되었음)이 3명의 선왕인 대정(大丁)(K2), 대갑(大甲)(K3), 조을(祖乙)(K12)에게 어(禦)제사를 지낸 것을 기록했다. 이 갑골의 어(禦)제사에서 사용된 희생물은 그 규모가 사람을 놀라게 한다. 향기로운 술 1백 통과 강족 1백 명을 비롯해 희생용으로 키운 양 3백 마리를 사용했다.

### 글자풀이

① 갑골문 (1141): '석(昔)'의 초기 글자이다.

② 갑골문 (2828): '창(鬯)'의 초기 글자이다. 『설문해자』에서 "창(鬯)은 찰기장과 울창 향초로 빚은 술이다. 향기가 뛰어난 술로써 신을 강림하게 하는데 쓴다.(鬯, 以秬釀鬱艸, 芬芳攸服, 以降神也.)"라고 했다. 이처럼 창(鬯)은 향초를 첨가하여 빚은 기장으로 만든 술을 말하는데, 전적으로 신을 모실 때 올리기 위해 빚은 술이다.

③ 갑골문 (2561): 『설문해자』에서 "복(箙)은 쇠뇌의 화살을 담는 통을 말한다.(箙, 弩矢箙也.)"라고 했는데, 원래는 화살을 담는 통을 말했다. 복사에서는 희생을 사용하는 방법으로도 쓰였다. 이 갑골에서의 복(箙)은 지명이나, 관직이나, 방국(方國)의 이름 중 하나로 쓰였을 것이다.

④ 갑골문 (3017): 선(斿)으로 옮길 수 있는데, '선(旋)'자로 해석된다. 이 갑골의 선(旋)은 개인 이름이다. '복선(箙旋)'은 '복(箙) 땅의 선(旋)이라는 사람'을 말한다.

⑤ 갑골문 (1097): '백(百)'의 초기 글자이다.

> 연습

**00300**

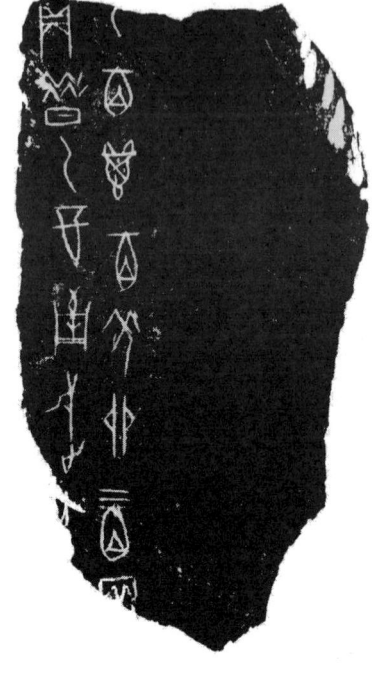

**00302**

## 051
### "伐羌"
### '강족'을 때려죽이다 (Shí Qiāng) 00466

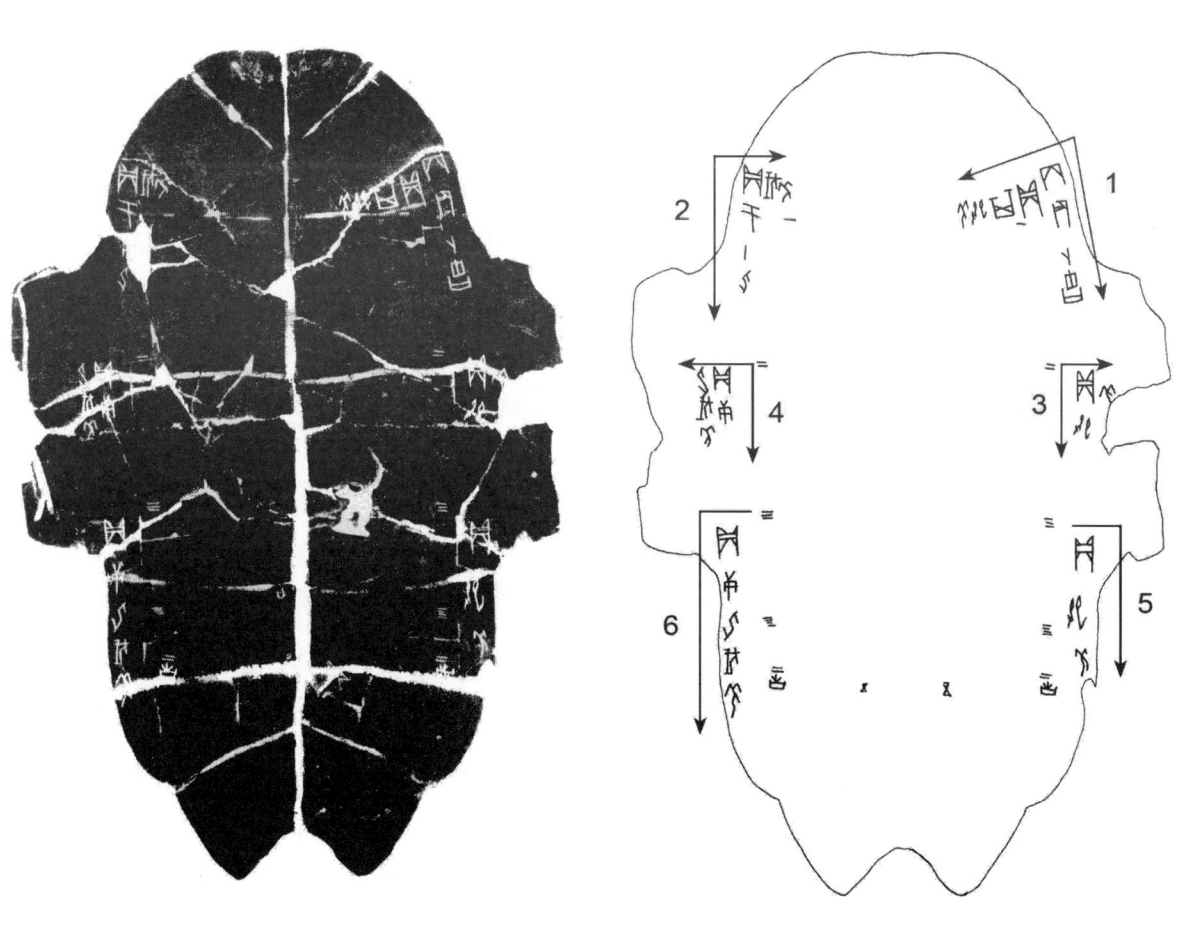

傳寫

본문(선독)

> 번역

【1】 丙辰卜, 㱿貞: 其攵羌?
【2】 貞: 于[庚]申伐羌?
【3】 貞: 攵羌?
【4】 貞: 庚申伐羌?
【5】 貞: 攵羌? 二告.
【6】 貞: 庚申伐羌? 二告.

[1] 병진일(제53일)에 점을 칩니다. '고'가 물어봅니다. 강족을 때려 쳐서 희생으로 쓸까요?
[2] 물어봅니다. [경]신일(제57일)에 강족을 목을 잘라 희생으로 쓸까요?
[3] 물어봅니다. 강족을 때려 쳐서 희생으로 쓸까요?
[4] 물어봅니다. 경신일(제57일)에 강족을 목을 잘라 희생으로 쓸까요?
[5] 물어봅니다. 강족을 때려 쳐서 희생으로 쓸까요? 2번째 점을 쳤다.
[6] 물어봅니다. 경신일(제57일)에 강족을 목을 잘라 희생으로 쓸까요? 2번째 점을 쳤다.

> 해설

이 갑골은 『갑골문합집』 제00466편에 보이는데, 제1기(典賓類) 복사에 속한다. 총 6단락으로 되었는데 위에서 아래쪽으로 읽어 내려간다. 고(㱿)는 제1기 무정(武丁) 때의 점복관이며, 강족을 때려 쳐서 제사의 희생으로 삼을 것인지 목을 베서 사용할 것인지를 점쳐 물었다.

> 글자풀이

① 갑골문 𢼊(1859): 손에 몽둥이를 쥐고 가격하는 모습이다. 타(攵)나 타(攸)자로 해석된다. 달리 '肔'나 '脾(剔)' 등으로 해석한다. 『설문해자』에서 "타(攸)는 던지다는 뜻이다(投也). 복(攴)이 의미부이고 야(也)가 소리부이다. 시(施)와 같이 읽는다."라고 했다. 제사에 사용되는 동물이나 사람 희생을 처치하는 방식을 말하는데, 아마도 해체하거나 몽둥이로 쳐서 죽이는 방법을 말했을 것으로 추정된다. 갑골문 𢼏(1858)는 변이형으로, 이 역시 타(攵)자로 옮길 수 있다.

② '이고(二告)': 조사(兆辭)인데, 이의 정확한 의미에 대해서는 더 연구가 필요하다.

연습

00424

00430

본문(선독) 159

## 052

### "高祖王亥"

고조 **'왕해'** (High Ancestor Wáng Hài) 32083

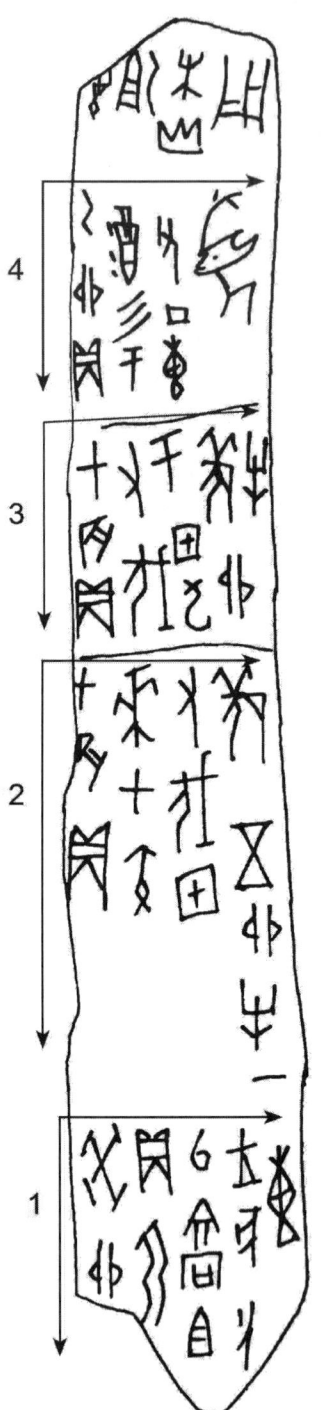

**傳寫**

```
✕ ⺧ ⺕ ☀ 高 日 大 下 ⺧
十 ⺤ ⺧ 未 十 ⺊ ⺧ 扌 田 ⺨ ⺕ ⺧ ⺊ 一
十 ⺤ ⺧ ⺨ 扌 于 田 乙 ⺨ ⺧ ⺊
⺧ ⺧ ⺧ ⺕ ⺧ 于 ⺧ 口 ☀ ⺧
```

**번역**

【1】癸卯貞: 弜惠高祖王亥勺, 惠[燎].

【2】甲辰貞: 來甲寅, 侑伐上甲羌五, 卯牛一.

【3】甲辰貞: 侑伐于上甲九羌, 卯牛.

【4】乙卯貞: 酉肜于父丁, 惠鹿.

[1] 계묘일(제40일)에 물어봅니다. 고조 '왕해'에게 '약'제사를 드리지 말고, ['료'제사를] 드릴까요?

[2] 갑진일(제41일)에 물어봅니다. 오는 갑인일(제51일)에 '유'제사와 '벌'제사를 '상갑'께 드리는데, 강족 5명과 배를 가른 소 1마리를 사용할까요?

[3] 갑진일(제41일)에 물어봅니다. '유'제사와 '벌'제사를 '상갑'께 드리는데, 강족 9명과 배를 가른 소를 사용할까요?

[4] 을묘일(제52일)에 물어봅니다. '주'제사와 '융'제사를 '부정'께 드리는데, 사슴을 사용할까요?

**해설**

이 갑골은 『갑골문합집』 제32083편에 보이는데, 제1기~제2기(歷組 제2그룹) 복사에 속한다. 총 5단락으로 되었는데, 아래에서 위쪽으로 올라가며 읽는다. 선공선왕(先公先王)의 제사에 관해 물었는데, 왕해(王亥)와 상갑(上甲) 및 부정(父丁)이 포함되었다. 이 복사가 역2조(歷組 제2그룹) 복사에 속하기 때문에, 4번째 단락에서 말한 부정(父丁)은 바로 무정(武丁)이다. 첫 번째 단락에서 드린 제사의 대상은 고조 왕해(高祖王亥)이다. 첫 번째와 세 번째 단락에서는 유(侑)제사와 벌(伐)제사를 상갑(上甲)께 드리는데, 몇 명의 강족과 몇 마리의 소를 사용한 것인지를 물었다. 네 번째 단락은 부정(父丁)께 주(酒)제사를 드리는 것에 대해 물었는데, 마지막 글자는 마모되어 분명하진 않지만, 사슴처럼 보인다. 잠정적으로 록(鹿)자로 해석한다. 첫 번째 단락에서의 제사 대상은 조을(祖乙)이 분명하지만 심하게 파손되어 더 이상의 정확한 의미는 알 수 없다.

**글자풀이**

① 왕해(王亥): 고조(高祖)로 불리는데, 그 지위가 매우 높았다. 상왕의 세계(世系)에 의하면, 왕해는 상갑(上甲)의 아버지이다. 『사기·은본기(殷本紀)』에서 "진(振)이 죽자, 그의 아들 미(微)가 왕위에 올랐다.(振卒, 子微立.)"라고 했는데, 『사기색은(索隱)』에서 진(振)의 경우, 『계본(繫本)』에서는 핵(核)으로 적었다"라고 했다. 금본(今本) 『죽서기년(竹書紀年)』에서 "하나라 임금 재위 12년, 은나라 제후의 자제였던 '해'가 유역에 기탁했는데, 유역 사람들이 그를 살해하고 내다버렸다. 16년, 은나라 제후 '미'가 하백의 군사를 빌려서 유역을 정벌하고, 그 임금과 여러 신하들을 죽였다.(帝泄十二年,

殷侯子亥實於有易, 有易殺而放之. 十六年, 殷侯微以河伯之師伐有易, 殺其君綿臣.)"라고 했다. 또 왕국유(王國維)는 「은 복사에 보이는 선공 선왕 고(殷卜辭中所見先公先王考)」에서 이렇게 말했다. "『산해경』에서 말한 왕해를 고본『죽서기년』에서는 '은나라 왕자 해'라고 했는데, 금본에서는 '은나라 제후의 자제 해'라고 했다. 또 '상갑 미'는 1세 더 이른 왕이다. 그렇다면 왕해는 은나라 선조인 명(冥)의 아들이자 미(微)의 아버지임이 분명하다. 복사에서 '왕해'라고 적었는데, 바로『산해경』과 완전 일치한다. 또 왕해에게 제사를 지낸 날짜를 보면 모두 '해'일에 지냈으므로, 해(亥)가 올바른 글자이다. 『세본』에서는 핵(核)로 적었고, 『고금인표』에서도 핵(核)으로 적었는데, 이들은 모두 통가자이다. 『사기』에서는 진(振)으로 적었는데, 핵(核)이나 핵(核) 두 글자와 형체가 비슷해 잘못 적어 생긴 일일 것이다.(『山海經』之王亥. 古本『紀年』作殷王子亥, 今本作殷侯子亥. 又前於上甲微者一世, 則爲殷之先祖冥之子微之父無疑. 卜辭作王亥, 正與『山海經』同. 又祭王亥, 皆以亥日, 則亥乃其正字. 『世本』作核, 『古今人表』作核, 皆其通假字. 『史記』作振, 則因與核或核二字形近而訛.)"

② '주융(彡肜)', '유벌(侑伐)': 모두 제사와 관련된 어휘이다. 벌(伐)은 희생을 처리하는 방법을 말한다.

> 연습

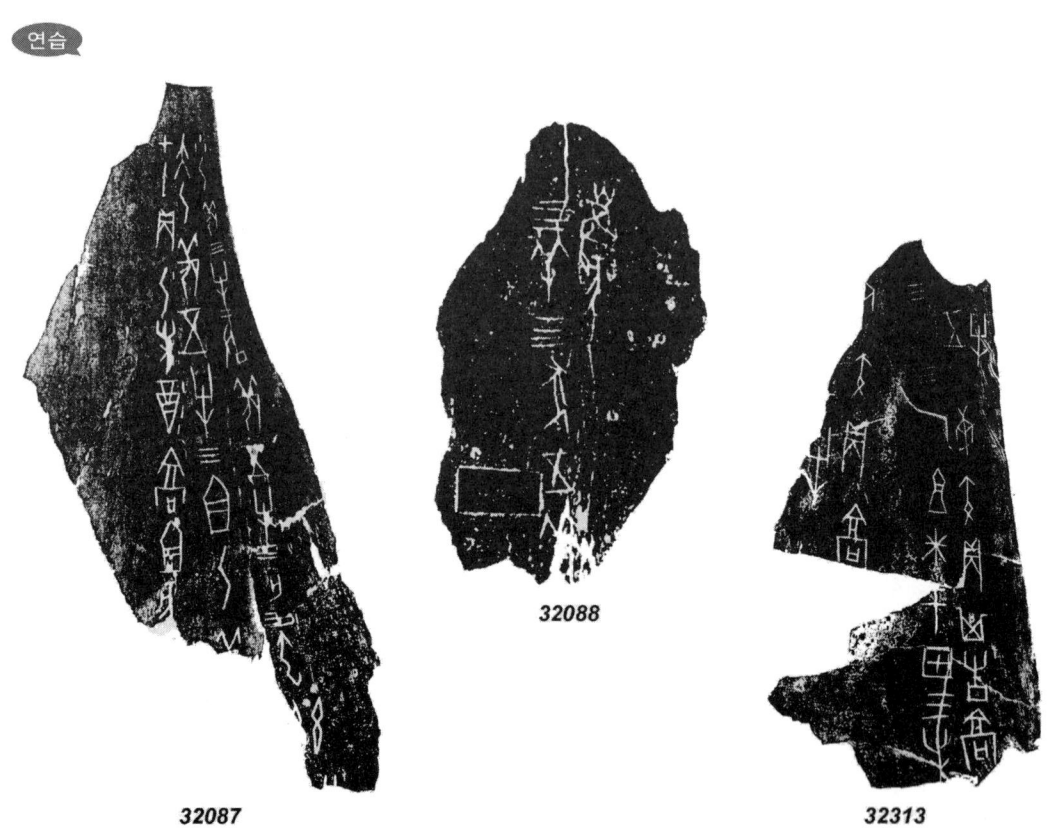

32087

32088

32313

## 053
"祭㞢㱿"
### '제'제사와 '치'제사와 '협'제사 (Jì Cái Xié Rituals) 41704

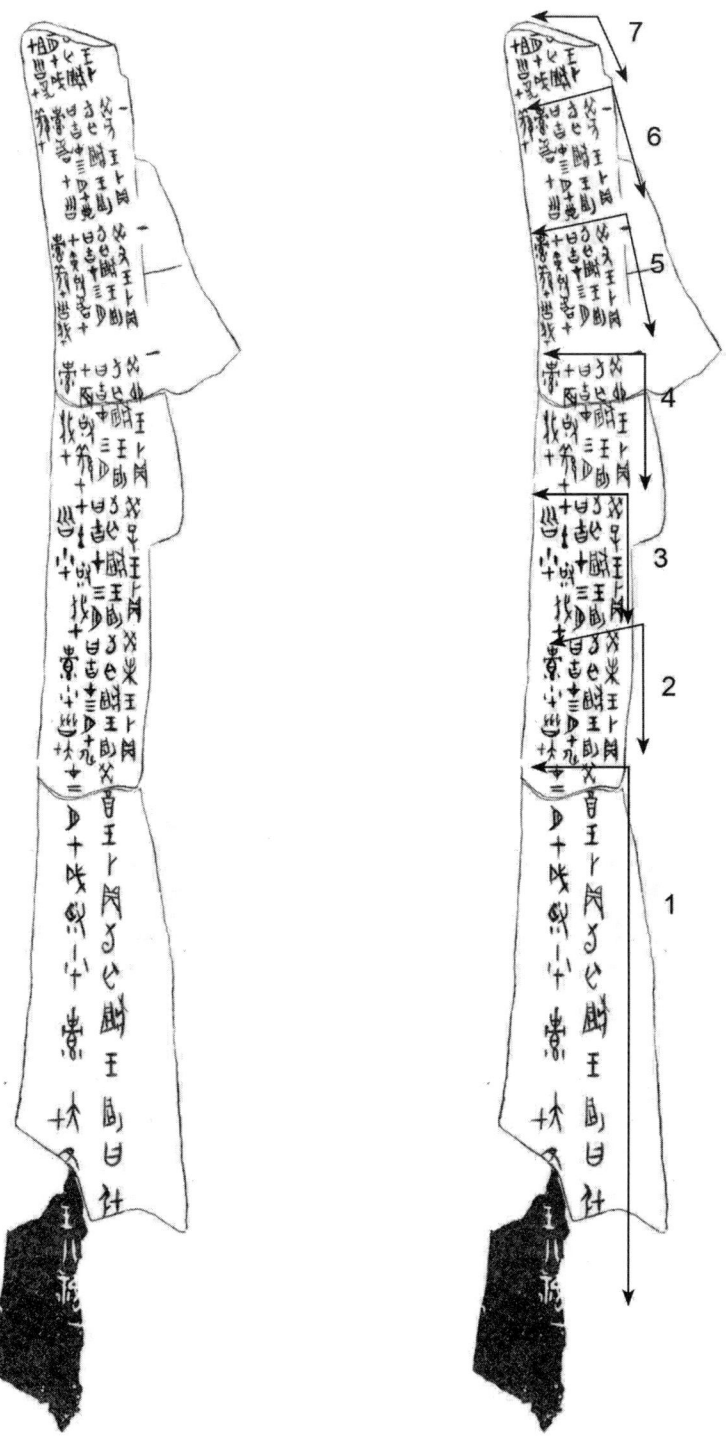

### 傳寫

(갑골문 원문)

### 번역

【1】 癸酉王卜, 貞: 旬亡禍. 王占曰: 引吉, 在三月, 甲戌祭小甲, 壹大甲. 惟王八祀.

【2】 癸未王卜, 貞: 旬亡禍. 王占曰: 吉, 在三月, 甲申壹小甲, 魯大甲.

【3】 癸巳王卜, 貞: 旬亡禍. 王占曰: 吉, 在三月, 甲午祭戔甲, 魯小甲.

【4】 癸卯王卜, 貞: 旬亡禍. 王占曰: 吉, 在三月, 甲辰祭羌甲, 壹戔甲.

【5】 癸丑王卜, 貞: 旬亡禍. 王占曰: 吉, 在三月, 甲寅祭陽甲, 壹羌甲, 魯戔甲.

【6】 癸亥王卜, 貞: 旬亡禍. 王占曰: 吉, 在四月, 甲子壹陽甲, 魯羌甲.

【7】 [癸酉]王卜, 貞: 旬亡禍. [王占曰: 吉], 在四月, 甲戌壹祖甲, 魯陽甲.

[1] 계유일(제10일)에 점을 칩니다. 물어봅니다. 일주일(10일) 동안 재앙이 없을까요? 왕께서 점괘를 해석해 말했다. 길한 일이 생길 것이다. 3월이었다. 갑술일(제11일)에 제(祭)제사를 '소갑'(K6)에게, 치(壹)제사를 '대갑'(K3)에게 드렸다. 왕의 재위 8년째 되던 해였다.

[2] 계미일(제20일)에 점을 칩니다. 물어봅니다. 일주일(10일) 동안 재앙이 없을까요? 왕께서 점괘를 해석해 말했다. 길할 것이다. 3월이었다. 갑신일(제21일)에 '치(壹)'제사를 '소갑'(K6)에게, 협(魯)제사를 '대갑'(K3)에게 드렸다.

[3] 계사일(제30일)에 점을 칩니다. 물어봅니다. 일주일(10일) 동안 재앙이 없을까요? 왕께서 점괘를 해석해 말했다. 길할 것이다. 3월이었다. 갑오일(제31일)에 '제'제사를 '전갑'(K11)에게, 협(魯)제사를 '소갑'(K6)에게 드렸다.

[4] 계묘일(제40일)에 점을 칩니다. 물어봅니다. 일주일(10일) 동안 재앙이 없을까요? 왕께서

점괘를 해석해 말했다. 길할 것이다. 3월이었다. 갑신일(제41일)에 '제'제사를 '강갑'(K14)에게, 치(賣)제사를 '전갑'(K11)에게 드렸다.

[5] 계축일(제50일)에 점을 칩니다. 물어봅니다. 일주일(10일) 동안 재앙이 없을까요? 왕께서 점괘를 해석해 말했다. 길할 것이다. 3월이었다. 갑인일(제51일)에 '제'제사를 '양갑'(K17)에게, '치'제사를 '강갑'(K14)에게, '협'제사를 '전갑'(K11)에게 드렸다.

[6] 계해일(제60일)에 점을 칩니다. 물어봅니다. 일주일(10일) 동안 재앙이 없을까요? 왕께서 점괘를 해석해 말했다. 길할 것이다. 4월이었다. 갑자일(제1일)에 '치'제사를 '양갑'(K17)에게, '협'제사를 '강갑'(K14)에게 드렸다.

[7] [계유일(제10일)에] 왕께서 점을 쳐 물어봅니다. 일주일(10일) 동안 재앙이 없을까요? [왕께서 점괘를 해석해 말했다. 길할 것이다.] 4월이었다. 갑술일(제11일)에 '치'제사를 '조갑'(K23)에게, '협'제사를 '양갑'(K17)에게 드렸다.

### 해설

이 갑골은 『갑골문합집』 제41704편에 보이는데, 제5기(黃組) 복사에 속한다. 모두 7단락으로 되었는데, 아래에서 위쪽으로 올라가며 읽는다. 전형적인 주제(周祭)복사의 하나로, 형식이 상당히 규격화되어 있다. 당시의 왕이 '계(癸)'에 해당하는 날에 점복을 치러 다가오는 일주일(10일) 동안 재앙이 없을 것인지를 물었고, 갈리지는 금의 형상(兆象)을 통해 점괘를 해석했다. 그런 다음 선왕의 간지명과 일치하는 날짜에 특정한 제사를 드렸다. 이 7단락의 복사에서 거행한 제사로는 '유(有)'(㞢)제사, '치(賣)'제사, '협(劦)'(㗊)제사 등 세 가지이다. 이 갑골에서는 연속되는 70일간의 제사에 관해 점을 쳤는데, 전체 모두가 이 세 가지 제사로 이루어졌다.

제5기의 황조(黃組)복사로부터 주제(周祭)가 제을(帝乙)과 제신(帝辛) 시대에 이르러 극히 엄정한 체계를 이루었음을 알 수 있다. 주제는 5가지 제사의식(즉 翌, 祭, 賣, 兽, 彡)을 특정한 간지일에 해당 간지와 일치하는 선대의 왕과 왕비에게 돌아가면서 지내던 제사를 말한다. 상갑(上甲)으로부터 계산해 보면 총 31명의 선왕(先王)과 20명의 선비(先妣)가 주제(周祭) 시스템에 포함되었다. 약 1년간의 시간이 지나야 이 선왕과 선비들에 대한 제사가 한 주기를 이루게 된다. 그래서 이 갑골의 첫 번째 단락에서 말한 '유왕 8사(惟王八祀: 왕 재위 8년)'이라는 말은 '유왕 8년(惟王八年)'을 말한다. 사(祀)를 갑골문에서는 祀로 적었다.

### 글자풀이

① 갑골문 ㈎(0915): 손에 고기를 든 모습으로, '제(祭)'의 초기 글자이다. 『설문해자』에서 "제(祭)는 제사를 말한다. 시(示)가 의미부인데, 손으로 고기를 든 모습을 그렸다.(祭, 祭祀也. 从示, 以手持肉.)"라고 했다. 제(祭)를 갑골문에서는 祭로 적기도 한다. 제(祭)는 주제(周祭)의 5가지 제사 중의 하나인데, 제(祭)와 치(賣)와 협(兽)제사는 서로 중첩되기도 하고 또 돌려가면서 거행하기도 했다.

② 갑골문 ㄓ(3571): '소갑(小甲)'(K6)의 합문이다.

③ 갑골문 賣(2782): '치(賣)'자로 옮길 수 있다. 자형의 변화가 매우 심했지만 언제나 식기를 위주로 하는 것에는 변화가 없다. 그래서 최초의 의미는 곡식을 담아 지내는 제사였을 것으로 추정된다.

④ 갑골문 ㄓ(3567): '대갑(大甲)'(K3)의 합문이다.

⑤ 갑골문 ☷(0735): '협(劦)'자로 옮길 수 있다. 협(劦)자는 3개의 쟁기(耒)나 3개의 력(力)으로 구성되었는데, 주제 제사의식의 하나이다. 함께 협력하여 농사짓던 것과 관련되어 보인다.

⑥ 갑골문 ▨(2244): 상나라 때 후기 때의 점(固)자의 필사법이다. '계(卟)'나 '점(占)'으로 해석하여 '점괘를 해석하다'는 뜻으로 풀이된다.

⑦ 갑골문 ▨: '화(凶)'의 상나라 후기 때의 필사법이다. '구(咎)'자로 해독기도 하고, '화(禍)'자로 해독하기도 한다. '순무화(旬亡禍)'(▨ ▨ ▨)는 상나라 때의 복사에서 사용되던 관용어이다.

⑧ 갑골문 ▨(3576): '전갑(戔甲)'(K11)의 합문이다. 전(戔)은 2개의 과(戈)로 구성되었는데, 우성오(于省吾)는 전갑(戔甲)이 바로 역사 문헌에서 말하는 하단갑(河亶甲)을 말한다고 논증한 바 있다.

⑨ 갑골문 ▨(3585): '강갑(羌甲)'(K14)의 합문이다. 바로 역사 문헌에서 말하는 옥갑(沃甲)이다.

⑩ 갑골문 ▨(3594): '양갑(昜甲)'(K17)의 합문이다. 바로 역사 문헌에서 말하는 양갑(陽甲)이다.

⑪ 갑골문 ▨(3606): '조갑(祖甲)'(K23)의 합문이다. .

⑫ 갑골문 ▨(2624): '인(引)'의 초기 글자이다. ▨은 인길(引吉)이다. 『주역』에 "길하여 재앙이 없을 것이다.(引吉, 无咎.)"라는 말이 있는데, 복사에서의 용어와 극히 유사하다.

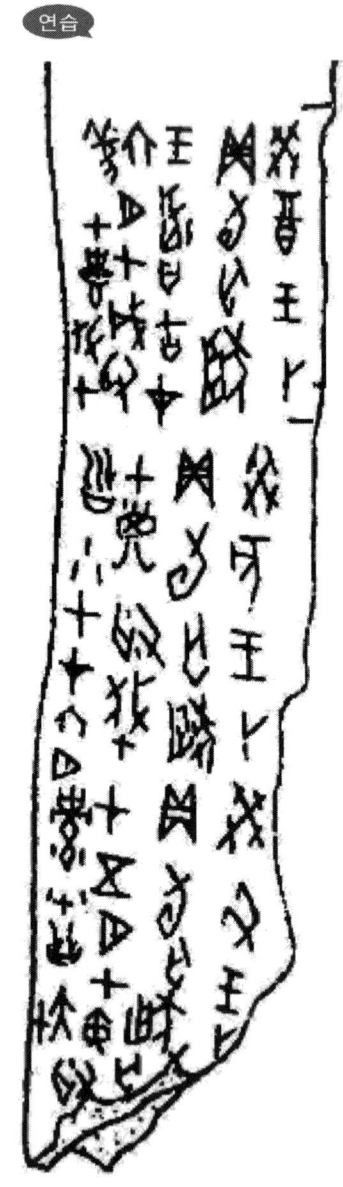

연습

41703

## 054
### "工典其幼"
### 의식 거행을 위한 책자 (Ceremonial Codex Presentation) 35756

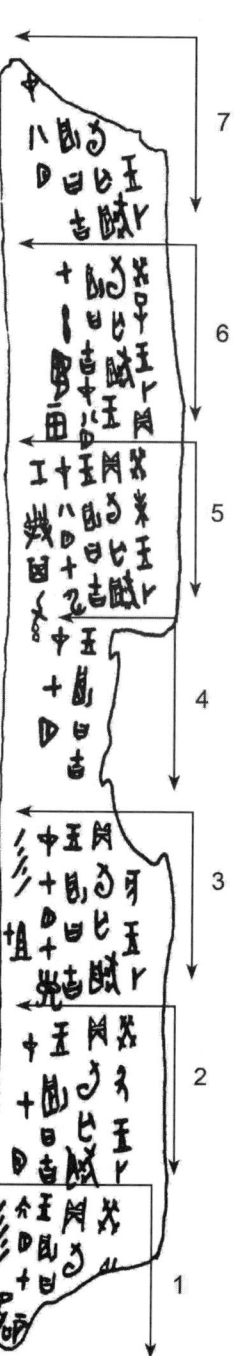

**傳寫**

※⇔□□※ҙ□□王勿⊨□□介Ɒ十卵彡十咅
※ҙ王卜※ҙㄣ齡王勿⊨ㄜ中十Ɒ
□ㄒ王卜※ҙㄣ齡王勿⊨ㄜ中十Ɒ十ﾂ彡十目
※□□□※ҙㄣ齡王勿⊨ㄜ中十Ɒ
※米王卜※ҙㄣ齡王勿⊨ㄜ中八Ɒ十ҙ工
典⊠성
※♀王卜※ҙㄣ齡王勿⊨ㄜ中八Ɒ十！甲囗
□□王卜□ҙㄣ齡王勿⊨ㄜ中八Ɒ

**번역**

【1】癸卯[王卜], 貞: 旬亡[禍]. 王占曰: [吉. 在]六月. 甲辰彡陽甲.

【2】癸丑王卜, 貞: 旬亡禍. 王占曰: 吉, 在七月.

【3】[癸]亥王卜, 貞: 旬亡禍. 王占曰: 吉, 在七月. 甲子, 彡祖甲.

【4】癸[酉王卜], 貞: 旬亡禍. 王占曰: 吉, 在七月.

【5】癸未王卜, 貞: 旬亡禍. 王占曰: 吉, 在八月. 甲申, 工典其勺.

【6】癸巳王卜, 貞: 旬亡禍. 王占曰: 吉, 在八月. 甲午, 翌上甲.

【7】[癸卯]王卜, [貞]: 旬亡禍. 王占曰: 吉, 在八月.

[1] 계묘일(제40일)에 왕께서 [점을 쳐] 물어봅니다. 일주일(10일) 동안 재앙이 없을까요? 왕께서 점괘를 해석해 말했다. [길할 것이다.] 6월[이었다]. 갑진일(제41일)에 '융'제사를 '양갑'(K17)에게 올릴까요?

[2] 계축일(제50일)에 왕께서 점을 쳐 물어봅니다. 일주일(10일) 동안 재앙이 없을까요? 왕께서 점괘를 해석해 말했다. 길할 것이다. 7월이었다.

[3] [계]해일(제60일)에 왕께서 점을 쳐 물어봅니다. 일주일(10일) 동안 재앙이 없을까요? 왕께서 점괘를 해석해 말했다. 길할 것이다. 7월이었다. 갑자일(제1일)에 '융'제사를 '조갑'(K23)에게 올릴까요?

[4] 계[유일(제10일)에 왕께서 점을 쳐] 물어봅니다. 일주일(10일) 동안 재앙이 없을까요? 왕께서 점괘를 해석해 말했다. 길할 것이다. 7월이었다.

[5] 계미일(제20일)에 왕께서 점을 쳐 물어봅니다. 일주일(10일) 동안 재앙이 없을까요? 왕께서 점괘를 해석해 말했다. 길할 것이다. 7월이었다. 갑신일(제21일)에 '제사 계보'를 올릴까요?

[6] 계사일(제30일)에 왕께서 점을 쳐 물어봅니다. 일주일(10일) 동안 재앙이 없을까요? 왕께서 점괘를 해석해 말했다. 길할 것이다. 7월이었다. 갑오일(제31일)에 '익'제사를 '상

갑'(K1)에게 올릴까요?

　　[7] [계묘일(제40일)에] 왕께서 점을 쳐 [물어봅니다]. 일주일(10일) 동안 재앙이 없을까요? 왕께서 점괘를 해석해 말했다. 길할 것이다. 7월이었다.

### 해설

이 갑골은 『갑골문합집』 제35756편에 보이는데, 제5기(黃組) 복사에 속하며, 주제(周祭)복사이다. 총 7단락으로 되었는데, 아래서부터 위쪽으로 읽어 나간다. 제1단락, 제4단락, 제7단락은 많이 파손 되었지만, 주제 복사가 상당히 규격화 되었기에 빠진 글자들을 보충해 넣을 수 있다. 첫 번째 단락은 융(肜)제사를 양갑(陽甲)(K17)에게 드릴 것, 두 번째 단락은 10일의 안위를 물은 복순(卜旬), 세 번째 단락은 융(肜)제사를 조갑(祖甲)(K23)께 드릴 것, 네 번째 단락은 복순(卜旬), 다섯 번째 단락은 의식 거행을 위한 책자(제사계보)를 올릴 것, 여섯 번째 단락은 익(翌)제사를 상갑(上甲)(PK1)에게 드릴 것, 일곱 번째 단락은 복순(卜旬)에 대해 물은 내용이다. 조갑(祖甲) 이후로 더는 상나라 왕의 간지 이름에 갑(甲)이 들어간 것은 없었다. 이 갑골을 통해 주제의 5가지 제사의식은 익(翌)제사를 시작으로 하고, 융(肜)제사를 마지막으로 하였음을 알 수 있다. 특히 주목할 만한 것은 익(翌)제사의 앞 10일에 "공전기유(工典其㚘)"라는 말이 있는데, 이는 익(翌)제사의 준비 단계의 의식으로, 제사계보를 헌정함을 말한다.

### 글자풀이

① 갑골문 (3327): '융(彡)'자로 옮길 수 있다. 일반적으로 '융(肜)'으로 해석한다. 북을 울리며 지내는 제사였을 것으로 추정된다.

② 갑골문 (2905): 이 간단하게 준 모습으로, '공(工)'자로 옮길 수 있다. 공(工)은 곱자(矩)를 형상하여 곱자 같은 도구를 말했는데, 이후 일이나 도구를 총칭하게 된 것으로 보기도 한다. 우성오(于省吾)는 복사에서 '공(工)'자에 다음의 용법이 있음을 논증했다. (i)『상서·요전(堯典)』의 "윤리백공(允釐百工: 여러 관원들을 진실로 잘 다스리고)"처럼 관직 이름인데, 수공예를 관장하던 관직이다. (ii) 공책(貢册)이나 공전(貢典)처럼, 제사 때 제사계보를 바쳐 축도를 드린다는 뜻이다. 복사에서의 '공전기유(工典其㚘)'나 '공전기타융(工典其壱肜)' 등이 그렇다. (iii)공생(貢牲), 즉 희생을 바치다는 뜻인데, 복사에서의 '공부갑삼우(工父甲三牛: 부갑께 소 3마리를 올릴까요?)' 등이 그렇다. (iv)공납(貢納)을 하다는 뜻인데, 복사의 '월기유공(戉其有工: 월에서 공납이 있을까요?)' 등이 이에 해당한다.

③ 갑골문 (2939): 두 손으로 책(册)을 받든 모습으로, '전(典)'자로 해석된다. 공전(工典)은 공전(貢典)으로, 축도를 올리는 내용이 담긴 책을 신에게 바치다는 뜻이다. 공전(工典)은 주제(周祭)의 5가지 제사가 시작되기 전 책을 바치며 축도하던 의식이다.

④ 갑골문 (3176): 력(力)과 요(幺)로 구성되었는데, 유(㚘)자로 옮길 수 있다. 그러나 소유(少㚘: 젊고 어리다)의 유(㚘)로 해석할 수는 없다. 혹자는 조(爪)와 요(幺)로 구성된 絲자로 옮겨야 한다고 주장하기도 한다. 제5기 을신(乙辛) 복사에서의 '유(㚘)'는 항상 주제 복사의 관용어인 '공전기유(工典其㚘)'에 쓰였다. 이렇게 볼 때, '유(㚘)'는 아마도 준비 단계 성격의 제사였을 것이다.

⑤ 갑골문 (1908): 날개의 모습을 그렸다고 한다. 익(翌)제사의 '익(翌)'이나 익일(翌日)의 '익(翌)'으로 가차되었다.

연습

35757     35700     38305

## 055
### "侵我西鄙田"
우리의 서쪽 변경을 침입하다 (Raid My West Border Field) 06057

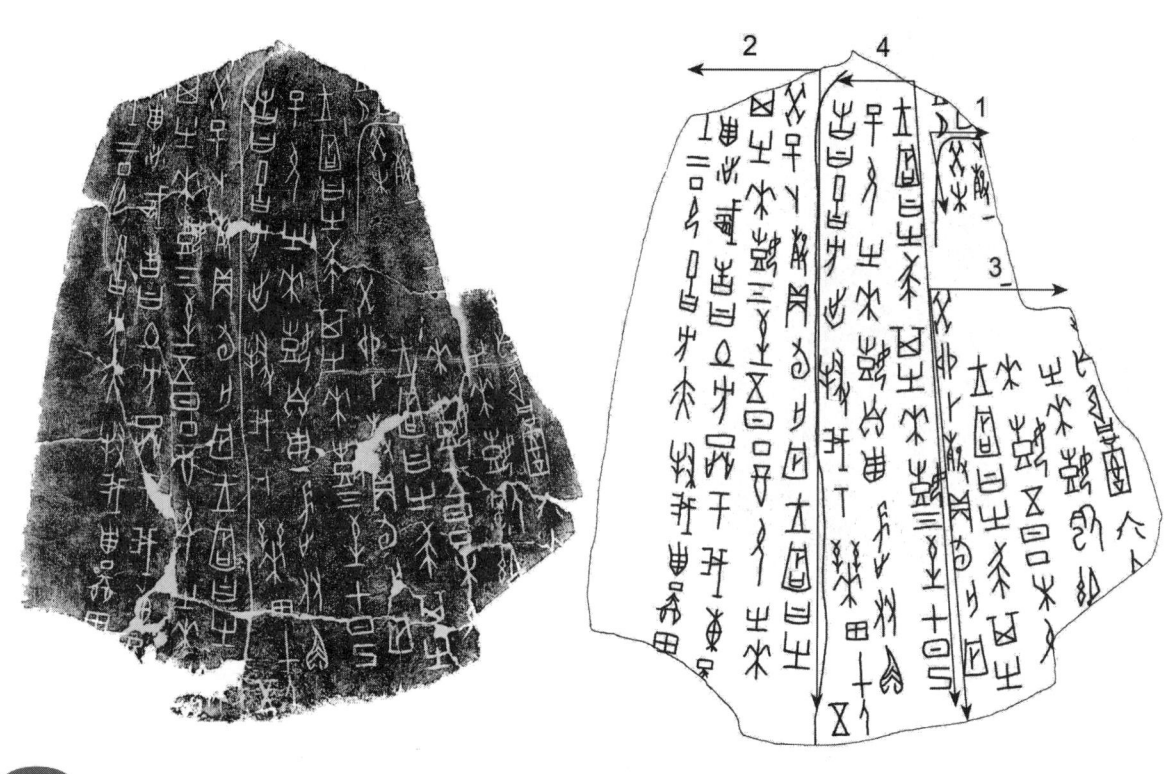

傳寫

(앞면)

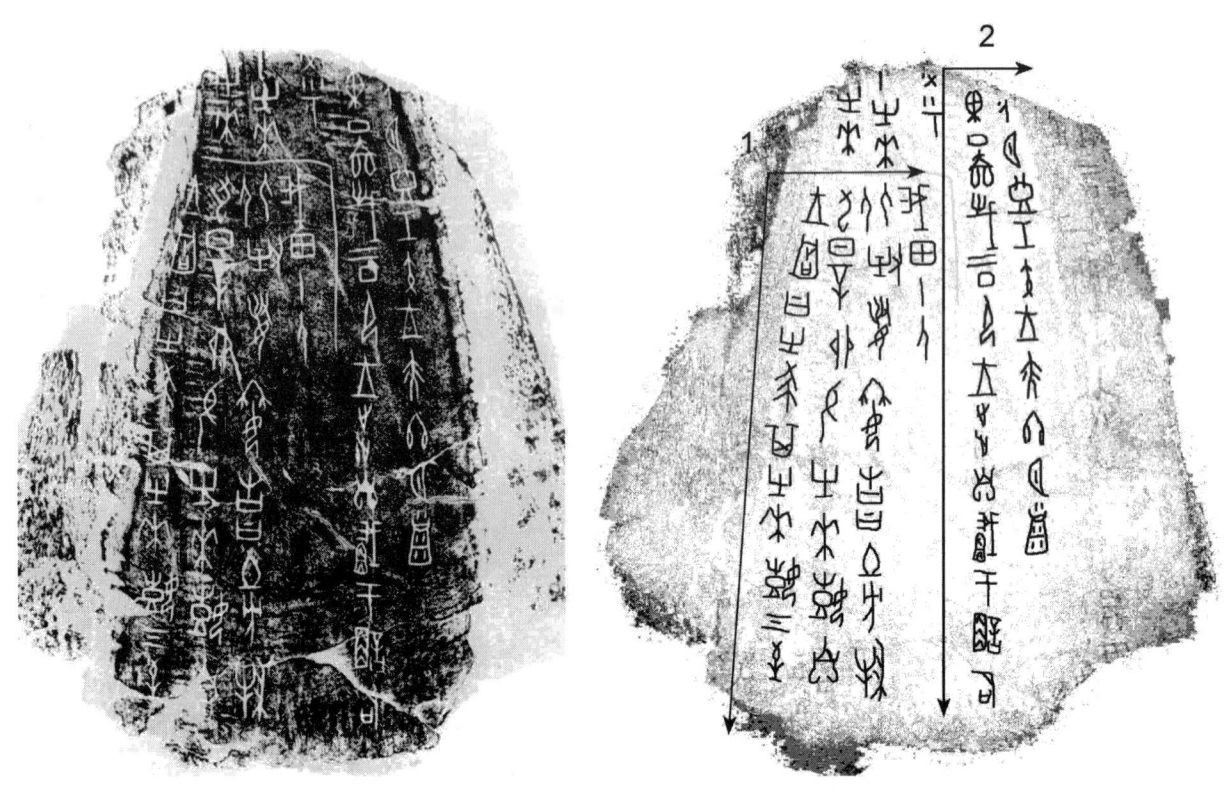

(앞면)

【1】 癸未卜殻□

【2】 癸巳卜, 殻貞: 旬亡禍. 王占曰: 有祟! 其有來艱. 迄至五日丁酉, 允有來艱, 自[西]. 沚告曰: 土方征于我東鄙[田], 毁二邑; 邛方亦侵我西鄙田.

【3】 癸卯卜, 殻貞: 旬亡禍. 王占曰有祟! 其有來艱, 五日丁未, 允有來艱, 歙禦□自邑圍, 六月.

【4】 [癸亥卜, 殻貞: 旬亡禍.] 王占曰: 有祟! 其有來艱, 迄至七日, 己巳允有來艱, 自西. 長友角告曰: 邛方出侵我示𡩬田七十人五.

(앞면)

[1] 계미일(제20일)에 점을 칩니다. '각'이 물어봅니다.

[2] 계사일(제30일)에 점을 칩니다. '각'이 물어봅니다. 1주일(10일) 동안 재앙이 없을까요? 왕께서 점괘를 해석해 말씀하셨다. 재앙이 있을 것이다! 어려움이 닥칠 것이다. 5일째 되던 정유일(제34일)에 과연 어려움이 닥쳐왔다. [서쪽으로부터였다.] '지곡'이 이렇게 보고해왔다. '토방이 우리의 동쪽 [경작지를] 침범했으며, 읍 2개를 파괴했습니다. 또 공방도 우리의 서쪽 영토를 침범해 왔습니다.'

[3] 계묘일(제40일)에 점을 칩니다. '각'이 물어봅니다. 1주일(10일) 동안 재앙이 없을까요? 왕께서 점괘를 해석해 말씀하셨다. 재앙이 있을 것이다! 어려움이 닥칠 것이다. 5일째 되던 정미일(제44일)에 과연 어려움이 닥쳐왔다. '음(飮)'이 '어'제사를 '강' 땅의 감옥으로부터 ……? 6월이었다.

[4] [계해일(제60일)에 점을 칩니다. '각'이 물어봅니다. 1주일(10일) 동안 재앙이 없을까요?] 왕께서 점괘를 해석해 말씀하셨다. 재앙이 있을 것이다! 어려움이 닥칠 것이다. 7일째 되던 기사일(제6일)에 과연 어려움이 닥쳐왔다. 서쪽으로부터였다. '장우각'이 이렇게 보고해왔다. '공방이 우리의 시지라는 경작지에 침입하여 75명을 잡아 갔습니다.'

(뒷면)

【1】 王占曰: 有祟! 其有來艱, 迄至九日辛卯, 允有來艱自北. 䖂妻妟告曰: 土方侵我田十人.

【2】 □東鄙, 毁二邑. 王步自𨑥于䣙石□, [辛丑]夕嚮壬寅王亦終夕禍.

(뒷면)

[1] 왕께서 점괘를 해석해 말씀하셨다. 재앙이 있을 것이다! 어려움이 닥칠 것이다. 9일째 되던 신묘일(제28일)에 과연 어려움이 닥쳐왔다. 북쪽으로부터였다. '유처숙'이 다음처럼 보고해왔다. '토방이 경작지에 침입하여 10명을 잡아 갔습니다.'

[2] 동쪽 영토를 …… 읍 2개를 파괴했습니다. 왕께서 '아'로부터 '연석'까지 □ 보병을 이끌고 갔습니다. [신축일(제38일)] 밤 임인일(제39일)이 시작될 쯤까지 왕께서도 밤 내내 재앙이 있었습니다(몸이 아팠습니다).

> **해설**

이 갑골은 『갑골문합집』 제06057편에 보이는데, 제1기(典賓類) 복사에 속한다. 앞면과 뒷면에 상당히 긴 문장이 기록되었다.

앞면은 4단락으로 되었는데, 모두 은(殷)나라의 적국인 공방(吾方)과 토방(土方)이 도성의 변경을 침입한 것에 대한 기록이다. 첫 단락에서는 4글자만 남아 전체 문장을 알 수가 없다. 두 번째 단락은 계사일(제30일)에 다가올 1주일(10일)의 안녕에 대해 점을 쳤는데, 재앙이 생길 것이라고 했다. 과연 정유일(제34일)에 지괵(沚聝)이 와서 토방(土方)이 우리의 변경을 침입했다고 보고했다. 그리고 읍 두 곳이 손상을 입었으며, 공방(吾方)도 우리의 서쪽 경작지를 침입했다고 했다. 세 번째 단락은 계묘일(제40일)에 다가올 10일의 안녕에 대해 점을 쳤는데, 재앙이 생길 것이라고 했다. 5일 후인 정미일(제44일)에 과연 재앙이 생겼다. 이 부분은 각사가 떨어져 나간 바람에 정확한 의미를 알 수가 없다. 4번째 단락도 각사가 떨어져 나갔다. 그러나 복사의 앞뒤 문맥으로 볼 때 계해일(제60일)에 다가올 10일의 안녕에 대해 점을 쳤으며, 재앙이 생길 것이라는 점괘를 얻었다. 과연 6일 후인 기사일(제6일)에 장우각(長友角)이 와서 '공방' 사람들이 '시지(示至)'라는 경작지에 침입하여 75명을 잡아갔다고 했다.

뒷면은 두 단락으로 되었는데, 첫 번째 단락은 상하 문맥으로 볼 때 앞면의 두 번째 단락이 점복과 호응되는 것으로 보이며, 재앙이 북쪽으로부터 생길 것이라는 점괘를 얻었다. 과연 '토방'이 침입하였으며 10명을 사로잡아 갔다고 '유처죽'이 와서 보고했다. 두 번째 단락은 각사가 떨어져나갔는데, 동쪽 변경과 읍 두 곳이 공격을 받았으며, 왕께서 '아'라는 곳으로부터 '연석'까지 보병을 이끌고 갔다. 그리고 신축일이 끝나고 임인일이 시작되던 한 밤중, 왕에게 밤새도록 재앙이 있었다는 내용이다. 다만 그것이 재앙이었는지 아니면 뼈가 아팠던 것인지에 대해서는 계속 논쟁 중이다.

이 갑골에 보이는 '기유내간(其有來艱)'은 상나라 때의 관용어로, 특히 적국이 침입한 복사에서 자주 등장하는 표현이다. 이 갑골에서 언급한 적국은 서쪽과 북쪽의 토방(土方)과 공방(吾方)인데, 이 두 나라는 무정(武丁) 때의 강성한 적국이었다.

이 갑골에서 지괵(沚聝)과 장우각(長友角)이 서쪽 변경에서 보고를 해 왔고, 유처죽(𡚬妻𡚬)은 북쪽 변경에서 일어난 위급 사항을 보고해 왔다. 지(沚), 장우(長友), 유(𡚬)는 모두 지명이나 방국 이름이고, 괵(聝), 각(角), 죽(𡚬)은 개인 이름이다. 이 세 사람은 아마도 우방의 우두머리거나 무정(武丁)이 변경 지역에 파견했던 귀족일 것이다.

> **글자풀이**

① 갑골문 三(3326): '기(气)'자로 옮길 수 있다. 기(气)는 삼(三)자와 달리 중간 획이 조금 짧다. 기(气)는 복사에서 세 가지 뜻으로 쓰였다. (i)"경신일에 점을 칩니다. 오늘 비를 기원해도 될까요?(庚申卜, 今日气雨)"에서처럼 걸구(乞求: 기구하다)의 걸(乞)이다. (ii)이 갑골의 '5일이 지난 정유일에 이르러(气至五日丁酉)'에서처럼 흘지(迄至: ~에 이르다)의 흘(迄)이다. (iii)'그날에 이르러 어려움이 닥쳐왔다.(之日气有來艱)'에서와 같이 종흘(終訖)의 흘(訖)이다. 5일째가 되던 날은 왕이 점괘를 해석한 날로부터 5일째 되던 날이라는 뜻이다.

② 갑골문 ⚡(0018): '윤(允)'자로 해석된다. "윤(允)+동사"(예컨대 允雨, 允風, 允有 등)는 험사(驗辭)

를 구성하는 주요한 형식이다.

③ 갑골문 ⿳(0823): 정(㞢)자로 옮길 수 있는데, 정(㞢)자와 함께 모두 정벌(征伐)하다는 뜻으로 풀이한다. 그러나 적국이 상나라를 침입할 경우에는 정(㞢)자를 썼지 정(㞢)자를 쓰지는 않았다. 정(㞢)자는 구(口)와 발(癶)로 구성되었는데,『설문해자』에서 "발(癶)은 두 발이 어긋나 맞지 않음을 말한다. (서로 반대되는 모습인) 지(止)와 발(少)로 구성되었다. 발(癶)에 속하는 글자들은 모두 발(癶)이 의미부이다. 발(撥)처럼 읽는다.(癶, 足剌癶也. 从止, 少. 凡癶之屬皆从癶, 讀若撥.)"라고 했다. 그렇다면 정(㞢)은 어지럽다는 뜻이다. 그래서 아마도 난을 일으키다는 뜻이었을 것으로 추정된다. 복사에서도 "방정우유, 부인(方㞢于㞢, 俘人)"이라는 표현이 보이는데, "주변나라가 유(㞢) 땅에서 난을 일으켜 사람들을 잡아갔다"라는 뜻이다.

④ 갑골문 ⿳(2018): 비(啚)자로 옮길 수 있다. 글자 윗부분에 구(口)자가 들었는데, 담장이나 울타리를 상징하며, 아랫부분은 름(㐭)인데 곡식 창고를 뜻한다. 비(啚)는 '비(鄙)'의 초기 글자이다. 비(鄙)는 변방에 있는 읍(邑)인데, 변방에는 성읍(邑), 경작지(田), 창고(廩)가 설치되었는데, 종종 주변국가의 침입을 자주 받았다.

⑤ 갑골문 ⿳(2419): 재(㦻)자로 옮길 수 있으며, '재(災)'로 해석된다. 동사로 쓰여 상해를 입히다, 공격하다는 뜻이다.

⑥ 갑골문 田(2189): '전(田)'자로 옮길 수 있다. 이 갑골에서 언급한 동비전(東鄙田), 서비전(西鄙田), 시지전(示龏田) 등은 모두 농경지를 말한다.

⑦ 갑골문 ⿳(0738): '공(㕣)'자로 옮길 수 있으나, 본래 의미는 분명하지 않다. 복사에서는 모두 방국(方國)이름으로 쓰였는데, 이 복사로 볼 때 상나라의 서쪽에 있었음을 알 수 있다.

⑧ 갑골문 ⿳(0035): 사람의 머리칼이 뒤로 흩날리는 모습이나, 본래 의미는 분명하지 않다. '장(長)'이나 '미(微)'로 해독되는, 복사에서는 모두 인명이나 지명으로 쓰였다. 우(⿳)(1024)는 우(友)자로 해석되나 혹자는 '우(又)'자의 복잡한 표기법으로 보기도 한다. 여기서는 인명으로 쓰였다. 각(⿳)(1910)은 짐승의 뿔을 그렸는데, 복사에서는 지명이나 인명으로 쓰였다.

⑨ 갑골문 ⿳(0305): 한 사람이 네모꼴 아래에 꿇어앉은 모습을 그렸으며, '읍(邑)'자이다.『설문해자』에서 "읍(邑)은 나라(國)를 뜻한다. 국(囗)이 의미부이다. 선왕의 제도에 의하면, 존비에 따라 크고 작음이 정해졌다. 절(卩)도 의미부이다. 읍(邑)으로 구성된 글자들은 모두 읍(邑)이 의미부이다.(邑, 國也. 从囗. 先王之制, 尊卑有大小, 从卩.)"라고 했다. 절(卩)자는 갑골문에서 절(⿳)로 쓴다. 읍(邑)은 상나라 때의 취락지구를 말하는데, 당시의 소도시를 말한다.

⑩ 갑골문 ⿳(2994): 침(埽)자로 옮길 수 있다. ⿳(2994A)은 침(㸒)자로 옮길 수 있다. 우(牛)와 추(帚)로 구성되었다. 간혹 비(帚)를 들고서 소(牛)를 쫓는 모습을 그리기도 했는데, 쳐들어가다는 뜻의 침(侵)자로 해석된다.『곡량전(穀梁傳)』(은공 5년)에서는 '인민들을 압박하고 마소를 마구 몰아대는 것을 침(侵)이라고 한다.(苞人民毆牛馬謂之侵.)'라고 했다.

⑪ 갑골문 ⿳(2566): 지(龏)자로 옮길 수 있다. 본래 의미는 분명하지 않으나 지명으로 쓰였다.

⑫ 갑골문 ⿳(2730): '음(㱃)'자로 옮길 수 있다. 즉 '음(飮)'자이다. 이곳에서는 인명으로 쓰였다. 혹자는 음(陰)자로 옮겨, 서북방을 지칭한다고 보기도 한다.

⑬ 갑골문 ⿳(2616): 강(㝩)자로 옮길 수 있다. 구석규(裘錫圭)에 의하면 '강(强)'자로 해석된다. 여기서는 지명으로 쓰였다.

⑭ 갑골문 ▧(2598): '어(圉)'자로 옮길 수 있다. 감옥을 지칭하거나 포로를 사로잡다는 뜻이다.

⑮ 갑골문 ▧(0922): '유(奴)'자로 옮길 수 있다. 여기서는 나라 이름으로 쓰였다. ▧(0440A)는 '처(妻)'자로 해석된다. ▧(0452)는 '죽(妾)'자로 옮길 수 있다. 여기서는 인명으로 쓰였다.

⑯ 갑골문 ▧: 왼발과 오른발이 서로 따라가는 모습으로, '보(步)'의 초기 글자이다. 『설문해자』에서 "보(步)는 가다는 뜻이다. 지(止)와 소(少)가 서로 등진 구조이다.(步, 行也, 从止少相背.)"라고 했다. 복사에서의 '왕보우모(王步于某)'나 '왕섭우모(王涉于某)' 등처럼, 수레(車)로 가거나 배(舟)로 건너는 것(涉)을 말한다. 혹자는 보(步)는 보련(步輦)을 말하여, 손수레(輦)로 이동하다는 뜻이라고 했다.

⑰ 갑골문 ▧(2452): 의(豈)와 아(我)로 구성되었는데, '의(譺)'자로 옮길 수 있다. 지명으로 쓰였다.

⑱ 갑골문 ▧(0724): 본래 의미가 분명하지 않은데, 여기서는 지명으로 쓰였다.

⑲ 갑골문 ▧(2253): '석(石)'자로 해석된다. 때로는 본래 의미인 '돌'을 지칭하기도 하고, 때로는 지명으로도 쓰였다.

⑳ 갑골문 ▧(3100): '동(冬)'자로 해석되는데, 종(終)자로 가차되었다. 『설문해자』에서 "동(冬)은 사계절의 마지막이다. 빙(仌)과 동(㚇)으로 구성되었다. 동(㚇)은 종(終)의 고문체이다.(冬, 四時盡也. 从仌从㚇. 㚇, 古文終字.)"라고 했다. 또 "종(終)은 작은 실을 말한다. 멱(糸)이 의미부이고 종(冬)이 소리부이다.(終, 絿絲也. 从糸冬聲.)"라고 했다. 동(冬)은 종(終)의 초기 글자로, 모두 ▧으로 썼는데, 이후 빙(仌)을 더하여 동(冬)자로, 멱(糸)자를 더하여 종(終)자로 분화했다.

㉑ 갑골문 ▧(2239): 자형구조는 불분명하나, '골(骨)'자로 추정되며, 재앙이나 허물의 의미로 쓰였다.

06063

176 상대 갑골문 한국어 독본

## 056
### "王比望乘伐下危"
### 왕께서 '망승'을 규합하여 '하위'를 정벌하다
(King Forms Alliance with Wàng Chéng) 00032

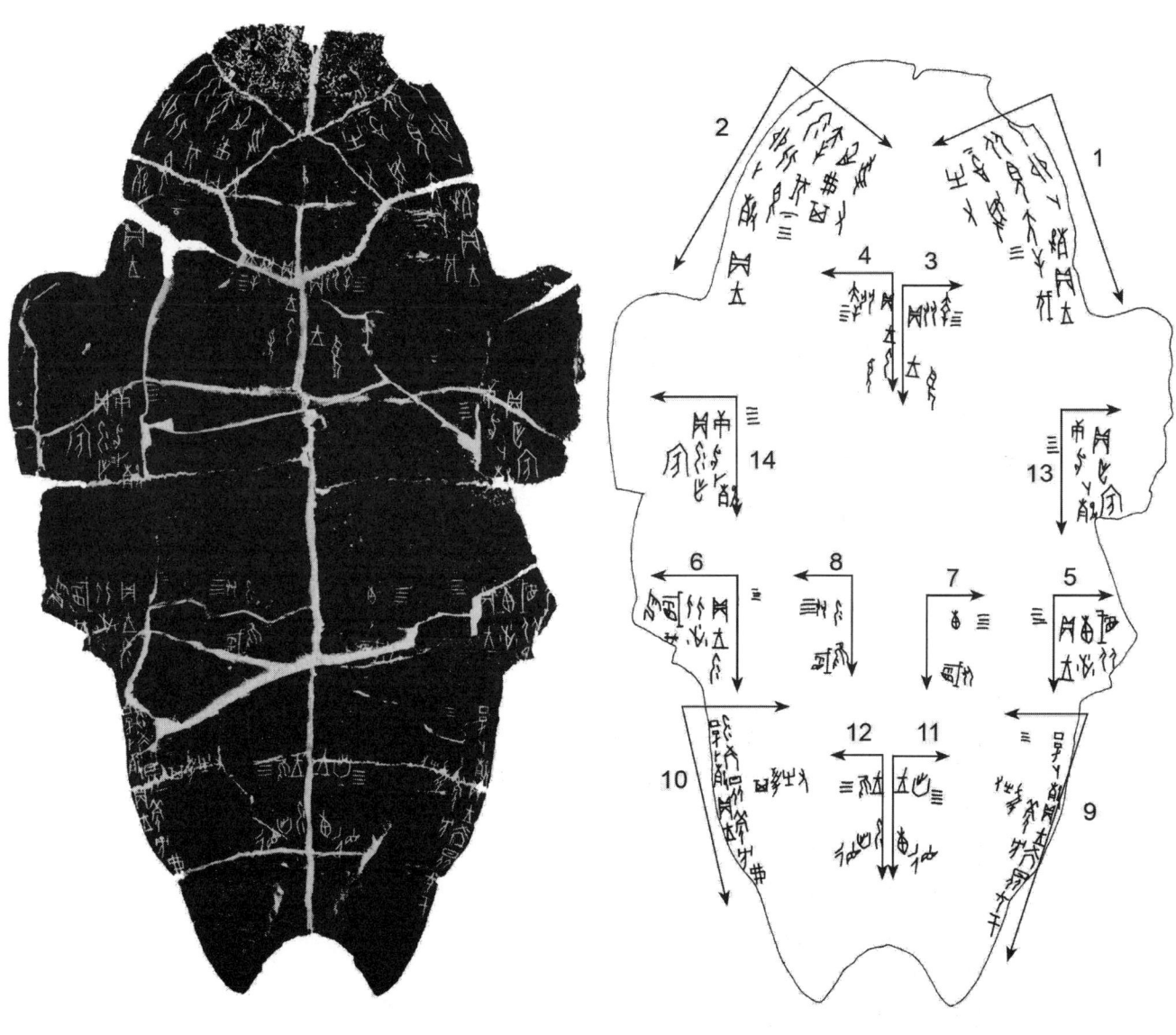

### 傳寫

(갑골문 자형)

### 번역

【1】 乙卯卜, 殷貞: 王勿比望乘伐下危, 受有祐.
【2】 乙卯卜, 殷貞: 王勿比望乘伐下危, 弗其受祐.
【3】 貞: 王比望乘.
【4】 貞: 王勿比望乘.
【5】 貞: 王惠沚馘比伐.
【6】 貞: 王勿比沚馘伐巴.
【7】 惠馘比.
【8】 勿惟比馘.
【9】 丁巳卜, 殷貞: 王教眾伐于𢀖方, 受有祐.
【10】 丁巳卜, 殷貞: 王勿教眾𢀖方, 弗其受有祐.
【11】 王惠出循.
【12】 王勿惟出循.

【13】庚申卜, 殼貞: 作賓.

【14】庚申卜, 殼貞: 勿作賓.

[1] 을묘일(제52일)에 점을 칩니다. '각'이 물어봅니다. 왕께서 '망승'과 연맹해서 '하위'를 정벌하지 않으면, 보살핌을 받을 수 있을까요?

[2] 을묘일(제52일)에 점을 칩니다. '각'이 물어봅니다. 왕께서 '망승'과 연맹해서 '하위'를 정벌하지 않으면, 보살핌을 받지 못할까요?

[3] 물어봅니다. 왕께서 '망승'과 연맹할까요?

[4] 물어봅니다. 왕께서 '망승'과 연맹할지 말까요?

[5] 물어봅니다. 왕께서 '지곽'과 연맹하여 정벌할까요?

[6] 물어봅니다. 왕께서 '지곽'과 연맹하여 '파'를 정벌하지 말까요?

[7] (왕께서) '(지)곽'과 연맹할까요?

[8] (왕께서) '(지)곽'과 연맹하지 말까요?

[9] 정사일(제54일)에 점을 칩니다. '각'이 물어봅니다. 왕께서 '중'을 훈련시켜서 '침방'을 정벌하면, 보살핌을 받을 수 있을까요?

[10] 정사일(제54일)에 점을 칩니다. '각'이 물어봅니다. 왕께서 '중'을 훈련시켜서 '침방'을 정벌하면, 보살핌을 받지 못할까요?

[11] 왕께서 '순'으로 출병할까요?

[12] 왕께서 '순'으로 출병하지 말까요?

[13] 경신일(제57일)에 점을 칩니다. '각'이 물어봅니다. '빈'제사를 올릴까요?

[14] 경신일(제57일)에 점을 칩니다. '각'이 물어봅니다. '빈'제사를 올리지 말까요?

### 해설

이 갑골은 『갑골문합집』 제00032편에 보이는데, 제1기(典賓類) 복사에 속한다. 총 14조항의 복사가 완전한 모습으로 거북딱지 상에 분포되어 있다. 제1~4조항까지는 상나라 무정(武丁)임금이 망승(望乘)과 함께 연맹하여 하위(下危)를 정벌하는 일에 대해 기술했다. 제5~8조항까지는 지곽(沚䖒)과 연맹하는 일에 대해 기록했다. 제9~10조항까지는 왕이 중(眾)들을 훈련시켜 모방(冒方)을 정벌할 것에 대해 기록했다. 제11~12조항까지는 왕이 순(循)으로 출병할 것에 관해 기록했다. 제13~14조항은 빈(賓)제사의 거행에 관해 기술했다.

### 글자풀이

① 갑골문 𠄎 : 부정사로 '물(勿)'로 해독된다. 갑골문에는 7개의 부정 부사가 등장하고 있는데, 물(勿), 필(弱), 불(不), 불(弗), 무(毋), 비(非), 매(妹) 등이다. 각각의 용법에는 차이가 있는데, '물(勿)'은 '필(弱)'과 비슷하다. 그러나 '물(勿)'은 제1기 복사에 자주 보인다.

② 갑골문 𠂉𠂉(0067): '비(比)'자로 해석되는데, '종(从)'과는 다른 글자이다. 갑골문에서 '비(匕)'와 '인(人)'은 자형이 비슷하다. 임운(林澐)은 복사에서 말한 "왕비모, 정벌모방(王比某征伐某方)"에서의 '비(比)'는 '종(从)'과 확연히 다르다고 주장했다. '비(比)'는 고대 문헌에서 친밀하게 연합하여 연맹을 맺음을 말한다. 예컨대, 『주례·하관(夏官)』에서 "형방씨는 소국으로 하여금 대국을 섬기게 하고, 대

국으로 하여금 소국을 연합하게 했다.(形方氏使小國事大國, 大國比小國.)"라고 했고, 『초어(楚語)』에서는 "가까운 형제 친척들을 모았다(比爾兄弟親戚)"라고 했다. 또 『이아(爾雅)·석고(釋詁)』에서는 "비(比)는 비(俾)와 같고, 비(俾)는 바로 보(輔)와 같아, 보조하다(輔助)는 뜻이다."라고 했다. 양승남(楊升南, 1938~2019)은 '비(比)'는 바로 상왕이 어떤 특정 군대를 모아서 출정하다는 뜻이라고 했다.

③ 갑골문 (0653): 망(望)자로 옮길 수 있다. 눈을 들어 멀리 바라보는 모습을 그렸고, '망(望)'자로 해석된다. 동사로 쓰여 '호망모방(呼望某方: 어떤 방국을 정탐하게 하다)'에서처럼 정탐하다는 뜻도 있다. 이 갑골에 등장하는 '망승(望乘)'의 '망(望)'은 나라 이름이며, '승(乘)'은 개인 이름이다.

④ 갑골문  ,  (0239): 한 사람이 나무 위에 걸 터 선 모습이다. '승(乘)'자로 해석된다.

⑤ 갑골문 (3272): '위(危)'자로 해석된다. '하위(下危)'는 위방(危方)으로 불리기도 하는데, 상나라의 적국이었다.

⑥ 갑골문 (3366): '불(弗)'자인데, 어떤 물건 두 개를 실로 묶어둔 모습이다. 부정 부사로 가차되어 쓰였다. 복사에 쓰인 부정 부사에서 '불(弗)'과 '불(不)'은 모두 '~일 리 없다'는 뜻으로 쓰였다. '물(勿)'과 '필(弱)'에는 '~하지 말라'는 뜻이 있다. 불(弗)과 불(不)은 용법이 비슷하나 여전이 차이가 있다. 예컨대, 복사에서 '유(惟), 불유(不惟)'라고는 하지만, '유(惟), 불유(弗惟)'라고 할 수는 없다.

⑦ 갑골문 (0304): '파(巴)'자로 해석되는데, 방국의 이름이다.

⑧ 갑골문 (3232): '학(學)'과 '교(敎)'의 초기 글자인데, 학( )이나 학( )으로 쓰기도 한다. 학(學)과 교(敎)는 처음에는 의미가 같았는데, 모두 갑골문 효(爻)에서 출발했다. 효(爻)가 무엇을 그렸는지는 불명확하다. 하지만 대나무 조각이 서로 교차한 모습으로, 셈 계산이나 대점을 치는 도구를 그렸을 것으로 추정된다.

⑨ 갑골문 (2953): 혜(叀)자로 옮길 수 있는데, '혜(惠)'자로 해석된다. 베를 짤 때의 실패를 그렸는데, 이후 어기 부사로 가차되었다. 용법은 유(隹=惟)와 유사하나, 모두 화제를 강조하는 보조 표지로 쓰였다. 차이라면 '혜(惠)'는 긍정문에서만 출현하지만, '유(惟)'는 긍정문이나 부정문 모두에 다 사용된다. 예컨대, 제7~8조항에서 긍정문에서는 혜(惠)가, 부정문에서는 유(隹)가 사용되었다.

⑩ 갑골문 (2306): 자로 옮길 수 있다. 학자들은 이를 '덕(德)', '성(省)', '직(直)', '순(循)' 등으로 해석한다. 이효정(李孝定, 1918~1997)은 '순(循)'으로 보는 것이 가장 낫다고 했다. 『예기·월령(月令)』에 "나라의 읍들을 순행한다(循行國邑)"라는 말이 보인다.

⑪ 갑골문 (3227): 자형구조는 불명확하다. 으로 옮길 수 있으며, '작(作)'자로 풀이된다.

⑫ 갑골문 (2065): 빈(方)으로 옮길 수 있는데, '빈(賓)'자로 해석된다. 복사에서 '빈(賓)'은 다음의 3가지 뜻이 있다. (i)왕빈(王賓)의 빈(賓)으로 빈(儐)과 같으며, 제사 이름이다. 부인을 함께 제사에 모시다(配享)는 뜻으로 추정된다. (ii)무정(武丁) 때의 점복관 이름이다. (iii)빈객(賓客)의 빈(賓)이다. 복사에 '유빈(爲賓)', '물위빈(勿爲賓)'이라는 말이 있다. 여기서의 '작빈(作賓)'은 '위빈(爲賓)', 즉 사람이나 귀신을 손님으로 모시다는 뜻이다.

⑬ 갑골문 (0079): '중(眾)'의 초기 글자이다. 복사에서 '중(眾)'이나 '중인(眾人)'은 왕명을 받아서 정벌에 참여하거나 집단 농사일에 참여하기도 했다. 그래서 상나라 때의 중(眾)은 노예가 아니다. 하지만 그렇다고 '많다'는 뜻의 중(眾)이라고 할 수도 없다.

⑭ 갑골문 (0042): 침(芉)자로 옮길 수 있다. 어떤 사람이 양의 뿔로 된 모자를 쓴 모습인데, 갑골문에서는 상나라의 적국을 지칭했다. 우성오(于省吾)는 이를 『상서·목서(牧誓)』의 '모(髳)'라고 했고, 하림의(何琳儀, 1943~2007)는 '모(冒)'의 초기 글자라고 보았다.

06485

## 057
### "下上弗若"

**천지신명께서 허락하시지 않을까요?** (Earth and Heaven Not Agreeable) 06316

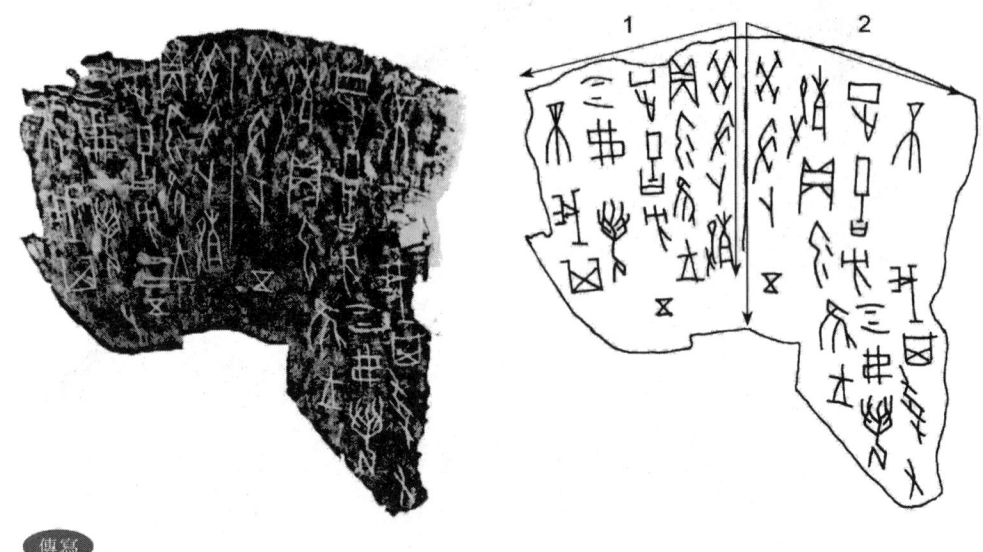

傳寫

번역

【1】 癸丑卜, 殼貞: 勿惟王征𡇛方, 下上弗若, 不我其[受祐].

【2】 癸丑卜, 殼貞: 勿惟王征𡇛方, 下上弗若, 不我其受祐.

[1] 계축일(제50일)에 점을 칩니다. '각'이 물어봅니다. 왕께서 '공방'을 정벌하지 않으면, 천지신명께서 허락하지 않아, 우리에게 [도움을 주지] 않으실까요?

[2] 계축일(제50일)에 점을 칩니다. '각'이 물어봅니다. 왕께서 '공방'을 정벌하지 않으면, 천지신명께서 허락하지 않아, 우리에게 도움을 주지 않으실까요?

해설

이 갑골은 『갑골문합집』 제06316편에 보이는데, 제1기(典賓類) 복사에 속한다. 특이하게도 두 복사가 완전히 똑 같다. 그래서 일반적인 정반(正反) 복사가 아니다. 점쳐 물어본 것은 왕(武丁)이 '공방'을 정벌하면 보살핌을 받을 수 있을 것인지에 관한 내용이다.

> 글자풀이

① 갑골문 ☱: 상하(上下)자로 옮길 수 있다. ⌒(下)와 ⌒(上) 두 글자가 합쳐진 합문(合文)이다. "하상불약(下上弗若: 천지신명께서 허락하시지 않으실까요?)"은 복사의 관용어이다.

② 갑골문 : 한 사람이 꿇어 앉아 두 손으로 머리를 갈무리하고 있는 모습이다. 복사에서는 '순조롭다(順)'는 의미로 쓰인다. 아마도 고대 문헌에서 '순(順)'으로 뜻풀이되는 '약(若)'과 같을 것으로 추정된다. 진몽가(陳夢家)는 『천문(天問)』에 "이후제불약(而后帝不若: 후제께서 허락지 않으시다)"와 "제불약(帝弗若: 상제께서 허락지 않으시다)" 등과 같은 말이 있는데, 그 용법이 복사와 같다고 했다. 이곳에서의 "하상불약(下上弗若)"은 '하상(下上: 천지신명)'께서 윤허할 것인가라는 뜻이다. '하상(下上)'은 천상(天上)과 지상(地下)을 뜻하여, 모든 신령을 지칭한다.

> 연습

06201

06320

## 058
"王征盂方伯炎"
### 왕께서 '우방'의 우두머리 '염'을 정벌하다
(Expedition Against Marquis Yán of Yúfāng) 36509

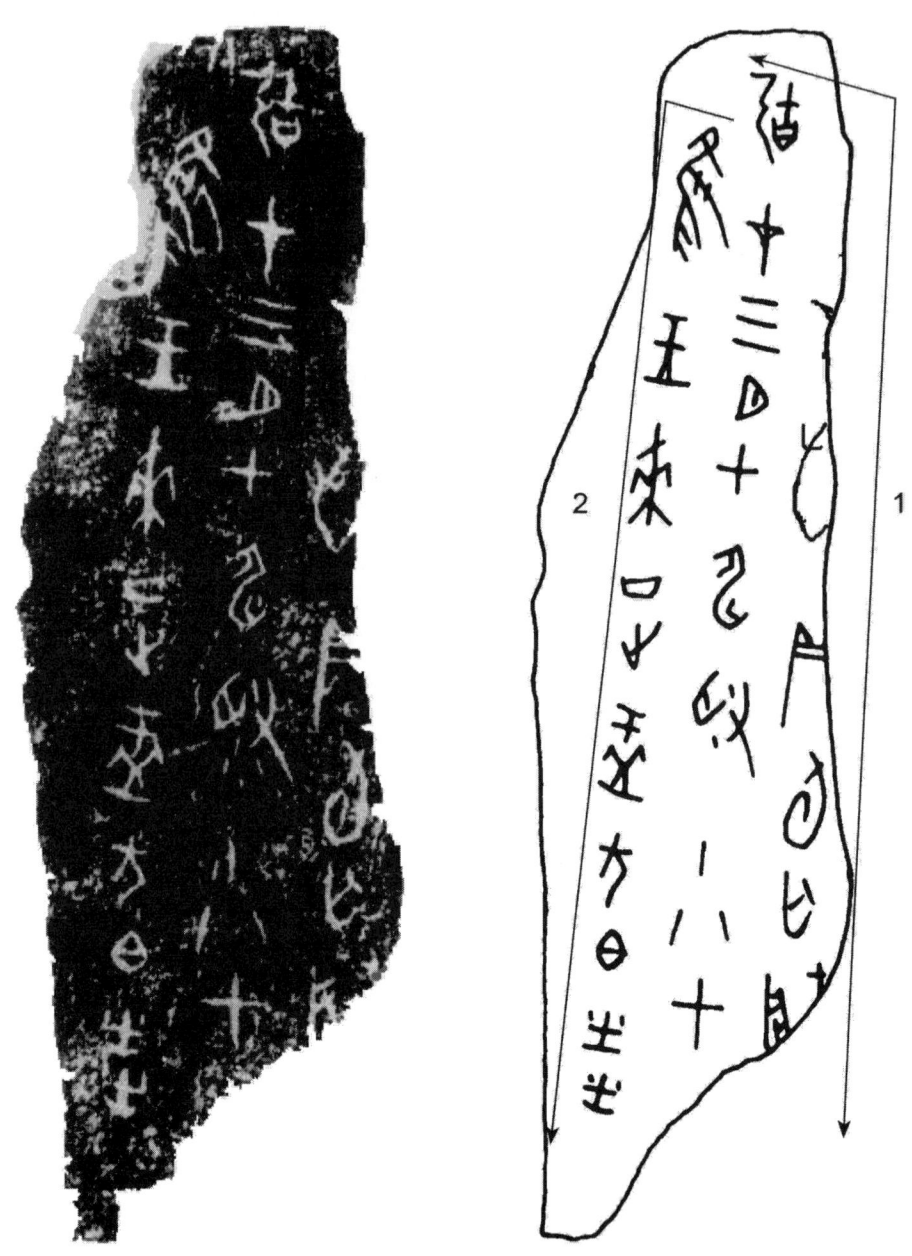

> 傳寫

> 번역

【1】 [癸未卜], 在□貞: 旬亡禍. ☒. 引吉, 在三月. 甲申祭小甲.
【2】 ☒惟王來征盂方伯炎.

[1] [계미일(제20일)에 점을 칩니다.] '□'에서 물어봅니다. 일주일(10일) 동안 재앙이 없을까요? ☒. 대단히 길할 것이다. 3월이었다. 갑신일(제21일)에 '소갑(K6)'께 제사를 드렸다.
[2] ☒ … 왕께서 직접 가서 '우방'의 '염백'을 칠까요?

> 해설

이 갑골은 『갑골문합집』 제36509편에 보이는데, 제5기(黃組) 복사에 속한다. 갑골이 파손되었는데, 일주일(10일)간의 안녕과 주제(周祭)에 관한 기록인데, 기록된 시간은 3월이었다. 동시에 당시의 왕이 우방(盂方)의 백염(伯炎)을 정벌한 일을 기록하였다. 뼛조각이 파손되긴 했지만 담겨진 문장으로부터 왕이 '우방'을 정벌하러 가는 과정에서 10일간의 안녕과 주제(周祭)에 대한 점복을 기록한 것임을 알 수 있다.

> 글자풀이

① 갑골문 ❀(2662): '우(盂)'자로 해석된다. 복사에서는 지명과 방국 이름으로 사용되었다.
② 갑골문 ⊖(1095): 백색(白色)의 '백(白)'이나 후백(侯伯)의 '백(伯)'으로 해석된다. 복사에서 '백(伯)'은 두 가지 뜻이 있다. 하나는 작위 이름이고, 다른 하나는 방국의 우두머리이다. 복사에는 '우방백(盂方伯)', '인방백(人方伯)', '강방백(羌方伯)', '정백(井伯)' 등의 표현이 보이는데, 여기서는 우방백(盂方伯)이라 하였을 뿐 아니라, 그의 개인 이름까지 함께 제시하였는데, 드물게 보이는 예이다.
③ 갑골문 ❀(1271): 2개의 화(火)로 구성되었으며, '염(炎)'자로 옮길 수 있다. 우백(盂伯)의 개인 이름이다.
④ '유왕래정(隹王來征)': 당시의 왕(帝乙이나 帝辛)이 직접 군대를 이끌고 우방(盂方)을 토벌한 일인데, 당시의 큰 사건의 하나였을 것이다.

36426

28317

## 059
"在齊次"
**'제'에서 잠시 머물다** (Stationed at Qi) 36493

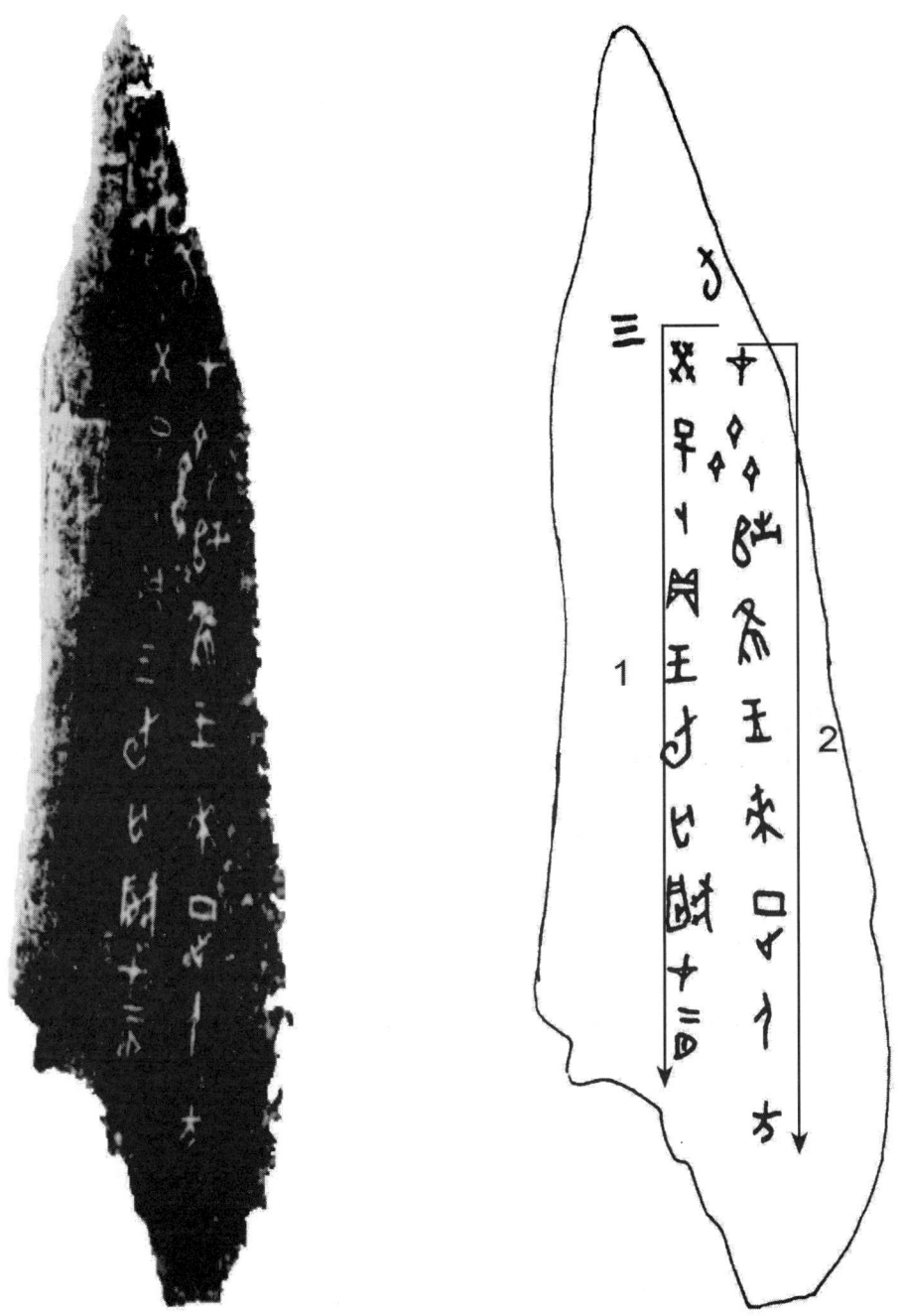

### 傳寫

※ 무 ㅏ 冈 太 弓 ㄴ 臘 十 = D
十 ※ 弗 禹 太 來 吕 亻 才

### 번역

【1】 癸巳卜, 貞: 王旬亡禍. 在二月.
【2】 在齊次, 惟王來征人方.

[1] 계사일(제30일)에 점을 칩니다. 물어봅니다. 일주일(10일) 동안 재앙이 없을까요? 2월이었다.
[2] '제' 땅에 머물며, 왕께서 직접 가서 '인방'을 정벌할까요?

### 해설

이 갑골은 『갑골문합집』 제36493편에 보이는데, 제5기(黃組) 복사에 속한다. 전형적인 복순(卜旬)복사이다. 골편이 파손되긴 했으나 복순(卜旬) 이외에 상나라 왕이 인방(人方)을 정벌하러 가던 도중에 제(齊) 땅에서 주둔한 것을 기록하였다. 복순 복사이기에 이 골편 윗부분의 떨어져 나간 부분이 '계묘일에 점쳐 물은 10일간의 안녕'임을 추정할 수가 있다.

### 글자풀이

① 갑골문 ※(2124): '제(齊)'의 초기 글자이다. 복사에서는 지명으로만 쓰였다. 제신(帝辛, K29)이 인방(人方)을 정벌한 복사는 매우 많은데, 이들 자료를 통해서 제신(帝辛)의 군대가 정벌했던 노선을 추정할 수 있다.

② 갑골문 ※(3006): 자(陳)나 자(師)자로 해석된다. 이는 군대가 머물다(師次)는 뜻의 '차(次)'로 해독된다. 갑골문에서 ⻖(垖)에도 군대가 주둔하다는 뜻을 갖고 있다. 복사에서 군대가 임시 막사를 지어 머무는 것을 垖라고 하고, 머무는 곳을 자(師)라고 한다. '재모사(在某師)'는 복사에 자주 쓰이던 관용어이다. 『좌전』 장공(莊公) 3년 조에서 "군사들이 하루 머무는 것을 사(舍)라 하고, 이틀 머무는 것을 신(信)이라 하고, 이틀 이상 머무는 것을 차(次)라고 한다.(凡師一宿爲舍, 再宿爲信, 過信爲次.)"라고 했다.

*36488*

*36821*

## 060
### "王來征人方"
### 왕께서 '인방'을 뒤쫓아 와서 정벌하다
(The King Came to Attack Rénfāng) 36484

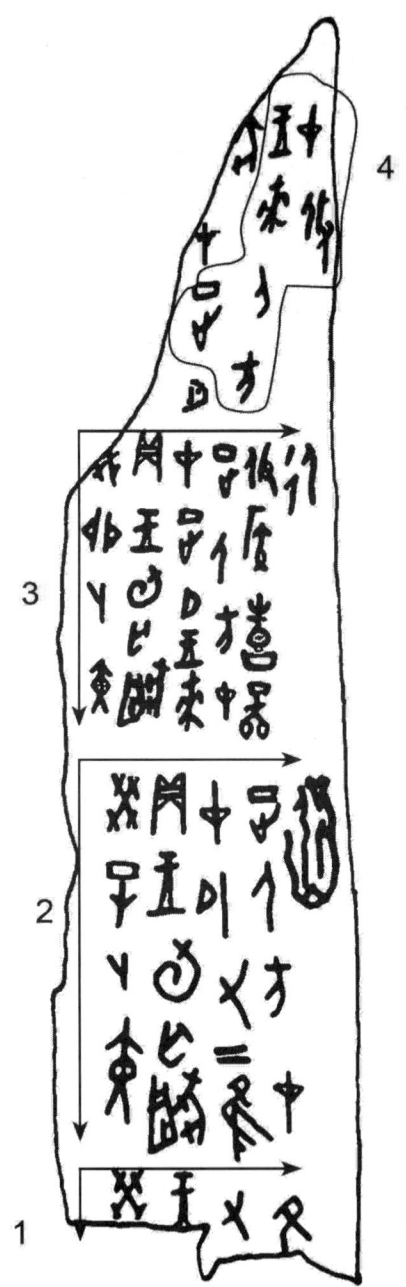

🔖 傳寫

(갑골문 이미지)

🔖 번역

【1】 癸[未卜, 黃貞]: 王[旬亡禍. 在十月]又[二], 惟⊘.
【2】 癸巳卜, 黃貞: 王旬亡禍. 在十月又二, 惟征人方在瀺.
【3】 癸卯卜, 黃貞: 王旬亡禍. 在正月. 王來征人方在攸侯喜瀝永.
【4】 [癸丑卜, 黃貞: 王旬亡禍. 在]正月. 王來征人方在攸.

[1] 계[미일(제20일)에 점을 칩니다. '황이 물어봅니다.] [일주일(10일) 동안 재앙이 없을까요?] 1[2월이었다.] 왕께서……

[2] 계사일(제30일)에 점을 칩니다. '황이 물어봅니다. 일주일(10일) 동안 재앙이 없을까요? 12월이었다. '인방'을 정벌하면서 '잠(瀺)'에서였다.

[3] 계묘일(제40일)에 점을 칩니다. '황이 물어봅니다. 일주일(10일) 동안 재앙이 없을까요? 정월이었다. 왕께서 직접 '인방'을 정벌하면서 유(攸)나라 후희(侯喜)의 영(永) 땅에서였다.

[4] [계축일(제50일)에 점을 칩니다. '황이 물어봅니다. 일주일(10일) 동안 재앙이 없을까요?] 정월[이었다]. 왕께서 직접 '인방'을 정벌하면서 '유(攸)'에서였다.

🔖 해설

이 갑골은 『갑골문합집』 제36484편에 보이는데, 제5기(黃組) 복사인데, 전형적인 황조(黃組) 정벌복사에 속한다.

모두 4단락으로 되었는데, 아래에서 위쪽으로 읽어 나간다. 첫 번째 단락은 파손되긴 했지만 아래 위의 문맥에 근거해 손상된 부분을 모두 보충할 수 있다. 예컨대, 이 단락에서 점을 친 10일간의 안녕에 대한 점복에는 분명 12월의 계미일에 거행되었을 것이다. 첫 번째 단락은 왕이 인방(人方)을 정벌하러 가는 도중 '잠(瀺)'이라는 곳에서 10일간의 안녕에 대해 점을 쳤다. 시간은 12월 계사일이었다. 10일의 안녕에 대해 점을 친 곳은 유방(攸方)의 후희(侯喜)에 소속된 영읍(永邑)에서였다. 첫 번째 단락은 일부 잘려나갔지만, 계축일에 10일간의 안녕에 대해 점을 친 것으로 보이며, 당시의 상나라 왕인 제신(帝辛)은 여전히 유(攸) 땅에 있었다.

> 글자풀이

① 갑골문 ◯(2550): '황(黃)'자로 해석된다. 여기서는 점복관 이름으로 쓰였다.

② 갑골문 ◯(0821): 복사에서 4가지 뜻이 있다. (i)'왕정토방(王正土方: 왕께서 토방을 정벌하셨다)'에서와 같이 정(征: 정벌하다)과 같다. (ii)정월(正月)의 정(正)과 같은데, 일월을 정월(正月)이라 한다. (iii)족(足)과 같은데, 족년(足年), 족우(足雨), 우부족진(雨不足辰) 등이 그렇다. 『시경·신남산(信南山)』의 "기점기족(既霑既足: 흠뻑 적시며 충족히 내리고)", 『예기·왕제(王制)』의 "나라에 9년간의 비축물이 없으면 부족하다 할 수 있다.(國無九年之蓄爲不足)" 등이 그렇다. (iv)제사 이름으로, 정당(正唐: '당'에게 '정'제사를 드리다), 정하(正河: '하'에게 '정'제사를 드리다), 정조을(正祖乙: '조을'에게 '정'제사를 드리다) 등이 그렇다.

③ 갑골문 ◯(2018): '비(啚)'자로 옮길 수 있다. 도비(都鄙)라고 할 때의 '비(鄙)'의 초기 글자이다. 『춘추(春秋)』 양공(襄公) 8년 조에서 "거나라 사람들이 우리 동족 변경을 침입했다(莒人伐我東鄙)"라고 했는데, 비(鄙)는 변방에 있는 읍을 말했다.

④ 갑골문 ◯(1323): 잠(灊)자로 옮길 수 있다. 글자가 매우 특이한데, 복사에서는 지명으로만 쓰였다. 곽말약(郭沫若)은 바로 '죽(鸑)'의 옛날 글자로, 춘추시대 초(楚)나라의 잠읍(潛邑)을 말한다고 했다. 잠정적으로 이를 따라 '잠(潛)'으로 읽기로 한다.

⑤ 갑골문 ◯(0084): '유(攸)'자로 옮길 수 있다. 복사에서는 지명이나 국명으로만 쓰인다.

⑥ 갑골문 ◯(2558): '후(矦)'자로 옮길 수 있다. 화살(矢)이 과녁에 꽂힌 모습이다. 복사에서 후(矦)자는 방국의 수령, 즉 후백(侯伯)의 후(侯)를 말하며, 방국의 우두머리에 대한 통칭으로 쓰였다. 상나라 때 후(侯)와 백(伯)의 차이가 무엇이었는지에 대해서는 더 깊은 연구가 필요하다.

⑦ 갑골문 ◯(2799): 북이 받침대 위에 놓인 모습으로, '희(喜)'자로 옮길 수 있다. 복사에서는 인명으로 쓰였다.

⑧ 갑골문 ◯(2309): '영(永)'자로 해석된다. 이곳에서는 후희(侯喜)가 관할하던 성읍을 나타내는 지명이다.

36483

36499

36487

## 061
## "王往伐𢀛"
## 왕께서 '공방'을 뒤쫓아 가서 정벌하다
(The King Went to Attack Gōngfāng) 06209

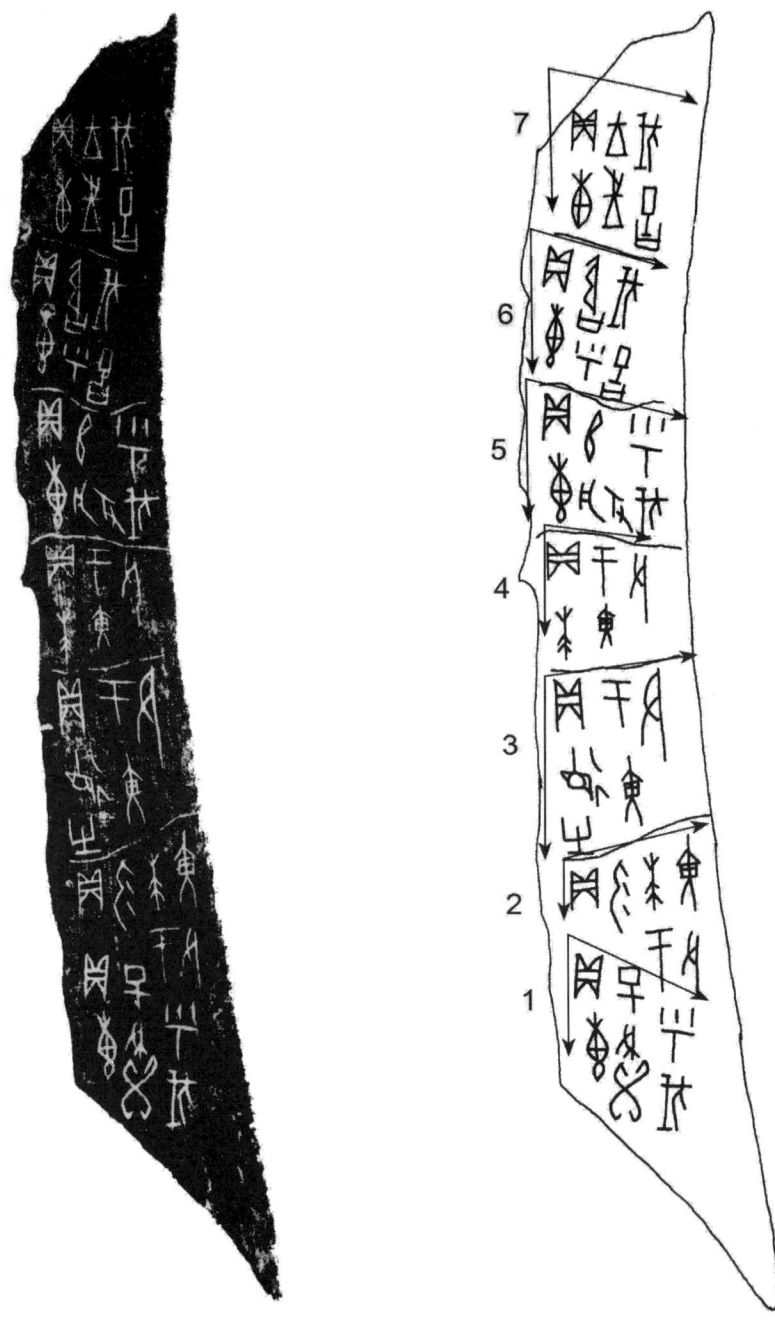

🗨 傳寫

🗨 번역

【1】 貞: 惠子𡥉呼伐.
【2】 貞: 勿求于黃尹.
【3】 貞: 循侑于黃尹.
【4】 貞: 求于黃尹.
【5】 貞: 惠師般呼伐吾.
【6】 貞: 惠强呼伐吾.
【7】 貞: 惠王往伐吾.

[1] 물어봅니다. '자화'를 불러서 정벌하게 할까요?
[2] 물어봅니다. '황윤'에게 부탁하지 말까요?
[3] 물어봅니다. 순시할 수 있도록 '유'제사를 '황윤'에게 올릴까요?
[4] 물어봅니다. '황윤'에게 부탁할까요?
[5] 물어봅니다. '사반'을 불러서 '공방'을 정벌하게 할까요?
[6] 물어봅니다. '강'을 불러서 정벌하게 할까요?
[7] 물어봅니다. 왕께서 직접 가서 '공방'을 정벌할까요?

🗨 해설

이 갑골은 『갑골문합집』 제06209편에 보이는데, 제1기(典賓類) 복사에 속한다. 아래쪽에서부터 위쪽으로 읽어나가야 하는데, 총 7조항의 복사가 기록되었다. 제1, 제5, 제6, 제7조항은 모두 어떤 사람을 불러 정벌할 것인가를 물은 것인데, 호출 대상으로는 자화(子𡥉), 사반(師般), 강(强) 등이 포함되었다. 제2~제4조항은 황윤(黃尹)에게 도움을 청한 복사이다. 황윤(黃尹)은 상나라 선대 시기의 신하로, 지위가 매우 높았으며, 기 지위는 거의 상나라 때의 개국공신이었던 이윤(伊尹)에 상당할 정도였다.

> **글자풀이**

① 갑골문 (3092): 붓을 들고 그림을 그리는 모습을 그렸으며, '화(畫)'자로 옮길 수 있다. '화(畫)'의 초기 글자이다. 복사에서 '화(畫)'는 인명이나 지명으로 쓰였다.

② 갑골문 (2306): 자형구조를 보면 직(直)에 척(彳)이 더해진 모습인데, '순(循)'자로 해석된다.

③ 갑골문 (2616): 강(弓)자로 옮길 수 있다. 구석규(裘錫圭)는 '강(强)'이라고 했는데, 인명으로 쓰였다.

④ 갑골문 (3001): 혹자는 작은 구릉을 그렸다고도 하는데, 군대가 머물 수 있는 곳이다. 또 다른 이는 흙 언덕을 그렸으며, 사람들이 모여 사는 곳이라고도 한다. '사(自)'자로 옮길 수 있다. 갑골문과 금문에서는 모두 '사(師)'로 가차되었고, 군대를 지칭한다. 복사에는 또 '좌우중인삼백(左右中人三百)'이라는 말이 있는데, 이를 보면 상나라 때에는 1'사(師)'가 1백 명이었을 것으로 추정된다. 그러나 『주례』에서는 '1사는 2천5백 명을 말한다(師兩千五百人)'라고 한 언급도 보인다.

⑤ 갑골문 (3129): '반(般)'자로 해석되는데, 사반(師般)은 인명이다.

⑥ 갑골문 (0837): 왕(㞷)자로 옮길 수 있다. 지(止)가 의미부이고 왕(王)이 소리부이다. 왕래(往來)라고 할 때의 '왕(往)'의 본래글자이다. 왕벌(往伐)은 상나라 때 사용하던 복사의 3관용어이다.

⑦ 갑골문 (3345): '호(乎)'자로 옮길 수 있다. 자형구조와 원래 의미는 분명하지 않다. '호(呼)'의 초기 글자로, 부르다, 소집하다는 뜻이다. '호벌(呼伐)'은 불러서 정벌하게 하다는 뜻이다.

> **연습**

06244

06223

## 062
### "呼視㕣方"
**'공방'의 동정을 정찰하게 하다** (Reconnaissance about Gōngfāng) 06167

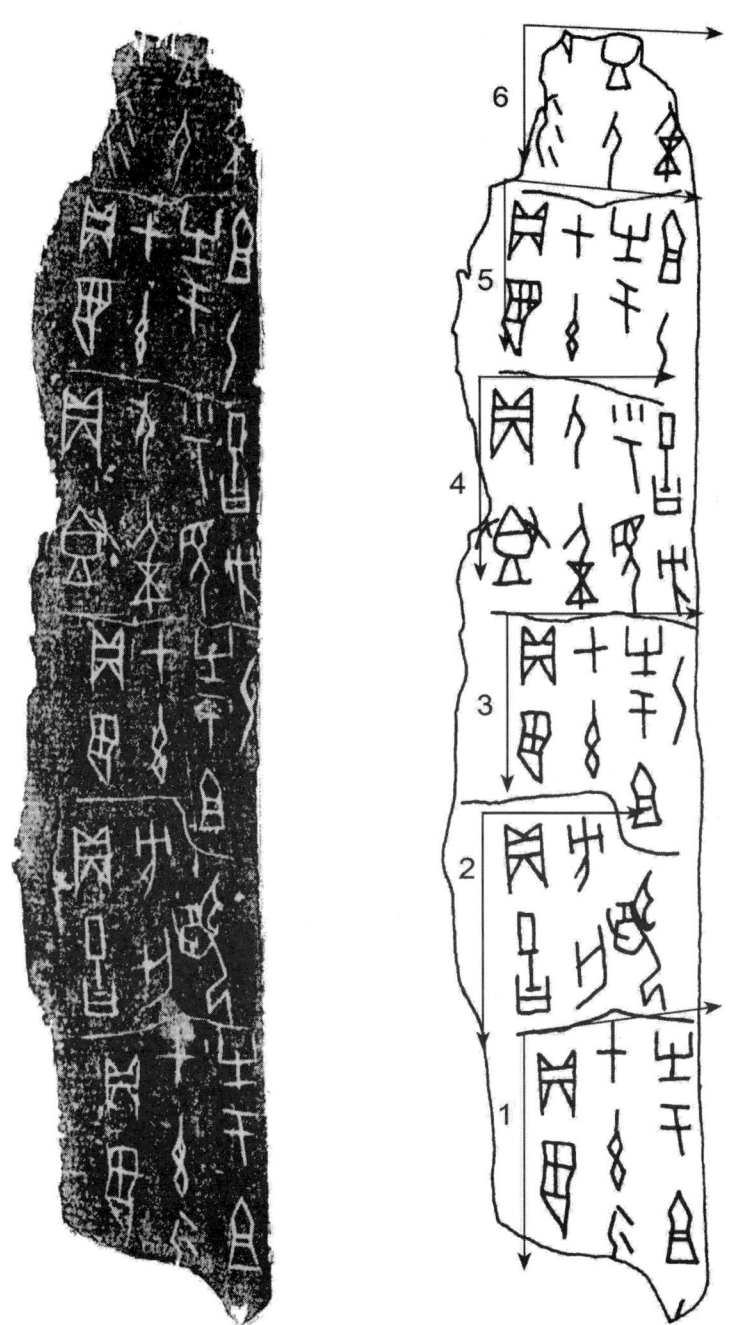

### 傳寫

(갑골문 자형)

### 번역

【1】貞: 翌甲午勿侑于祖乙.
【2】貞: 舌方亡聞.
【3】貞: 翌甲午侑于祖乙.
【4】貞: 登人五千呼視舌方.
【5】貞: 翌甲午侑于祖乙.
【6】貞: 勿登人五千.

[1] 물어봅니다. 다가오는 갑오일(제31일)에 '유'제사를 '조을(K12)'께 올리지 말까요?
[2] 물어봅니다. '공방'에서 보고가 올라오지 않을까요?
[3] 물어봅니다. 다가오는 갑오일(제31일)에 '유'제사를 '조을(K12)'께 올릴까요?
[4] 물어봅니다. '등'나라 사람 5천 명을 불러 모아 '공방'을 감시하게 할까요?
[5] 물어봅니다. 다가오는 갑오일(제31일)에 '유'제사를 '조을(K12)'께 올릴까요?
[6] 물어봅니다. '등'나라 사람 5천 명을 불러 모아 하지 말게 할까요?

### 해설

이 갑골은 『갑골문합집』 제06167편에 보이는데, 제1기(典賓類) 복사에 속한다. 총 6개의 복사가 기록되었는데, 아래쪽에서 위쪽으로 읽어 올라간다. 제1, 제3, 제5조항은 계사일에 점을 쳐 이튿날인 갑오일에 조을(祖乙, K12)께 올릴 제사에 대해 물었다. 제2, 제4, 제6조항은 5천 명을 징집해 '공방'을 '감시하도록 한 내용이다.

### 글자풀이

① 갑골문 (0696): 한사람이 꿇어앉은 모양이며, 손을 귀 쪽에 두고 있다. '문(聞)'의 초기 글자이다. 복사에 '문(聞)', '유문(有聞)', '유래문(有來聞)' 등의 표현이 보인다. 또 '유문(有聞)'은 '무문(亡聞)'과 상대되어 등장한다. 이 갑골 편에서 말한 '공방무문(舌方亡聞)'은 공방의 동태에 관해서 다른 보고가 없었다는 뜻이다.

② 갑골문 ♥(0625): 한 사람이 눈을 크게 뜬 모습을 그렸다. '견(見)'자로 옮길 수 있고 시(視: 보다)로 해석된다. 용법은 전통 문헌과 동일하다. 예컨대, 『좌전·희공(僖公)』(15년)에서 이렇게 말했다. "진(晉)나라 임금이 진(秦)나라 군사를 맞아들였는데, 한간(韓簡)을 보내 진나라 장수를 살피게 하였다. 한간이 돌아와 보고했다. '진나라의 군사는 우리보다 숫자는 적었지만, 투지를 가진 병사는 우리의 두 배나 되었습니다.(晉侯逆秦師, 使韓簡視師. 復曰: 師少於我, 鬥士倍我.)" 또 『좌전·애공(哀公)』(23년)에서는 이렇게 말했다. "여름 6월이었다. 진(晉)나라의 순요가 제(齊)나라를 정벌했다. 고무비(高無㔻)가 군사를 이끌고 나와 막았다. 지백(知伯)이 제나라 군대의 허실을 살폈는데, 말이 놀랐고, 그러자 그대로 공격해버렸다. 이렇게 말했다. 제나라 사람들이 우리의 깃발을 알아보았는데, 그런데도 공격하지 않으면 우리가 두려워한다고 할까봐 그래서 반격했던 것입니다.(夏, 六月, 晉荀瑤伐齊, 高無㔻帥師禦之. 知伯視齊師, 馬駭, 遂驅之, 曰: 齊人知余旗, 其謂余畏而反也.)" 공방의 동태를 알 수 없었기에 5천 명을 파견해서 그 움직임을 감시하도록 했던 것이다. 또 ♥은 갑골문 ♥(0626)과 형체가 비슷하지만 차이가 있으며, 용법도 다르다. 후자 ♥은 '헌(獻)'자로 풀이할 수 있다.

③ 갑골문 ⚏(1030): 癹으로 옮길 수 있다. 두 손으로 그릇(豆)을 받든 모습인데, 이 그릇은 식기일 것이다. '등(登)'자로 해석된다. 복사에서 등인(豆人)이나 등인(癹人)은 모두 '소집되다', 혹은 소나 말을 공급하는 뜻으로 쓰인다. 그래서 요효수(姚孝遂, 1926~1996)와 초정(肖丁)은 이를 징(徵: 불러 모으다)의 의미로 해석했다. 등(⚏)과 갑골문에 보이는 공(𠬞)(1022)은 다른 글자이다. 공(𠬞)은 '공(共)'으로 해석되어, '한데 모으다'는 뜻으로 쓰인다.

④ 갑골문 (0011): '천(千)'의 초기 글자이다. 갑골문 ⚓은 '5천(五千)'의 합문이다.

> 연습

06175

06543

## 063
## "共人五千"
### 5천 명을 동원하다 (Supply Five Thousand Men) 06409

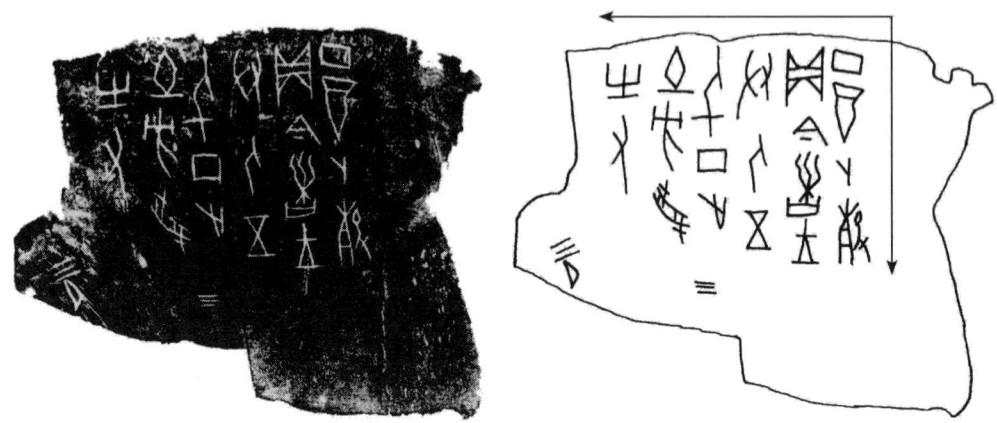

🗨️ 傳寫

□ 日 卜 觳 ⿱ ⿱ 今 大 ⿰ 亻 五 千 ⿰ 口 土 方 ⿰ ⿱ ⿰ 又 三 月

🗨️ 번역

丁酉卜, 觳貞: 今早, 王供人五千, 征土方, 受有祐. 三月.
정유일(제34일)에 점을 칩니다. '각'이 물어봅니다. 오늘 아침, 왕께서 5천명을 소집하여 '토방'을 정벌한다면 신의 가호를 받을 수 있을까요? 3월이었다.

🗨️ 해설

이 갑골은 『갑골문합집』 제06409편에 보이는데, 제1기(典賓類) 복사에 속한다. 대략적인 뜻은 다음과 같다. 3월 어느 날, 점복관 각(觳)이 무정(武丁)임금께서 아침 일찍 병력 5천 명을 동원해 토방(土方)을 정벌하면 신의 가호를 받을 것인지의 여부를 점쳐 물었다.

🗨️ 글자풀이

① 갑골문  (1405): 복사에 자주 보이는 글자인데, 여러 해석이 있다. 춘(春), 조(条)('秋'나 '朝'와 통용됨), 둔(屯)(春과 통용됨), 재(載), 재(才), 자(茲), 세(世), 자(者), 하(夏) 등으로 해석하지만, 어떤 것이 좋을지 결론을 내릴 수가 없다. 진검(陳劍)은 이 글자가 '조(造)'의 초기 글자이고, '조(早)'와 통용된다고 논증했다. 의 용법은 차(叉)와 비슷한데, 모두 시간대를 나타내는 명칭으로 쓰였다. 아마도 밤이 끝나고 동이 트려 할 즈음, 혹은 해가 뜨기 직전의 시간대를 말했을 것이다. 정벌 복

사에 자주 등장한다. 고대 사회에서 전쟁은 주로 새벽에 시작되었다. 예컨대, 『상서·목서(牧誓)』에서 "때는 갑자일 동이 트려 할 즈음이었다. 왕께서 아침 일찍 상나라의 교외인 목야에 도착하셨다.(時甲子昧爽王朝至于商郊牧野.)"라고 한 것이 그렇다. 여기서는 잠정적으로 조(早)자로 해석한다.

② 갑골문 ㅂ(3350): 무엇을 그렸는지 분명하지 않다. 제1기 복사에 많이 쓰였는데, 이후 '우(㐅)'자로 대체되었다. 의미는 크게 4가지가 있다. 즉 '우(又)', 유무(有無)의 '유(有)', 복우(福佑)의 '우(佑)', 제사 이름으로서의 '유(侑)' 등이다. 여기서는 '우(佑: 보우하다)'로 해석된다.

③ 갑골문 ㅆ(1022): '공(収)'자로 옮길 수 있다. 복사에 등장하는 공인(収人)이나 공중(収眾)은 정벌과 관련된 내용인데, 사람들로 하여금 전쟁에 참여하도록 하다는 뜻이다. 또 공우(収牛), 공양(収羊), 공마(収馬) 등도 보이는데, 여기서의 공(収)은 '공(共)'자로 해석되고, '공(供: 제공하다)'과 통용되어, 모으다, 공급하다 등의 뜻이다. 그래서 '공인오천(共人五千)'은 '5천 명의 병력을 제공하다'라는 뜻이다.

연습

06174　　　　　　　06540

06412　　　　　　　06169

## 064
### "沚䵼稱册"
#### '지괵'이 책에 기록하여 바치다 (Zhǐ Guó Presented Codex) 06401

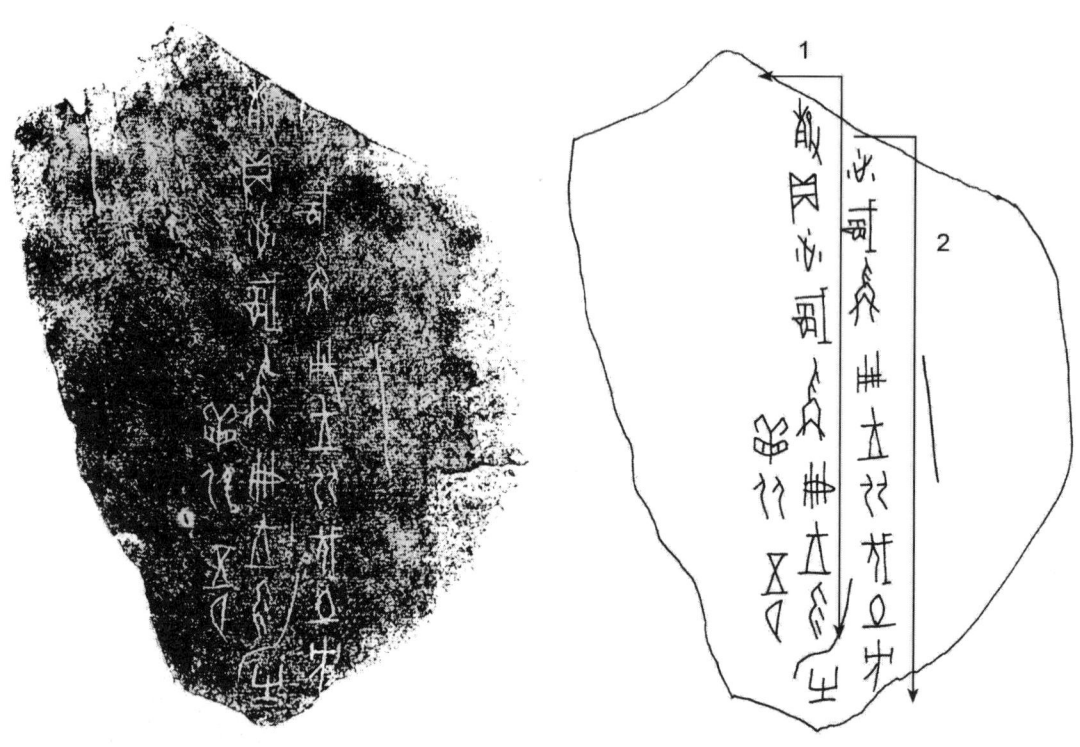

傳寫

번역

【1】 ☐殼貞: 沚䵼稱册, 王勿䀠比. 五月.
【2】 ☐貞: 沚䵼稱册, 王比伐土方.
[1] '각'이 물어봅니다. '지괵'이 (맹약의 내용을) 책에 기록하여 바치고, 왕께서 사람들을 모아서 (토방을) 정벌할까요? 5월이었다.
[2] '각'이 물어봅니다. '지괵'이 (맹약의 내용을) 책에 기록하여 바치고, 왕께서 사람들을 모아서 '토방'을 정벌할까요?

### 해설

이 갑골은 『갑골문합집』 제06401편에 보이는데, 제1기(典賓類) 복사에 속한다. 무정(武丁) 때의 복사로, 지괵(沚馘)과 결맹하여 토방(土方)을 정벌한 것에 관한 복사이다. 지괵(沚馘)은 당시 지방(沚方)의 우두머리였는데, 곽말약(郭沫若)은 그가 전통 문헌에서 말하는 무정(武丁)의 중흥을 도왔던 부열(傅說)이라고 보았다. '지괵칭책(沚馘稱册)'은 복사에 보이는 관용어이다. 주로 무정(武丁) 때의 정벌복사에 자주 보이는데, 전사(前辭)에 해당한다. 『상서·낙고(洛誥)』에서도 '왕께서 문서 만드는 관리인 일(逸)에게 명하셔서 글을 지어 축도를 드리게 하셨다.(王命作册逸祝册.)'라고 했다. '칭책(稱册)'은 두 가지의 뜻이 있는데, 하나는 거책(擧册: 책을 바치다)이고, 다른 하나는 책명을 기술하다는 뜻이다. 여기서는 '지괵'이 군사에 관한 모든 사실을 낱낱이 책에 기록하고, 상왕에게 그 내용을 보고하거나 기록된 책을 상왕에게 바쳤다는 뜻으로 보인다.

### 글자풀이

① 갑골문 ꙮ(3110): '칭(再)'으로 옮긴다. 칭(再)은 손으로 어떤 물건을 들고 있는 모습이다. 칭(再)과 칭(稱)은 고금자의 관계로, 같은 글자이다. 복사에서는 세 가지의 뜻이 있다. (i)칭(稱)으로 쓰여 기술하다는 뜻이다. 예컨대, '지괵칭책(沚馘稱册)', '후고칭책(侯告稱册)', '왕기비망칭책(王其比望稱册)' 등이 그렇다. '나라에 큰 일이 있을 때에는 책에 기록하여 선조들께 알린다.(國有大事, 必有册告.)'라는 뜻이다. (ii)봉헌하다, 바치다는 뜻이다. 예컨대, 칭각(稱珏)은 쌍옥(珏)을 선조에게 바치다는 뜻이다. (iii)병력을 동원하다는 뜻이다.

② 갑골문 ⊞(2935): 죽간이나 거북딱지를 실로 엮어서 만든 책을 그렸다. '책(册)'자로 해석된다. 복사에서 말한 '칭책(稱册)'의 책(册)은 '책명(册命)'의 책(册)이라는 뜻이다.

③ 갑골문 ꙮ(0621): 독수리나 부엉이가 먹잇감을 뚫어지게 노려보는 모습이다. '멸(蔑)'자로 옮길 수 있다. 부정을 나타내는 부사와 결합하여 어기를 강화하는 역할을 하며, 필요나 가능을 나타낸다. 예컨대, 물멸(勿蔑)은 '필요 없다'는 뜻으로 풀이된다.

### 연습

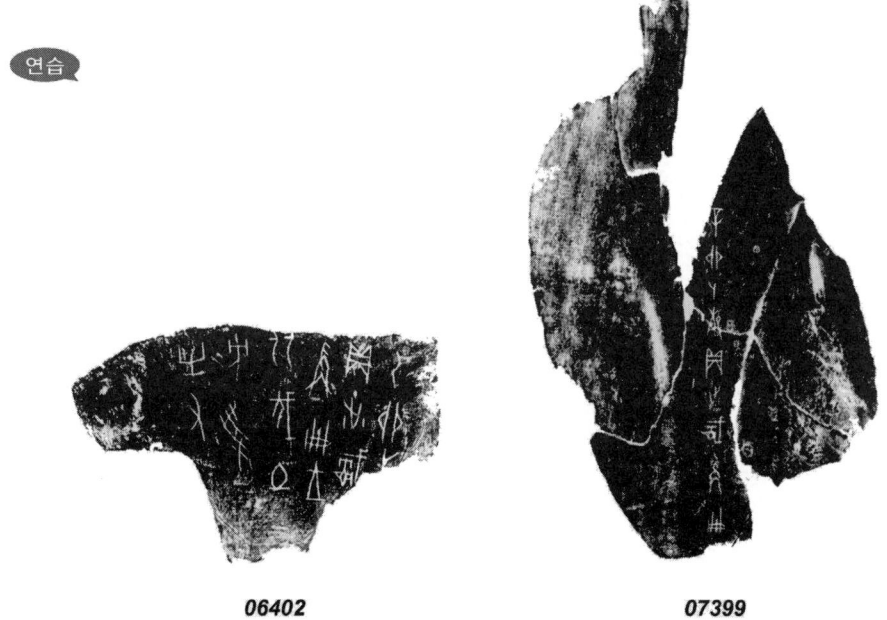

06402　　　　　　　　　07399

06087

## 065
## "王循伐土方"
### 왕께서 '토방'을 정벌하다 (Shock and Awe Against Tǔfāng) 06399

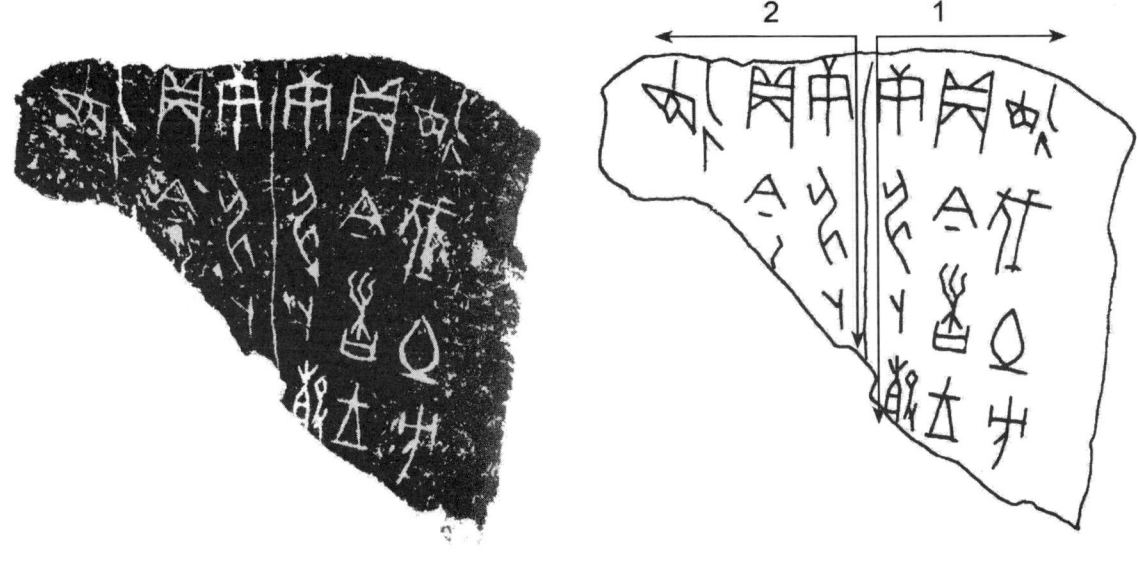

 傳寫

번역

【1】庚申卜, 殻貞: 今早, 王循伐土方.
【2】庚申卜, [殻]貞: 今[早, 王勿]循[伐土方].
[1] 경신일(제57일)에 점을 칩니다. '각'이 물어봅니다. 오늘 아침, 왕께서 '토방'을 정벌할까요?
[2] 경신일(제57일)에 점을 칩니다. ['각'이] 물어봅니다. 오늘 [아침, 왕께서 '토방'을] 정벌하지 [말까요]?

### 해설

이 갑골은 『갑골문합집』 제06399편에 보이는데, 제1기(典賓類) 복사에 속한다. 왼쪽 절반부분은 파손되었다. 그러나 좌우대칭이기 때문에 빠진 글자를 보충할 수가 있다. 대체적인 내용은 경신일에 무정(武丁) 임금이 토방(土方)을 정벌할 것인가를 물은 것이다.

### 글자풀이

① 갑골문 (2306): 徝자로 옮길 수 있다. 여러 학자들이 이를 '덕(德)', '성(省)', '순(循)' 등으로 해석했지만, 그중에서 '순(循)'으로 해석한 것이 가장 나아 보인다. '순(循)'은 고대 문헌에서 자주 보이는 '순(徇)'자와 통하고 '경영하고 다스리다(經略)'는 뜻이 있기 때문이다. 『사기·항우본기(項羽本紀)』에서 "진왕을 위해 광릉을 다스렸으나 복속시키지는 못하였습니다.(爲陳王循廣陵未能下)"라고 했다. 병력으로 굴복시키는 것을 하(下)라고 한다. 순벌(循伐)은 바로 위복(威服), '위력으로 굴복시키다'는 뜻이다. 순벌(循伐)은 복사에서 쓰이는 관용어로, 병력으로 다스리다는 뜻이다.

② 갑골문 (1405): 시간대를 나타내는 글자지만, 어떤 시간대를 지칭하는지는 학자마다 견해가 다르다. 여기서는 우선 '조(早)'자로 해독하며, 해가 뜨기 전, 밤이 끝나는 시간대를 말하는 것으로 풀이해 둔다. 제63편의 주석을 참조하라.

**연습**

06392

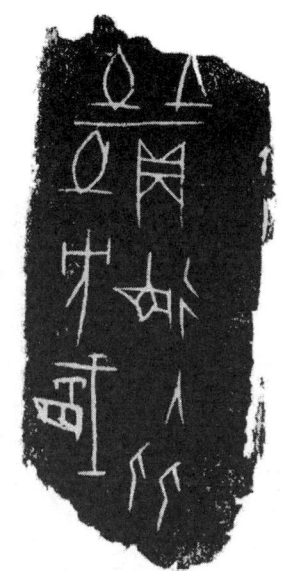

06396

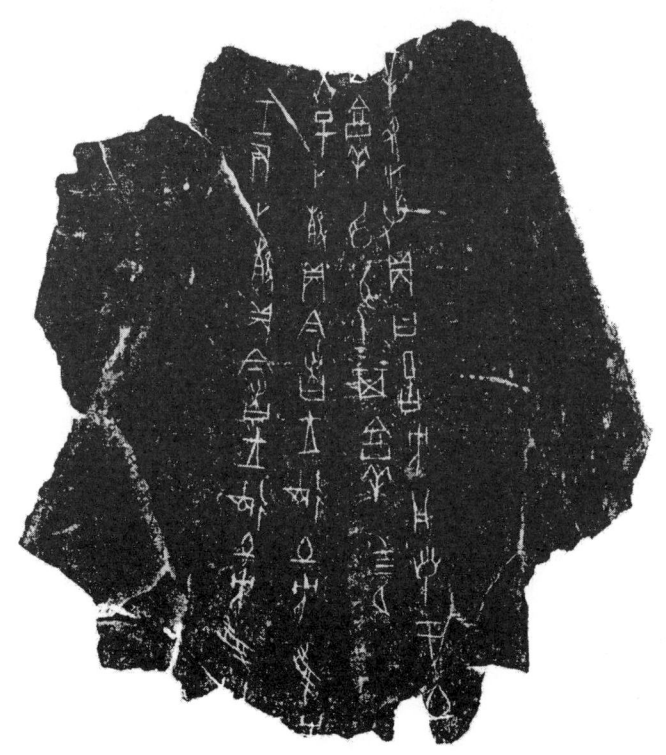

06354

## 066
## "王作三師右中左"
### 왕께서 우사, 중사, 좌사의 3개 사단을 창설하다
(The King Established Three Divisions) 33006

🗨️ 傳寫

🗨️ 번역

【1】 辛未卜, 侑于出日.
【2】 辛未侑于出日. 兹不用.
【3】 丁酉貞: 王作三師, 右, 中, 左.
[1] 신미일(제8일)에 점을 칩니다. '유'제사를 떠오르는 해에게 지낼까요?
[2] 신미일(제8일)에 점을 칩니다. '유'제사를 떠오르는 해에게 지낼까요? 이 점괘를 지금 사

용하지 말라.
　　[3] 정유일(제34일)에 점을 칩니다. 왕께서 3개 사단을 만드는데, 우사, 중사, 좌사로 할까요?

### 해설

이 갑골은 『갑골문합집』 제33006편에 보이는데, 제1기~제2기(歷組 제2그룹) 복사에 속한다. 이 세 개의 복사는 연속해서 읽을 수 있다. 그중 앞의 두 복사는 신미일(제8일)에 떠오르는 태양에 대해 '유(侑)'제사를 거행한 것에 대한 내용이고, 마지막은 정유일(제34일)에 왕이 3개 사단을 만드는데 우사(右師), 중사(中師), 좌사(左師)로 할 것인가를 물은 것이다. 이 갑골은 짜 맞추기(綴合)에 의해 완성되었지만, 일부 학자들은 여전히 좌우로 된 두 쪽이 같은 갑골의 것이 아니라고 주장하고 있다.

### 글자풀이

① 갑골문 (3227): 어떻게 구성되었는지는 분명하지 않으나, '사(乍)'자로 해석된다. 사(乍)와 '작(作)'은 고금자로, 같은 글자이다. '왕작삼사(王作三師)'는 왕이 3개 사단을 설치하다는 뜻이다.

② 갑골문 (3001): 작은 언덕을 그렸으며 군대가 주둔한다는 뜻이라고 해석하기도 한다. 혹자는 흙무더기를 그려 함께 모여 있는 모습을 그렸다고도 하는데, '사(𠂤)'로 읽힌다. 갑골문과 금문에서 사(𠂤)는 모두 '사(師)'자로 쓰이며, 군대라는 뜻이다. 복사에는 또 '좌우중인삼백(左右中人三百)'이라는 말이 보이는데, 아마도 각각의 사단이 1백 명으로 구성되었을 것으로 보인다. 그러나 『주례』에서는 1사(師)가 2천5백 명이라고 했다.

③ 갑골문 (3161): 실타래 2개가 결합된 모습으로, '자(茲)'자로 해석된다. 여기서는 지시대명사로 쓰였다. 자(茲)가 가까운 것을 지칭하는데 반해 지(之)는 먼 것을 지칭한다.

### 연습

05813

05825

## 067
## "令王族追召方"
### 왕족에게 명하여 '소방'을 정벌케 하다
(Command Royal Clan to Chase Zhàofāng) 33017

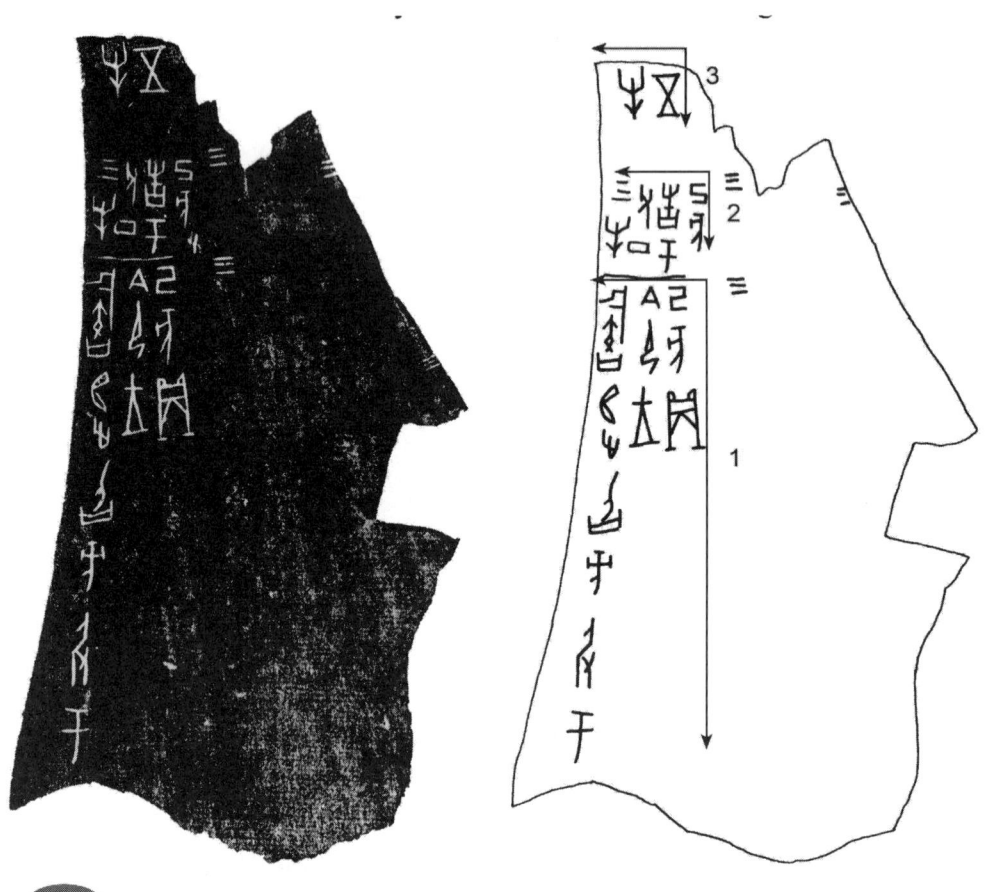

傳寫

번역

【1】 己亥貞: 令王族追召方及于▢.
【2】 己亥, 告于父丁三牛.
【3】 五牛.

[1] 기해일(제36일)에 물어봅니다. 왕족에게 명하여 '소방'을 ☑에까지 추격하게 할까요?
[2] 기해일(제36일)에 고축(告祝)을 드리는데 '부정'께 소 3마리를 올릴까요?
[3] 소 5마리.

### 해설

이 갑골은 『갑골문합집』 제33017편에 보이는데, 제1기~제2기(歷組 제2그룹) 복사에 속한다. 첫 번째 복사에서는 왕족에게 명하여 적국인 소방(召方)을 추격하여 어떤 지역에까지 이르게 할 것인가를 물었다. 두 번째 복사에서는 부정(父丁)(즉 武丁)께 고(告)제사를 드리는데, 소 3마리를 희생으로 올릴 것인가를 물었다. 세 번째 복사는 '오우(五牛)'라는 두 글자만 남았다.

### 글자풀이

① 갑골문 (0332): 사람이 꿇어 앉아 명령을 받는 모습을 그렸다. '명(命)'이나 '령(令)'으로 해석되는데, 상나라 때에는 명(命)과 령(令)이 같은 글자였다. 금문에 들면서 령(令)에 구(口)가 더해져 명(命)이 되었다. 그러나 두 글자는 여전히 통용되었다.

② 갑골문 (2479): 도(刀)와 구(口)로 구성되었다. 복사에서는 두 가지 의미로 쓰였다. 하나는 방국(方國) 이름, 즉 '소(召)'나 소방(召方)을 말했는데, 달리 도방(刀方)이라고도 한다. 다른 하나는 희생을 사용하는 방법을 말했는데, 『합집』 14807편에 보인다. 소방(召方)을 고대 문헌에서는 소(邵)라 적었는데, 진(晉)나라에 속하는 읍이었다. 소방(召方)의 상나라의 적국으로, 소방에 대한 정벌은 무정(武丁)과 강정(康丁) 때의 복사에 보이기 시작하며, 무을(武乙)과 문정(文丁) 때 가장 많이 등장한다.

③ 갑골문 , (2559): 활이나 화살 같은 무기가 깃대 아래에 모여 있는 모습이다. 후(厌)자로 옮길 수 있는데, 지금의 '족(族)'자이다. 족(族)은 친족(親族)을 말하는데, 동성(同姓)이다. 상나라 때의 복사에 왕족(王族)이나 다자족(多子族) 등이 보이는데, 왕족(王族)은 왕이 친히 통솔하던 족인(族人)을 가리킬 수도 있다.

④ 갑골문 (3004): 발(止) 하나가 사( ) 뒤에 놓인 모습인데, 추(𠂤)자로 옮길 수 있다. '지(止)'에 척(彳)을 더하면 '착(辵)'이 되어 지금의 '추(追)'자가 된다. '착(辵)'은 '착(辶)'과 같다. 『설문해자』에서 추(追)와 축(逐)은 호훈 관계라고 했다. 그러나 복사에서는 사람을 추격할 때에는 '추(追)', 짐승을 추격할 때에는 '축(逐)'으로 구분해서 썼다.

⑤ 갑골문 (0061): 우(又)와 인(人)으로 구성되었는데, '급(及)'자로 해석된다. 복사에서 세 가지 의미를 가진다. 하나는 추격하다는 뜻이다. 예컨대, 이 갑골 편에서처럼 '추소방(追召方)'이 그렇다. 둘째는 이르다는 뜻인데, '1월이 되어 큰 비가 내렸다(及玆一月有大雨)'가 그렇다. 셋째는 때에 맞추다, 때에 맞다는 뜻인데, '때에 맞는 비가 내리지 않았다(未有及雨)'가 그렇다.

⑥ 갑골문 (0720): 자형구조는 혀(舌)가 입(口) 속에 있는 모습으로 추정된다. '고(告)'자로 해석된다. 복사에서의 용법을 보면, 하나는 제사 때 하는 고축(告祝)으로, 제의의 일종이다. 다른 하나는 보고하다는 뜻인데, '괵기래고(馘其來告: 괵이 보고를 해왔다)'가 그렇다.

*34133*

*34131*

*34132*

## 068
## "三族"

### 삼족 (Three Clans) 32815

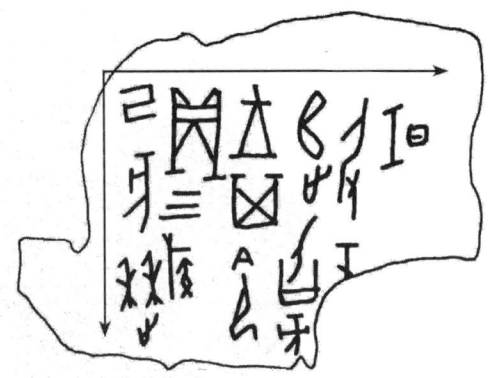

**傳寫**

**번역**

己亥, 歷貞: 三族, 王其令追召方及于Ⅲ.

기해일(제36일)에 '력'이 물어봅니다. '삼족'에게 왕께서 명령을 내려 '소방'을 '공'까지 추격하게 할까요?

**해설**

이 갑골은 『갑골문합집』 제32815편에 보이는데, 제1기~제2기(歷組 제2그룹) 복사에 속한다. 비록 많이 손상되긴 했지만, 해독할 수는 있다. 대강의 뜻은 왕이 삼족(三族)에게 명령하여 소방(召方)을 공(Ⅲ)까지 추격하게 할 것인가를 물은 내용이다. 삼족(三族)은 군사조직임이 분명한데, 좌(左), 우(右), 중(中)을 말한 듯 하다.

**글자풀이**

① 갑골문 (0876): 발의 흔적(足跡)이 벼(禾) 옆이나 숲(林) 아래에 놓인 모습으로, 어떤 사람이 지나갔음을 알 수 있게 표현했다. '력(歷)'의 초기 글자이다. 여기서는 점복관의 이름이다.

② 갑골문 (1148): 탁본에 근거하면 이 글자는 공(工)과 구(口)로 구성된 것처럼 보이는데, 자형구조는 분명하지가 않다. 잠정적으로 '공(Ⅲ)'자로 옮길 수 있으며, 공(工)이 독음이다. 여기서는 지명으로 사용되었다.

연습

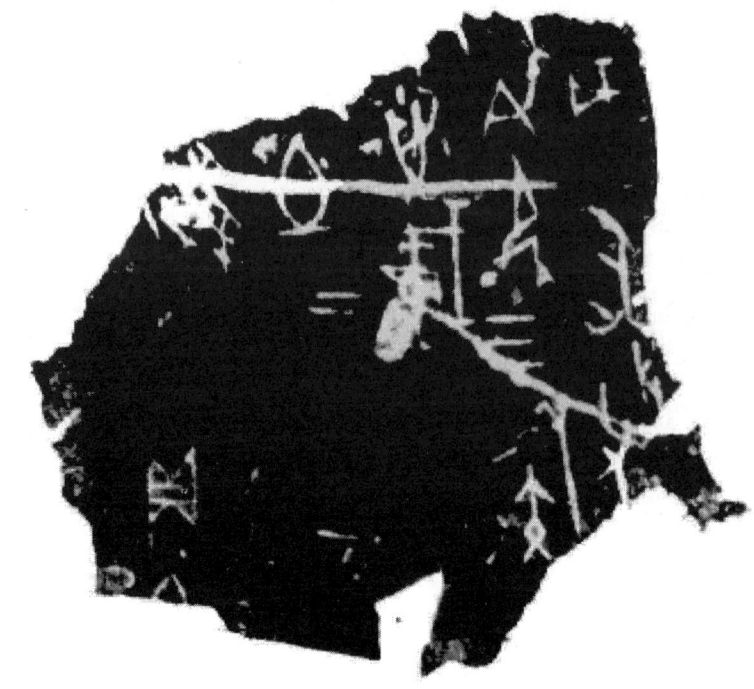

06438

## 069

"今夕師無震"

오늘 밤 군대가 혼란에 빠지지 않을까요?

(No Commotion This Evening) 34720

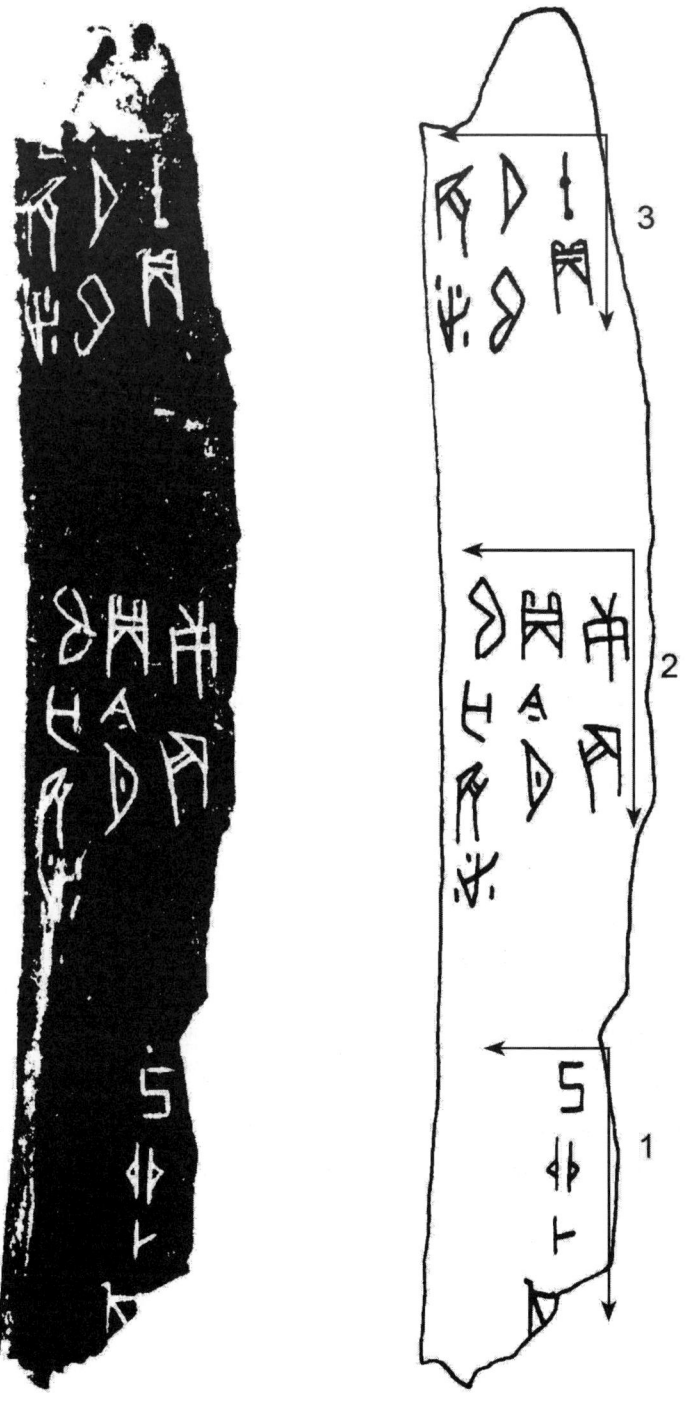

🔵 傳寫

(갑골문 그림)

🔵 번역

【1】 己卯卜☒.
【2】 庚辰貞: 今夕師亡震.
【3】 [壬]午貞: [今]夕師[亡]震.

[1] 기묘일(제16일)에 점을 칩니다. ☒.
[2] 경진일(제17일)에 점을 칩니다. 오늘 밤 군대가 혼란에 빠지지 않겠습니까?
[3] [임]오일(제19일)에 점을 칩니다. [오늘] 밤 군대가 혼란에 [빠지지 않겠습니까?]

🔵 해설

이 갑골은 『갑골문합집』 제34720편에 보이는데, 제1기~제2기(歷組 제2그룹) 복사에 속한다. 세 단락으로 되었다. 첫 번째 단락은 3글자만 남아 문장을 이루지 못한다. 그러나 두 번째와 세 번째 단락은 모두 경신일과 임오일 밤에 주둔하던 군대가 혼란에 빠지지 않을지를 물은 내용이다.

🔵 글자풀이

① 갑골문 (1166): '진(趪)'자로 해석된다. 『설문해자』에서 "진(趪)은 움직이다(動)는 뜻이다. 족(足)이 의미부이고 진(辰)이 소리부이다."라고 했다. 굴만리(屈萬里, 1907~1979)는 진(趪)과 진(震)은 독음도 같고 의미도 통한다고 했다. 『시·대아·상무(常武)』에서 "서(徐)나라 지방이 놀라 떠니, 벼락치고 천둥 울리듯 정벌하네.(震驚徐方, 如雷如霆.)"라고 노래했고, 『상서·요전(堯典)』에서는 "진경짐사(震驚朕師: 나의 군사들이 떨고 놀라하다)"라고 했는데, 모두 이와 비슷한 의미이다.

② 갑골문 ∂(3001): '사(師)'자로 해석되는데, 군대를 지칭한다. 상나라 때의 1사(師)가 얼마인지에 대해서는 설이 분분한데, 1백 명이라 하기도 하지만, 1만 명이라고 하는 사람도 있다.

34721

34717

## 070
### "雉王眾"
### 왕실의 군사를 불러 모으다 (Display Royal Troop) 26879

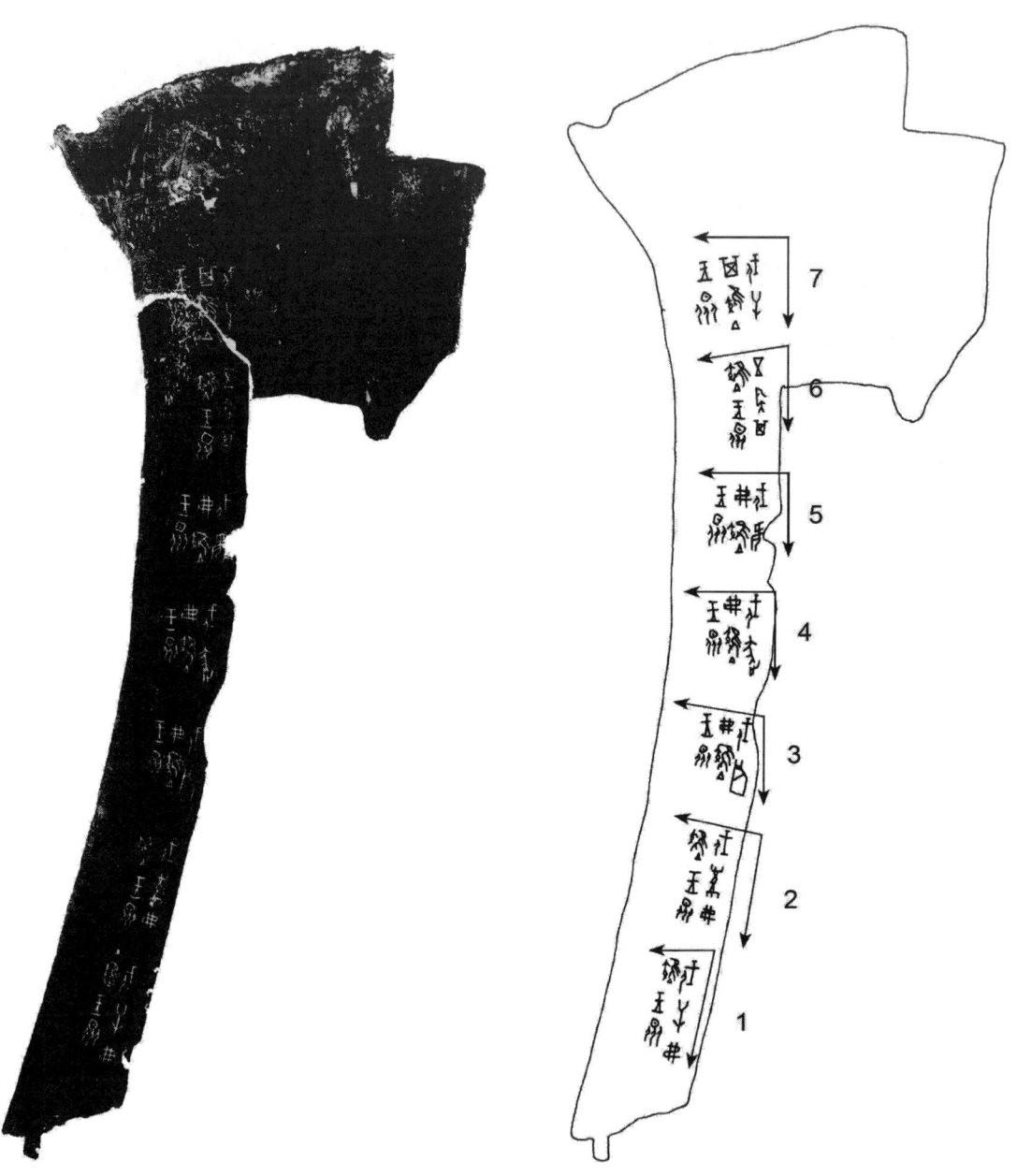

傳寫

번역

【1】戍逆, 弗雉王眾.
【2】戍鄰, 弗雉王眾.
【3】戍骨, 弗雉王眾.
【4】戍逐, 弗雉王眾.
【5】戍何, 弗雉王眾.
【6】五族, 其雉王眾.
【7】戍逆, 其雉王眾.

[1] '역' 땅을 방어하는데, 왕의 병력을 점검하지 말까요?
[2] '치' 땅을 방어하는데, 왕의 병력을 점검하지 말까요?
[3] '골' 땅을 방어하는데, 왕의 병력을 점검하지 말까요?
[4] '축' 땅을 방어하는데, 왕의 병력을 점검하지 말까요?
[5] '하' 땅을 방어하는데, 왕의 병력을 점검하지 말까요?
[6] '오족'에 대해, 왕의 병력을 점검할까요?
[7] '역' 땅을 방어하는데, 왕의 병력을 점검할까요?

> 해설

이 갑골은 『갑골문합집』 제26879편에 보이는데, 제3기~제4기(無名類) 복사에 속한다. 7조항의 복사가 기록되었는데, 모두 '치왕중(雉王眾)'과 관련된 내용이다. '치왕중(雉王眾)'은 상나라 때의 관용어인데 그 의미에 대해서는 학자마다 견해가 다르다. 필자는 병력을 배치하고 이를 열병하여 점검하다는 뜻이라 생각한다. 제1편~제5조항까지는 서로 다른 땅에 주둔하며 변방을 지킬 때 열병하여 점검해야 할지를 물은 것으로 보인다. 제6조항은 오족(五族)에 대해 열병하여 점검해야 할지를 물었다. 제7조항은 제1조항에 대한 정반(正反) 대정(對貞) 복사이다.

> 글자풀이

① 갑골문 󰁯, 󰁯, 󰁯(1780): 시(矢)가 소리부인데, 어떤 경우에는 지(至)나 이(夷)가 더해졌다. 좌우 구조로 '치(隹)'의 옆에 놓인 모습이다. '치(雉)'나 '지(雖)'자로 옮길 수 있다. 복사에 '기치중길(其雉眾吉)', '다사불치중(多射不雉眾)', '기치중(其雉眾)', '불치중(不雉眾)' 등의 표현이 보인다. 양수달(楊樹達)과 심배문(沈培文) 등은 '치(雉)'를 '실(失)'로 읽었다. 진몽가(陳夢家)는 '치(雉)'를 군대를 배치하다는 뜻으로 해석했다. 여기서는 '군대를 배치하다'는 해석을 채택한다. 왕의 병력(王眾)이 변방에서 변경을 수비할 때, 편제와 부서를 다시 배치하면서 열병 같은 점검 의식을 행했는데, 이를 치중(雉眾)이라 했다.

② 갑골문 󰁯(2411): 인(人)과 과(戈)로 구성되었는데, 사람(人)이 창(戈)을 쥔 모습, 즉 '수(戍)'자이다. 『설문해자』에서 "수(戍)는 변경을 지키다(守邊)는 뜻이다."라고 했다. 갑골문에서 수(戍)자는 벌(伐)(󰁯)이나 술(戌)(󰁯)자와 혼동되기 쉽다. 복사에서 '수모(戍某)'는 '어떤 지역을 지키다(戍某地)'는 뜻으로, 어떤 지역에 주둔하다는 뜻이다. 이 갑골 편에는 모두 5개의 지명이 증장한다. 즉 󰁯(3285, 鬻), 󰁯(0270, 逆), 󰁯(0059, 何), 󰁯(2241, 骨), 󰁯(0845, 逐) 등이 그것들이다. 만약 이러한 지명이 족명(族名)이라면 오족(五族)은 이들 지역에 주둔하던 부족(族)을 말한 것일 수도 있다.

③ 갑골문 󰁯(0270): '역(屰)'자로 옮길 수 있다. 사람이 거꾸로 된 모습인데, 사람이 바깥에서 들어오는 모습을 그렸으며, '역(逆)'의 초기 글자이다. 『설문해자』에서 "역(屰)은 순조롭지 못하다(不順)는 뜻이다. 간(干)이 철(屮)자 아래에 놓인 모습이다. 거꾸로 하다는 뜻이다."라고 했다. 또 『설문해자』에서 "역(逆)은 맞아들이다(迎)는 뜻이다. 착(辵)이 의미부이고 역(屰)이 소리부이다. 함곡관 동쪽 (關東) 지역에서는 역(逆)이라 하고 함곡관 서쪽 지역에서는 영(迎)이라 한다."라고 했다. 갑골문에서 '역(屰)'은 점복관의 이름으로 쓰이기도 하고, 또 지명으로 쓰이기도 했다.

④ 갑골문 󰁯(0079): 사람이 무리를 지어 태양 아래 있는 모습이다. '중(眾)'자이다. 처음의 뜻은 경작이나 전쟁과 관련 되었을 것이다. 복사에는 좌우중(左右中)의 치중(雉眾)이라는 말이 보이고, 강정(康丁) 때의 복사에서는 '중일백(眾一百)'이라는 말도 보인다.

⑤ 오족(五族): 상나라 때의 군사 편제의 하나임이 분명하며, 변방 수비를 관할하는 일을 담당했을 것으로 추정된다.

**26882**

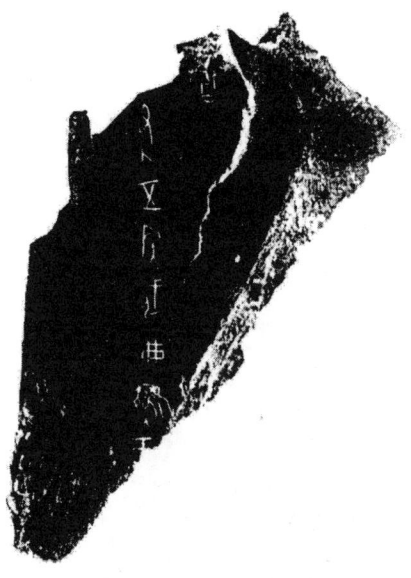

**26880**

## 071
"在瀢犬中告麋"

### '획'에서 '중'이라는 관리가 큰 사슴이 있다고 보고하다
(Officer Zhōng Reported Elk) 27902

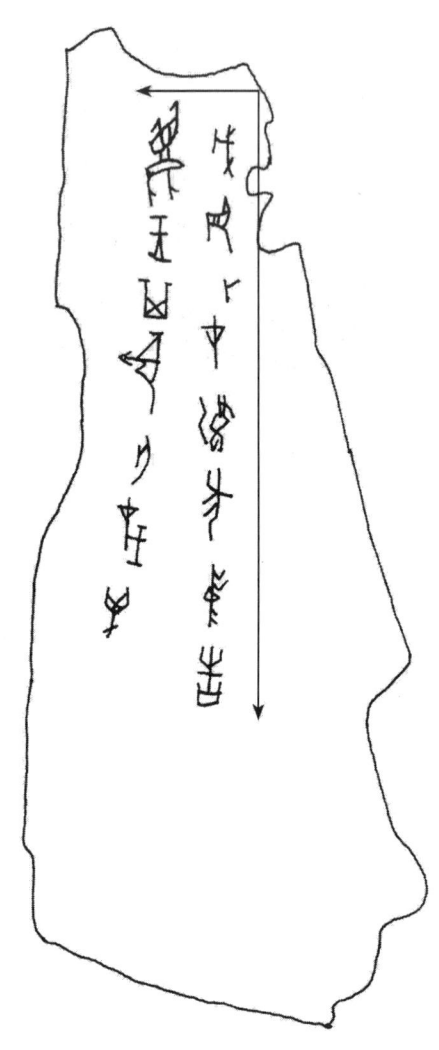

傳寫

### 번역

戊辰卜, 在瀧犬中, 告麋, 王其射, 亡災. 擒.

무진일(제5일)에 점을 칩니다. '획' 땅에서 '중'이라는 관리가 큰 사슴이 있다고 보고해 왔는데, 왕께서 화살을 쏘아 사냥하면, 재앙이 없을까요? 잡을 수 있을까요?

### 해설

이 갑골은 『갑골문합집』 제27902편에 보이는데, 제3기~제4기(無名組) 수렵복사이다. 대체적인 내용은, 무신일에 점복을 치렀는데, 그것은 수렵을 담당하던 '획' 땅에 있던 '중(中)'이라는 관리가 큰 사슴(사불상)의 종적에 관해 보고해 왔고, 그래서 왕이 가서 사냥을 한다면 재앙이 없을 것인지, 잡을 수 있을 것인지를 물어본 것이다.

### 글자풀이

① 갑골문 (1338): '획(瀧)'자로 옮길 수 있는데, 상나라 때의 지명이다. 수(水)자가 든 것으로 보아 물(강이나 호수) 부근에 있던 사냥터였을 것임이 분명하다.

② 갑골문 (1585): 꼬리가 위로 치켜세워졌기 때문에 '견(犬)'자임을 알 수 있다. 여기서는 견인(犬人)이라는 관직을 말한다. 『주례·추관(秋官)』에 견인(犬人)이라는 관직이 보인다. '재획견(在瀧犬)'은 획(瀧)이라는 땅에서 수렵을 관장하던 관리를 말한다. 이 '재획견중(在瀧犬中)'에서 '중(中)'은 개인 이름이다. 복사에는 다른 이름을 가진 견인(犬人)도 보이는데, "견연이 '경' 땅에서 사냥을 하였다(犬征田于京)"에서처럼 '연(征)'이 그렇다. 복사에서 '견(犬)'은 방국(方國)의 이름으로 쓰여 견방(犬方)을 말하기도 한다.

③ 갑골문 (1709): 대부분의 학자들이 '미(麋)'자로 해석한다. 『급취편(急就篇)』에서 "미(麋)는 사슴과 비슷하면서 몸집이 더 크고, 눈 위에 눈썹이 있다.(麋似鹿而大, 目上有眉.)"라고 했다.

④ 갑골문 (2417): '재(𢦏)'자로 옮길 수 있다. 재무(𢦏亡)는 무재(亡災)와 같은 뜻이다. 복사에서 '재(災)'자의 필사법은 매우 다양한데, 시기에 따라 여러 스타일로 등장한다.

⑤ 갑골문 (2623): 활시위에 화살을 얹은 모습으로, '사(射)'자의 초기 형태이다. 복사에서는 인명으로도 쓰이고, 지명이나 관직 이름으로도 쓰였다. 또 '삼백사(三百射)', '사삼백(射三百)' 등의 명칭도 보인다. 여기서는 원래 뜻으로 쓰여, 활을 쏘다는 동사적 의미로 쓰였다.

⑥ 갑골문 (2824): 필(𢰏)자로 옮길 수 있는데, '필(畢)'의 초기 글자이다. 새를 잡는 그물을 그렸다. 그래서 어떤 경우에는 필(隼, 𢆉)로 쓰기도 한다. 『설문해자』에서 "필(畢)은 사냥용 그물을 말한다(田罔也)"라고 했다 이후 사로 잡다는 뜻의 '금(擒)'자로 파생되었다.

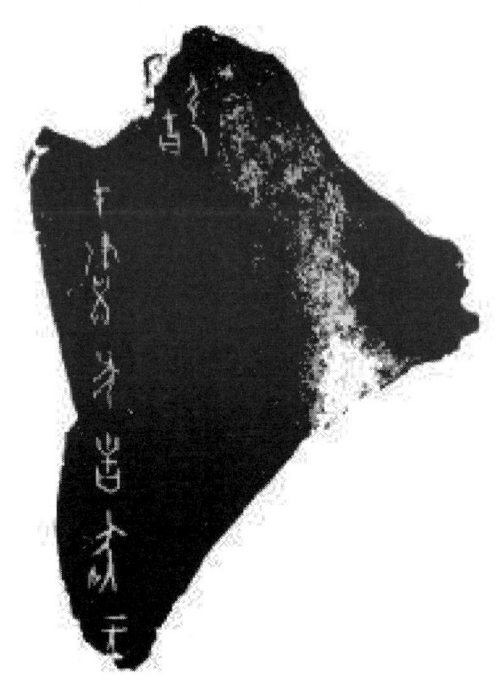

27901

27899

## 072
"田于雞"
### '계' 땅에서 사냥을 하다 (Hunting at Jī) 37471

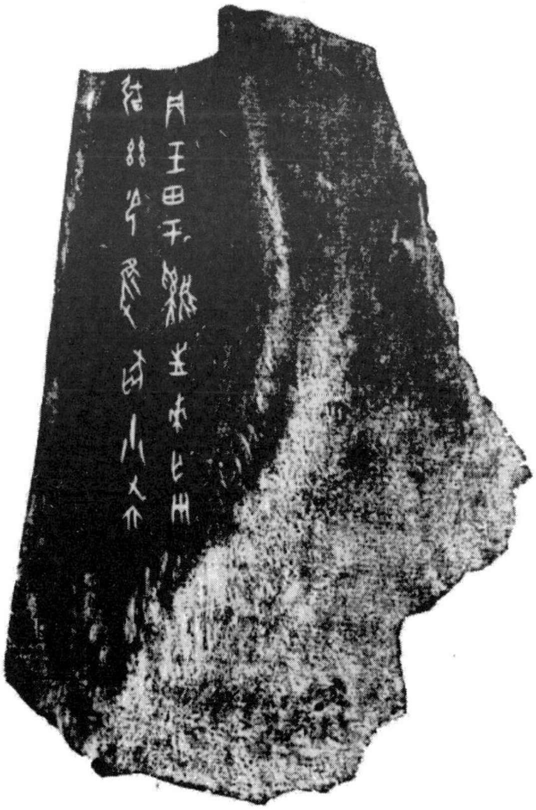

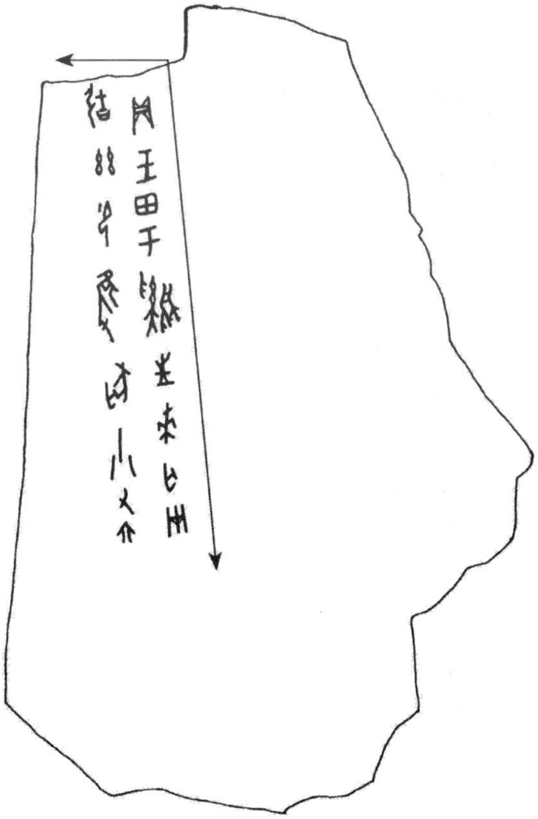

傳寫

> 月 王 田 于 雞 出 來 亾 災
> 引 吉 兹 御 獲 狐 八 十 又 六

번역

卜], 貞: 王田于雞, 往來亡災. 引吉, 兹御, 獲狐八十又六.
[가 점을 칩니다.] 물어봅니다. 왕께서 '계' 땅에서 사냥을 하는데, 오고가는데 재앙이 없을까요? 대단히 길할 것이다. 지금 시행하라. 여우 86마리를 잡았다.

> 해설

이 갑골은 『갑골문합집』 제37471편에 보이는데, 제5기(黃組) 복사에 속한다. 전사(前辭), 명사(命辭), 점사(占辭) 및 험사(驗辭)가 다 갖추어져 있다. 그러나 전사(前辭)에서는 정(貞)자 한 글자만 남았다. 그래서 점을 친 날짜와 점복관의 이름은 알 수가 없다. 명사(命辭)에서는 왕이 계(雞) 땅에서 사냥을 할 때 오가는데 문제가 없을지를 물었다. 점사(占辭)에서 인길(引吉)이라 했는데, 조짐이 매우 좋다는 뜻이다. 그래서 채택할 수 있다고 했다. 험사(驗辭)에서는 이번 사냥에서 여우 86마리를 잡았다고 했다.

> 글자풀이

① 갑골문 (3154): '계(雞)'의 초기 글자이다. 복사에서는 지명으로만 쓰였다.

② 갑골문 (1316): 물이 흐르는 모습을 그렸는데, 그 속에 '재(中)'가 든 모습이다. 재(中)는 여기서 독음을 나타내는 기능을 한다. 갑골문에서 '재(災)'자는 초기의 경우 재()로 적어 홍수가 났음을 그렸다. 중기 때에는 재()로 그렸으며, 후기 때에는 소리부인 재(才)를 더하여 재()로 적었다.

③ 갑골문 (0351): 어()와 같다. '어(卸)'자로 옮길 수 있다. 어(卸)는 복사에서 세 가지의 뜻으로 쓰인다. (i)제사 이름, 즉 어제(禦祭)를 말하는데, 어질(禦疾), 어화(禦禍) 등이 여기에 해당한다. (ii)방어(防禦)하다는 뜻인데, 갑골문에 보이는 어()나 어()와 같은 뜻이다. (iii)사용하다(用)는 뜻인데, '호입어사(乎入卸事)'에서처럼 어사(卸事)는 용사(用事: 일을 시키다)와 같은 뜻이다. 이 갑골에서의 '자어(茲卸)'는 바로 '자용(茲用)'과 같은 뜻으로, 복조가 길하므로 사용해도 좋다는 뜻이다.

④ 갑골문 (1730): 손으로 새(隹)를 잡은 모습으로, '척(隻)'자로 옮길 수 있다. 이는 '획(獲)'의 초기 글자이다.

⑤ 갑골문 (1609): 견(犬)과 무(亡)로 구성되었는데, '호(狐)'자이다. '무(亡)'가 독음이다. 고대 사회에서는 사냥을 나가 여우를 잡은 것을 매우 귀한 일로 여겼다.

37480

37485

## 073
## "之日狩"
### 하루 동안의 사냥 (A Day of Hunting) 10198

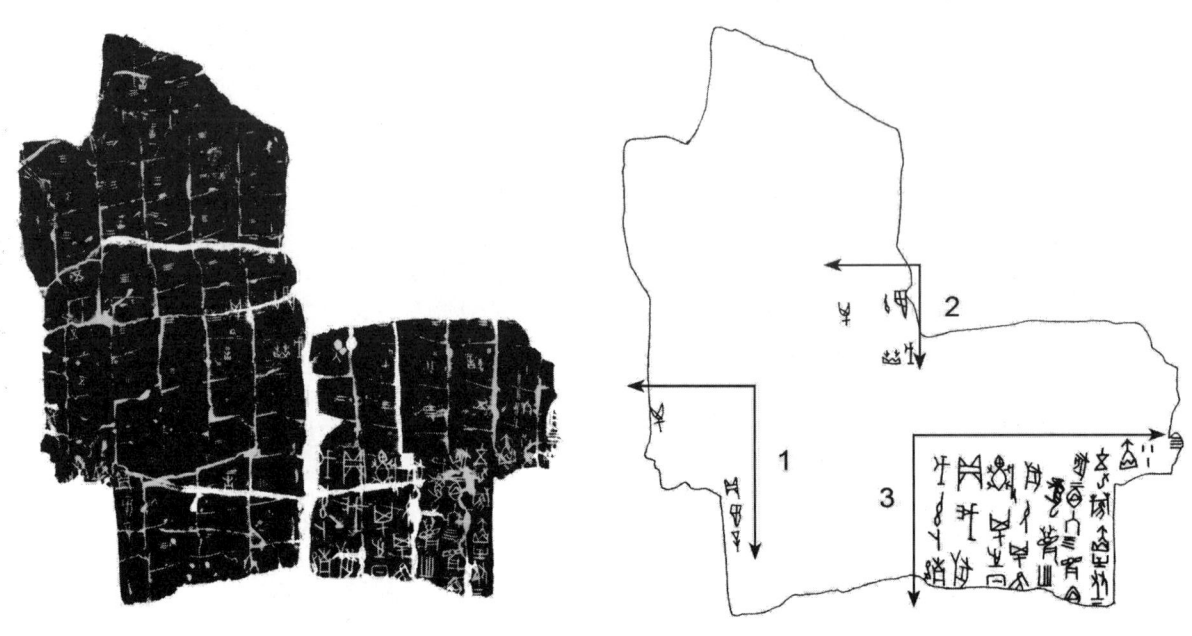

🗨️ 傳寫

🗨️ 번역

【1】貞翌辛[亥王出☒]擒.

【2】翌戊午焚擒.

【3】戊午卜, 殼貞: 我狩歔, 擒. 之日狩, 允擒. 獲虎一, 鹿四十, 狐百六十四, 麑百五十九, 闈, 赤, 㞢友三赤☒.

[1] 물어봅니다. 다가오는 신[해일(제48일) ☒로 출행하시면], 잡을 수 있을까요?

[2] 다가오는 무오일(제55일)에 주위를 에워싸 불로 태우는 방법으로 사냥을 하면 잡을 수 있을까요?

[3] 무오일(제55일)에 점을 칩니다. '殼'이 물어봅니다. 우리가 귀(歔) 땅에서 사냥을 하면, 잡을 수 있겠습니까? 다음날 사냥을 하였는데, 과연 잡을 수 있었다. 호랑이 1마리, 사슴

40마리, 여우 164마리, 새끼 사슴 159마리를 잡았다. 함정을 파는 방법, 불을 지르는 방법, 주위를 에워싸 세 모퉁이에서 불을 지르는 방법 등을 사용하였고 ▱.

**해설**

이 갑골은 『갑골문합집』 제10198편에 보이는데, 제1기(典賓類) 복사에 속한다. 세 단락으로 되었다. 첫 번째 단락에서는 잘려 나간 바람에 경술일(제47일)에 점을 쳐 그 다음날인 신해일(제48일)에 왕이 사냥을 나간 일에 관한 내용만 알 수 있다. 두 번째 단락은 정사일(제54일) 점을 쳐 다음날인 무오일에 주위를 에워싸 불을 질러 사냥하는 방법과 포획한 두 가지 일에 대해 기술했다. 세 번째 단락은 상당히 완전한 모습인데, 전사(前辭)는 무오일에 점복관이 점을 친 내용이고, 명사(命辭)에서는 왕이 귀(龜) 땅에서 사냥을 하면 성과가 있을 것인지에 관한 것이다. 점사(占辭)는 없고, 단지 조상(兆象)과 그에 상응하는 험사(驗辭)만 있다. 이날 사냥에서 과연 점괘대로 성과가 있었으며, 그 결과 호랑이 1마리, 사슴 40마리, 여우 164마리, 새끼 사슴 159마리를 잡았다고 했다. 또 사냥할 때 함정을 파는 방법과 주위를 에워싸 불을 지르는 방법 등을 사용한 것에 대해서도 기술했다.

이 갑골은 다른 갑골 편과 짜 맞추기가 된다면 더욱 완전한 사냥 자료를 얻을 수 있을 것이다. 짜 맞추기가 된 탁본(丙編 284)을 [글자풀이] 뒤에 첨부해 두었다.

**글자풀이**

① 갑골문 ✶(3056): 개(犬)가 '단(單)' 옆에 놓인 모습으로, '수(獸)'자로 옮길 수 있는데, 바로 '수(獸)'자이다. 옛날에는 수(獸)와 수(狩)가 사실은 같은 글자였다. '단(單)'에 대해 혹자는 방패를 그렸다고 하기도 하고, 짐승을 잡는 도구를 그렸다고도 한다. 『주례』에 '수인(獸人)은 왕의 사냥에 관한 일을 관장했다(掌王田之事).'라고 했다. 상나라 때의 수렵에 관한 동사로는 수(狩), 묘(苗), 전(田), 익(弋) 등이 있었는데, 구체적인 차이점에 대해서는 더 깊은 연구가 필요하다. '수(狩)'자는 제1기 복사에서 ✶로, 제2기 복사에서는 ✶ ✶로 그렸다. 제3기 복사에서는 '수(狩)'자가 보이지 않고, 제4기 복사에서는 ✶ 나 ✶로 표현했다. 제5기 복사에서도 '수(狩)'자는 보이지 않는다.

② 갑골문 ✶(1878): '귀(龜)'자로 옮길 수 있다. 무정(武丁) 때의 사냥터의 하나였다.

③ 갑골문 ✶(0803): '지(之)'자인데, 지시대명사이다. '지일(之日)'은 '그날', '이날'이라는 뜻이다.

④ 갑골문 ✶(1668): '호(虎)'자이다. 상나라 때에는 중원 지역에 호랑이(虎)나 무소(兕)가 많았다. 당시의 기온은 지금보다 높았는데, 특히 오(牢) 땅에서 호랑이를 많이 잡았다는 기록이 보인다.

⑤ 갑골문 ✶(1715): '록(鹿)'자이다.

⑥ 갑골문 ✶(1704): '예(麑)'자이다.

⑦ 갑골문 ✶(1773): '린(闌)'자로 옮길 수 있다. 새(鳥)가 난간 아래에 있는 모습이다. 복사에서는 인명으로 사용되었으며, 새의 이름으로도 사용되기도 한다. 여기서는 원래 뜻으로 쓰였을 것이며, 사냥 방법 중 난간을 설치해 새를 잡는 방법을 표현했다.

⑧ 갑골문 ✶(1226): 대(大)와 화(火)로 구성되었다. '적(赤)'자로 옮길 수 있다. 복사에 '기용적우(其用赤牛: 붉은 색 소를 사용할까요?)'라는 말이 있는데, 적(赤)은 붉은 색을 말하며, 독음을 빌려왔을 것이다. 여기서는 원래 뜻으로 사용되어, 큰 불을 놓다는 뜻이다. 이 갑골은 동일 판에 '다가오는 무인일에 불을 질러 잡을까요?(翌戊午焚擒)'라는 언급이 있는 것으로 보아, 무오일 당일에 무정(武

丁) 임금이 산을 에워싸고 불을 놓는 방법으로 짐승들을 몰아갔을 것으로 추정된다.

⑨ 갑골문 𤆂(1222): 불(火)이 숲(林)을 태우는 모습이며, '분(焚)'자로 옮길 수 있다. 숲에 불을 질러 짐승을 몰아 잡는 사냥 방법을 말했다. 『맹자·등문공(滕文公)』에 "(임명된 관리) '익'이 산과 연못에 불을 질러서 그것을 태우니, 짐승들이 도망하고 숨었다.(益烈山澤而焚之, 禽獸逃匿.)"라는 말이 있다.

⑩ 갑골문 𠬝(1024): '우(友)'자로 옮길 수 있다. 『설문해자』에서 "우(友): 뜻을 같이 하는 사람을 우(友)라고 하는데, 두 개의 우(又)가 서로 교차하는 모습을 그렸다. 그것이 벗이다.(友, 同志爲友, 从二又相交, 友也.)"라고 했다. 복사에서는 유(侑)의 용법과 비슷하게 쓰였다. 복사에서는 매번 유(出)와 우(友)가 연용해서 쓰이는데, 바로 '유유(有佑)', 혹은 '유유(有侑)'라는 뜻이며, 간혹 인명으로도 쓰인다. 여기서는 숲의 삼면을 에워싸 불을 지르고 터놓은 나머지 한 방향으로 짐승들이 뛰쳐나오면 잡는 방법을 말한다.

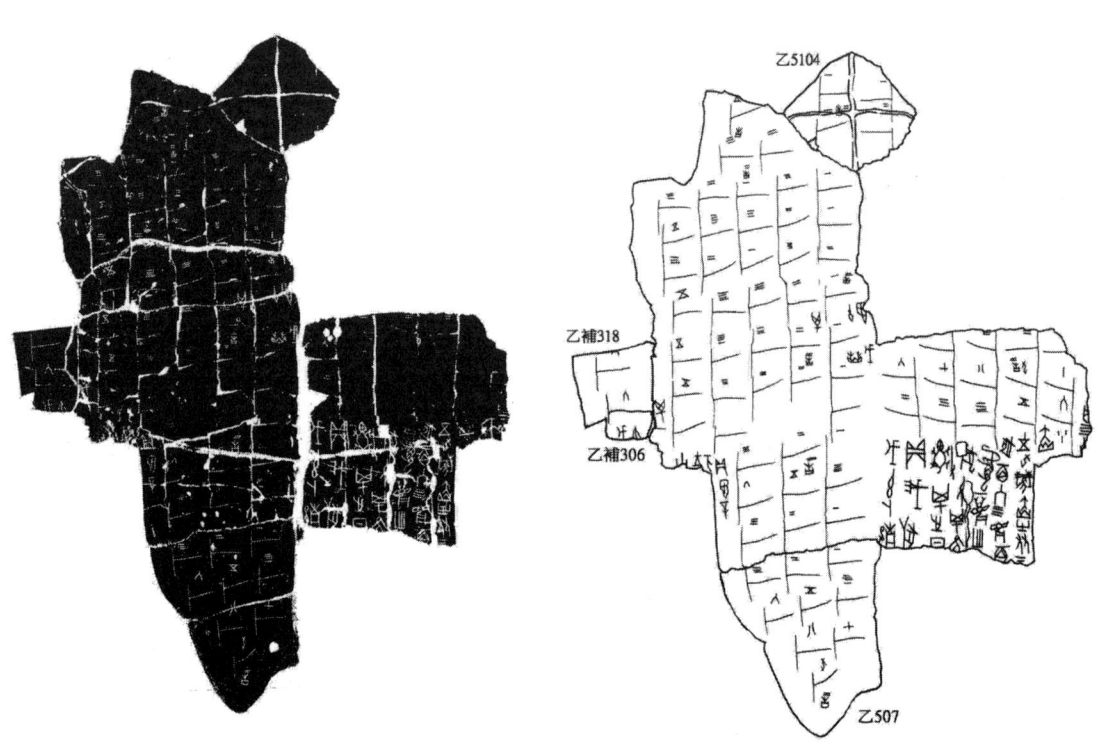

**Bing 284**

*10308*

*10349*

# 074
## "往來亡災"
### 오고가는데 재앙이 없을까요? (Safe Hunting Trip) 37379

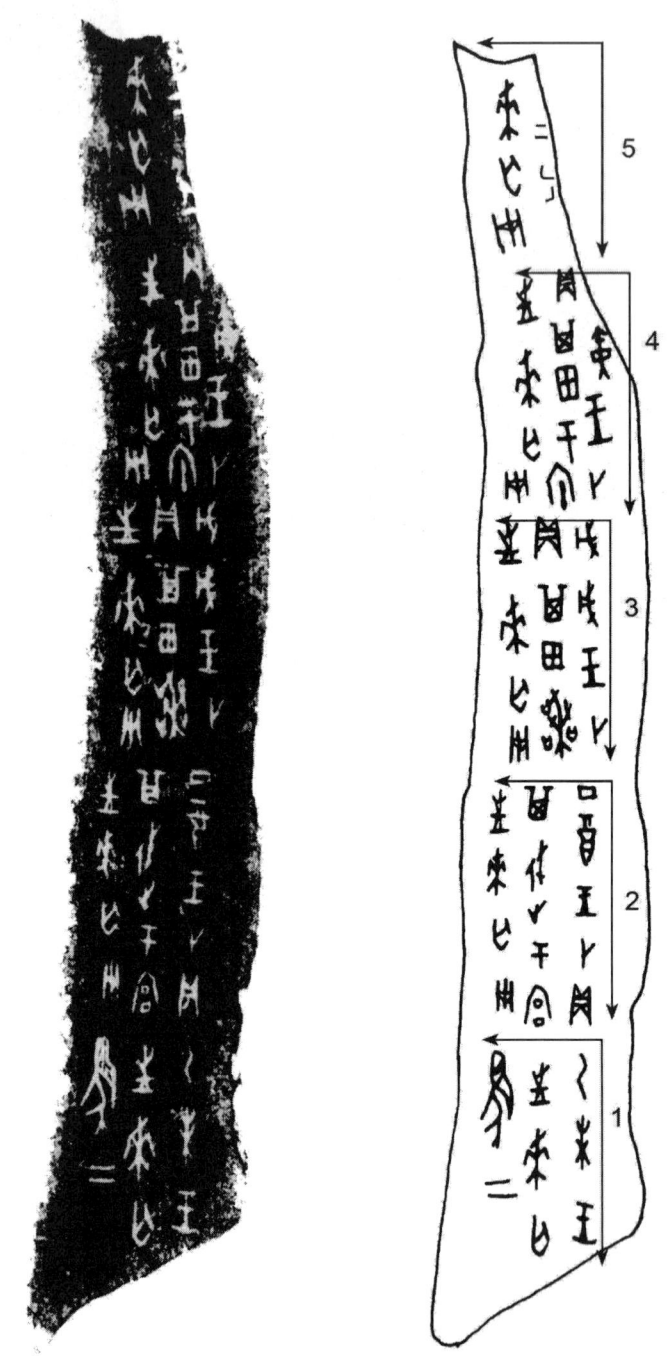

> 傳寫

(갑골문 자형 생략)

> 번역

【1】 乙未王[卜, 貞]: 其☒往來亡[災]. 兕二.
【2】 丁酉王卜, 貞: 其䢼于宮, 往來亡災.
【3】 戊戌王卜, 貞: 其田喪, 往來亡災.
【4】 [壬]寅王卜, 貞: 其田于牢, 往來亡災.
【5】 于皿, [往]來亡災.

[1] 을미일(제32일)에 왕께서 점을 쳐, 물어봅니다. ☒에······오고가는데 [재앙이] 없을까요? 무소 2마리를 잡았다.

[2] 정유일(제34일)에 왕께서 점을 쳐, 물어봅니다. '궁(宮)'에서 활을 쏘아 사냥을 하고자 하는데, 오고가는데 재앙이 없을까요?

[3] 무술일(제35일)에 왕께서 점을 쳐, 물어봅니다. '상(喪)'에서 사냥을 하고자 하는데, 오고가는데 재앙이 없을까요?

[4] [임]인일(제39일)에 왕께서 점을 쳐, 물어봅니다. '오(牢)'에서 사냥을 하고자 하는데, 오고가는데 재앙이 없을까요?

[5] '명(皿)' 땅에서 (사냥을 하고자 하는데), 오고 [가는데] 재앙이 없을까요?

> 해설

이 갑골은 『갑골문합집』 제37379편에 보이는데, 제5기(黃組) 복사에 속한다. 다섯 부분으로 되어 있는데, 모두 사냥하러 오고가는데 문제가 없을지는 물은 내용이다.

첫 번째 단락은 완전하지 못한데, 어떤 곳에서 사냥을 하고자 하는데 오고가는데 재앙이 없을까를 물었고, 무소 2마리를 잡았다는 내용이다. 두 번째 단락에서는 궁(宮) 땅에서 사냥을 하는데 오고가는데 재앙이 없을까를 물었다. 세 번째 단락에서는 상(桑) 땅에서 사냥을 하는데 오고가는데 재앙이 없을까를 물었다. 네 번째 단락에서는 오(牢) 땅에서 사냥을 하는데 오고가는데 재앙이 없을까를 물었다. 다섯 번째 단락은 완전하지 못하다. 탁본에 근거해 '우명(于皿)'이라는 두 글자를 겨우 변별해 낼 수 있는데, 이 단락은 명(皿)이라는 곳에서 점을 쳤다는 내용이다. 그러나 시간과 내용에 대해서는 알 방법이 없다.

> **글자풀이**

① 갑골문 ▨(2307): '익(弐)'자로 옮길 수 있다. 구석규(裘錫圭)는 이를 '필(泌)'자라고 논증했는데, 복사에서 두 가지 뜻으로 쓰였다. 하나는 어떤 곳에서 훈시를 내려 진무하다(敕戒鎭撫)는 뜻이다. 예컨대, 『상서·낙고(洛誥)』에서 "(저를) 부르시어 은나라의 실정을 알려주게 하셨다(伻來毖殷)"라고 한 것이 그렇다. 다른 하나는 '~에까지 가다(比及)' 혹은 '이르다(至)'는 뜻이다. 여기서는 두 번째의 뜻으로 쓰였다.

② 갑골문 ▨(0837): 왕(𡉢)자로 옮길 수 있다. 지(止)가 의미부이고 왕(王)이 소리부인데, 왕래(往來)라고 할 때의 '왕(往)'의 본래 글자이다. '왕래무재(往來無災)' 혹은 '왕래무재(往來亡災)'는 상나라 때의 관용어로 '오고가는데 문제가 없을까요?'라는 뜻이다. 재(災)자의 자형은 시기에 따라 달라, 재(▨), 재(▨), 재(▨) 등으로 쓰는데, 이에 근거해 시기구분을 하기도 한다.

③ 갑골문 ▨(1651): 해석이 다양하다. 혹자는 해치(豸: 해태), 호저(豪豬: 멧돼지), 기린(麟), 청색 들소로 보는 등 의견이 분분하다. 당란(唐蘭)은 '시(兕)'자로 해석했는데, 『시경·권이(卷耳)』에서 노래한 '에라 무소 모양의 술잔에 술이나 부어, 긴 시름이나 녹여볼까(我姑酌彼兕觥, 唯以不永傷.)'의 '시(兕)'와 같다. 여기서는 '무소(兕)'로 해석한다.

④ 갑골문 ▨(2038): '궁(宮)'자로 옮길 수 있다. 지명이다.

⑤ 갑골문 ▨(1447): '상(桑)'자로 해석된다. 지명이다. 혹은 동사로도 쓰이는데, 상실하다, 잃다는 뜻이다. 예컨대 '상중(喪眾)', '상목(喪目)', '불상명(不喪明)' 등이 그렇다.

⑥ 갑골문 ▨(2047): '오(牢)'자로 옮길 수 있다.

⑦ 갑골문 ▨(2642): '명(皿)'자로 옮길 수 있다. 복사에서는 모두 지명으로 쓰였다.

37662 　　　37472 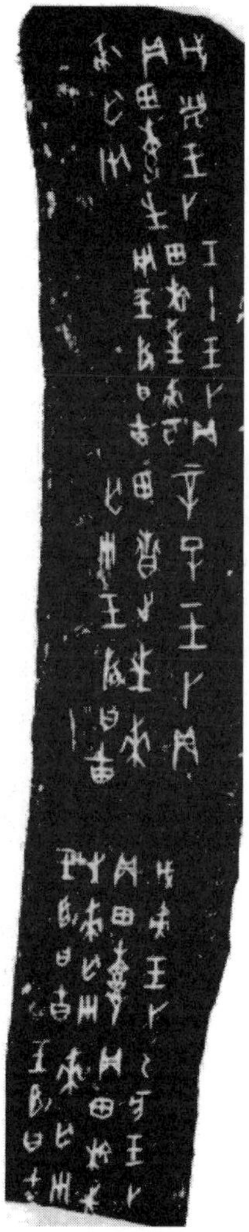　　　37621

## 075
"獲象"

### 코끼리를 잡다 (Elephant Captured) 10222

傳寫

번역

獲象. 今夕其雨. [不]其雨. 之夕, 允不雨.
코끼리를 잡았다. 오늘밤 비가 내릴까요? 내리지 [않을까요]? 그날 밤 과연 비가 내리지 않았다.

### 해설

이 갑골은 『갑골문합집』 제10222편에 보이는데, 제1기(典賓類) 수렵복사이다. 뼈가 파손되었지만, 코끼리를 잡은 것과 비가 내릴 지에 관한 점복 내용을 기록했음을 알 수 있다.

### 글자풀이

① 갑골문 𠂉 (0018): 머리를 돌려 살피는 사람의 모습을 그렸다. 혹자는 몸을 숙이는 모습을 그렸다고도 하고, 또 공손하게 하는 모습을 그렸다고도 한다. '윤(允)'자로 해석된다. 『설문해자』에서 '윤(允)은 진실되다(信)는 뜻이다.'라고 했다. 복사에서는 모두 험사에 사용되었다.

② 갑골문 𧰼 (1653): 코끼리를 그린 상형자로 '상(象)'자이다. 코끼리의 코가 생생하게 묘사되었다. 수렵 복사에서는 무소(兕), 코끼리(象) 등이 자주 보인다. 그래서 상나라 때의 중원 지역이 강우량도 풍부하고, 또 광활한 원시 삼림으로 뒤덮였었음을 알 수 있다. 『여씨춘추(呂氏春秋)』와 같은 전통 문헌에서도 "상나라 사람들이 코끼리를 길들여 동이족을 공격하는데 썼다.(商人服象, 爲虐于東夷)"라는 기록이 보인다.

## 076
### "獲鹿六"
사슴 6마리를 잡다 (Six Deer Captured) 37408

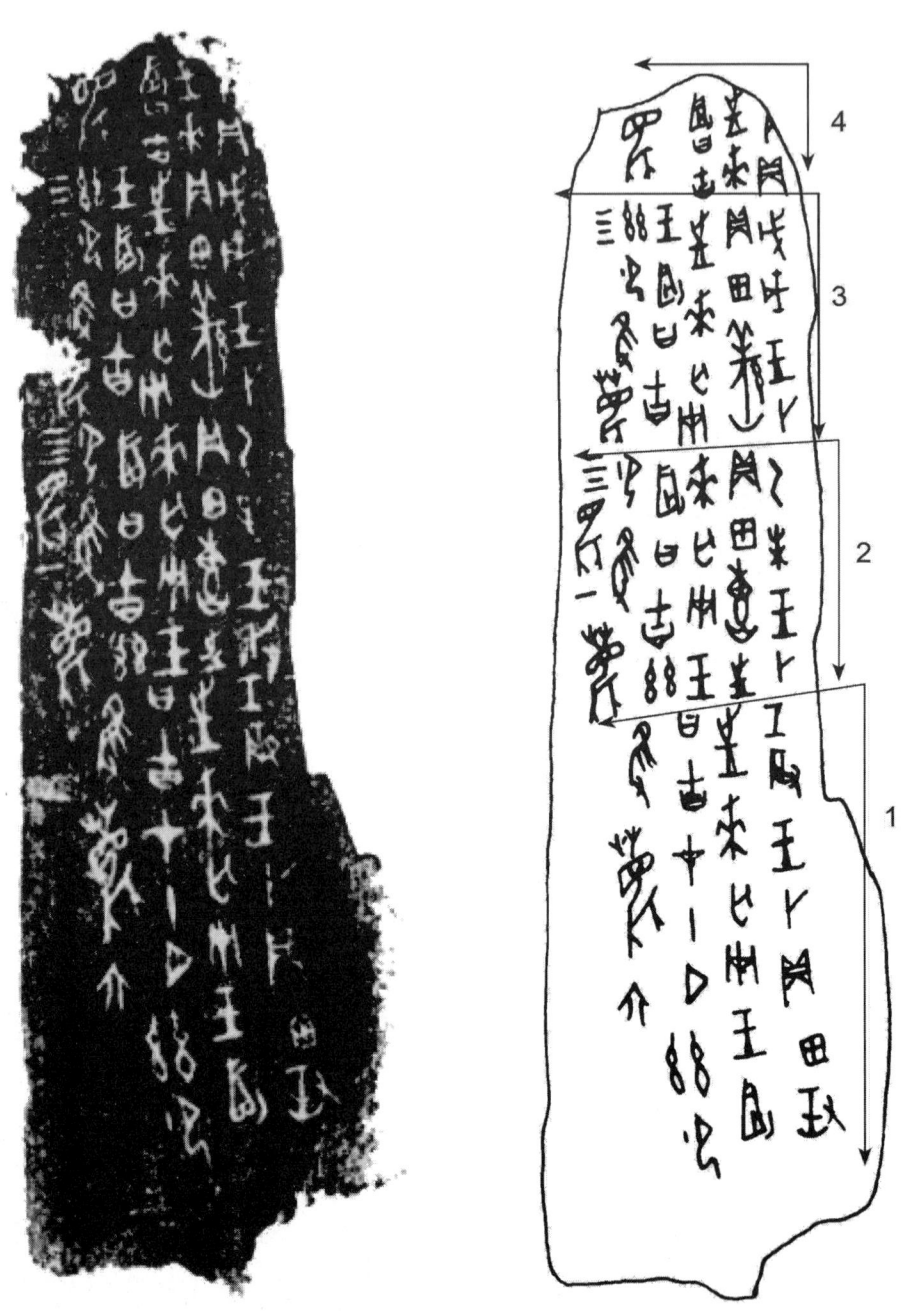

### 傳寫

### 번역

【1】 壬辰王卜, 貞: 田玨, 往來亡災. 王占曰: 吉. 在十月. 茲御, 獲鹿六.
【2】 乙未王卜, 貞: 田書, 往來亡災. 王占曰: 吉. 茲御, 獲鹿四, 麛一.
【3】 戊戌王卜, 貞: 田羌, 往來亡災. 王占曰: 吉. 茲御, 獲鹿四.
【4】 [□□王]卜, 貞: [田□], 往來亡[災. 王]占曰: 吉. [茲御, 獲]麛□.

 [1] 임진일(제29일)에 왕께서 점을 쳐, 물어봅니다. '우'에서 사냥을 하고자 하는데, 오고가는데 재앙이 없을까요? 왕께서 점괘를 해석해 말씀하셨다. 길하리라. 10월이었다. 그렇게 되었다. 사슴 6마리를 잡았다.
 [2] 을미일(제32일)에 왕께서 점을 쳐, 물어봅니다. '혜'에서 사냥을 하고자 하는데, 오고가는데 재앙이 없을까요? 왕께서 점괘를 해석해 말씀하셨다. 길하리라. 그렇게 되었다. 사슴 4마리와 새끼 사슴 1마리를 잡았다.
 [3] 무술일(제35일)에 왕께서 점을 쳐, 물어봅니다. '강'에서 사냥을 하고자 하는데, 오고가는데 재앙이 없을까요? 왕께서 점괘를 해석해 말씀하셨다. 길하리라. 그렇게 되었다. 사슴 4마리를 잡았다.
 [4] [□□일에 왕께서] 점을 쳐, 물어봅니다. ['□'에서 사냥을 하고자 하는데], 오고가는데 [재앙이] 없을까요? [왕께서] 점괘를 해석해 말씀하셨다. 길하리라. [그렇게 되었다.] 새끼 사슴 □마리를 [잡았다].

### 해설

이 갑골은 『갑골문합집』 제37408편에 보이는데, 제5기(黃組) 복사에 속한다. 전체는 네 단락으로 되었다. 네 번째 단락은 완전하지 못하고, 나머지 세 단락은 표준적인 수렵 복사로, 전사(前辭), 명사(命辭), 점사(占辭), 험사(驗辭)를 모두 갖추었다. 전사(前辭)는 임진일(제29일), 을미일(제32일), 무술일(제35일)에 점복을 거행했다는 내용이다. 명사(命辭)는 우(玨), 혜(書), 강(羌) 땅에서 사냥을 하는데 오고가는데 재앙이 없을 것인가를 물은 내용이다. 왕(즉 帝乙)이 내린 점사(占辭)는 모두 길하다는 것이었다. 험사(驗辭)에서는 사냥에서 잡은 결과를 기록하고 있다. 네 번째 단락은 빠진 글자가 많지만, 앞부분과의 형식상의 일치성에 근거해 대부분 복원이 가능하다.

> **글자풀이**

① 갑골문 (3252): '우(玗)'자로 옮길 수 있다. 이 갑골에서는 지명으로 사용되었다.

② 갑골문 (1715): 상형으로, '록(鹿)'자로 해석된다.

③ 갑골문 (1704): 상형으로, 사슴(鹿)과 비슷하나 뿔이 없는 모습이다. 그래서 새끼사슴이나 '예(麑)'자로 옮긴다.

④ 갑골문 (2957): '혜(㦶)'자로 옮길 수 있다. 이 갑골에서는 지명으로 사용되었다.

⑤ 갑골문 (0064): '강(羌)'자로 해석된다. 강(羌)은 상나라 때의 주요 적국의 하나였다. 사로잡은 강방(羌方)의 사람들을 강(羌)이라 불렀는데, 제사 때 희생물로 종종 사용되었다. 이 갑골에서는 지명으로 사용되었다.

> **연습**

**35263**　　　　　　　　　　**35266**

## 077
### "逐兕"
무소를 뒤쫓다 (Chased Rhinoceros) 10398

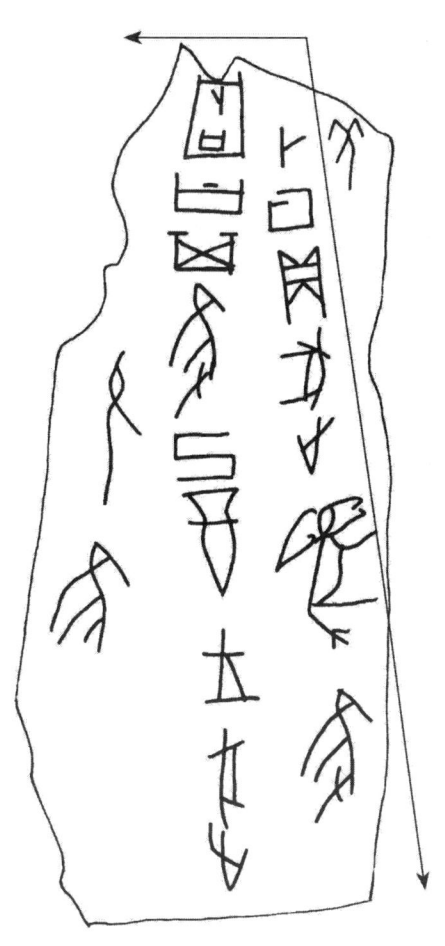

傳寫

### 번역

□□卜㠯貞: 逐兕, 獲. [王]占曰: 其獲. 己酉, 王逐, 允獲.

□□점을 칩니다. '회'가 물어봅니다. 무소를 뒤쫓으면 잡을 수 있을까요? [왕께서] 점괘를 해석해 말씀하셨다. 잡을 수 있을 것이다. 기유일(제46일)에 왕께서 뒤쫓았다. 과연 잡을 수 있었다.

### 해설

이 갑골은 『갑골문합집』 제10398편에 보이는데, 제1기(典賓類) 복사에 속한다. 점복을 행한 날짜가 잘려나가긴 했지만, 전형적인 수렵 복사이며, 전사(前辭), 명사(命辭), 점사(占辭), 험사(驗辭)가 다 갖추어진 형태이다. 무소를 추격하면 포획할 수 있을는지를 점을 쳐 물었다. 당시의 왕이었던 무정(武丁)이 직접 갈라진 금을 보고 점괘를 해석해 잡을 수 있을 것이라 했다. 그 결과 과연 기유일에 무소를 잡았다는 기록이다.

### 글자풀이

① 갑골문 ㉠(2285): '회(㠯)'자(回의 원래글자)로 해석된다. 무정(武丁) 시기 때의 점복관 이름이다.

② 갑골문 ☆(0845): '축(逐)'자로 옮길 수 있다. '축(逐)'의 초기 글자이다. 『설문해자』에서 "축(逐)은 뒤쫓다(追)는 뜻이다. 착(辵)이 의미부이고, 돈(豚)의 생략된 모습도 의미부이다."라고 했다. 복사에서 '축(逐)'은 시(豕)로 구성되는 것이 보통인데, 때로는 견(犬)으로, 혹은 토(兔)로 구성되기도 했다. 사람을 쫓을 때에는 추(追), 짐승을 쫓을 때에는 축(逐)이라 구분해 사용했다.

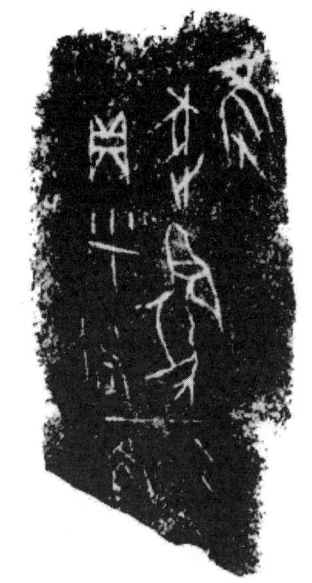

*10403*

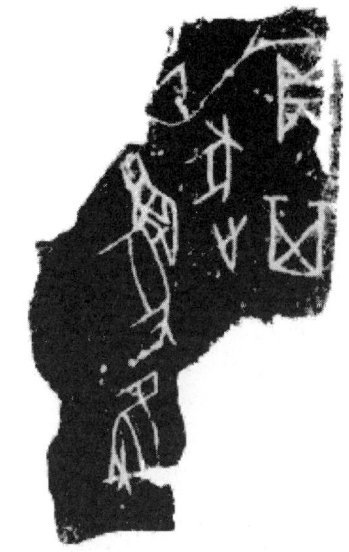

*10399*

*10350*

*10404*

## 078
"擒七兕"

### 무소 7마리를 사로잡다 (Seven Rhinos Captured) 33374

 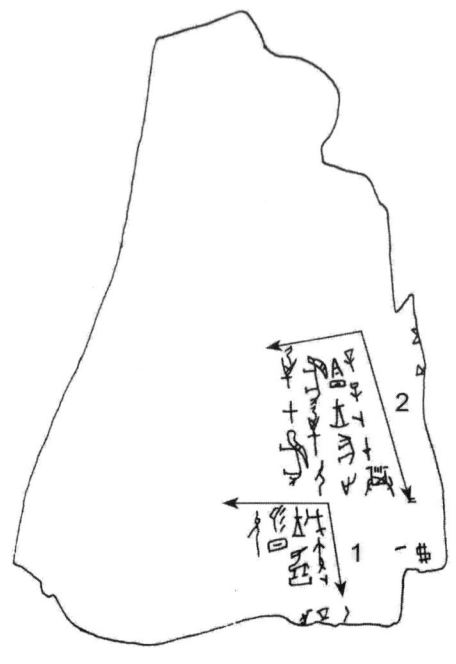

**傳寫**

**번역**

【1】戊寅卜, 王麓, 賜日. 允.

【2】辛巳卜: 在箕. 今日王逐兕. 擒. 允擒七兕.

[1] 무인일(제15일)에 점을 칩니다. 왕께서 함정을 파서 잡을까요? 날짜를 바꿀까요? 과연 그렇게 되었다.

[2] 신사일(제18일)에 점을 칩니다. '기' 땅에서 칩니다. 오늘 왕께서 무소를 쫓으면 잡을 수 있을까요? 과연 무소 7마리를 잡았다.

### 해설

이 갑골은 『갑골문합집』 제33374편에 보이는데, 제1기~제2기(武丁 후기에서 祖庚 시기) 때의 역조 초서체 그룹(歷草體類)에 속하는 복사이다. 첫 번째 복사는 함정을 파서 잡는 방법으로 사슴을 잡았다는 내용이다. 이어지는 '양일(暘日)'은 아마도 사냥 날짜를 바꾸어 사슴을 잡으러 갔던 것을 말했을 것이다. 두 번째 복사는 점사(占辭)가 생략되었다. 그러나 험사(驗辭)에서 왕이 무소 7마리를 잡았다고 했다.

### 글자풀이

① 갑골문 ᾕ(1716): 사슴 한 마리가 함정에 빠진 모습이다. 麗자로 옮길 수 있다. 갑골문에 ᾕ(1711)자가 보이는데, 사슴이 함정에 빠진 모습을 그렸으며, 이는 麁자로 옮길 수 있다. 이 두 글자를 학자들은 '함(陷)'자로 해석하는데, 짐승을 잡는 방법의 하나이다.

② 갑골문 ⺮(2818): 『갑골문자고림(甲骨文字詁林)』에서는 이를 '소기(小箕)'라고 해독했는데, 지명으로 쓰였다.

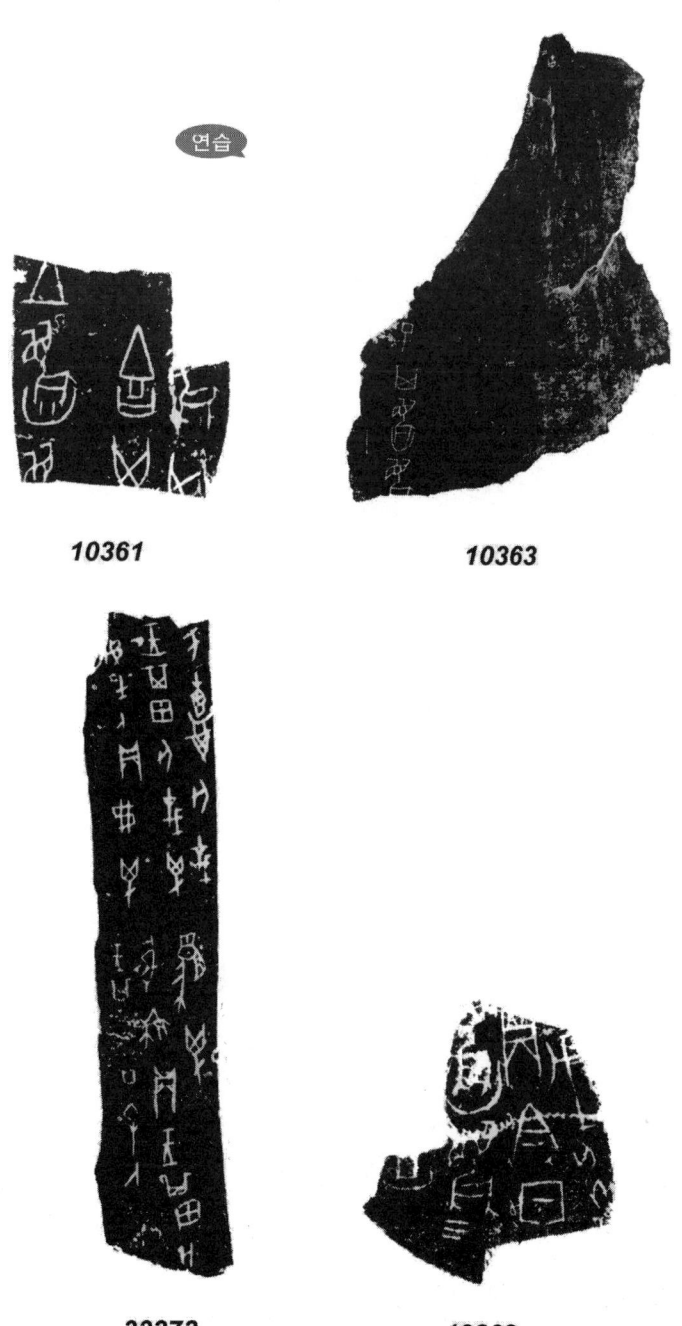

연습

10361  10363

33373  10362

## 079
### "子央亦墜"
**'자앙'도 수레에서 추락하다** (Zǐ Yāng Fell) 10405

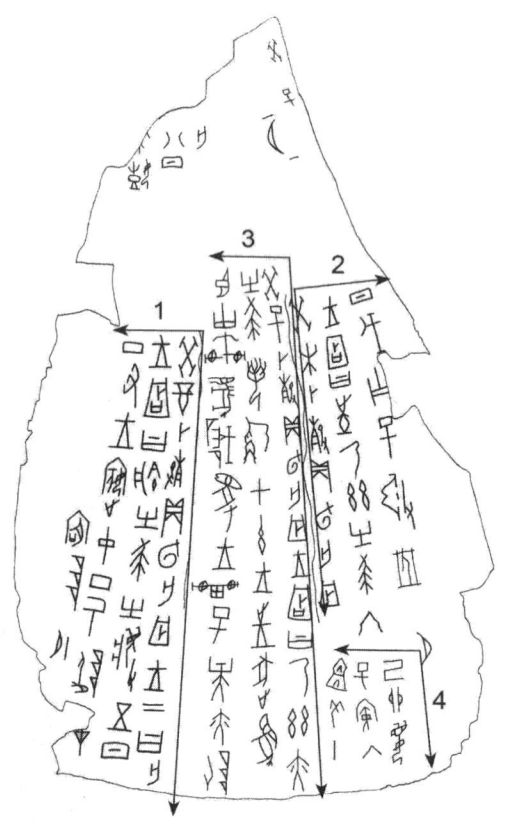

傳寫

> **번역**

【1】 癸酉卜, 殻貞: 旬亡禍. 王二曰: 㞢. 王占曰: 俞！有祟, 有夢. 五日丁丑, 王賓仲丁, 㞢陞在廳, 皋, 十月.

【2】 癸未卜, 殻貞: 旬亡禍. 王占曰: 㞢乃兹, 有祟, 六日戊子, 子弢死, 一月.

【3】 癸巳卜, 殻貞: 旬亡禍. 王占曰: 乃兹, 亦有祟, 若偁. 甲午, 王往逐兕, 小臣甾車, 馬硪, 𢼈王車, 子央亦墜.

【4】 己卯, 媚子寅入, 宜羌十.

[1] 계유일(제10일)에 점을 칩니다. '각'이 물어봅니다. 10일 동안 재앙이 없을까요? 왕께서 두 번이나 해석해 말씀하셨다. 어려움이 있을 것이다. 왕께서 점괘를 해석해 말했다. 아, 큰일이구나. 재앙이 생기리라. 5일째 되던 정축일(제14일)에 왕께서 '빈'제사를 '중정'께 드렸다. 그리고 사당에 도착했고, 위로 올라가셨다. 10월이었다.

[2] 계미일(제20일)에 점을 칩니다. '각'이 물어봅니다. 10일 동안 재앙이 없을까요? 왕께서 점괘를 해석해 말했다. 어려움이 지금 다가올 것이리라. 재앙이 생기리라. 6일째 되던 무자일(제25일)에 '자발'(왕자 발)이 죽었다. 1월이었다.

[3] 계사일(제30일)에 점을 칩니다. '각'이 물어봅니다. 10일 동안 재앙이 없을까요? 왕께서 점괘를 해석해 말했다. 어려움이 지금 생기리라. 또 재앙이 생기리라. (과연) 그렇게 되었다. 갑오일(제31일)에 왕께서 무소를 쫓았다. 소신이 마차를 몰았는데, 말이 돌에 맞았다. 왕의 수레가 넘어졌고, '자앙'(왕자 앙)도 수레에서 떨어졌다.

[4] 기묘일(제16일)에 점을 칩니다. '미'나라의 '자황'이 보내왔는데, '의'제사에 쓸 강족 10명이었다.

> **해설**

이 갑골은 『갑골문합집』 제10405편에 보이는데, 제1기(典賓類) 복사에 속한다. 네 단락으로 되었다. 앞 세 단락은 복순(卜旬)복사로, 10일 동안 재앙이 없을지를 물었고, 또 무정(武丁) 임금이 내린 점사(占辭)도 기록했다. 앞 두 단락은 해독하기가 쉽지 않다. 그러나 첫 번째 단락은 대략 왕이 중정(仲丁)(K9)의 사당에 갔던 일에 대한 기록이고, 두 번째 단락은 왕자 발(弢)의 죽음에 대한 기록이다. 세 번째 단락은 상당히 완전한 모습인데, 대강의 뜻은 다음과 같다. 계사일(제30일)에 다가올 10일 동안 재앙이 없을 것인지를 물었다. 이튿날인 갑오일(제31일), 무정이 무소 사냥을 갔다. 소신(小臣)이 마차를 몰았는데, 말이 갑자기 멈추는 바람에 왕의 수레와 충돌했다. 그리하여 자앙(子央: 왕자 앙)이 수레에서 떨어지고 말았다. '왕왕축시(王往逐兕)' 네 글자 다음에 '소(小)'자가 한 글자 더 들어가야 할 것이나, 탁본도 분명하지 않고, 모사본에서도 빠졌다. 네 번째 단락은 무정(武丁) 때 자주 보이는 기사(記事) 각사인데, 앞의 복순(卜旬)복사와는 무관하다. 이러한 복사는 보통 "干支+宜於義京(2자 合文)+羌若干(一, 三, 혹은 十)人+卯十牛."의 형식으로 출현한다. 네 번째 단락의 '의강십(宜羌十)'은 의(宜)제사에 특별한 희생물로 사용되었던 강족(羌族)을 말한다. 여기서 희생으로 사용된 10명의 강족은 미(媚)나라의 자황(子寅: 왕자 황)이라는 사람이 공납한 것으로 보이는데, '미나라의 자황'은 미족(媚族)(혹은 媚方)의 우두머리이다.

> **글자풀이**

① 갑골문 👁(2481): '개(匄)'자로 옮길 수 있다. 망(亡)과 도(刀)로 구성되었다. 보통 다음의 두 가지로 해석된다. (i)바라다(乞求)는 뜻으로, '왕께서 도움을 조정께 청할까요?(王其有助于祖丁)' 등이 그렇다. (ii)'해를 입히다(害)'는 뜻이다. '무개(亡匄)'는 '무해(無害)'라는 뜻이다.

② 갑골문 👁(3130): '여(艅)'자로 옮길 수 있다. 미리 다가올 것이라 예상되는 재해나 재앙에 대해 탄식을 표시하는 말이다. 불길하다는 의미가 담겼다. 혹자는 '유(俞)'자로 해석하고, 감탄사라고 여기기도 한다. 복사에 보이는 '왕점왈여(王占曰艅: 아, 큰일이구나)'의 용법은 『상서·요전(堯典)』의 '제왈유(帝曰俞)'와 같다.

③ 갑골문 👁(3075): 눈을 뜨고 침상에 가로 누운 사람의 모습이다. 몽(㝱)의 복잡한 형태로 보기도 하며, '몽(夢)'자로 해독한다.

④ 갑골문 👁(2066C): 빈(賓)으로 옮길 수 있는데, '빈(儐)'자로 해석된다. 맞아들이는 의식을 말한다. 『예기·예운(禮運)』에서 "예라는 것은 귀신을 맞아들이는 일이다(禮者所以儐鬼神)"라고 했다.

⑤ 갑골문 👁(H10405): '궐(乎)'자로 옮길 수 있다. 의미는 분명치 않다.

⑥ 갑골문 👁(1276): '기(陞)'자로 옮길 수 있다. 의미는 아마도 '척(陟: 올라가다)'과 비슷할 것이나, '궐기(乎陞)'의 정확한 뜻은 알 수 없다. 아마도 중정(仲丁)의 사당에 도착하여, 계단을 올라 대청으로 들어간다는 뜻이거나, 제사를 지낼 때의 사무와 관련되었을 것이다. 또 어떤 학자는 왕이 사당으로 오르는 계단에서 떨어졌다는 의미로 해석하기도 한다.

⑦ 갑골문 👁(2051): '청(㕔)'자로 옮길 수 있다. '청(廳)'이나 '정(庭)'자로 해석된다.

⑧ 갑골문 👁(1273): '부(𠂤)'자로 옮길 수 있다. '부(阜)'자로 해석된다. 높은 곳이라는 뜻이다.

⑨ 갑골문 👁(0836): '奉'자로 옮길 수 있다. '질(桎)'자로 해석된다. 체포하다는 뜻이다.

⑩ 갑골문 👁(2632): '내(乃)'자로 해석된다.

⑪ 갑골문 👁(0580): 자사(子嗣: 자손)라고 할 때의 '자(子)'자로 해석된다. 복사에서 자모(子某)라는 지칭은 아들 항렬에 속하는 어떤 사람이라는 뜻이다. 또 복사에서 '자(子)'자는 진사(辰巳)라고 할 때의 간지인 사(巳)로 쓰이기도 한다. 그러나 자축(子丑)이라고 할 때의 자(子)는 복사에서 자(𠄢)나 자(𡥀)라고 쓰지 자(子)를 사용하지 않았다.

⑫ 갑골문 👁(2621): '발(癹)'자로 옮길 수 있다. '발(發)'자로 해석된다.

⑬ 갑골문 👁(0053): 사람이 관 속에 든 모습으로, '사(死)'자로 해석된다. 어떤 학자는 이를 '수(囚)'자로 옮기기도 한다.

⑭ 갑골문 👁(0636): '婁'자로 옮길 수 있는데, '미(媚)'자로 해석된다. 나라 이름(方國名)이거나 족명(族名)으로 보인다.

⑮ 갑골문 👁(2550): '황(黃)'자로 옮길 수 있는데, 사람 이름이다.

⑯ 갑골문 👁(3109): 손으로 무엇인가를 들어 무게를 재는 모습으로, '칭(偁)'으로 옮길 수 있다. 칭(偁)과 칭(爯)은 원래 한 글자였다. 『설문해자』에서 "칭(偁)은 들어 올리다는 뜻이다(揚也). 인(人)이 의미부이고, 칭(爯)이 소리부이다.'라고 했다. 복사에 보이는 '약칭(若偁)'은 '점괘에서 말한 그대로'라는 뜻이다.

⑰ 갑골문 👁(0651): 눈이 세로로 그려진 모습이다. '신(臣)'자로 옮길 수 있다. 신(臣)은 바로 인신(人

臣)이라고 할 때의 신(臣)이다. 복사에서는 모두 관직 이름으로 사용되었다.

⑱ 갑골문 : '치(甾)'의 초기 글자로, '재(載)'자로 해석된다. 자형구조와 본래 의미에 대해서는 잘 알 수 없다. 치(甾)는 동사로 쓰여 '~를 시켜서 진행하게 하다'는 뜻이다. 그래서 이 갑골에서 말한 '소신치거마(小臣甾車馬)'는 소신(小臣)으로 하여금 마차를 몰게 하였다는 뜻이다. 복사에 자주 보이는 '치왕사(甾王事)'는 바로 왕의 일에 협력하도록 한다는 뜻으로, 상왕을 도와 일을 하다는 뜻이다.

⑲ 갑골문 : ![] ![]는 마차의 바퀴와 끌채와 멍에와 굴대와 바퀴통 등이 표현되었다. '거(車)'자로 옮길 수 있다. 갑골에 보이는 마차를 그린 이 두 글자를 모두 '거(車)'로 옮긴다. 그러나 이 두 가지 '거(車)'자는 조금 다르게 표현되었다. 두 번째 거(車)자에는 끌채와 멍에가 보이지 않는다. 아마도 이 거(![])자는 왕의 마차로, 손상을 입은 모습을 사실적으로 그렸던 것으로 보인다.

⑳ 갑골문 : '마(馬)'자로 해석된다. 상형이다.

㉑ 갑골문 : '아(硪)'자로 옮길 수 있다. 『설문해자』에서 "아(硪)는 암석을 말한다(石巖也). 석(石)이 의미부이고 아(我)가 소리부이다."라고 했다. 여기서는 돌덩이가 떨어졌거나 마차가 바위와 부딪쳤다는 뜻이다.

㉒ 갑골문 : '![]'자로 옮길 수 있다. '매(薶)'자로 해석된다. 복사에서는 두 가지 뜻으로 쓰인다. (i)매(埋)와 같아서 '땅속에 묻다'는 뜻인데, 『주례(周禮)』에서 산(山)과 숲(林)과 내(川)와 못(澤)에 빠트리고 묻는다고 했다. (ii)박(薄)이나 박(迫)과 같아 '근접하다', '가까이 오다'는 뜻이다. 복사에서 '홍수가 이 읍을 잠기게 할까요?(水![]其茲邑)'라고 한 예가 그것이다. 여기서도 떨어진 바위가 왕의 마차에 근접하였거나, 손상을 입혔거나, 놀라게 만들었다는 뜻이다.

㉓ 갑골문 : '앙(央)'자로 옮길 수 있다. 복사에서 '앙(央)'은 사람 이름으로 쓰였다.

㉔ 갑골문 : '추(墜)'자로 해석된다. 땅(土)으로 떨어지다(隊)는 뜻의 회의구조이다.

> 연습

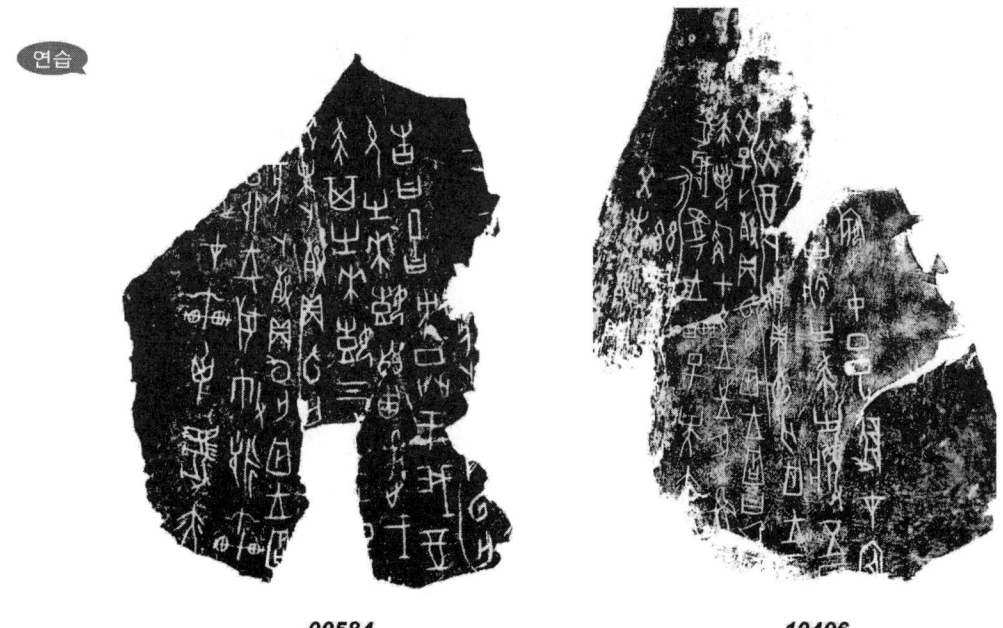

**00584**　　　　**10406**

본문(선독) **249**

## 080

"王往狩"

왕께서 사냥을 나가다 (King Went Hunting) 10939

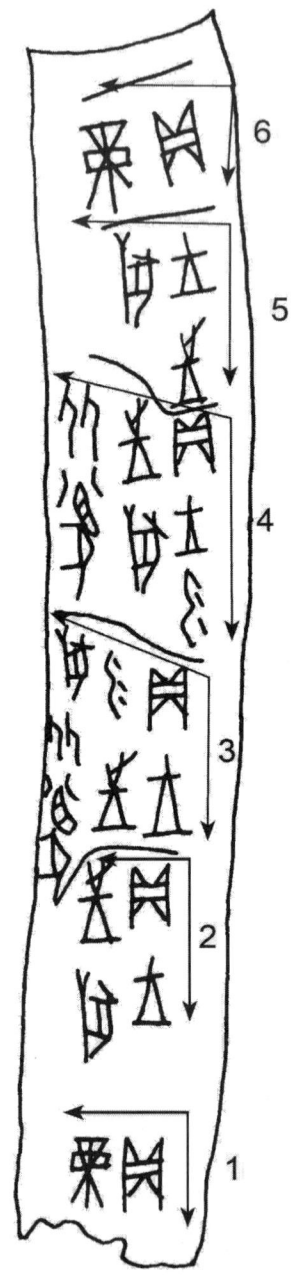

### 傳寫

### 번역

【1】 貞: 禘.
【2】 貞: 王往狩.
【3】 貞: 王勿往狩从豖.
【4】 貞: 王勿往狩从豖.
【5】 王往狩.
【6】 貞: 禘.

[1] 물어봅니다. '체'제사를 드릴까요?
[2] 물어봅니다. 왕께서 사냥을 나가도 될까요?
[3] 물어봅니다. 왕께서 사냥을 나가는데, '수(豖)' 땅에서 하지 말까요?
[4] 물어봅니다. 왕께서 사냥을 나가는데, '수(豖)' 땅에서 하지 말까요?
[5] 왕께서 사냥을 나가도 될까요?
[6] 물어봅니다. '체'제사를 드릴까요?

### 해설

이 갑골은 『갑골문합집』 제10939편에 보이는데, 제1기(典賓類) 복사에 속한다. 수(豖) 땅에서 사냥을 할 것인가를 물었다. 수(豖)는 지명이다. '종(从)'은 '~을 지나가다', 혹은 '~로 가다'는 뜻이다. 사냥을 나가는 곳을 말한다. 수(豖)라는 곳으로 가서 사냥을 하면 좋겠는지를 물었다.

🗨 글자풀이

① 갑골문 ❀(1132): '체(禘)'자로 해석된다. 제사 이름이다.

② 갑골문 𠆭(0066): 2개의 인(人)으로 구성되었는데, '종(从)'자로 옮길 수 있다. 『광아석고(廣雅釋詁)』에서 '종(从)은 나아가다는 뜻이다(就也).'라고 했다. 이 갑골에서 말한 '왕수종수(往狩从豕)'는 왕께서 수(豕)라는 곳으로 가서 사냥을 하다는 뜻이다.

③ 갑골문 𢒌(1666): '수(豕)'자로 옮길 수 있다. 지명이다.

🗨 연습

10607　　10969　　10970

## 081
## "獲八"
### 공작 8마리를 잡다 (Eight Peacock Captured) 09572

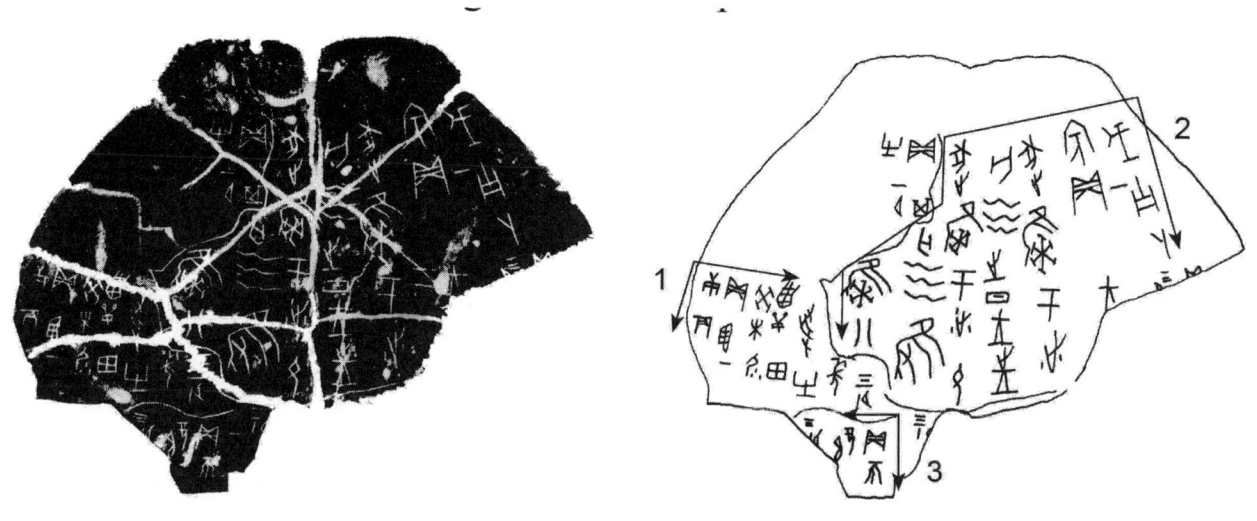

【1】 庚辰[卜], 囗貞: 翌癸未屎西單田. 受有年. 十三月.
【2】 戊子卜, 賓貞: 王逐鷹于沚, 亡巛. 之日王往逐鷹于沚, 允亡巛, 獲鷹八.
【3】 貞: 不囗孽囗.

[1] 경진일(제17일)에 [점을 칩니다]. '囗'가 물어봅니다. 다가오는 계미일(제20일)에 '서단'의 농경지에 비료를 낼까요? 풍년이 들까요? 13월이었다.

[2] 무자일(제25일)에 점을 칩니다. '빈'이 물어봅니다. 왕께서 '지' 땅에서 공작새를 쫓으면 탈이 없을까요? 다음날 왕께서 '지' 땅에서 공작새를 쫓았는데, 과연 탈이 없었다. 공작새 8마리를 잡았다.

[3] 점을 칩니다. 囗가 재난이 囗?

### 해설

이 갑골은 『갑골문합집』 제09572편에 보이는데, 제1기(賓組 제3그룹) 복사에 속한다. 첫 번째 복사에서는 서단(西單)에서 '비료를 주면(屎田)' 풍년이 들것인지를 물었다. 두 번째 복사에서는 당시의 왕이었던 무정(武丁)이 지(沚)라는 땅에서 수렵을 하는 것에 대해 점을 쳤고, 공작 8마리를 잡은 것을 기록했다. 세 번째 복사는 3글자만 남아 있어 통독이 불가능하다.

### 글자풀이

① 갑골문 (0009): '시(屎)'로 옮길 수 있다. '시(屎)'자로 해석된다. 혹자는 시전(屎田)은 분전(糞田)이며, 비료를 내다는 뜻이라고 했다. 『제민요술(齊民要術)』에서 "이윤이 사람들에게 비료를 내는 법을 가르쳤다(伊尹教民糞種)"라고 했다. 구석규(裘錫圭)는 '시(屎)'자가 옛날에는 '사(徙)'자와 통했다고 하면서, '시전(屎田)'은 '사전(徙田)'이나 '원전(爰田)'으로 해석해야 하는데, 이는 고대사회에서 농지를 바꾸어가며 경작하던 제도를 말한다고 했다. 장정낭(張政烺, 1912~2005)은 가 형성자로, '초(肖)'자이며, 조(趙)로 읽어야 한다고 했다. 다시 말해 『시·주송·양거(良耜)』에서 '기박사조(其鎛斯趙: 호미로 푹푹 파며)'라고 한 '조(趙)'와 같으며, 땅을 파서 뒤집고 김을 매다는 뜻이라고 했다. 첫 번째 복사는 경진일로부터 계미일까지 4일 내에 서단(西單)에서 진행된 '사전(徙田)'이나 '초전(肖田)'의 활동에 관한 점복이다.

② 갑골문 (3051): '단(單)'으로 읽는다. 갑골문에서는 수(狩)자를 수(獸)로 썼는데, 단(單)으로 구성되었다. '단(單)'자는 장대처럼 생긴 무기를 그렸다고 하기도 하고, 사당에 심은 나무를 그렸다고도 한다. 그래서 유위초(俞偉超, 1933~2003)는 '단(單)'이 당시의 농촌 가정의 집단 조직이라고 보았다. 복사에서 말한 '서단(西單)'이나 '남단(南單)'의 땅은 아마도 이런 집단 조직과 관련된 특수한 장소였을 것으로 추정된다.

③ 갑골문 (1777): 혹자는 '란(鸞)'(난새)를 말한다고도 한다. 장계광(張桂光, 1948~ )은 이것이 공작(孔雀)이라 논증했다. 난(鸞)은 매(鷹)의 일종이기에, 쫓을 수가 없는 새이다. 그래서 공작(孔雀)이나 커다란 능에(大鴇) 같이 잘 날지 못하는 큰 새로 보는 것이 옳을 듯하다.

④ 갑골문 (2498): '얼(孽)'자로 해석된다. 재앙이라는 뜻이다. 동사로 쓰일 때에는 '작얼(作孽)' 즉 재앙이 생기다는 뜻이다.

### 연습

**09584**

**10503**

## 082
### "遘大雨"
### 큰 비를 만나다 (Encountered Heavy Rain) 37646

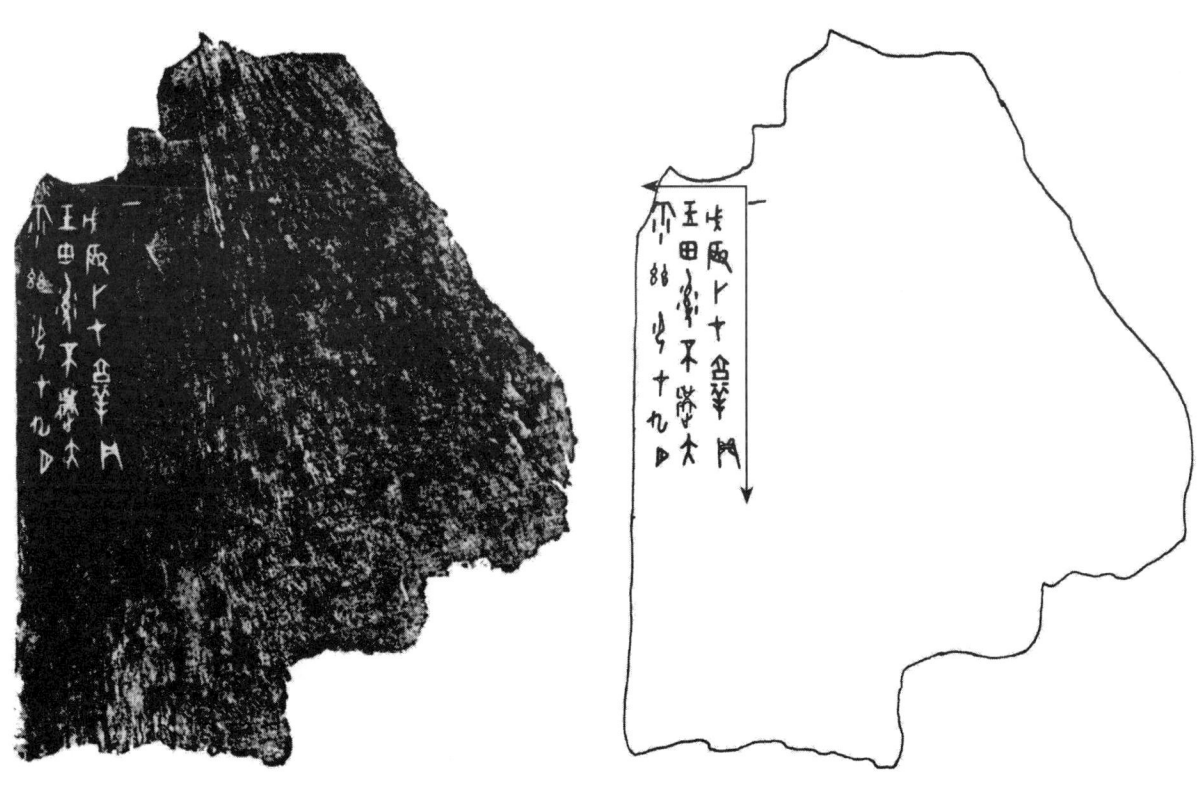

戊辰卜, 在敦貞: 王田㝃, 不遘大雨. 茲御, 在九月.
무진일(제5일)에 점을 칩니다. '돈'에서 물어봅니다. 왕께서 '실'에서 사냥을 하는데, 큰 비를 만나지 않을까요? 괜찮을 것이다. 9월이었다.

> 해설

이 갑골은 『갑골문합집』 제37646편에 보이는데, 제5기(黃組) 복사에 속한다. 대체적은 뜻은 이렇다. 무진일에 돈(敦)이라는 곳에서 점을 쳤다. 실(兊)이라는 곳으로 가서 사냥을 할 예정인데, 큰 비를 만나지 않을 것인가? '자어(玆御)'라는 말은 점괘의 예측대로 되어, 과연 큰 비를 만나지 않았다는 뜻이다. 때는 9월이었다.

> 글자풀이

① 갑골문 𠂤(1986): '돈(敦)'자로 해석된다. 지명이다.

② 갑골문 𣎆(3151): '실(兊)'자로 옮길 수 있다. 상나라 때의 사냥터의 이름이다.

③ 갑골문 𩵋(3116): 2마리의 물고기(魚)가 서로 교차한 모습이다. '구(冓)'자로 해석된다. 복사에서는 간혹 지(止)나 척(彳)이나 착(辵)으로 구성되기도 하는데, 모두 통용 가능하다. 복사에서는 '만나다'는 뜻으로 해석된다. 예컨대, 구풍(冓風), 구우(冓雨), 구호(冓虎) 등은 '바람을 만나다', '비를 만나다', '호랑이를 만나다'는 뜻이다. 또 인명이나 지명으로도 쓰였다. 예를 들어 "구 땅에 풍년이 들까요?(冓受年)", "구를 불러 사슴을 상 땅에서 쫓게 할까요?(乎冓逐鹿于喪)" 등이 그렇다.

④ 복사 𢆶出(玆御): 갑골문에 쓰이는 관용어로, 제5기 제신(帝辛) 때의 수렵 복사에 자주 보이는데, 점사(占辭)와 험사(驗辭) 사이에 등장한다. 호후선(胡厚宣)은 이의 뜻이 '자용(玆用)'과 같다고 했다. 그러나 구석규(裘錫圭)는 出를 액(厄)으로 해독하고, 과(果)로 읽히며, 응험이 있어 점괘와 결과가 서로 맞았다는 의미라고 논증한 바 있다.

연습

*36396*　　　　*37669*

본문(선독) 257

## 083
"獲大㲋虎"
### 큰 호랑이를 잡다 (Big Tiger Captured) 37848

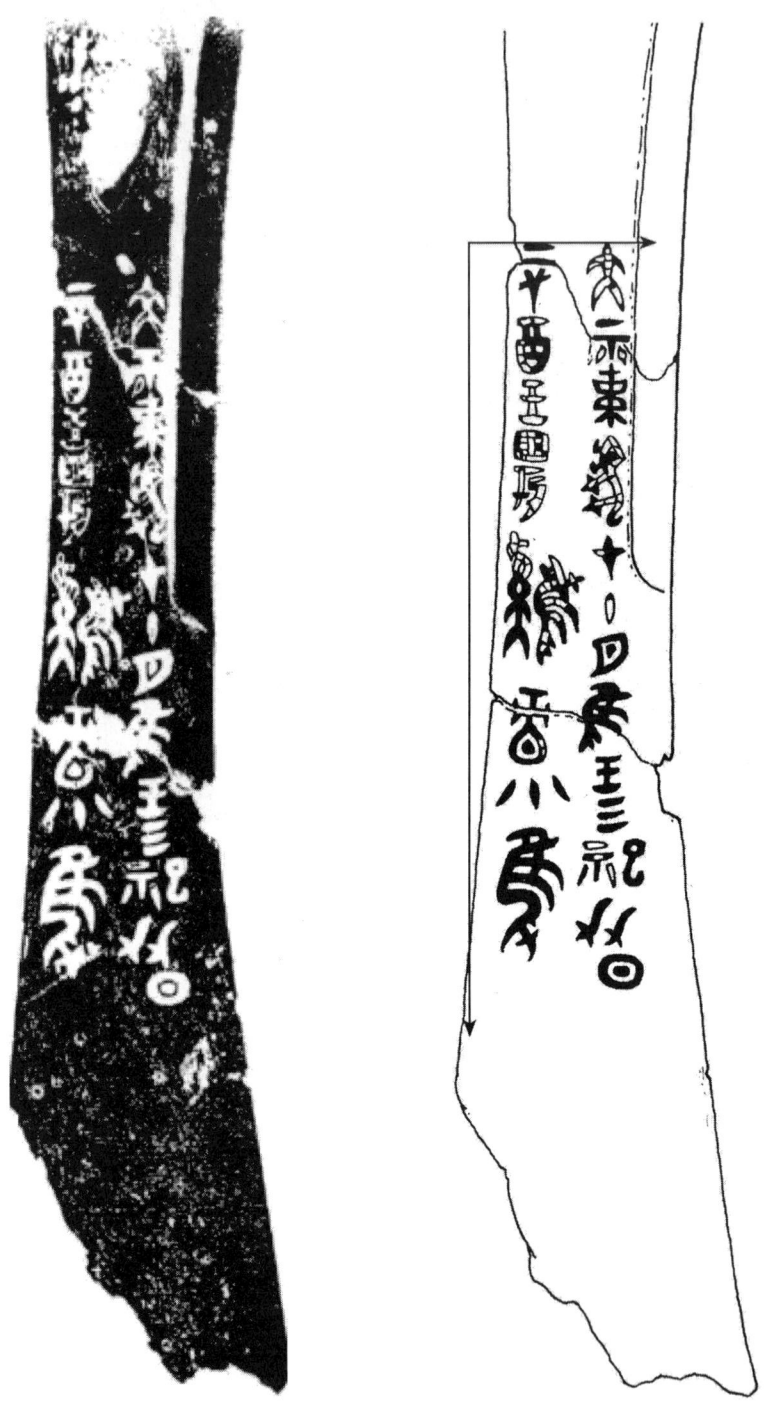

### 傳寫

### 번역

辛酉, 王田于雞麓, 獲大霥虎. 在十月, 惟王三祀, 劦日.

신유일(제58일)에 왕께서 '계록'에서 사냥을 하였는데, 커다란 화려한 무늬를 가진 호랑이를 잡았다. 10월이었다. 왕의 재위 3년 '협'제사를 지내는 날이었다.

### 해설

이 갑골은 『갑골문합집』 제37848편에 보이는데, 제5기(黃組) 복사에 속한다. 원래는 화이트(懷特氏, William Charles White) 소장 B1915판(『佚』518)이다. 당시의 왕은 제신(帝辛)이었고, 제신(帝辛) 3년 10월이면 기원전 1073년이다.

### 글자풀이

① 갑골문 (3154): '계(雞)'의 초기 글자이다. 해(奚)가 소리부이며, 복사에서는 지명으로 쓰였다.

② 갑골문 (3354): '우(于)'의 초기 글자이다.

③ 갑골문 (2917): 달리 , , 등으로 쓴다. '록(彔)'자로 해석된다. 이효정(李孝定)은 이 우물에서 물을 긷는 도르래(鹿盧)를 그렸는데, 윗부분은 도르래, 아래 부분은 물을 긷는 통, 작은 점은 떨어지는 물방울이라고 했다. 여기서는 '산기슭'을 뜻하는 록(麓)으로 가차되었다. 『설문해자』에서 록(麓)의 고문체를 록(𣏟)으로 써, 록(彔)으로 구성되었다고 했다. 그래서 갑골문의 은 바로 산록(山麓)이라고 할 때 록(麓)이다.

④ 갑골문 (1202): '속(霥)'자로 옮길 수 있다. 의미는 불분명하다. 분명 호랑이의 어떤 특징을 묘사한 말이 분명한데, 김상항(金祥恒, 1918~1989)은 『집운(集韻)』을 인용하여 '작은 반점 무늬'로 해석했다.

⑤ 갑골문 , , (1668): 모두 호랑이를 그렸으며, '호(虎)'의 초기 글자이다.

⑥ 갑골문 (1856): '사(祀)'의 초기 글자이다. 사(祀)는 제사를 뜻한다. 상나라 말기에 들면 5가지 제사로 번갈아가며 선왕(先王)과 선비(先妣)에게 제사를 드렸다. 상갑(上甲)부터 시작해서 전체 제사가 한 바퀴 도는데 걸리는 시간이 36순(旬)~37순(旬)이었는데, 마침 1년의 길이와 비슷했다. 그래서 상나라 때에는 이 제사 용어로 '1년'이라는 시간을 나타내는 말로 쓸 수 있었다. 복사에서 말하는 '유왕기사(隹王幾祀)'는 당시 왕의 재위 년도를 표시하는 말이다.

⑦ 갑골문 (0735): '협(劦)'자로 옮길 수 있다. 제사 이름이다. 협일(劦日)은 협(劦)제사를 지내던 날이라는 뜻이다.

33363

10216

10199

## 084
### "省牛于敦"
**'돈' 땅에서 소의 사육 상태를 살피다** (Inspecting Cattle at Dūn) 11171

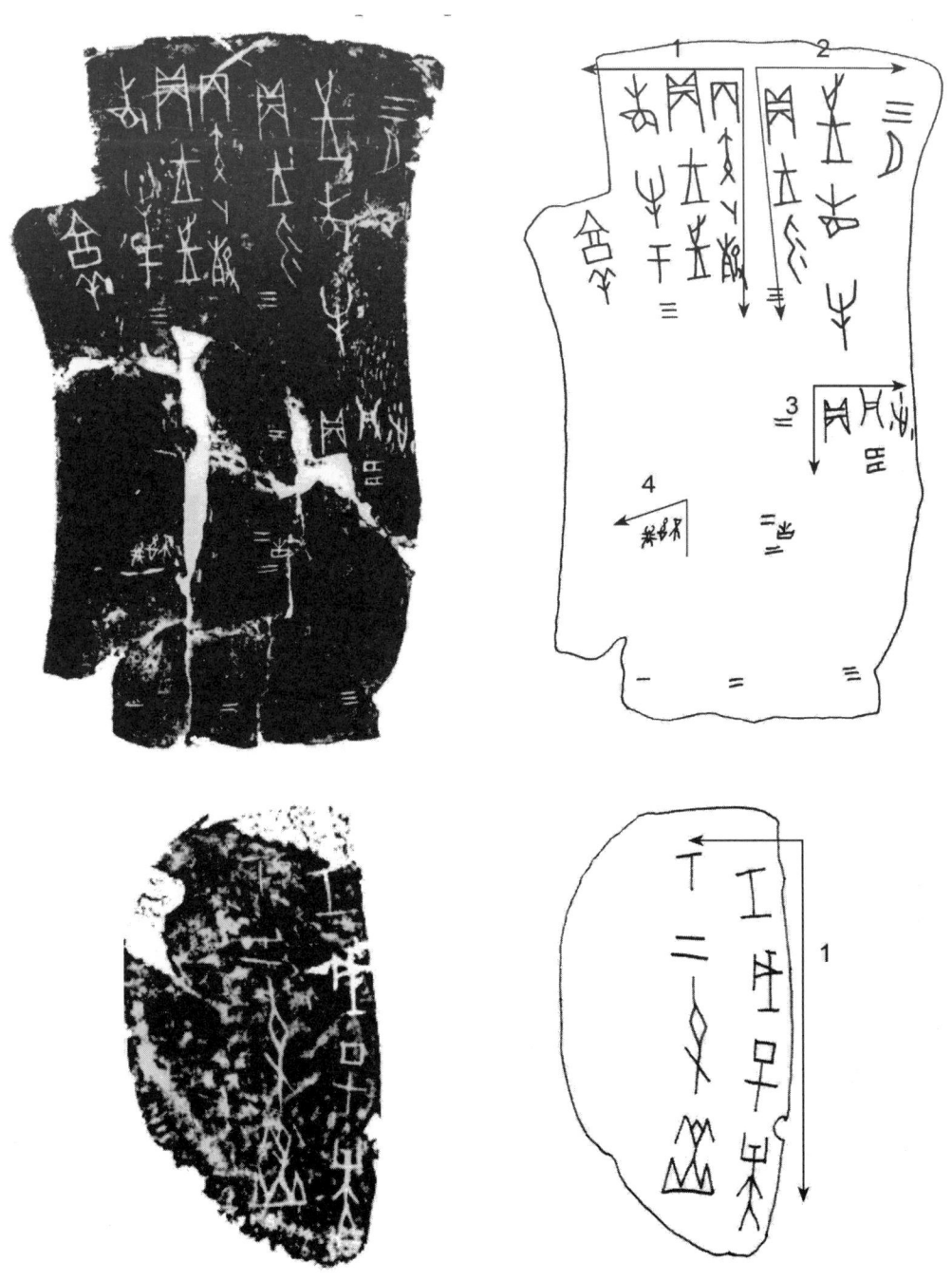

### 傳寫

(正面)

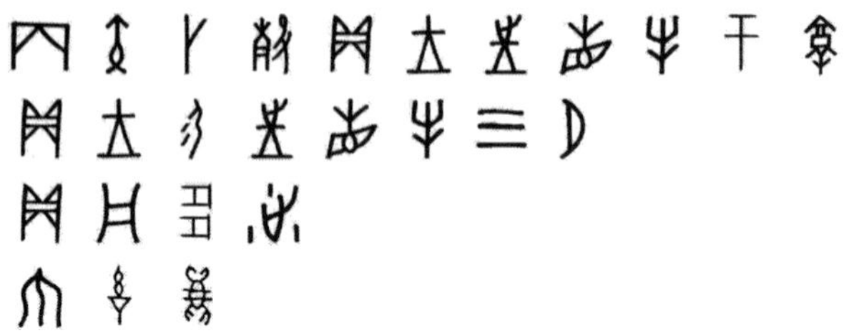

[갑골문 문자들]

(臼面)

[갑골문 문자들]

### 번역

(앞면)
【1】丙寅卜, 殼貞: 王往省牛于敦.
【2】貞: 王勿往省牛. 三月.
【3】貞: ☐凡多沚.
【4】不舌黽.

[1] 병인일(제3일)에 점을 칩니다. '각'이 물어봅니다. 왕께서 소를 살피러 '돈' 땅으로 가도 될까요?
[2] 물어봅니다. 왕께서 소를 살피러 가지 말까요? 3월이었다.
[3] 물어봅니다. ☐ '범' 제사를 '다지'……?
[4] 붉은 색으로 칠할까요?

(골구면)
【1】壬戌, 子央示二屯, 岳.
[1] 임술일(제59일), '자앙'이 2짝(1짝은 좌우 견갑골 2개임) 검시하였다. '악'이 기록했다.

### 해설

이 갑골은 『갑골문합집』 제11171편에 보이는데, 제1기(典賓類) 복사에 속한다. 앞면의 첫 번째와 두 번째 복사에서는 왕이 돈(敦) 땅으로 가서 소의 사육 정황을 살필 것인가를 물었다. 하나는 긍정 형식으로 물었고, 다른 하나는 부정 형식으로 물었다. 세 번째 복사는 글자들이 많이 잘려나가 정확한 의미 파악이 어렵다. 이들 외에, '불오주(不舌黽)'라는 말이 보이는데, 조사(兆辭)를 붉은 색으로 칠해야 될지를 물은 것으로 보인다. 골구(骨臼) 부분은 사건을 기록한 기사(紀事) 복사인데, 자앙(子央: 왕자 앙)이 두 짝의 복골을 '검시했고(示)', 악(岳)이 이 사실을 기록했다고 했다. 자앙(子央)은 제79편에서 등장했던 '자앙이 마차에서 떨어졌다(子央墜車)'는 주인공 자앙(子央)과 동일인으로 추정된다.

> **글자풀이**

① 갑골문 ✤(0613): 목(目)과 생(生)으로 이루어졌으며, '생(省)'의 초기 글자이다. 생(省)은 갑골복사에서 다음의 뜻으로 쓰였다. (i)순시(巡視)하다, 둘러보고 시찰하다는 뜻으로 쓰인다. "엄" 땅으로 가서 희생에 쓸 소를 살필까요?(往省牢于俺)'가 그렇다. (ii)사냥하다(田獵), 예컨대 '왕께서 사냥을 할까요?(王其省田)'가 그렇다, (iii)정벌(征伐)하다. 순벌(循伐)과 용법이 같다.

② 갑골문 H(2845): '범(凡)'자로 해석된다. 자형구조와 원래 의미는 분명하지 않다. 혹자는 제사 이름이라고도 하고, 지명으로 보기도 한다. 이 갑골은 글자들이 많이 잘려 나가 의미를 잘 알 수 없다.

③ 갑골문 ᄾ(3275): '둔(屯)'자로 옮길 수 있다. 갑골복사에서는 좌우 견갑골(肩胛骨) 1짝을 1둔(屯)이라 했다.

> **연습**

**11181**

**11177**

## 085
### "往延魚"
### 계속되는 고기잡이 (Continuing Fishing) 12921

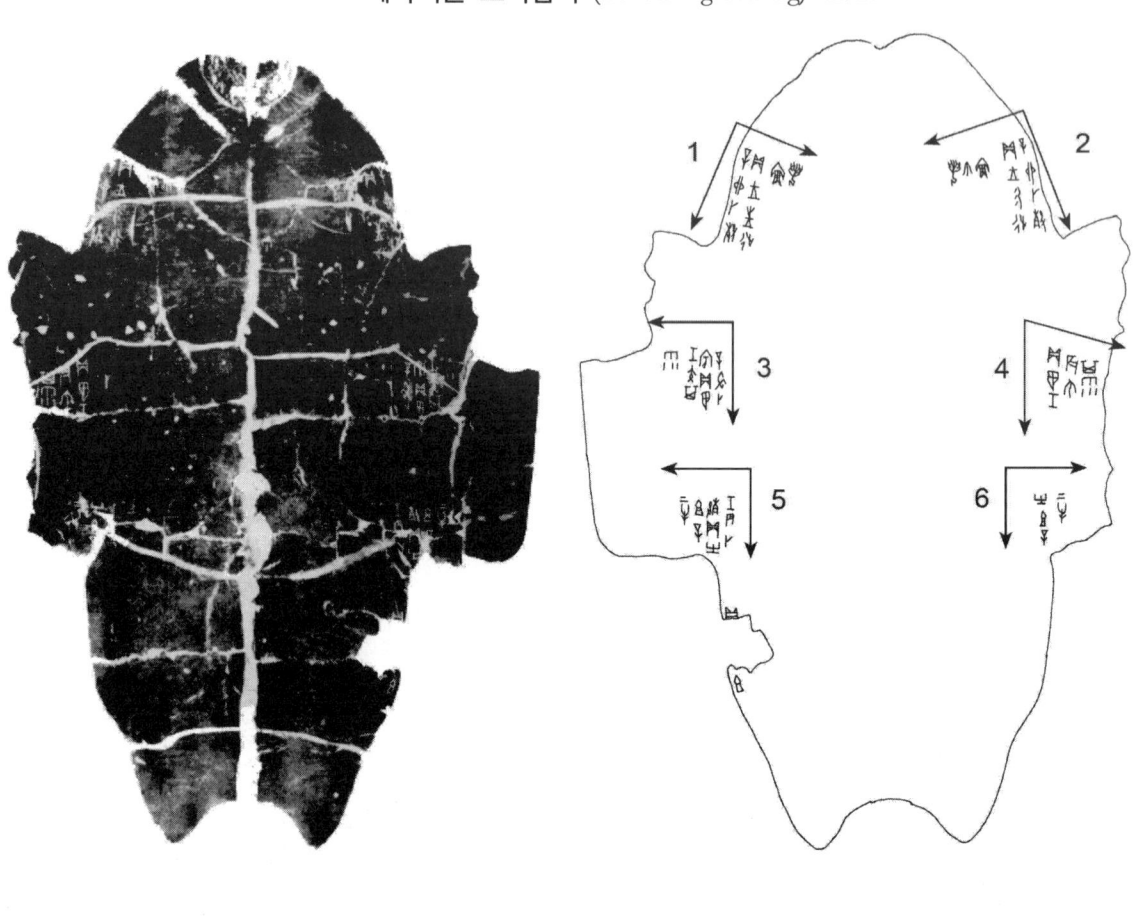

> **번역**

【1】 辛卯卜, 殼貞: 王往延漁, 若.
【2】 辛卯卜, 殼貞: 王勿延漁, 不若.
【3】 辛丑卜, 賓貞: 翌壬寅其雨.
【4】 貞: 翌壬辰不其雨.
【5】 壬辰卜, 殼貞: 侑祖辛二牛.
【6】 侑祖辛二牛 .

[1] 신묘일(제28일)에 점을 칩니다. '각'이 물어봅니다. 왕께서 가서 물고기를 계속해서 잡으려하는데, 허락해주시겠습니까?

[2] 신묘일(제28일)에 점을 칩니다. '각'이 물어봅니다. 왕께서 가서 물고기를 계속해서 잡으려하지 않는데, 허락해주시지 않겠습니까?

[3] 신축일(제38일)에 점을 칩니다. '빈'이 물어봅니다. 다가오는 임인일(제39일)에 비가 내릴까요?

[4] 물어봅니다. 다가오는 임진일(제29일)에 비가 내리지 않을까요?

[5] 임진일(제29일)에 점을 칩니다. '각'이 물어봅니다. '유'제사를 '조신(K13)'께 드리는데 소 2마리를 올릴까요?

[6] '유'제사를 '조신(K13)'께 드리는데 소 2마리를 올릴까요?

> **해설**

이 갑골은 『갑골문합집』 제12921편에 보이는데, 제1기(典賓類) 복사에 속한다. 전체 갑골문은 위에서부터 아래쪽으로 읽어 내려와야 한다. 첫 번째와 두 번째 복사에서는 왕이 계속해서 물고기 잡이에 나서려는데 순조로울지 아닐지를 물었다. '연어(延漁)'에서의 연(延)은 '연우(延雨)', '연풍(延風)' 등에서의 연(延)과 용법이 같아, '계속하다는 뜻이라고 보아야 할 것이다. 세 번째와 네 번째 복사는 신축일에 점을 쳐 그 이튿날인 임인일에 비가 올 것인지를 물었다. 다섯 번째와 여섯 번째 복사에서는 조신(祖辛)(K13)께 드릴 제사에 대해 물었다. 네 번째 복사의 날짜 '임진'은 잘못 새긴 것임이 분명하다. 아마도 임인일이 되어야 할 것이다.

> **글자풀이**

① 갑골문 𠨔(2290): 연(㚇)으로 옮길 수 있다. '연(延)'자로 해석하며, 계속 이어지다, 연속되다, 계속되다는 뜻이다. 갑골복사에 "눈 아픈 병이 계속될까요? 눈 아픈 병이 계속되지 않을까요?(有疾目其延, 有疾目不延.)"라는 말이 있다.

② 갑골문 𤋅(1812): 물고기를 닮았다. 여기서는 동사로 쓰여 '어(漁: 고기를 잡다)'로 해석된다. 복사에 "왕께서 '경' 땅에 수렵을 나가고, '필' 땅에 물고기 잡이를 나갈까요?(王狩京魚畢.)", "왕께서 물고기 잡이에 나가지 말고, 수렵에 나갈까요?(王弗魚, 其狩.)"라고 한 기록이 보인다. 물고기를 잡는 일(漁)이 사냥하는 일(狩)과 함께 등장하고 있다.

연습

04570

10476

10480

## 086
## "獲魚三萬"
### 물고기 3만 마리를 잡다 (Thirty Thousands Fish Captured) 10471

癸卯卜, 豙獲魚, 其三萬, 不☒

계묘일(제40일)에 점을 칩니다. '환'이 물고기를 잡았습니다. 3만 마리나 됩니다. ☒……말까요?

이 갑골은 『갑골문합집』 제10471편에 보이는데, 제1기(自賓間 A그룹) 복사에 속한다. 골판이 파손되고, 복사가 떨어져 나갔으며, 탁본에서 '어(魚)'자도 그다지 분명하지 않다. 하지만 물고기 3만 마리를 잡았다는 것만은 분명하다. 물론 물고기 잡이(漁)와 수렵(狩)이 나란히 열거되긴 했지만, 상나라 때는 여전히 수렵을 위주로 했다. 다만 잡은 물고기 숫자가 3만 마리나 된다는 것은 매우 경이로운 일이다.

### 글자풀이

① 갑골문 (1617): 『갑골문자고림』에서는 '환(豢)'자로 옮겼다. 사람 이름이다.

② 갑골문 (1861): 전갈을 닮았다. 갑골문에서 이미 숫자를 나타내는 단위인 '만(萬)'자로 가차되었다.

### 연습

10475

10472

## 087
"逐杏麋"
### '수' 땅에서 사슴을 뒤쫓다 (Chase Deer of Shuǐ) 28789

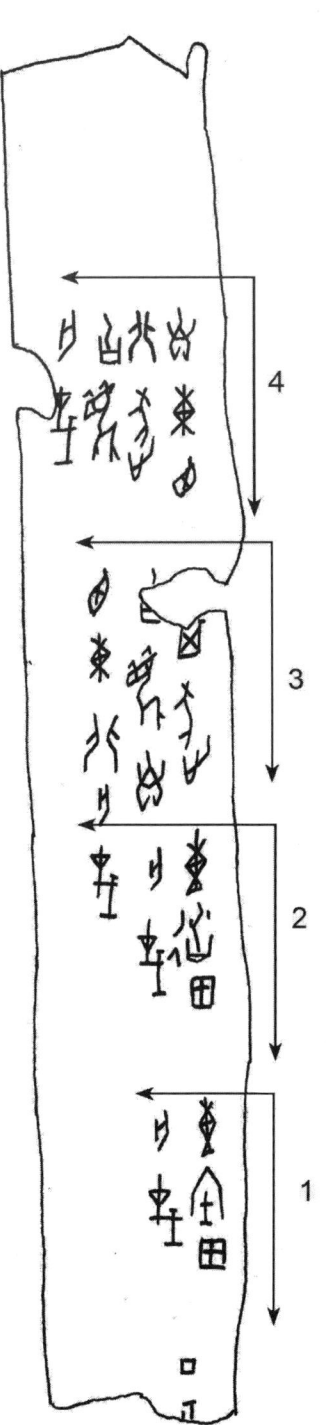

> 傳寫

[갑골문 자형 이미지]

> 번역

【1】惠牢田, 亡災.

【2】惠㤅田, 亡災.

【3】其逐杏麋自西東北, 亡災.

【4】自東西北逐杏麋, 亡災.

[1] '오' 땅에서 사냥을 하면, 재앙이 없을까요?

[2] '수' 땅에서 사냥을 하면, 재앙이 없을까요?

[3] '수' 땅에서 큰 사슴을 쫓는데, 서쪽, 동쪽, 북쪽 방향에서 하면, 재앙이 없을까요?

[4] 동쪽, 서쪽, 북쪽 방향에서부터, '수' 땅의 사슴을 쫓아가면, 재앙이 없을까요?

> 해설

이 갑골은 『갑골문합집』 제28789편에 보이는데, 제3기~제4기(無名組) 복사에 속한다. 사냥에 관한 4개의 복사가 실렸다. 첫 번째 복사는 '오' 땅에서 사냥을 하는데 재앙이 없을 지를 물었다. 첫 번째 복사는 '수' 땅에서 사냥을 하는데 재앙이 없을 지를 물었다. 세 번째와 네 번째 복사에서는 큰 사슴을 쫓아 사냥할 전략에 대한 것으로, 동쪽, 서쪽, 북쪽의 세 면을 에워싸 쫓으면 재앙이 없을 지를 물었다. 아마도 '수' 땅에 있던 사냥터에서 사냥을 했기에 '수' 땅의 큰 사슴이라 불렀을 것이다.

> 글자풀이

① 갑골문 [자형](2047): '오(牢)'자로 옮길 수 있다. 지명이다.

② 갑골문 [자형](0778): '수(㤅)'자로 옮길 수 있다. 지명이다. 사냥터의 이름이다.

③ 갑골문 [자형](0778): '수(杏)'자로 옮길 수 있다. 수(水)와 구(口)로 구성되었다. 잠정적으로 '수(水)'자와 같이 읽는다. 큰사슴(麋)을 수미(杏麋)라 부른 것은 수(杏) 땅에 있는 큰 사슴이었기 때문일 것이다. 수(㤅)와 수(杏)는 아마도 같은 지명일 것이다.

28795　　　　　28791　　　　　28790

## 088
"東土受年"

동쪽 땅에 풍년이 들다 (East Land Received Harvest) 36975

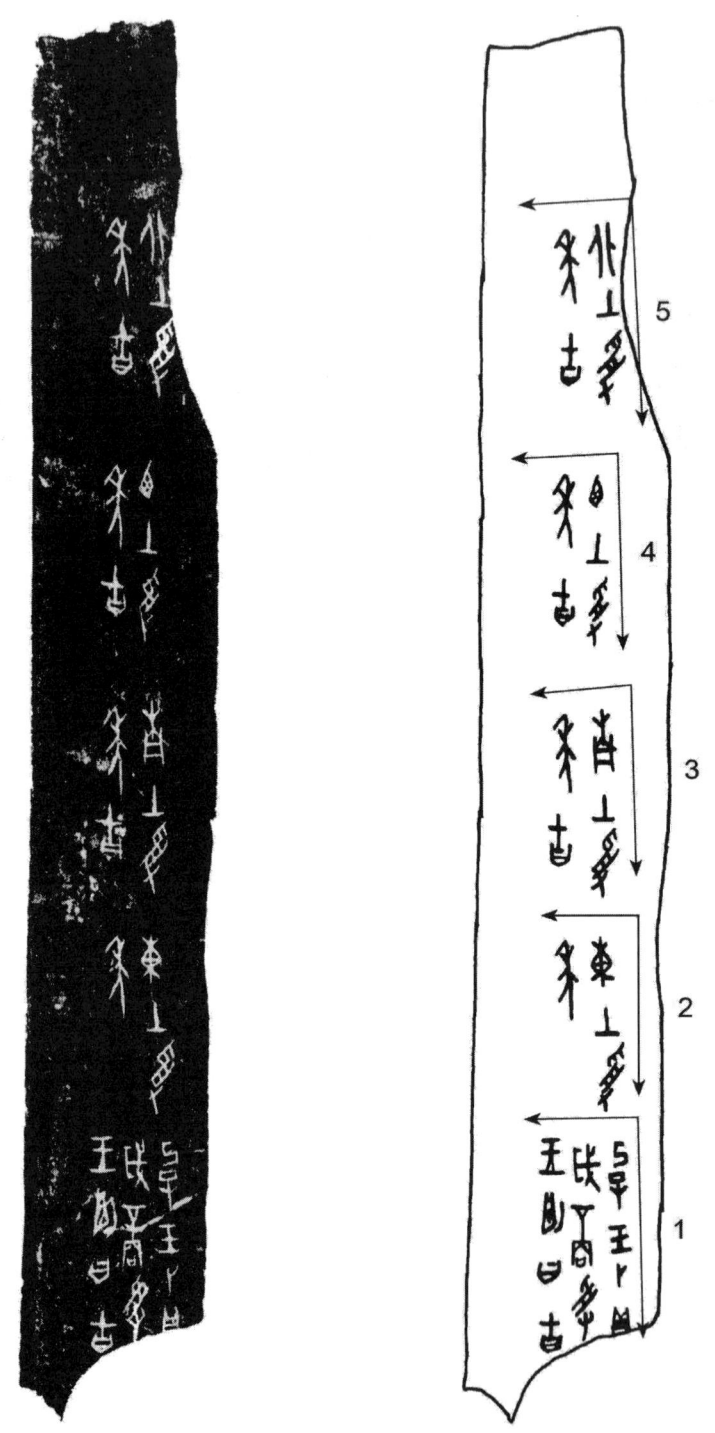

> 傳寫

(갑골문 자형)

> 번역

【1】 己巳王卜貞: [今]歲商受[年]. 王占曰: 吉.
【2】 東土受年.
【3】 南土受年. 吉.
【4】 西土受年. 吉.
【5】 北土受年. 吉.

[1] 기사일(제6일)에 왕(제을, 帝乙, K28)께서 점을 쳐, 물어봅니다. [올해] '상'에 [풍년이] 들까요? 왕께서 점괘를 해석해 말씀하셨다. 길하리라.
[2] 동쪽 땅에 풍년이 들까요?
[3] 남쪽 땅에 풍년이 들까요? 길하리라.
[4] 서쪽 땅에 풍년이 들까요? 길하리라.
[5] 북쪽 땅에 풍년이 들까요? 길하리라.

> 해설

이 갑골은 『갑골문합집』 제36975편에 보이는데, 제5기(黃組) 복사에 속한다. 당시 왕이었던 제을(帝乙, K28)이 상(商) 왕실의 영토에 풍년이 들 것인지를 물었다. 제을이 얻은 점괘는 '길조'였으며, 풍년이 들 것이라고 했다. 또 동쪽, 남쪽, 서쪽, 북쪽 모든 영토에 풍년이 들 것이라고도 했다. 복사에는 동토, 남토, 서토, 북토의 풍년에 대해 언급한 것이 많이 보인다. 뒤의 [연습] 부분을 참조하라.(『합집』 제33267편, 『합집』 제33246편, 『은습(殷拾)』 12.5편을 짜 맞추기 한 것으로, 손아빙(孫亞冰, 1978~ )의 작품이다.)

> 글자풀이

① 갑골문 ⊥, ⍉(1211): '토(土)'의 초기 글자이다. 갑골문에서 세 가지 뜻으로 쓰였다. (i)방국(方國)이름으로, 토방(土方)을 말한다. (ii)토지 신(土地神)이나 선조의 이름이다. (iii)지역(地域)을 말하는데, 동토(東土), 남토(南土)가 그것이다. 이 갑골의 동토(東土), 남토(南土), 서토(西土), 북토(北土)는 상(商)을 중심으로 분포한 사방의 영토를 말한다.

② 갑골문 (2429): 부월(斧戉) 즉 도끼를 그렸으며, '세(歲)'의 초기 글자이다. 이 갑골의 '세(歲)'는 한 해를 헤아리는 단위로 쓰여, '금세(今歲)', '내세(來歲)'는 '올해'와 '내년'을 말한다.

③ 갑골문 (2146): '상(商)'자로 해석된다. 지명으로, 대읍상(大邑商)을 말한다.

09749

24429

09747

33267+33246+YS12.5

## 089
## "我受黍年"
우리에게 풍년이 들다 (We Received Millet Harvest) 10094

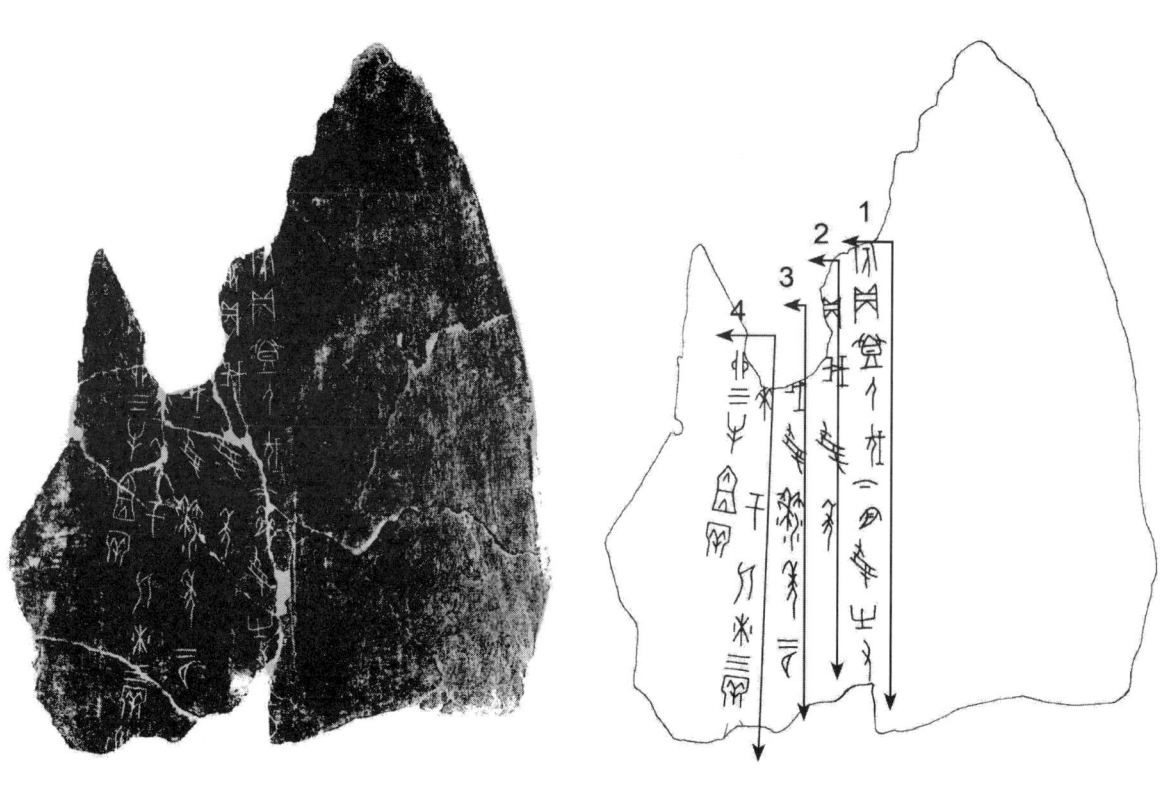

傳寫

### 번역

【1】 ☐[卜], 賓貞: 登人伐下危, 受有祐. □[月].
【2】 ☐[卜], 殼貞: 我受年.
【3】 [殼貞]: 我受黍年. 二月.
【4】 ☐秦年于河, 燎三牢, 沉[三牛], 卯三牛, 宜牢.

[1] ☐ [점을 칩니다]. '빈'이 물어봅니다. '등인'들이 '하위'를 정벌하는데, 신의 보살핌을 받을 수 있을까요? □월 이었다.

[2] ☐ [점을 칩니다]. '각'이 물어봅니다. '풍년이 들겠습니까?

[3] ['각'이 물어봅니다.] 우리 기장 농사에 풍년이 들겠습니까? 2월이었다.

[4] ☐ '하에게 풍년을 비는데, '료'제사에 희생 소 3마리, '침'제사에 [소 3마리], '묘'제사에 소 3마리, '의'제사에 희생소를 쓸까요?

### 해설

이 갑골은 『갑골문합집』 제10094편에 보이는데, 제1기(典賓類) 복사에 속한다. 갑골 조각이 많이 손상되었다. 그러나 손상된 글자를 탁본에 근거해 식별할 수 있으며, 빠진 글자도 문맥에 따라 거의 복원할 수 있다. 첫 번째 복사에서는 군사를 일으켜 하위(下危)를 공격하면 신의 보살핌을 받을 수 있을지를 점복관 빈(賓)이 물었다. 두 번째 복사에서는 점복관 각(殼)이 풍년이 들 것인지를 물었다. 세 번째 복사에서는 다시 기장 농사를 특정하여 풍년이 들 것인지를 물었다. 네 번째 복사에서는 하(河)에게 제사를 드리면 풍년이 들 것이지를 물었으며, 제사는 료(燎), 침(沉), 묘(卯), 의(宜) 등 4가지 의식을 통해 진행되었다. 탁본에서 네 번째 복사의 첫 번째 행 마지막 부분은 파손되었지만, 여전히 '침(沉)'자임을 알 수 있다. 그러나 모사본에서는 '침(沉)'자가 빠졌다.

### 글자풀이

① 갑골문 𝌀 (3279): '의(宜)'자로 옮길 수 있다. 고깃덩어리가 도마 위에 놓인 모습이다. 제사 이름이나 희생을 사용하는 방법을 뜻한다. '의(宜)'자로 해석된다. 의(宜)와 조(俎)자는 서로 비슷해 혼동하기 쉽다. 조(俎)는 고기를 담는 작은 도마 모양이다. '차(且)'자는 도마를 그린 상형자인데, 이후 조상(祖先)을 뜻하는 '조(祖)'로 가차되었다. 금문에서 이미 도마 한 쪽에 도마의 발이 더해져 측면에서 본 모습으로 변해 도마(俎)를 표시하는 전용자가 탄생했다(『金文編』 925쪽). 옛날에는 의(宜)와 조(俎)의 자형이 같다고 여겼는데, 소전체의 '조(俎)'자의 측면에 있는 2개의 인(人)자는 고깃덩어리 두 개가 도마에서 밖으로 이동한 모습으로, 잘못변해 일어난 것으로 생각했다. 그래서 『갑골문자고림』의 '안어(按語)'에서도 옛날에는 의(宜)와 조(俎)가 같은 글자였다고 했다. 그러나 금문에서 조(俎)의 전용자가 발견된 이후로 의(宜)와 조(俎)가 원래는 한 글자였다는 설은 무너지고 말았다. 자형에 근거한다면, '의(宜)'는 고깃덩어리를 도마 위에 놓고 제사 지내는 희생 사용 방법을 말한 것으로 보인다.

**연습**

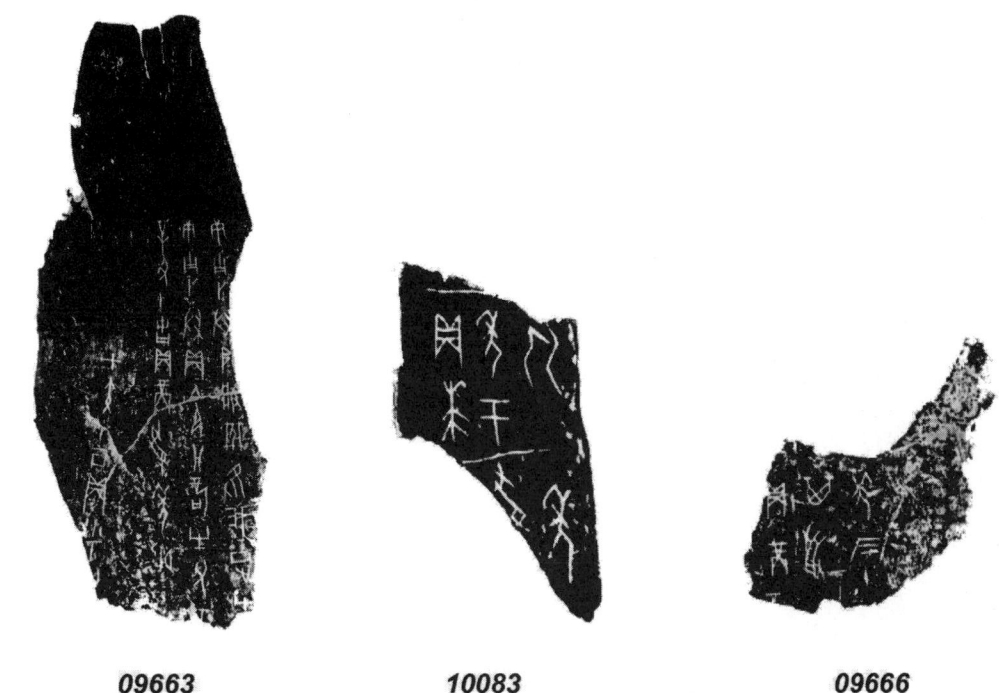

09663　　　10083　　　09666

## 090
## "岳河夒"
### '악'과 '하'와 '노' (Yuè Hé Náo) 10076

**傳寫**

**번역**

【1】乙卯卜, 賓貞: 虤龜. 翌日.

【2】戊午卜, 賓貞: 酚桒年于岳, 河, 夒.

[1] 을묘일(제52일)에 점을 칩니다. '빈'이 물어봅니다. 거북을 바칠까요? '악' 제사를 지내던 날이었다.

[2] 무오일(제55일)에 점을 칩니다. '빈'이 물어봅니다. 풍년이 들기를 '악', '하', '노'에게 기원 드릴까요?

### 해설

이 갑골은 『갑골문합집』 제10076편에 보이는데, 제1기(典賓類) 복사에 속한다.. 첫 번째 복사는 점복관 빈(賓)이 거북(龜)을 헌상할 것인지와 익일(翌日)의 제사에 대해 물었다. 두 번째 복사는 악(岳), 하(河), 노(夒) 등 세 명의 고조신(高祖神)에게 풍년을 기원한 것을 기록했다.

### 글자풀이

① 갑골문 (2745): '언(甗)'의 초기 글자이다. '헌(獻)'자로 해석된다.

② 갑골문 (1873): '귀(龜)'의 초기 글자이다.

③ 갑골문 (1094): 갑골문 (1543)의 변형이다. 모두 '노(夒)'로 해석된다.

### 연습

10103

10085

## 091
### "寧秋于旬"
### '순'에게 메뚜기 떼를 진정시켜 달라고 하다
(Calming Locust at Deity Sǔn) 32028

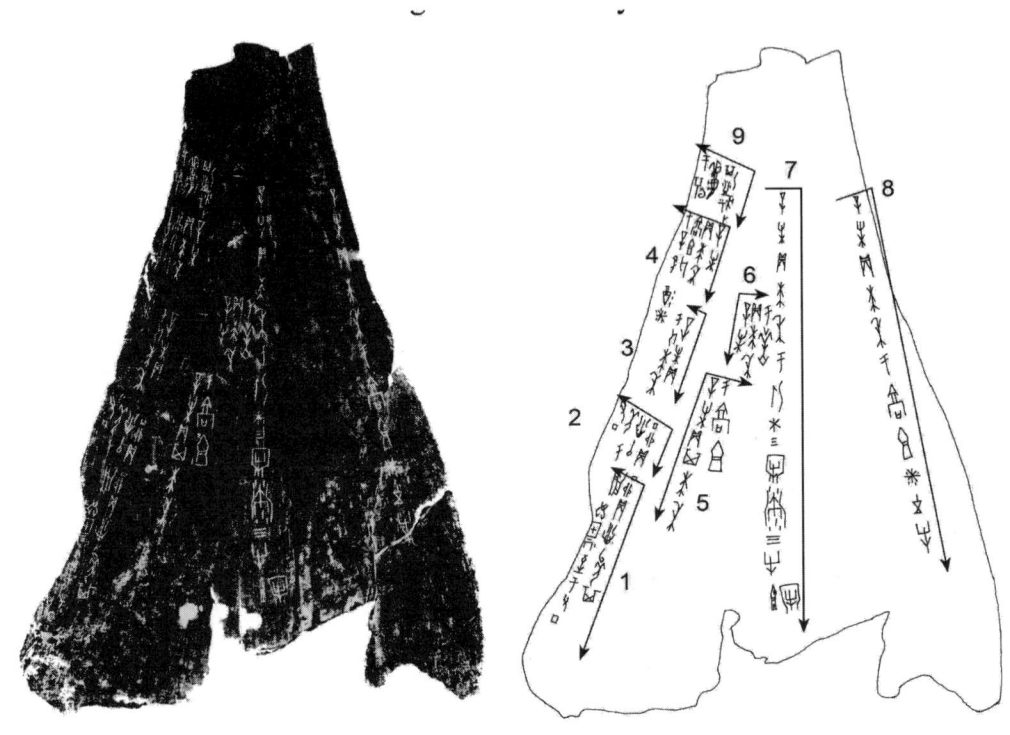

280 상대 갑골문 한국어 독본

> 번역

【1】 丁卯貞: 甾以羌, 其用. 自上甲汎至于父丁.

【2】 丁卯貞: 甾以羌于父丁.

【3】 辛未貞: 于河舉禾.

【4】 辛未貞: 舉禾高祖河. 于辛巳酚燎.

【5】 辛未貞: 其舉禾于高祖.

【6】 辛未貞: 舉禾于岳.

【7】 辛未貞: 舉禾于河, 燎三牢, 沉三牛, 宜牢.

【8】 辛未貞: 其舉禾于高祖, 燎十五牢.

【9】 乙亥卜, 其寧螽于徇.

[1] 정묘일(제4일)에 물어봅니다. '등'이 '강족'을 희생물로 사용하여, '상갑'(PK1)부터 '기'제사를 '부정'(무정, K21)까지 올릴까요?

[2] 정묘일(제4일)에 물어봅니다. '등'이 '강족'을 사용하여, '부정'(무정, K21)께 올릴까요?

[3] 신미일(제8일)에 물어봅니다. '하'에게 곡식의 풍년을 빌까요?

[4] 신미일(제8일)에 물어봅니다. 곡식의 풍년을 '고조 하'에게 빌까요? 신사일(제18일)에 '주'제사와 '료'제사를 지낼까요?

[5] 신미일(제8일)에 물어봅니다. 곡식의 풍년을 '고조'에게 빌까요?

[6] 신미일(제8일)에 물어봅니다. 곡식의 풍년을 '산악 신'에게 빌까요?

[7] 신미일(제8일)에 물어봅니다. 곡식의 풍년을 '하'에게 비는데, '료'제사에 희생소 3마리, '침'제사에 소 3마리, '의'제사에 희생소를 쓸까요?

[8] 신미일(제8일)에 물어봅니다. 곡식의 풍년을 '고조'에게 비는데, '료'제사에 희생소 15마리를 쓸까요?

[9] 을해일(제12일)에 물어봅니다. 메뚜기 떼를 잠재우도록 '순'에게 제사를 드릴까요?

> 해설

이 갑골은 『갑골문합집』 제32028편에 보이는데, 제1기~제2기(歷組 제2그룹) 복사에 속한다. 전체는 9조항으로 되었다. 시간의 순서에 따라 보면, 첫 번째와 두 번째 복사는 정묘일(제4일)에 강족(羌族)을 희생으로 쓸 것인지를 물은 복사이다. 먼저 강족을 인간 희생물로 사용하여 상갑(上甲)에서부터 부정(父丁)까지 합제를 지낼지를 물었고, 다시 강족을 희생물로 삼아 부정(父丁)(즉 武丁 K21)에게 제사지낼지를 물었다. 세 번째부터 여덟 번째 까지는 모두 신미일(제8일)에 풍년을 빌었던 복사이다. 기도 대상은 하(河)와 악(岳)이었는데, 하(河)는 고조하(高祖河)로 불리기도 했다. 아홉 번째 복사는 을해일(제12일)에 '순(徇)'에게 메뚜기 떼의 재앙을 잠재워달라고 빈 내용이다.

> 글자풀이

① 갑골문 (1038): '등(甾)'자로 옮길 수 있다. 인명이나 족명이다. 달리 '사등(射甾)'으로 불린다. 자세한 것은 이 책의 제42편을 참조하라.

② 갑골문 (3284): '기(旣)'자로 옮길 수 있다. 피를 바쳐 지내는 제사로 풀이한다. 자세한 것은 이 책의 제47편을 참조하라.

③ 갑골문 (2667): '녕(甹)'자로 옮길 수 있다.『설문해자』에서 "녕(甹)은 안정하여 쉬다는 뜻이다(定息也). 녕(寧)으로 뜻풀이 된다."라고 했다. 복사에 녕풍(寧風), 녕우(寧雨), 녕질(寧疾)에 관한 제사가 보인다.

④ 갑골문 (1881): 메뚜기의 모습을 닮았는데, '추(蓷)'나 '추(穜)'자로 옮길 수 있다. 학자들은 '추(秋)'자로 뜻풀이하기도 한다. 곽약우(郭若愚, 1921~2012)는 녕추(甹蓷)는 녕종(寧螽), 즉 메뚜기 떼를 잠재우다는 뜻이라고 논증한 바 있다.『춘추』환공(桓公) 5년 조에서 "추(秋)는 메뚜기(螽)를 말한다"라고 했고,『곡량전(穀梁傳)』에서는 "종(螽)은 메뚜기 떼에 의한 재앙(蟲災)을 말한다"라고 했으며,『홍범오행전(洪範五行傳)』에서는 "춘추시대 때에는 종(螽)이라 했는데, 지금은 황(蝗)이라 한다."라고 했다. 녕동(寧螽)은 녕풍(寧風)이나 녕우(寧雨)와 비슷하게, 조상신에게 메뚜기 떼로 인한 피해를 멈추어 달라고 기도하다는 뜻이다.

⑤ 갑골문 (3325): '순(𢦏)'이나 '순(孨)'자로 옮길 수 있다.『설문해자』에서 "순(孨)은 놀람을 나타내는 말(驚辭)이다. 혜(兮)가 의미부이고 순(旬)이 소리부이다."라고 했다. 그러나 복사에서는 수확을 기원하거나 메뚜기 떼의 재앙을 잠재워주길 비는 제사의 대상으로 등장한다. 조상신이나 다른 신으로 보이는데, 이러한 용법은 전통 문헌에는 보이지 않는다.

**연습**

**33230**　　　　**33234**　　　　**33232**

## 092
### "弗其足年"
풍년이 들지 않을까요? (Not Having Abundant Harvest) 10139

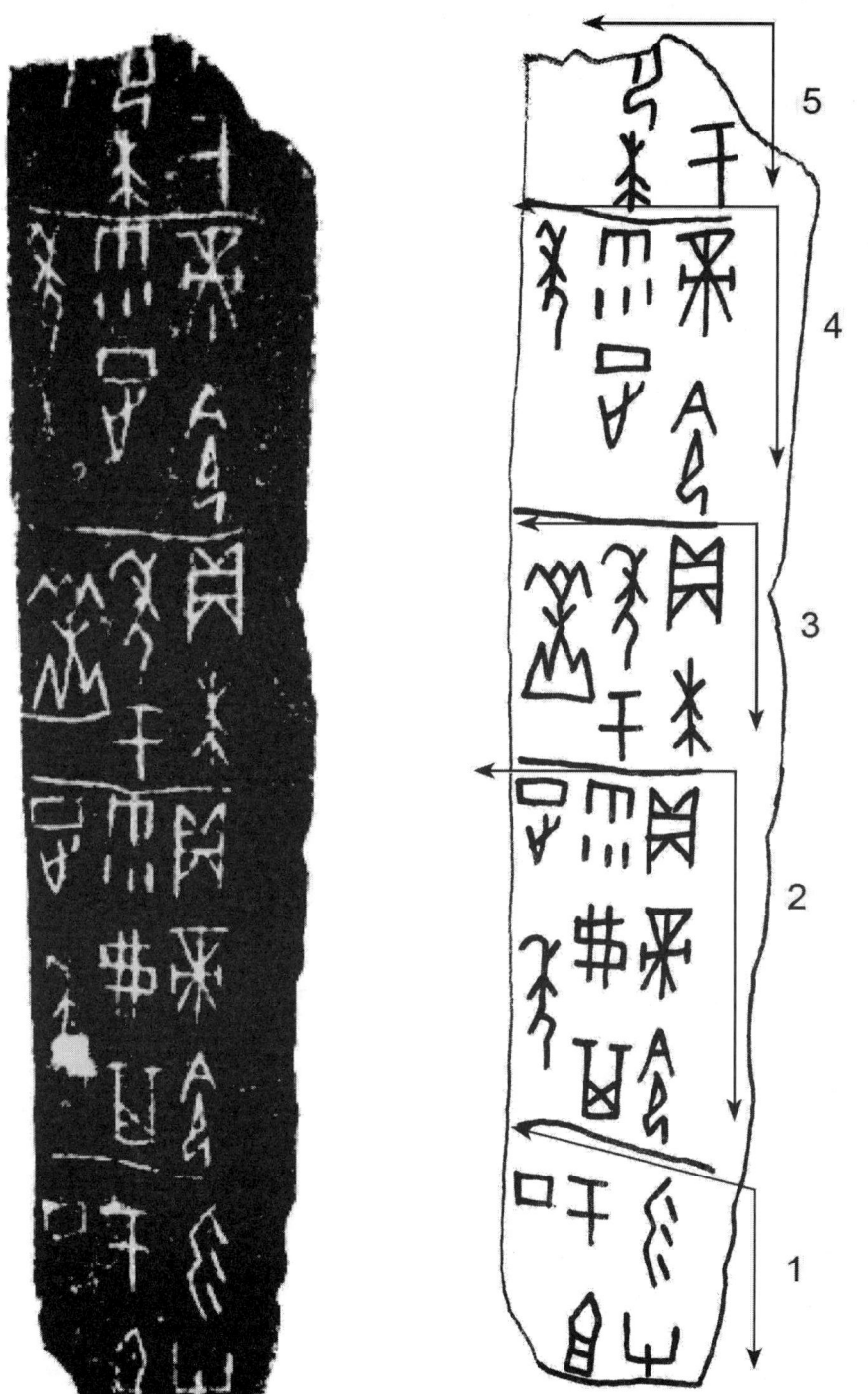

🏷️ 傳寫

🏷️ 번역

【1】勿侑于祖丁.
【2】貞: 帝令雨, 弗其足年.
【3】貞: 秦年于岳.
【4】帝令雨, 足年.
【5】☒于☒令☒

[1] '유'제사를 '조정'께 드리지 말까요?
[2] 물어봅니다. 상제께서 비를 내려, 풍년이 들지 않게 할까요?
[3] 물어봅니다. 풍년이 들기를 산악 신께 드릴까요?
[4] 상제께서 비를 내려, 풍년이 들지 할까요?
[5] ☒에서 ☒ 풍년이 들게 ☒

🏷️ 해설

이 갑골은 『갑골문합집』제10139편에 보이는데, 제1기(典賓類) 복사에 속한다. 아래로부터 위쪽으로 읽어 올라가야 한다. 첫 번째 조항에서는 조정(祖丁)에 제사를 드린 것이고, 두 번째 복사는 상제께서 비를 내려도 풍년이 들지 않을 것인지를 물었다. 세 번째 복사에서는 산악 신에게 풍년을 빌었으며, 네 번째 복사에서는 상제께서 비를 내려 풍년을 들게 해달라고 빌었다. 다섯 번째 복사는 글자들이 잘려나가 전체 뜻을 알 수 없다.

🏷️ 글자풀이

① 갑골문 ✸(1132): '제(帝)'자인데, 이 글자의 어원에 대해서는 더 깊은 연구가 필요하다. 제(帝)는 무정(武丁) 시기에는 천제(天帝)나 천신(天神)을 지칭했다. 직계의 상왕을 지칭한 것은 제2기 이후에 들면서 점차 두드러지기 시작한다.

② 갑골문 ☒(0821): 복사에서는 4가지 의미로 쓰였다. (i)정(征)과 같아 정벌하다는 뜻이다. "왕께서 토방을 정발할까요?(王正土方)" 등이 그렇다. (ii)정월(正月)이라고 할 때의 정(正)이다. 그래서 일월

(一月)을 정월(正月)이라 불렀다. (iii)족(足)과 같아 풍족하다는 뜻이다. '족년(足年)', '족우(足雨)', '우부족진(雨不足辰)' 등이 그런데, 『시경·신남산(信南山)』에서 "기점기족(既霑既足: 흠뻑 적시며 흡족히 내리어)", 『예기·왕제(王制)』의 "나라에 9년간의 비축물이 없으면 부족하다 할 수 있다.(國無九年之蓄爲不足)"라고 한 예가 그렇다. (iv)제사 이름으로, 정당(正唐: 당에게 정 제사를 드리다), 정하(正河: 하에게 정 제사를 드리다), 정조을(正祖乙: 조을에게 정 제사를 드리다) 등이 그렇다. 이 갑골 편에서는 족년(足年), 즉 풍년을 뜻한다.

**연습**

**14141**

**10138**

## 093
## "王令多尹坒田"
### 왕께서 '다윤'에게 명하여 농지를 개간하게 하다
(King Orders Opening Land) 33209

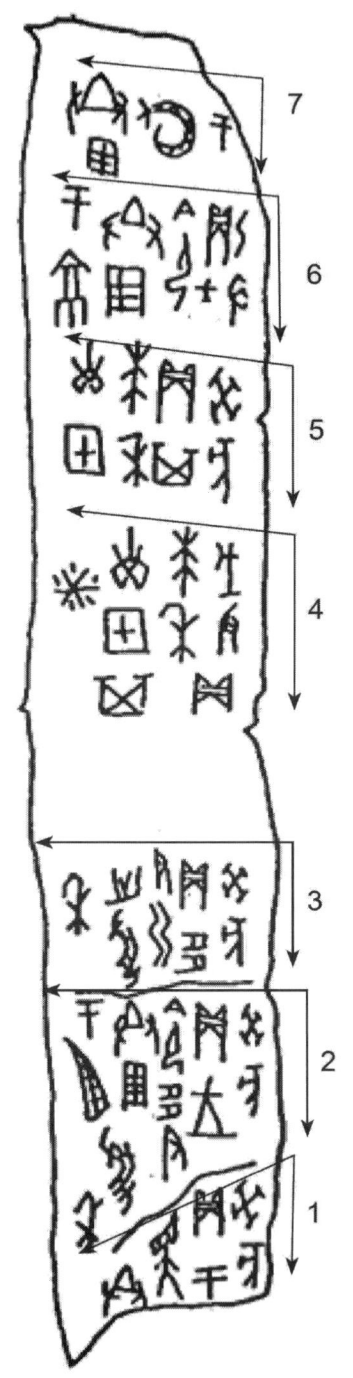

傳寫

※ ⴺ ℍ 于 哭 圣
※ ⴺ ℍ 王 令 多 尹 圣 田 于 西 受 禾
※ ⴺ ℍ 多 尹 弜 乍 受 禾
ⴺ ⴺ ℍ 禾 禾 乂 其 田 ⊠ 燎
※ ⴺ ℍ 其 禾 乂 其 田
ᒐ ⴺ ℍ 王 令 圣 田 于 京
于 贏 圣

번역

【1】癸亥貞: 于哭圣☐
【2】癸亥貞: 王令多尹圣田于西, 受禾.
【3】癸亥貞: 多尹弜乍, 受禾.
【4】戊辰貞: 秦禾自上甲, 其燎.
【5】癸亥貞: 其秦禾自上甲.
【6】乙丑貞: 王令圣田于京.
【7】于贏, 圣田.

[1] 계해일(제60일)에 물어봅니다. '목'에게 ☐ 개간을 ······?
[2] 계해일(제60일)에 물어봅니다. 왕께서 '다윤'에게 명하시어 서쪽에서 개간을 하게 하면 수확이 있을까요?
[3] 계해일(제60일)에 물어봅니다. '다윤'에게 경작을 하지 않게 하면 수확이 있을까요?
[4] 계해일(제60일)에 물어봅니다. 풍년 기원 제사를 '상갑'부터 올리는데, '료'제사로 할까요?
[5] 무진일(제5일)에 물어봅니다. 풍년 기원 제사를 '상갑'부터 올릴까요?
[6] 을축일(제2일)에 물어봅니다. 왕께서 ('다윤'에게 명하시어) 개간을 '경' 땅에서 하도록 할까요?
[7] '영' 땅에서 개간을 하게 할까요?

해설

이 갑골은 『갑골문합집』 제33209편에 보이는데, 제1기~제2기(歷組 제2그룹) 복사에 속한다. 골판에 새겨진 복사는 아래에서 위쪽으로 읽어 나가는데, 총 7조항으로 되었다. 제1, 제2, 제3, 제6, 제7조항은 모두 토기의 개간, 즉 새로운 경작지의 개간에 관한 물음이다. 첫 번째 복사는 완전하지가 않고, 지명으로 쓰인 글자라 잘아 알아볼 수가 없다. 다만 목(目)과 인(人)으로 구성된 것으로 보여, 잠정적으로 목(哭)자로 표기한다. 두 번째 복사는 계해일(제60일)에 왕께서 다윤(多尹)으로 하여금 서쪽 지역에서 새로운 경작지를 개간하도록 하면 수확이 있을 것인지를 물었다. 세 번째 복사는 부정으로 물은 것인데, '필작(弜作)'은 축약적인 표현으로 이윤(多尹)으로 하여금 가지 않게 하면 수확이 없을 것인지를 물었다. 여섯 번째 복사는 이틀 후인 을축일(제2일)의 점복 내용으로, 왕께서 (다운에게) 명을 내려 경(京) 땅으로 가서 경작지를 개간하도록 할 것인지에 대한 내용이다. 일곱 번째 복사는 대단히 축약되었는데, 영(嬴) 땅에서 개간을 하게 할 것인지에 대한 물음이다. 아마도 경(京) 땅을 개간할 것인지 영(嬴) 땅을 개간할 것인지를 물은 것일 것이다.

네 번째 복사는 무진일(제5일)에 상갑(上甲)부터 시작해서 그 이후의 선조들에게 드릴 풍년을 비는 제사에 대한 점복이다. 다섯 번째 복사와 네 번째 복사는 동일하다. 다만 계해일(제60일)이라는 날짜가 무진일 앞에 놓였는데, 이 두 복사의 순서가 뒤바뀌었을 것으로 추정된다.

**글자풀이**

① 갑골문 ㅅ(0919): '윤(尹)'자로, 관직 이름이다. 대전(大田), 작침(作寢), 작향(作饗) 등의 일을 관장했다. 손에 붓을 든 모습을 그렸다. 윤(尹)이라는 관직에 있는 관리는 일을 할 때에는 반드시 장부에 근거해야 했던 바, 이로부터 '다스리다(治)'는 뜻이 나왔을 것이다.

② 갑골문 ㅅ(1212): '간(꿏)'으로 옮길 수 있다. '골(圣)'자로 해석된다. 두 손으로 흙덩어리를 받쳐 든 모습으로, 농지를 개간하다는 뜻을 담았다. 즉 새로운 경작지를 개간하는 일을 말한다. 복사에 골전(圣田: 농지를 개간하다), 행골(行圣: 가서 개간하다) 등의 어휘가 등장한다.

③ 갑골문 ㅅㅅ(2630): '필(弱)'자로 옮길 수 있다. 부정을 나타내는 부사로 쓰였다.

④ 갑골문 ㅅ(1995): '경(京)'자로 해석된다. 지명이다.

⑤ 갑골문 ㅅ(1838): '영(嬴)'자로 해석된다. 지명이나 인명이나 나라 이름으로 쓰인다. 역조(歷組) 복사에서 '수화(受禾)'와 '수년(受年)'은 '수확을 하다'는 뜻으로 같은 의미이다. 고문에서 '화(禾)'는 화(禾: 곡식)와 년(年: 수확)의 두 가지로 해석된다.

**33211**　　　　　**33212**

## 094
## "劦田"
### 협동하여 농사를 짓다 (Plowing Jointly) 00001

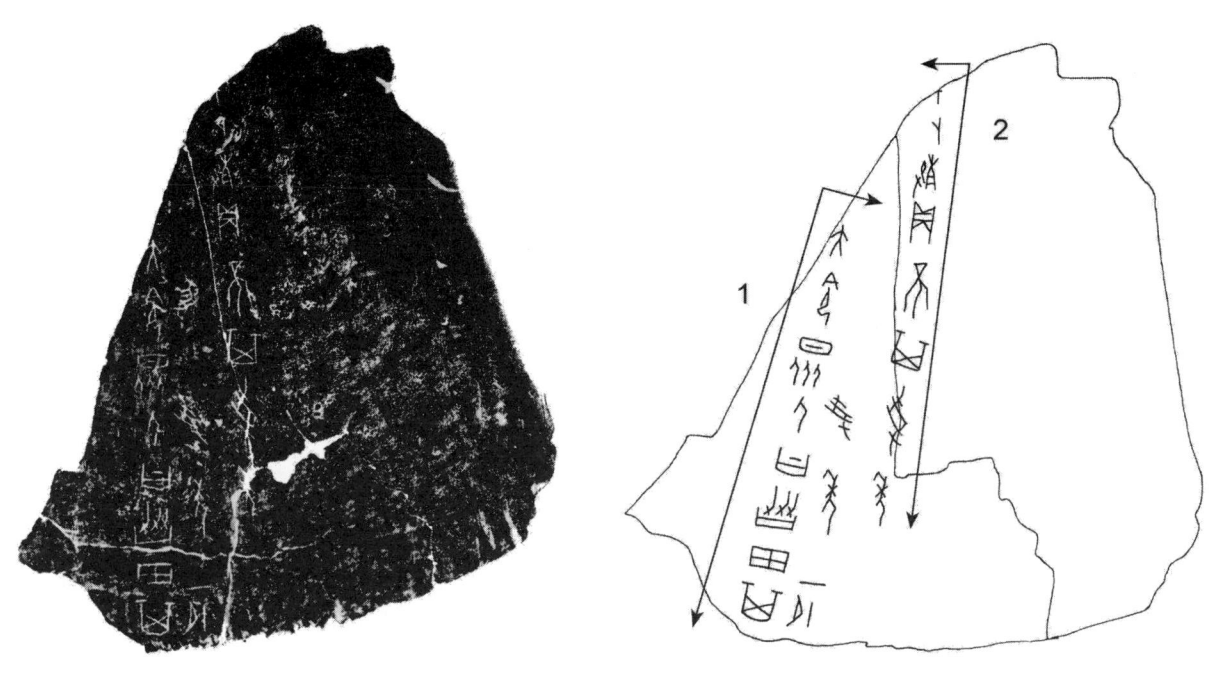

傳寫

번역

【1】 [王]大令眾人曰: 劦田. 其受年. 十一月.

【2】 ☒卜, 㱿貞: 不其受年.

[1] [왕께서] 사람들에게 크게 명령을 내려 말했다. '협력하여 농사일을 하라.' 풍년이 들었다. 11월이었다.

[2] ☒가 점을 칩니다. '각이 물어봅니다. 풍년이 들지 않을까요?

> **해설**

이 갑골은 유영(劉影, 1981~ )이 『갑골문합집』의 제00001편과 『갑골문합집보편(補編)』의 제657편을 짜 맞추기 하여 완성한 것인데, 제1기(典賓類) 복사에 속한다. 이 복사의 앞부분에 '왕(王)'자가 하나 떨어져 나갔는데, '크게 명령을 내릴 수 있는(大令)' 사람이라면 필시 왕이었을 것이다. 왕이 중인(眾人)들에게 협전(劦田)하라고 했는데, 그 목적은 풍년이 들게 하는데 있었다. 혹자는 '대(大)'를 인명으로 보고 '대(大)'가 중인(眾人)들에게 협전(協田)을 하라고 했다고 해석하기도 한다. 그러나 『합집』 제00005편에 근거해 볼 때 '대(大)'가 인명이 아님은 분명하다. 그래서 '왕이 중인들에게 큰 영을 내렸다(王大令眾人)'로 해석해야 할 것이다.

> **글자풀이**

① 갑골문 𠆢(197): '대(大)'자이다. '대(大)'는 복사에서 다음의 용법이 있다. (i)대소(大小)의 대(大)로, 대을(大乙)이나 소을(小乙) 등이 그렇다. (ii)방국(方國) 이름이다. (iii)조갑(祖甲) 때의 점복관 이름이다. 여기서 말한 대령(大令)의 대(大)는 대소(大小)라고 할 때의 대(大)로, 매우 중요한 명령을 뜻할 것이다. 염약거(閻若璩, 1936~1704)는 『상서고문소증(尚書古文疏證)』(제6권)에서 "왕께서 동쪽 근교에 이르시어 제후 묵태 씨에게 크게 명령을 내리시고, 이날 제후로 봉하셨다.(王至東郊大令諸侯墨胎氏正於是日封.)"라고 했는데, 이에 해당한다.

② 갑골문 𠨎(0079): '중(眾)'의 초기 글자이다. 『설문해자』에서 "중(眾)은 많다는 뜻이다(多也)."라고 했다. 복사에서 중(眾)을 '많다(多)'로 해석하지는 않는다. 중(眾)은 상나라 때 사회적 신분계층의 일종으로, 논자에 따라서 혹자는 노예라 하기도 하고, 혹자는 씨족의 구성원이라 하기도 한다. 중(眾)이나 중인(眾人)은 전쟁, 사냥, 농사, 왕실의 일 등에 참여하기도 했다. 이렇다면 일반적인 하급 관리나 서민으로 보아야 할 것이다.

③ 갑골문 𠱭(0735): '협(劦)'이나 '협(劦)'자로 옮길 수 있다. 이 글자는 3개의 력(力: 쟁기)이나 3개의 뢰(耒: 쟁기)로 구성되었다. 협전(劦田)은 복사에 자주 등장하는데, 협동 경작을 뜻하는 것으로 보인다. 『여씨춘추(呂氏春秋)·장리편(長利篇)』의 "협이우(協而耰)"나 『시경·재예(載芟)』의 "천우기운(千耦其耘: 수많은 사람이 밭 갈고 김매러)" 등이 그렇다. 혹자는 힘들여 하는 경작을 뜻한다고 보기도 하는데, 『상서·다방(多方)』의 "역만이전(力緡爾田)"이 그런 뜻이다. 여기서는 잠정적으로 협동 경작설을 채택하기로 한다.

*00005*

*00003*

## 095
### "省黍"
### 기장 밭을 살피다 (Crop Inspection) 09612

 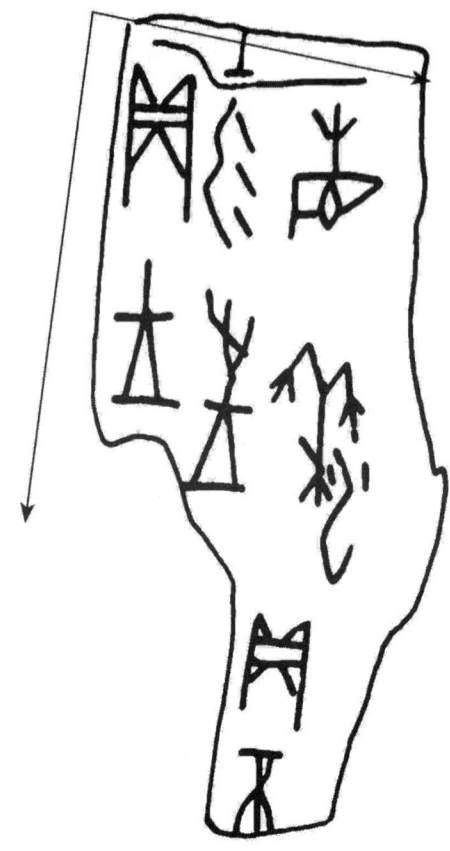

貞: 王勿往省黍.
물어봅니다. 왕께서 기장의 작황을 살피러 나가지 말까요?

### 해설

이 갑골은 『갑골문합집』 제09612편에 보이는데, 제1기(典賓類) 복사에 속한다. 이 갑골은 왕이 어떤 경작지에 기장의 작황을 살피러 나갈 것인지를 물은 내용이다.

### 글자풀이

① 갑골문 (2625): '물(勿)'자로 해석된다. 부정을 나타내는 부사이다.

② 갑골문 (0613): '성(省)'자로 해석된다. 즉 성시(省視: 시찰하다)라고 할 때의 성(省)이다.

③ 갑골문 (1503): '서(黍)'자로 해석된다. 기장을 그린 상형자이다.

### 연습

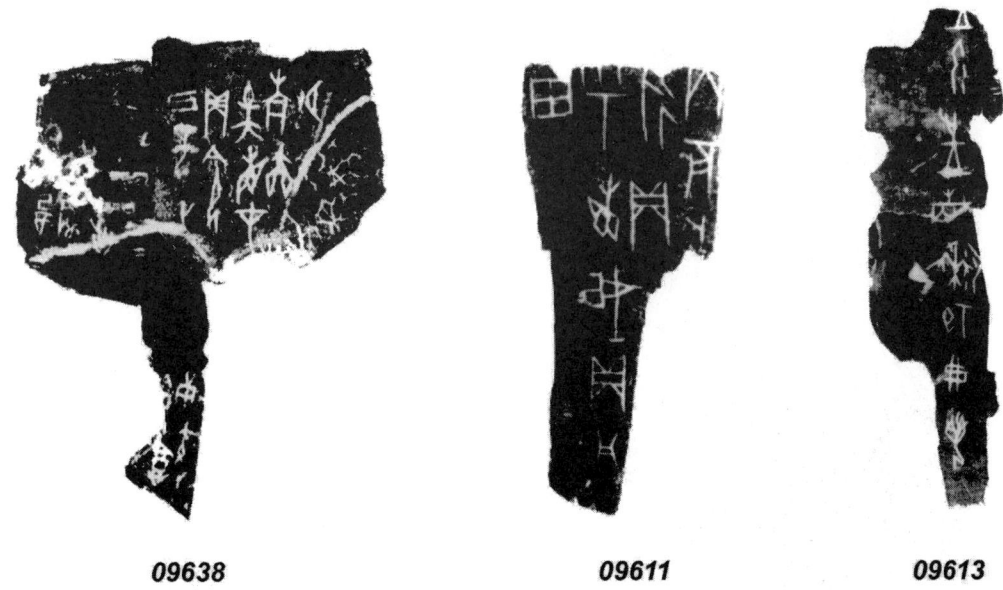

09638　　　09611　　　09613

## 096
### "求生于妣庚妣丙"
아이를 낳게 해달라고 '비경'과 '비병'께 빌다 (Pray for Childbearing) 34081

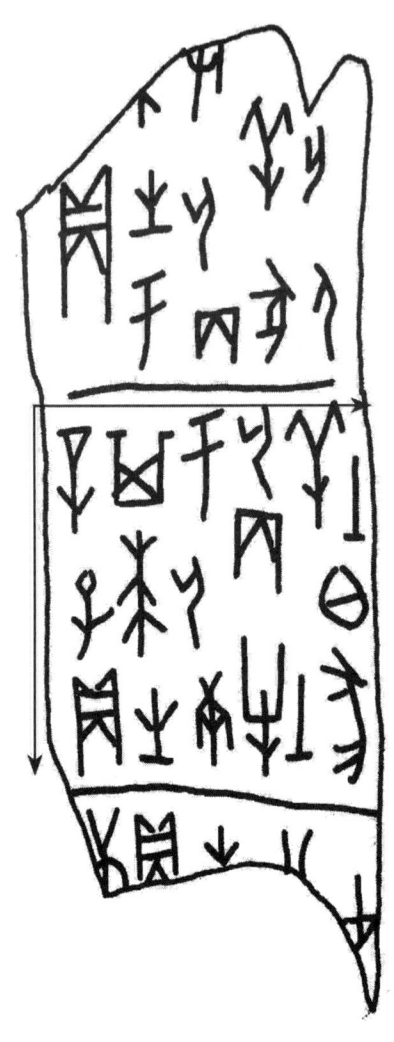

🔵 傳寫

🔵 번역

辛巳貞: 其求生于妣庚, 妣丙, 牡, 羘, 白豭.
신사일(제18일)에 물어봅니다. 아이를 낳게 해 주길 비경과 비병에게 비는데, 수소, 숫양, 흰 돼지를 사용할까요?

### 해설

이 갑골은 『갑골문합집』 제34081편에 보이는데, 제1기~제2기(歷組 제2그룹) 복사에 속한다. 같은 갑골 판에 아이 낳기를 비는 복사가 3번 기록되었다. 첫 번째와 세 번째는 파손되었지만, 두 번째는 완전한 모습이다. 대강의 뜻은 다음과 같다. 신사일에 점을 쳐, 아이를 낳게 도와 달라고 비경(妣庚)과 비병(妣丙)에게 빌면서, 숫양, 수소, 흰 돼지를 드리면 될까요? 이 갑골은 조경(祖庚)(K22)이나 조갑(祖甲)(K23) 때의 복사임이 분명하다. 그렇게 되면 여기서 말한 비경(妣庚)은 소을(小乙)(K20)의 부인, 즉 무정(武丁)(K21)의 어머니가 된다.

### 글자풀이

① 갑골문 ✳(1533): '훼(奉)'자로 해석된다. 기도하다는 뜻이다. 『설문해자』에서 "훼(奉)는 빠르다는 뜻이다(疾也), 도(夲)가 의미부이고 훼(卉)가 소리부이다. 배(拜)자가 이 글자로 구성되었다."라고 하였는데, 절을 하며 기도하다는 뜻이다.

② 갑골문 ⵛ(1381): '생(生)'의 초기 글자인데, 『설문해자』에서 "생(生)은 나아가다는 뜻이다. 초목이 흙 위로 돋아나는 모습을 그렸다.(生, 進也, 象艸木生出土上.)"이라 했다. 복사에서 생(生)은 3가지 용법이 있다. ⅰ)생육(生育)이라고 할 때의 생(生)인데, '훼생(奉生)'은 생육에 관한 일을 빈다는 뜻이다. ⅱ)생사(生死)의 생(生)인데, '생록(生鹿: 사슴을 산채로 잡다)'가 그 예이다. ⅲ)'생월(生月: 내달)'의 생(生)인데, 다음 달이라는 뜻이다.

③ 갑골문 ⸮(0002): '비(匕)'자로 옮길 수 있다. 복사에서는 조비(祖妣)라고 할 때의 비(妣)로 쓰인다. 이외에도 비(匕)는 사냥의 방법을 말하기도 하는데, "왕께서 '비'라는 방법으로 호랑이를 잡을까요?(王其匕虎)"가 그런 예이다.

④ 갑골문 ⸮(1549): '모(牡)'자로, 수컷 소를 말한다.

⑤ 갑골문 ⸮(1569): '모(羝)'자로, 수컷 양을 말한다.

⑥ 갑골문 ⊖(1095): 사람 머리의 정면 모습으로, 백장(伯長)이라고 할 때의 '백(伯)'과 통하며, 흑백(黑白)이라고 할 때의 백(白)자로 가차되었다.

⑦ 갑골문 ⸮(1602): '가(豭)'의 초기 글자로, 수퇘지를 말한다.

### 연습

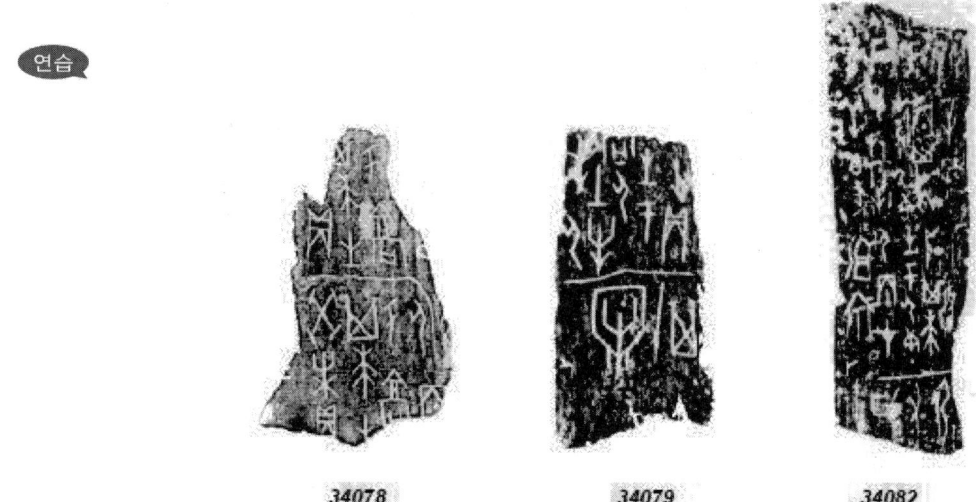

34078　　　34079　　　34082

## 097
## "婦好娩"
### '부호'의 출산 (Fù Hǎo Gave Birth) 14002

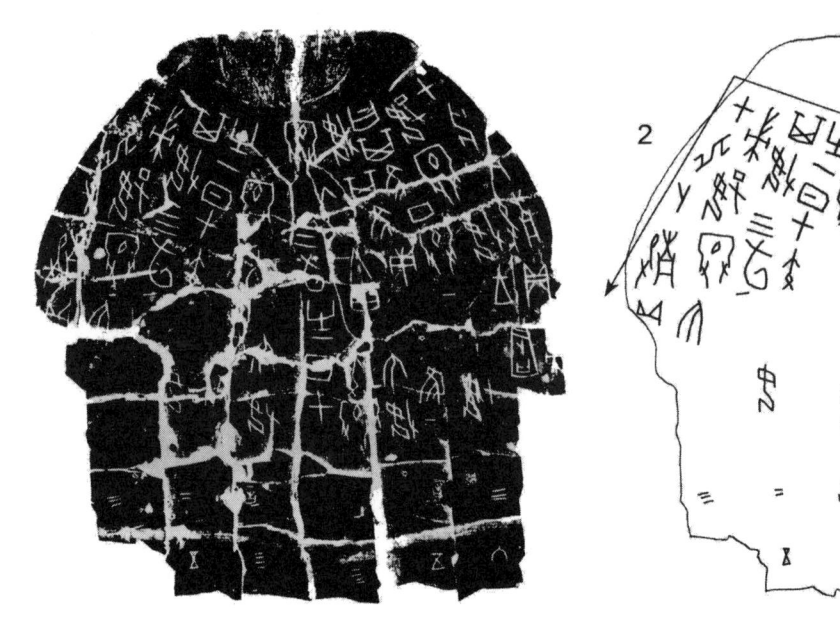
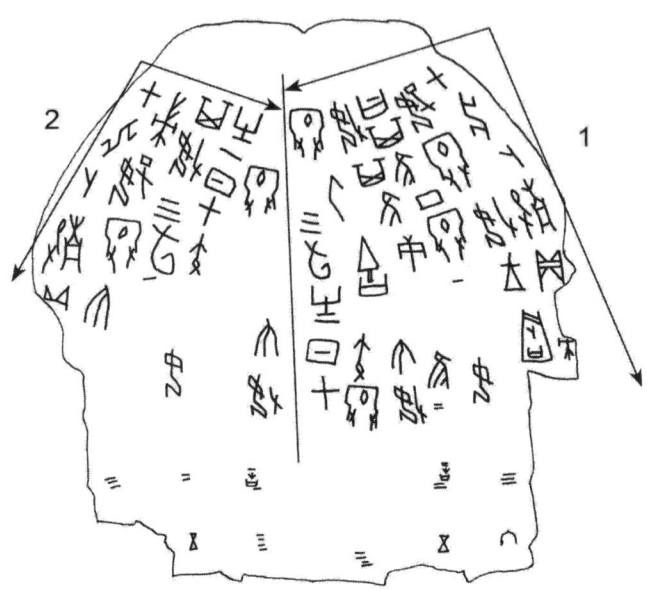

### 번역

【1】 甲申卜, 殼貞: 婦好娩, 嘉. 王占曰: 其惟丁娩, 嘉. 其惟庚娩. 引吉. 三旬又一日, 甲寅娩, 不嘉, 惟女.

【2】 甲申卜, 殼貞: 婦好娩, 不其嘉. 三旬又一日, 甲寅娩, 允不嘉, 惟女.

[1] 갑신일(제21일)에 점을 칩니다. '각'이 물어봅니다. '부호'께서 아이를 낳는데, 좋을까요? 왕께서 점괘를 해석해 말씀하셨다. '정'(정유일, 제34일)에 해당하는 날에 낳으면 좋을 것이다. '경'(경자일, 제37일)에 해당하는 날에 낳으면 대단히 좋을 것이다. 31일째 되던 갑인일(제51일)에 아이를 낳았는데, 좋지 않았다. 딸이었다.

[2] 갑신일(제21일)에 점을 칩니다. '각'이 물어봅니다. '부호'께서 아이를 낳는데, 좋지 않을까요? 31일째 되던 갑인일(제51일)에 아이를 낳았는데, 과연 좋지 않았다. 딸이었다.

### 해설

이 갑골은 『갑골문합집』 제14002편에 보이는데, 제1기(典賓類) 복사에 속한다. 부호(婦好)의 출산에 관한 점복이다. 부호(婦好)가 출산이 임박했을 시점에, 점복관 각(殼)이 긍정과 부정으로 남자 아이를 낳을 것인지를 물었다. 무정(武丁)이 조상(兆象: 갈라진 금의 모양)을 해독한 뒤, 남자 아이라면 정유일에 낳을 것이고, 더구나 경자일에 출산한다면 더없이 좋을 것이라고 했다. 하지만 31일째 되던 갑인일에 출산을 하였는데, 여자 아이를 낳고 말았다.

### 글자풀이

① 갑골문 (2983): 추(帚)로 해독되는데, '부(婦)'의 초기 글자이다.

② 갑골문 (2152): 곽말약(郭沫若, 1892~1978)은 분만하다는 뜻의 '만(娩)'자의 초기 글자로 해독했다. 『설문해자』에서 "만(娩)은 아이를 낳아 해산하다는 뜻이다(生子免身也)"라고 했다.

③ 갑골문 (0458): 가(劦)자로 옮길 수 있다. '가(嘉)'자로 해석된다. 복사에서 아들을 낳을 경우 가(嘉: 좋다)라고 했고, 딸을 낳을 경우 불가(不嘉: 좋지 않다)라고 표현했다.

연습

14000

14014

14009

## 098
### "疾齒"
치통 (Toothache) 13648

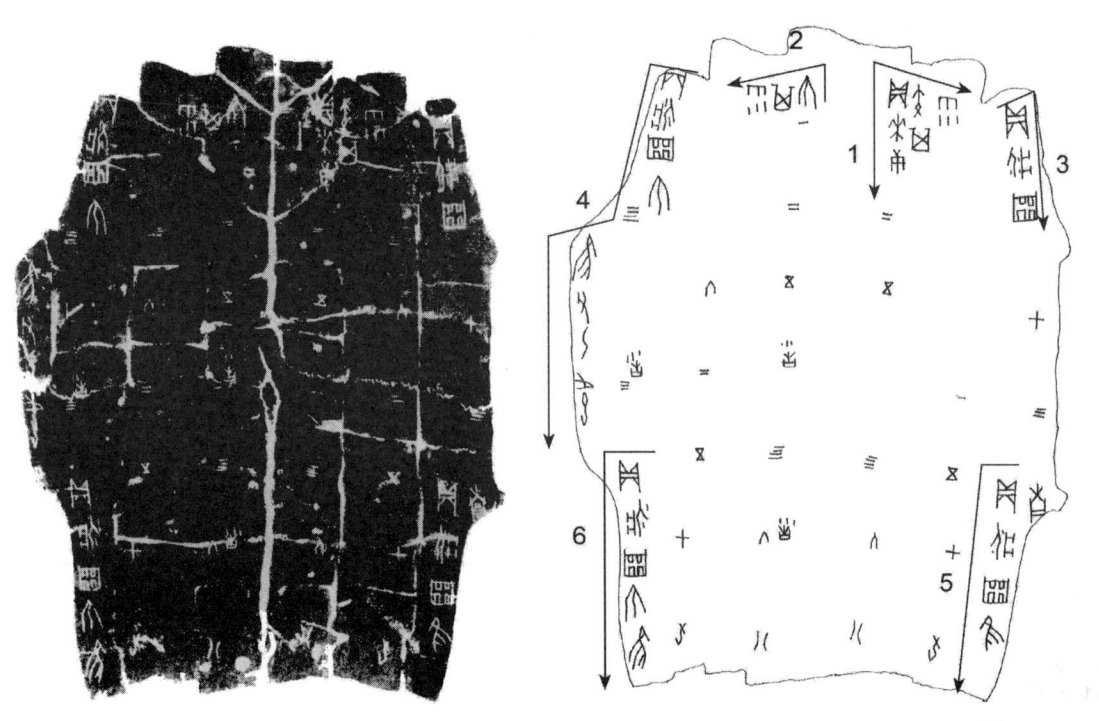

傳寫

번역

【1】 貞: 來庚寅其雨.
【2】 不其雨.
【3】 貞: 疾齒. (惟父乙害.)
【4】 貞: 疾齒, 不惟父乙害.
【5】 貞: 疾齒, 惟[父乙害].
【6】 貞: 疾齒, 不惟[父乙害].

[1] 물어봅니다. 오는 경인일(제27일)에 비가 올까요?
[2] 비가 오지 않을까요?
[3] 물어봅니다. 이빨이 아픈데, ('부을'께서 해코지를 하신 것일까요?)
[4] 물어봅니다. 이빨이 아픈데, '부을'께서 해코지를 하신 것이 아닐까요?
[5] 물어봅니다. 이빨이 아픈데, ['부을'께서 해코지를 하신 것일까요]?
[6] 물어봅니다. 이빨이 아픈데, ['부을'께서 해코지를 하신 것이] 아닐까요?

해설

이 갑골은 『갑골문합집』 제13648편에 보이는데, 제1기(典賓類) 복사에 속한다. 두 단락으로 나뉘었는데, 한 단락에서는 비가 올지를 물었다. 다른 한 단락은 4개의 문장으로 되었다. 대강의 뜻은, 무정(武丁)의 치통이 부을(父乙)께서 내린 재앙 때문인지를 물은 것이다. 부을(父乙)은 바로 무정(武丁)의 부친인 소을(小乙)(K20)이다.

글자풀이

① 갑골문 (3067): 사람이 침상 위에 누운 모습이다. '질(疾)'의 초기 글자이다. '질치(疾齒)'는 이빨에 질병이 있다는 말이고, '질목(疾目)'은 눈에 질병이 있다는 말이다. '질(疾)'자는 '빨리', '급히'라는 뜻으로도 쓰였다. 복사에 "오늘 저녁 소나기가 내릴까요?(今夕雨疾)"라는 말이 있는데, 빠른 속도로 내리는 비를 말한다.

② 갑골문 (2237): 상형자로, '치(齒)'의 초기 글자이다.

③ 갑골문 (1842): '타(蚩)'나 '타(巷)'자로 옮길 수 있다. 구석규(裘錫圭)는 '해를 끼치다'는 뜻으로 해석했다. 상나라 사람들은 길흉화복이 모두 조상들에 의해 주재된다고 생각했고, 질병도 조상신이 내리는 것이라 여겼었다.

연습

*13657*

*13630*

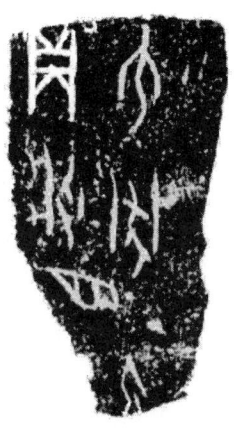

*13628*

## 099
### "疾鼻"
### 콧병 (Nose Pain) 11506

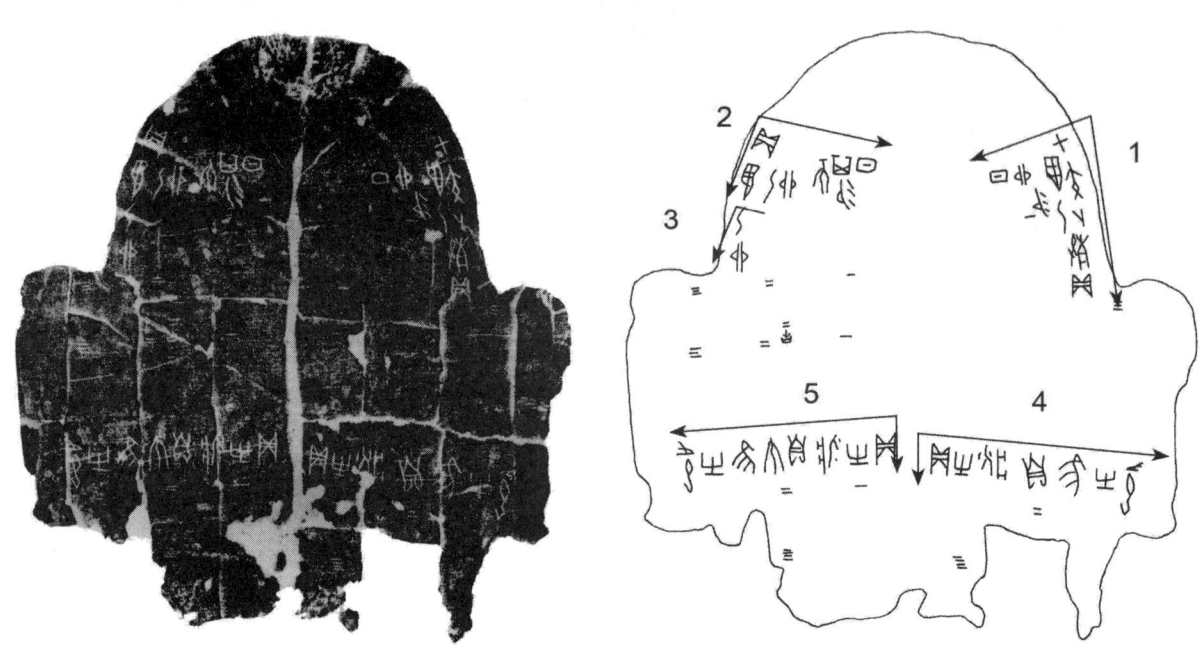

📎 傳寫

📎 번역

【1】甲寅卜, 殻貞: 翌乙卯昜日.
【2】貞: 翌乙卯不其昜日.
【3】乙卯

【4】貞: 有疾鼻, 惟有害.
【5】貞: 有疾鼻, 不惟有害.

[1] 병인일(제51일)에 점을 칩니다. '각'이 물어봅니다. 다가오는 을묘일(제52일)에 날짜를 바꿀까요?

[2] 물어봅니다. 다가오는 을묘일(제52일)에 날짜를 바꾸지 말까요?

[3] 을묘일(제52일)

[4] 물어봅니다. 콧병이 생겼는데, 해코지를 한 것일까요?

[4] 물어봅니다. 콧병이 생겼는데, 해코지를 하지 않은 것일까요?

### 해설

이 갑골은 『갑골문합집』 제11506편에 보이는데, 제1기(典賓類) 복사에 속한다. 두 부분으로 나뉘었는데, 그중 하나는 이튿날 날짜를 바꿀 것인지를 물었다. 다른 하나는 어느 선조께서 내린 해코지인지를 물은 것이다.

### 글자풀이

① 갑골문 ⃝(3328): '역(易)'자로 해석된다. 이 글자는 항상 일(日)자와 연용하고 있는데, '역일(易日)'의 의미에 대해서는 의견이 분분하다. 혹자는 양일(暘日), 즉 양일(陽日)로 '햇볕이 나는 날'을 말한다고도 하고, 혹자는 역일(易日) 즉 갱일(更日), 다시 말해 날짜를 바꾸다는 뜻이라고도 한다. 또 어떤 사람은 석일(錫日), 즉 사일(賜日), 적합한 날짜를 정해주다는 뜻이라고도 한다. 여기서는 잠정적으로 역일(更日)설을 채택한다.

② 갑골문 ⃝(0700): '자(自)'자로 옮길 수 있다. 코의 모습을 그렸다. 복사에서는 세 가지 뜻이 있다. (i)본래 의미로 사용된 경우로 '코'를 뜻한다. 예컨대, "물어봅니다. 코에 병이 생겼는데, 해가 될까요?(貞有疾自, 隹有害)"가 그것이다. (ii)파생의미인 자기(自己)라는 뜻으로, "왕께서 직접 서쪽으로 갈까요?(唯王自往西)"가 그것이다. (iii)파생의미인 '~로부터(由)'나 '~에서(從)'라는 뜻인데, "지금으로부터 5일째 되는 병신일까지 비가 내리지 않을까요?(自今五日至于丙申不其雨)"가 그것이다. 이 갑골에서의 '질자(疾自)'는 '질비(疾鼻)'와 같아, 코에 병이 생겼다는 말이다. 그리고 '유유타(隹⃝⃝)'나 '불유유타(不隹⃝⃝)'는 콧병이 생긴 것이 조상신이 해코지를 한 것인지에 관한 말이다.

> 연습

**13620**

**13613**

**13615**

## 100
### "方其蕩于東"
**'방'나라가 동쪽에서 소요를 일으키다** (Fāng Swayed from the East) 20619

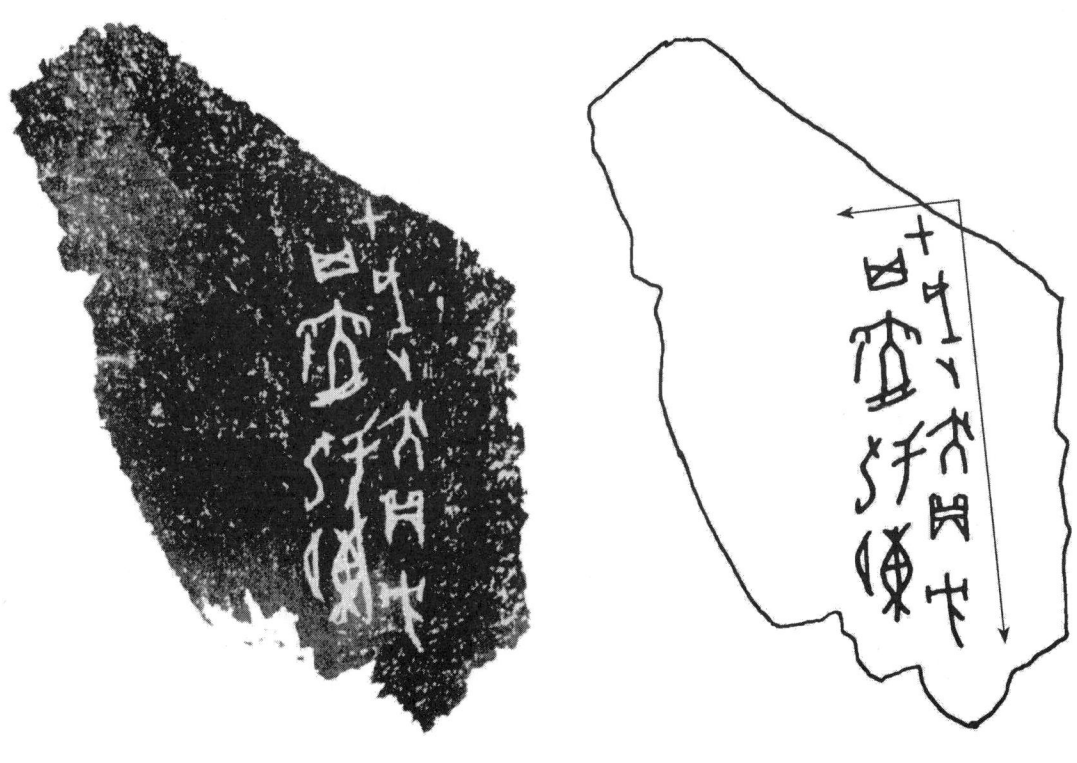

🔵 傳寫

🔵 번역

甲戌卜, 扶貞: 方其蕩于東, 九月.
갑술일(제51일)에 점을 칩니다. '부'가 물어봅니다. 주변의 적국이 배를 타고 동쪽에서 접근해 올까요? 9월이었다.

> **해설**

이 갑골은 『갑골문합집』 제20619편에 보이는데, 제1기(頴小字類) 복사에 속한다. 어떤 변경 지역에서 주변의 적국이 동쪽에서 배를 타고 접근해 올 것인가를 물은 내용이다.

> **글자풀이**

① 갑골문 ㊉(0272): '부(扶)'자로 해석된다. 점복관의 이름이다. 아마도 '구(矩: 곱자)'자의 초기 글자로 보인다.

② 갑골문 ㊉(3119): '방(方)'의 초기 글자이다. 방(方)은 갑골문에서 네 가지 의미로 쓰였다. (i)방국(方國)의 방(方)인데, 상나라 때의 주변의 작은 나라를 모두 방(方)이라 불렀다. 토방(土方), 인방(人方) 등이 그렇다. (ii)인명, 지명, 국명으로 쓰였다. '방(方)'이 나라 이름으로 쓰인 경우는 "대시를 지내 '방'나라가 쳐들어온 것을 알릴까요?(于大示告方來)"인데, 아마도 문헌에서 보이는 방이(方夷)를 지칭한 것으로 보인다. (iii)방역(方域)의 방(方)으로, 사토(四土) 혹은 사국(四國)과 같은 뜻이며, 강역을 둘러싼 사방을 말한다. (iv)사방의 신(神)을 말하는데, "사방 신에게 체 제사를 드리는데 강족 1명과 개 2마리를 쓸까요?(方帝一羌二犬)"가 그 예이다. 여기서의 방제(方帝)는 체방(禘方: 사방신에게 체제사를 드리다)을 말한다. 이 갑골의 "방기탕우동(方其蕩于東: 방나라가 동쪽에서 배를 타고 쳐들어 올까요?)"의 '방(方)'은 '방(方)'이라 불리는 방국(方國)을 말한다. 그러나 쇼네시(E. L. Shaughnessy, 夏含夷, 1952~ )는 이 갑골에서 말한 '방(方)'이 변경 지역의 주변국(方國)을 지칭하는 것이지, '방(方)'이라는 방국(方國)은 아니라고 논증한 바 있다.

③ 갑골문 ㊉(3131): 사람이 배 위에서 노를 저으며 가는 모습을 그렸다. 대(大)와 주(舟)로 구성되었다. '대(䑝)'자로 옮길 수 있으며, '탕(蕩)'자로 해석할 수 있다. 방나라(方國)의 대(大)가 배를 몰아오다는 뜻으로, 침범해 오다는 뜻이다.

연습

11468

11467

11471

## 101
### "王迻"
왕의 군대 사열 (King's Inspectional Campaign) 36537

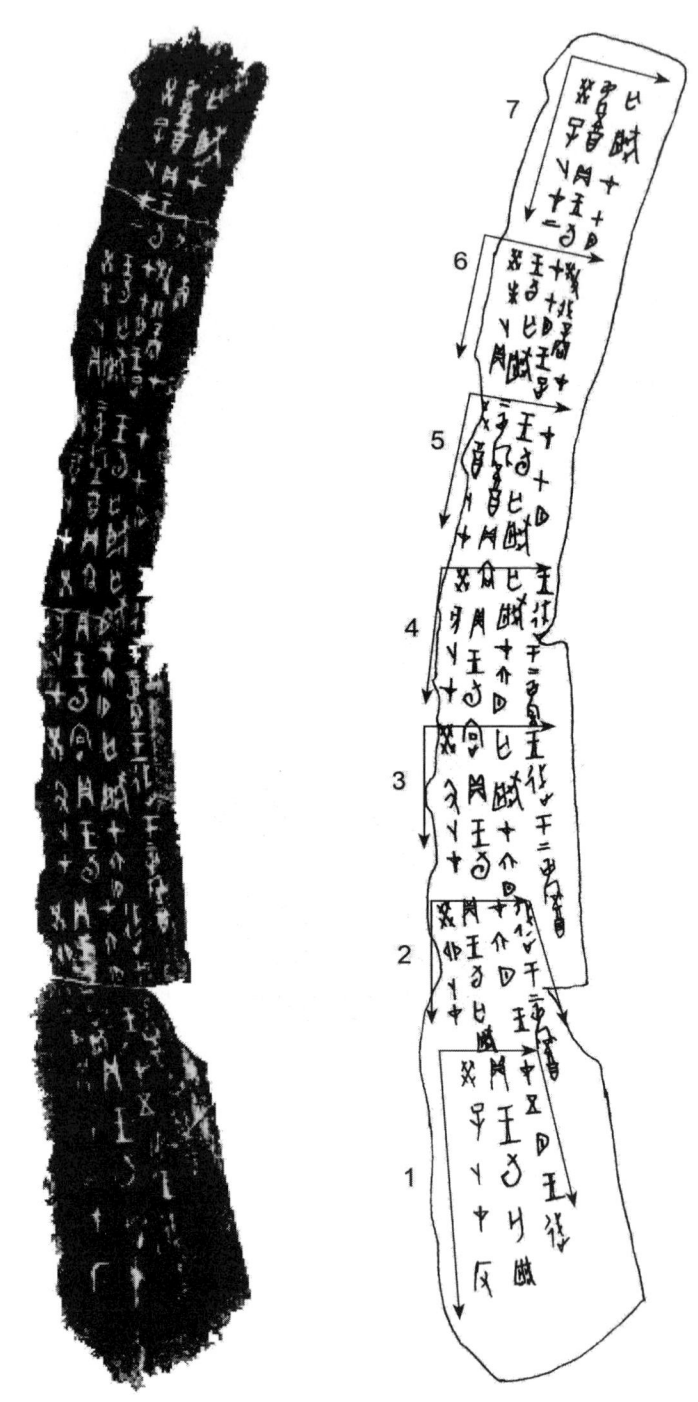

傳寫

번역

【1】 癸巳卜, 在𥃩貞: 王旬亡𡆥. 在五月. 王迻[于上魯].
【2】 癸卯卜, 在𣏟貞: 王旬亡𡆥. 在六月. 王迻于上魯.
【3】 癸丑卜, 在𠂤貞: 王旬亡𡆥. 在六月. 王迻于上魯.
【4】 癸亥卜, 在向貞: 王旬亡𡆥. 在六月. 王迻于上魯.
【5】 癸酉卜, 在上魯貞: 王旬亡𡆥. 在七月.
【6】 癸未卜, 貞: 王旬亡𡆥. 在七月. 王征𢦏戔商, 在爵.
【7】 癸巳卜, 在上魯貞: 王旬亡𡆥. 在七月.

[1] 계사일(제30일)에 점을 칩니다. '범'에서 물어봅니다. 왕에게 10일 동안 재앙이 없을까요? 5월이었다. 왕께서 ['상유'에] 도착할 수 있을까요?

[2] 계묘일(제40일)에 점을 칩니다. '경'에서 물어봅니다. 왕에게 10일 동안 재앙이 없을까요? 6월이었다. 왕께서 '상유'에 도착할 수 있을까요?

[3] 계축일(제50일)에 점을 칩니다. '지'에서 물어봅니다. 왕에게 10일 동안 재앙이 없을까요? 6월이었다. 왕께서 '상유'에 도착할 수 있을까요?

[4] 계해일(제60일)에 점을 칩니다. '향'에서 물어봅니다. 왕에게 10일 동안 재앙이 없을까요? 6월이었다. 왕께서 '상유'에 도착할 수 있을까요?

[5] 계유일(제10일)에 점을 칩니다. '상유'에서 물어봅니다. 왕에게 10일 동안 재앙이 없을까요? 7월이었다.

[6] 계미일(제20일)에 점을 칩니다. '상유'에서 물어봅니다. 왕에게 10일 동안 재앙이 없을까요? 7월이었다. 왕께서 '계'와 '전상'을 정벌할 수 있을까요? '작'에서였다.

[7] 계사일(제30일)에 점을 칩니다. '상유'에서 물어봅니다. 왕에게 10일 동안 재앙이 없을까요? 7월이었다.

> **해설**

이 갑골은 『갑골문합집』 제36537편에 보이는데, 제5기(黃組) 복사에 속한다. 이 갑골은 정벌(貞迭)복사로, 제5기 제신(帝辛) 시대 복사에 자주 보인다. 점을 친 시간을 보면 6순(旬)에 걸쳐 이루어졌으며, 목적지는 상유(上鼉)였다. 왕이 5월 하순에 반(反)이라는 곳으로부터 출발하여 경(麤)과 지(㞢)와 향(向)을 거쳐서 7월 상순에 상유(上鼉)에 도착하였다. 무려 40일에 걸친 대장정이었다. '상유'에 가 있다가 계방(殽方)과 전상(戔商)을 다시 정벌하였다. 만약 하루에 30킬로미터를 이동한다고 가정하면, '반'으로부터 '상유'까지의 거리는 약 1200킬로미터나 된다. 첫 번째 복사의 '우상유(于上鼉)' 3글자는 탁본이 분명하지 않아 모사하지 않았다.

> **글자풀이**

① 갑골문 (2307): '별(迭)'자로 옮길 수 있다. 학자들은 '전(踐)'자로 해석하고, '천(踐: 밟다)'으로 해석한다. 구석규(裘錫圭)는 이를 필(迭)로 해석하고, 『낙고(洛誥)』의 "(저를) 부르시어 은나라의 실정을 알려주게 하셨다(伻來毖殷)"라고 할 때의 비(毖)로 풀이하였는데, 그렇다면 임금의 칙서를 내려 경계하고 진무(鎭撫)하다는 뜻이다.

② 갑골문 (0938): '반(砎)'이나 '반(反)'자로 옮길 수 있다. 지명으로만 쓰인다.

③ 갑골문 (2245): '화(猷)'자로 옮길 수 있다. 화(田)자의 상나라 후기 때의 필사법이다. '화(禍)'자로 해석된다.

④ 갑골문 (3245): '유(鼉)'자로 옮길 수 있다. '상(上)'자와 연용하였는데, '상유(上鼉)'는 상나라 때의 지명이다.

⑤ 갑골문 (1426): '경(麤)'자로 옮길 수 있는데, 상나라 때의 지명이다.

⑥ 갑골문 (0813): '지(㞢)'자로 옮길 수 있는데, 상나라 때의 인명이나 지명이다.

⑦ 갑골문 (2037): '향(向)'의 초기 글자인데, 복사에서는 지명으로만 쓰였다.

⑧ 갑골문 (0950): '계(殽)'자로 옮길 수 있다. 방국(方國)의 이름이나 지명으로 쓰였다.

⑨ 갑골문 (2423): '전(戔)'자로 옮길 수 있다. '잔(殘)'의 초기 글자로, 정벌하다, 치다의 뜻으로 해석된다. 예컨대 "전 나라를 치지 말게 할까요?(勿呼戔方)"가 그렇다.

⑩ 갑골문 (2146): '상(商)'의 초기 글자이다. 여기서 말한 '전상(戔商)'의 상(商)은 은나라 수도인 '상(商)'을 말하는 것이 아님이 분명하다.

⑪ 갑골문 (2760): '작(爵)'자로 술잔의 모습을 그렸다. 복사에서는 기물 이름인 작(爵)으로 쓰였으며, 또 인명이나 지명으로도 쓰였다.

> 연습

*36596*

*36571*

## 102
"王作邑"

왕께서 성을 건설하다 (King Established Settlement) 14200

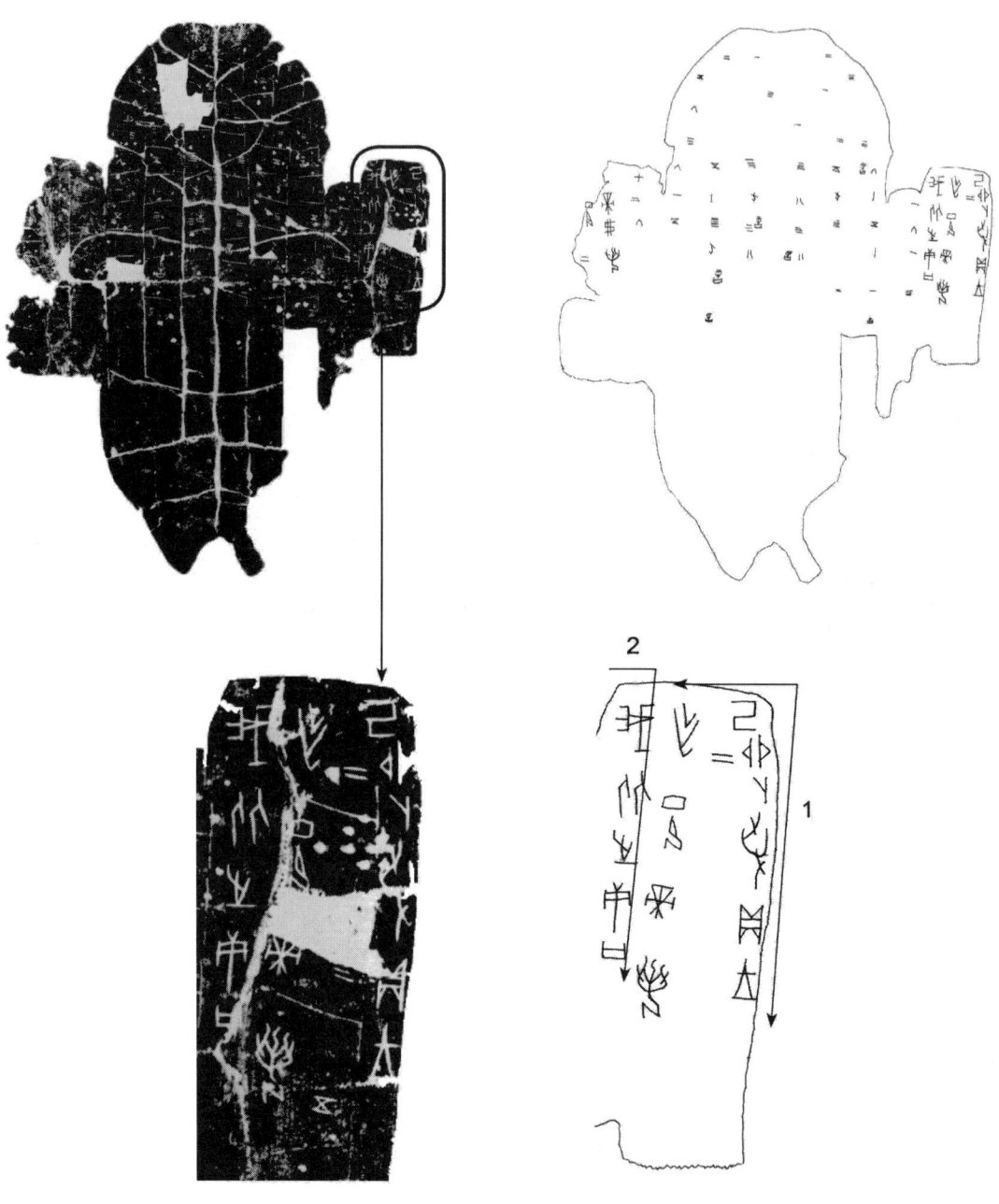

### 傳寫

### 번역

【1】 己卯卜, 爭貞: 王作邑, 帝若.
【2】 我從之唐.

[1] 을묘일(제16일)에 점을 칩니다. '쟁'이 물어봅니다. 왕께서 성을 건설하는데, 상제께서 허락을 하실까요?
[2] 우리가 '성당'의 사당으로 갈까요?

### 해설

이 갑골은 『갑골문합집』제14200편에 보이는데, 제1기(典賓類) 복사에 속한다. 첫 번째 복사는 상나라 무정(武丁) 임금이 성을 건설하려 하는데, 상제께서 허락하실 지를 물은 내용이다. 두 번째 복사인 "아종지당(我從之唐)"의 의미는 불분명하다. 그러나 당(唐)은 대을(大乙)(K1)의 종묘를 지칭하는 것이 분명하다. '작읍(作邑)'이라는 단어는 자주 보이는데, 새로운 성을 건설한 내용은 고대 문헌에도 자주 보인다. 예컨대『시경·대아(大雅)·문왕유성(文王有聲)』에 "문왕께서 천명을 받으시어, 이러한 무공을 세우셨네. 이미 '숭'나라를 쳐부수셨고, '풍' 땅에 도읍을 건설하셨네.(文王受命, 有此武功. 既伐于崇, 作邑于豐.)"라고 노래했다.

### 글자풀이

① 갑골문 (3227): '작(作)'자로 해석된다.

② 갑골문 (0305): '읍(邑)'자로 해석된다. 나진옥(羅振玉)은 사람이 모여 사는 곳이 읍(邑)이기에 국(口)과 인(人)으로 구성되었다고 했다. 『설문해자』에서 "읍(邑)은 나라(國)를 뜻한다. 국(口)이 의미부이다. 선왕의 제도에 의하면, 존비에 따라 크고 작음이 정해졌다. 절(卩)도 의미부이다. 읍(邑)으로 구성된 글자들은 모두 읍(邑)이 의미부이다.(邑, 國也. 从口 ; 先王之制, 尊卑有大小, 从卩. 凡邑之屬皆从邑.)"라고 했다.

③ 갑골문 (1132): '제(帝)'의 초기 글자이다. 자형구조와 원래 의미는 명확하지 않다.

④ 갑골문 (0333): '약(若)'자이다.

⑤ 갑골문 (3565): '당(唐)'자로 해석된다. 복사에서는 대을(大乙)의 이름이며, 간혹 대을(大乙)의 종묘를 말하기도 한다(제34편 [해설] 참조).

14205   14203

## 103
"帝咎茲邑"

**상제께서 이 성에 재앙을 내릴까요?** (Dì Damaged This Settlement) 14211

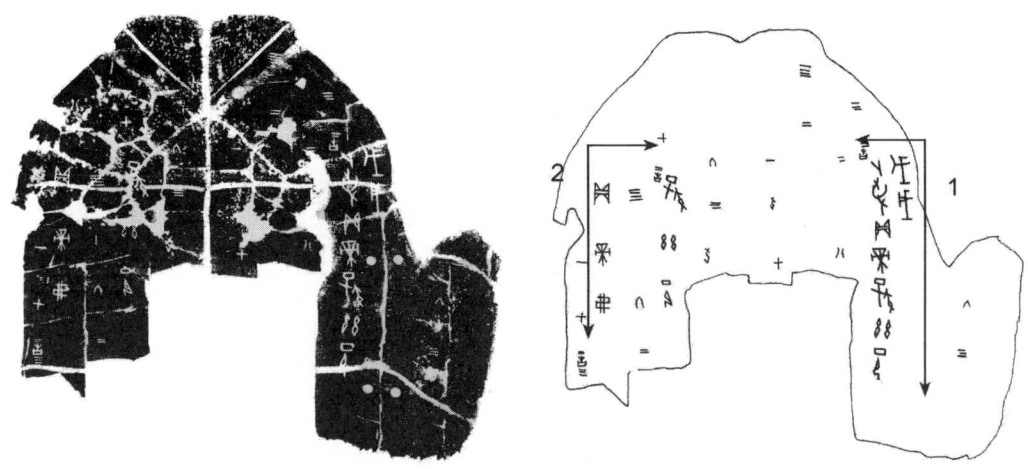

### 傳寫

卜 中 卜 ᔑ 用 来 丮 88 呂
用 来 弗 丮 88 呂

### 번역

【1】 戊戌卜, 爭貞: 帝咎茲邑.
【2】 貞: 帝弗咎茲邑.

[1] 무술일(제35일)에 점을 칩니다. '쟁'이 물어봅니다. 상제께서 이 성에 재앙을 내릴까요?
[2] 물어봅니다. 상제께서 이 성에 재앙을 내리지 않을까요?

### 해설

이 갑골은 『갑골문합집』 제14211편에 보이는데, 제1기(賓組 제1그룹) 복사에 속한다. 점복관 쟁(爭)이 상제께서 이 성에 재앙을 내실 것인지에 대해 점을 쳤다.

> **글자풀이**

① 갑골문 ⊞(3366): '불(弗)'자로, 부정을 나타내는 부사이다.

② 갑골문 (0581): 孜자로 옮길 수 있다. 화살로 사람을 쏘는 모습을 그려 상해를 입히다는 뜻을 그렸고, 이로부터 파괴하다, 상해를 입히다, 재앙을 내리다 등의 뜻을 갖게 되었다. '구(咎)'의 의미와 비슷하다.

③ 갑골문 ⌇⌇(3161): '자(兹)'의 초기 글자이다.

> **연습**

**14208**

## 104
### "帝終茲邑"

상제께서 이 성을 완성하게 할까요? (Di Terminated This Settlement) 14210

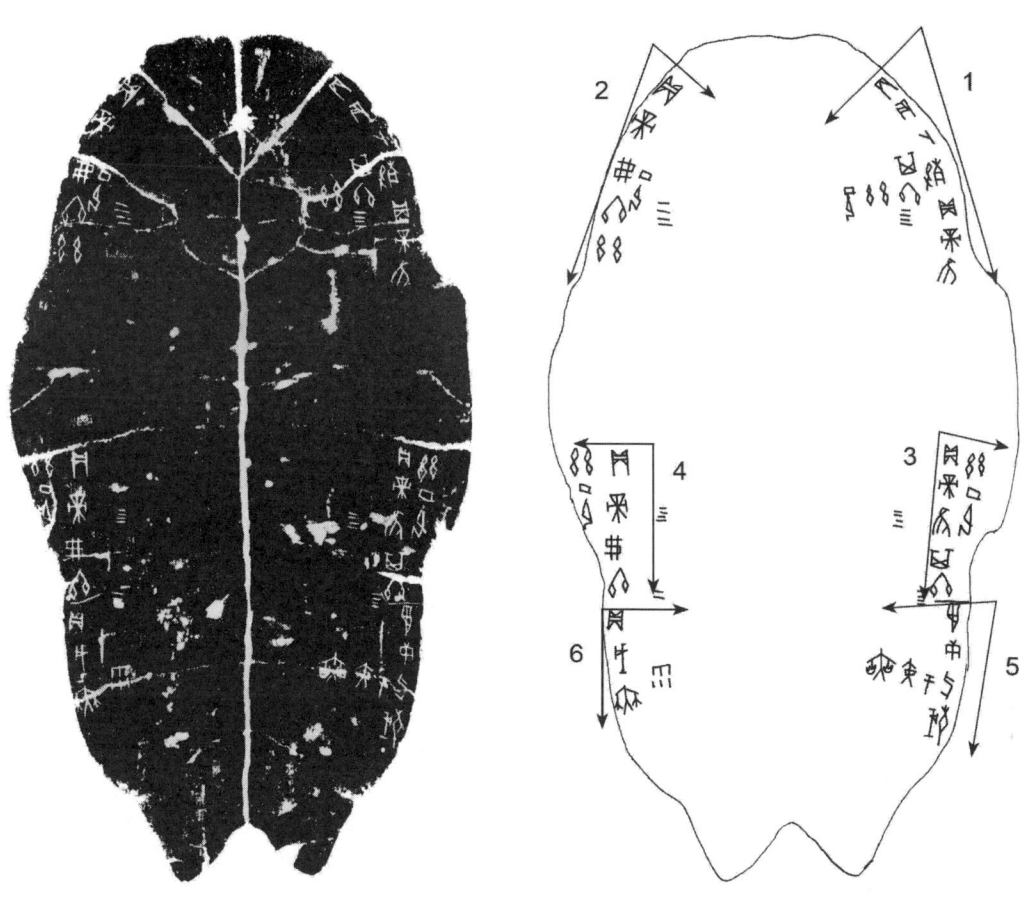

### 번역

【1】 丙辰卜, 㱿貞: 帝惟其終茲邑.

【2】 貞: 帝弗終茲邑.

【3】 貞: 帝惟其終茲邑.

【4】 貞: 帝弗終茲邑.

【5】 翌庚申, 戠于黃奭.

【6】 貞: 我舞雨.

[1] 병진일(제53일)에 점을 칩니다. '㱿'이 물어봅니다. 상제께서 이 성의 건설을 완성하게 해 주실 것인가요?

[2] 물어봅니다. 상제께서 이 성의 건설을 완성하게 하지 않으실 것인가요?

[3] 물어봅니다. 상제께서 이 성의 건설을 완성하게 하실 것인가요?

[4] 물어봅니다. 상제께서 이 성의 건설을 완성하게 하지 않으실 것인가요?

[5] 다가오는 경신일(제57일)에 '술제사'를 '황석'께 드릴까요?

[6] 물어봅니다. 우리가 춤을 쳐 기우제를 지낼까요?

### 해설

이 갑골은 『갑골문합집』 제14210편에 보이는데, 제1기(賓組 제1그룹) 복사에 속한다. 첫 번째부터 네 번째 복사까지 차례로 상제께서 이 성의 건설을 완성하게 할 것인지를 물었다. 다섯 번째 복사는 황석(黃奭)께 '술(戠)'제사를 드려야 할지를 물었다. 여섯 번째 복사에서는 춤을 쳐 기우제를 지내야 할지를 물었다.

### 글자풀이

① 갑골문 (3100): 자형은 아마도 베를 짜는 실패에서 왔을 것으로 추정된다. '동(冬)'자로 옮길 수 있다. 본래 뜻은 끝내다이며, '종(終)'의 초기 글자이다. 종결하다, 끝내다는 뜻으로 쓰인 경우를 보면, 『상서·다사(多士)』의 "은나라의 운명이 상제에 의해 끝났구나(殷命終于帝)", 『상서·소고(召誥)』의 "상제께서 큰 나라 은의 운명을 끝내셨도다(天既終大邦殷之命)" 등이 있다. 갑골복사에 '동석(冬夕)'이라는 단어가 자주 보인다. 예컨대 "貞: 不其冬夕雨.(물어봅니다. 밤새 내내 비가 내리지 않을까요?)"라고 했는데, 이는 "밤새 내내 비가 내리다(終夕雨)"라는 의미이다. '동(冬)'자는 이후에 동하(冬夏)라고 할 때의 동(冬)으로 가차되었다. 그러자 원래 뜻은 '멱(糸)'을 더하여 '종(終)'이 되었고, 이로써 '끝'의 의미를 나타냈다. 요종이(饒宗頤, 1917~2018)는 "종자읍(終茲邑)"의 '종(終)'을 '성(成: 완성하다)'나 '필(畢: 마치다)' 등의 뜻으로 풀이했다. 예컨대, 『시경·대아·문왕유성(文王有聲)』에서 "우리 왕께서 점괘를 살피시어, 호경에다 자리를 잡으셨네. 거북으로 점을 쳐 검증하시고, 무왕께서 이를 완성하셨네.(考卜維王, 宅是鎬京, 維龜正之, 武王成之.)"라고 노래했고, 『좌전』 소공(昭公) 13년 조에서 "일을 마치기를 요구하였다(求終事也)"라 한 것이 그렇다. 그러나 다수의 학자들이 동()을 종결(終結)의 종(終)자로 해석하고 있다.

② 갑골문 ✲(2444): 술(戫)자로 옮길 수 있다. 복사에 "戫于東, 勿戫于東, 貞: 戫于南, 勿戫于南……('술'제사를 동쪽 신에게 지낼까요? '술'제사를 동쪽 신에게 지내지 말까요? 물어봅니다. '술'제사를 남쪽 신에게 지낼까요? '술'제사를 남쪽 신에게 지내지 말까요?)", "貞: 戫于王亥十牛.(물어봅니다. '술'제사를 '왕해'께 드리는데 소 10마리를 쓸까요?)" 등의 문장이 등장한다, 이로 볼 때 제사와 관련된 동사임을 알 수 있다. 료(燎)나 시(祡)와 비슷한 용법일 것이다.

③ 갑골문 ✲(2550): '황(黃)'으로 해석할 수 있으며, 노란 색을 말한다. 인명으로 쓰이기도 했는데, 황윤(黃尹)이 그렇다.

④ 갑골문 ✲(0225): '상(奭)'이나 '석(奭)'자로 옮길 수 있다. 복사에서는 조(祖)와 비(妣) 사이에 자주 놓인다. 예컨대, "王儐大乙奭妣丙(왕께서 '빈'제사를 대을과 그 배우자께 올릴까요?)"이 그렇다. 배필이나 배우자라는 뜻임에 분명하다. 복사에서 말하는 '윤석(伊奭)'과 '황석(黃奭)'이 이윤(伊尹)이나 황윤(黃尹)을 지칭하는지, 아니면 그 배우자를 지칭하는지 분명하지는 않다.

⑤ 갑골문 ✲(0226): 손에 무엇인가를 들고 춤을 추는 모습이다. 손에 든 것이 소꼬리라는 설도 있고 깃털로 된 장식이라는 설도 있다. '무(舞)'자로 해석된다. 복사에서 무(舞)는 항상 기우제와 관련되어 있다. 『주례·사무(司巫)』에 "나라에 큰 가뭄이 들면 무당을 다 모아서 춤을 추게 하며 기우제를 지냈다(若國大旱則率巫而舞雩)"라는 말이 있다.

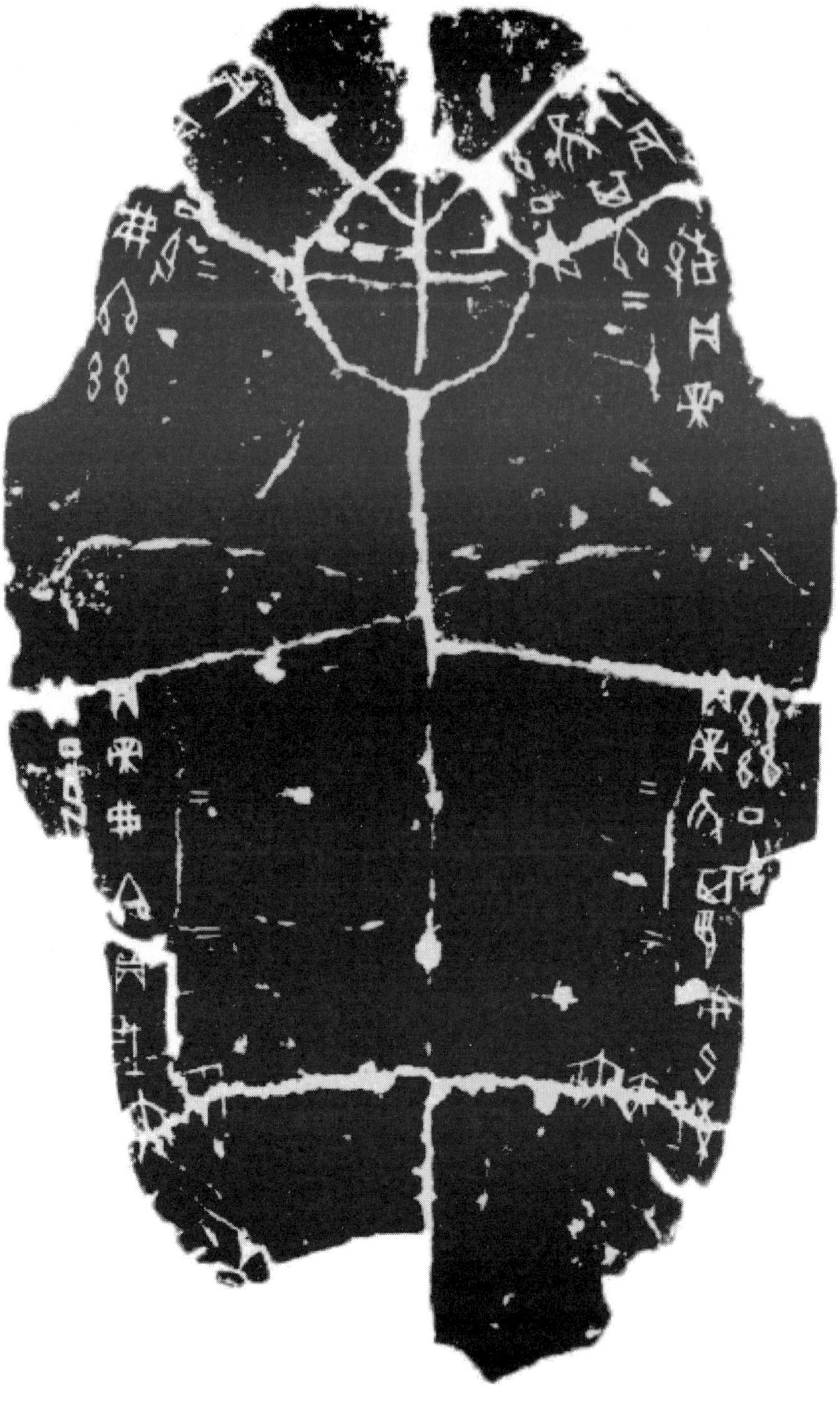

14209

## 105
### "益㠯𠬝"
### '육계'를 더하다 (Adding Lù Qǐ) 05458

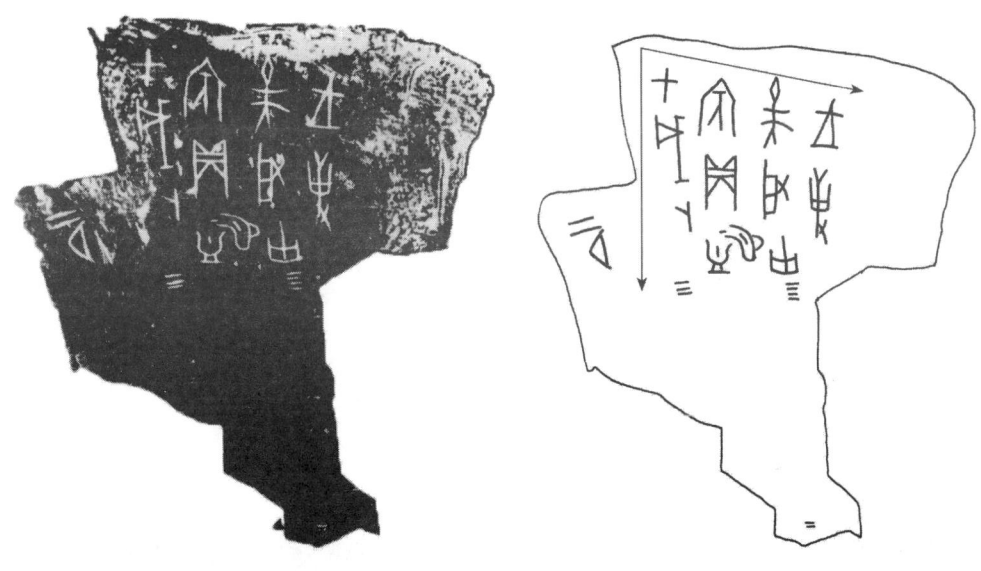

**傳寫**

**번역**

甲戌卜, 賓貞: 益㠯𠬝載王事. 二月.

갑술일(제11일)에 점을 칩니다. '빈'이 물어봅니다. '육계'를 더하여 왕의 일을 돕게 할까요? 2월이었다.

**해설**

이 갑골은 『갑골문합집』 제05458편에 보이는데, 제1기(典賓類) 복사에 속한다. 복사는 육계(㠯𠬝)로 하여금 왕의 일을 돕게 할 것인가를 물어본 내용이다. '치왕사(甾王事)'나 '협왕사(協王事)'는 은상 복사에 자주 보이는 관용어이다.

**글자풀이**

① 갑골문 (2659): 물그릇(匜)의 물을 다른 물그릇(皿)에 붓는 모습이다. 더하다(增益)는 뜻이며, '익(益)'자로 해석된다. 복사에 "貞: 益豕百.(물어봅니다. 돼지 1백 마리를 더할까요?)"라는 표현이 보인

다. 곽말약 등은 이를 '역(易: 바꾸다)'으로 해석하고, 석(錫: 주석)이나 사(賜: 하사하다)로 풀이했다. 그러나 이 복사의 자는 더하다(增益)로 해석해야 의미가 더 잘 통한다.

② 갑골문 (0212): '육(共)'자로 옮길 수 있다. 독음은 육(陸)인데, 무정(武丁) 때의 사람 이름이다. 또 방국(方國)의 이름이나 지명으로도 쓰였다. 복사에 '육에 재앙이 없을까요(共無禍)', '육에서 1개를 들여왔다(共入一)' 등의 표현이 보이는데, 모두 육(共)과 관련된 활동의 기록이다.

③ 갑골문 (2166): '계(啓)'자로 옮길 수 있다. 손(又)으로 문(戶)을 여는 모습이다. 복사에서는 비가 온 다음에 '날이 개다'는 뜻으로 쓰였는데, "날이 개지 않을까요? 비가 올까요?(不啟, 其雨.)"가 그렇다. 인명이나 지명으로도 쓰였는데, "자계가 병이 들지 않을까요?(子啟亡疾)"나 "계에 병이 나지 않을까요?(啟亡疾)" 등이 그렇다.

④ 갑골문 (0729): 로도 쓸 수 있다. '치(甾)'자로 옮길 수 있다. 우성오(于省吾)는 이를 '재(載)'자로 해석하고, '가다(行)'는 뜻이라고 했다.

⑤ 갑골문 (2933): '사(使)'나 '사(史)'나 '사(事)'자로 옮길 수 있다. 깃대 같은 것을 손에 든 모습이다. 복사에서는 '사(使)'나 '사(史)'나 '사(事)'로 쓰인다. 복사에서의 '치왕사(甾太 )'는 '협왕사(協王事)'나 '재왕사(載王事)'로 해독되는데, 왕실의 일에 참여하여 협력하다는 뜻이다.

05454　　　　　　　　　　　05459

## 106
"旨載王事"
**'지'가 왕의 일을 돕다** (Zhǐ Managed Royal Affairs) 05478

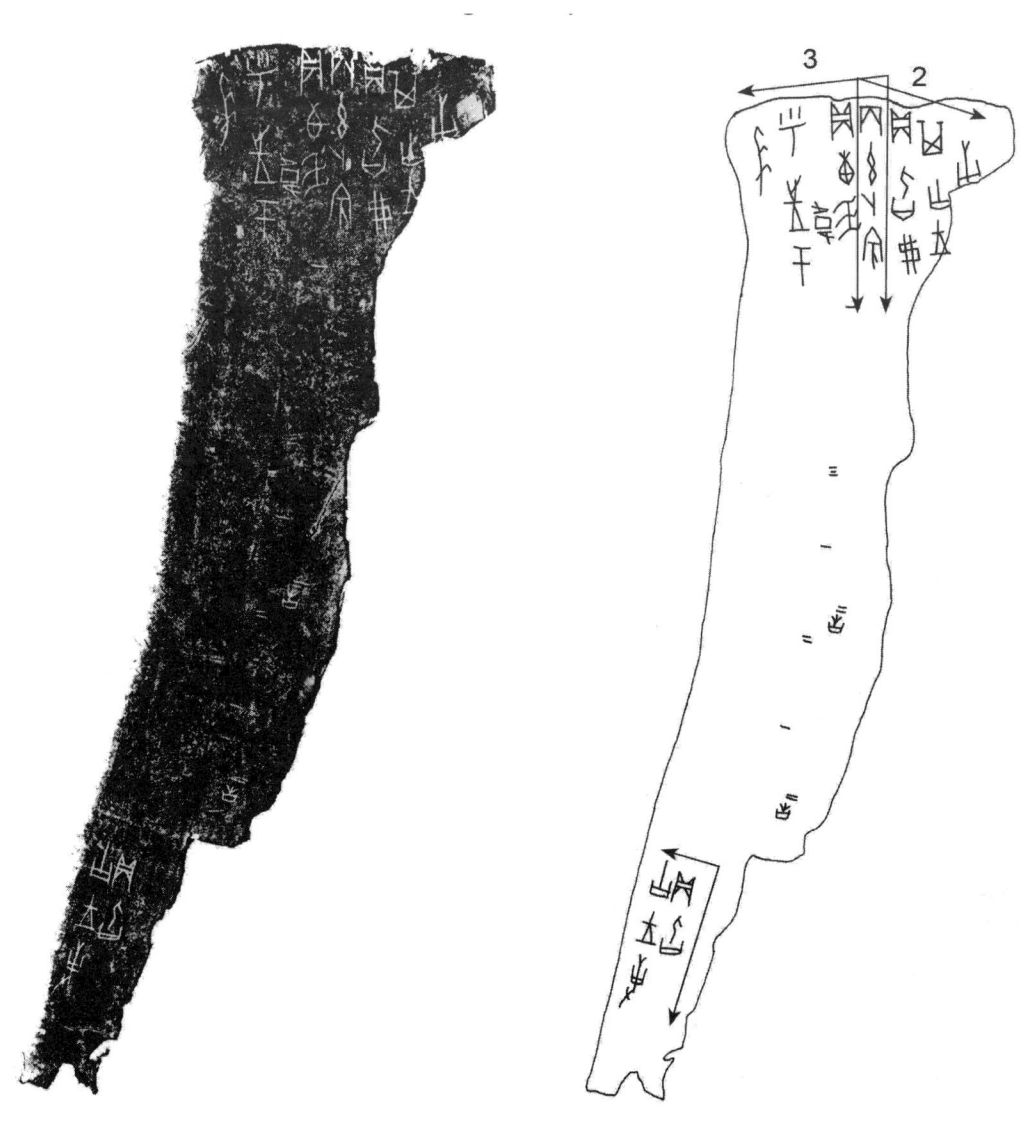

> 傳寫

> 번역

【1】 貞: 旨載王事.
【2】 丙午卜, 賓貞: 旨弗其載王事.
【3】 丙午卜, 賓貞: 惠轆呼往于凱.

[1] 물어봅니다. '지'로 하여금 왕의 일을 돕게 할까요?
[2] 병오일(제43일)에 점을 칩니다. '빈'이 물어봅니다. '지'로 하여금 왕의 일을 돕게 하지 말까요?
[3] 병오일(제43일)에 점을 칩니다. '빈'이 물어봅니다. '위'를 불러서 '개' 땅으로 가게 할까요?

> 해설

이 갑골은 『갑골문합집』 제05478편에 보이는데, 제1기(典賓類) 복사에 속한다. 전체는 두 부분으로 나뉘어져 있다. 첫 번째 단락은 긍정과 부정의 형식으로 된 두 개의 복사로 되었는데, '지(旨)'라는 관리로 하여금 왕의 일을 돕게 할 것인가를 물었다. 왕의 일이란 매우 포괄적 개념으로, 농사, 수렵, 전쟁, 외교 등을 모두 포함한다. 두 번째 단락은 한 개의 복사로 되었는데, '위(轆)'라는 관리를 불러서 개(凱)라는 땅으로 가게 할 것인지를 물었다. 이 갑골의 경우 두 번째와 세 번째 복사에서 전사(前辭)인 '병오복빈(丙午卜賓)'을 사용했다.

> 글자풀이

① 갑골문 (0013): 인(人)(혹은 匕)와 구(口)로 구성되었는데, 『설문해자』에서 제시한 지(旨)자의 고문체와 비슷하다. 그래서 '지(旨)'로 옮길 수 있다. 복사에서는 방국(方國)의 이름으로 쓰였는데, "旨方來告于父丁('지'나라가 쳐들어 왔는데 부정께 이 사실을 보고할까요?)"가 그렇다. 무정(武丁) 때의 관리 중에 서사지(西史旨)라는 사람이 있었는데, 아마도 이 갑골에서 말한 지(旨)가 그일 것이다.

② 갑골문 (0827): '위(轆)'자로 옮길 수 있다. 사람 이름이다.

③ 갑골문 (3345): '호(乎)'자로 옮길 수 있다. 호(呼), 호(評), 호(嘑), 호(謼)자는 모두 호(乎)에서 분화한 글자들이다. 『설문해자』에서 "호(乎)는 어기사를 말한다(語之餘也). 혜(兮)가 의미부인데, 소리가 상승하여 퍼지는 모습을 본떴다(象聲上越揚之形也)."라고 했다.

④ 갑골문 (0035): '개(岂)'나 '개(敳)'자로 옮길 수 있다. 인명이나 지명으로 쓰였다. 개(凱)로 읽지만 간혹 미(微)로 읽기도 한다.

> 연습

05476

05479

## 107
## "西使旨"
### 서쪽 지방의 관리자 '지' (West Minister Zhǐ) 05637

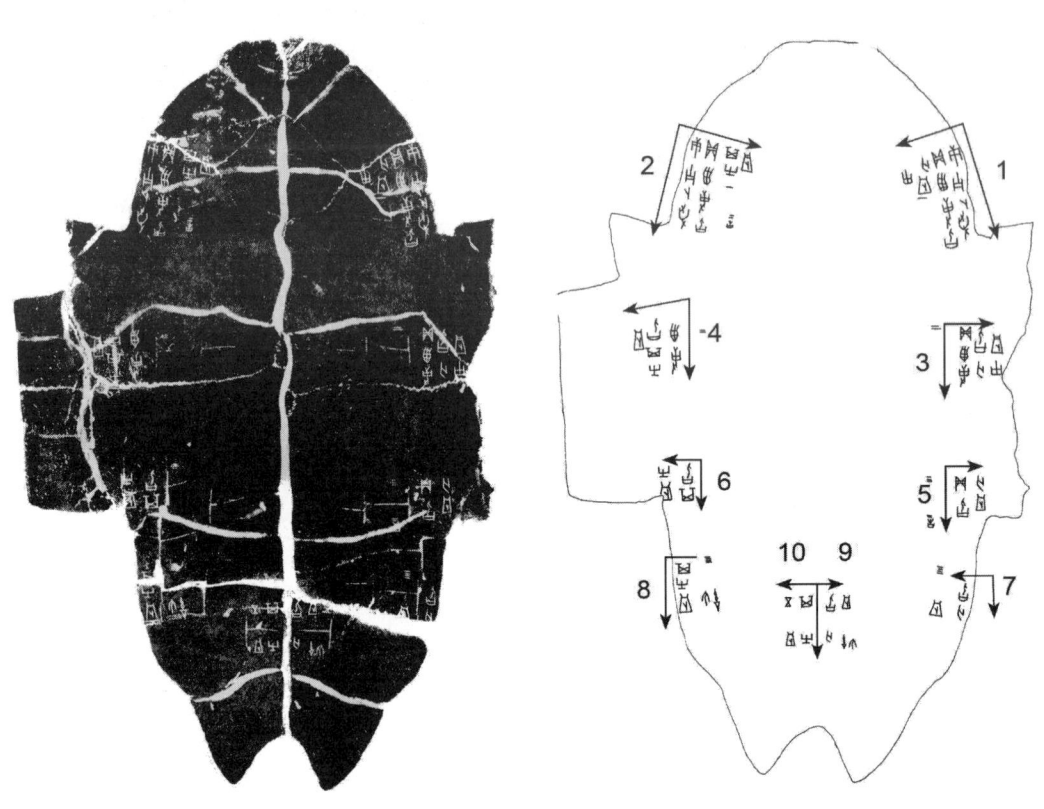

326 상대 갑골문 한국어 독본

> **번역**

【1】 庚子卜, 爭貞: 西史旨亡禍. 載.

【2】 庚子卜, 爭貞: 西史旨其有禍.

【3】 貞: 西史旨亡禍. 載.

【4】 西史旨其有禍.

【5】 貞: 旨亡禍.

【6】 旨其有禍.

【7】 旨亡禍.

【8】 其有禍.

【9】 旨亡禍.

【10】 其有禍.

[1] 경자일(제37일)에 점을 칩니다. '쟁'이 물어봅니다. '서사지'에게 재앙이 없을까요? (왕의 일을) 도울 수 있을까요?

[2] 경자일(제37일)에 점을 칩니다. '쟁'이 물어봅니다. '서사지'에게 재앙이 생길까요?

[3] 물어봅니다. '서사지'에게 재앙이 없을까요? (왕의 일을) 도울 수 있을까요?

[4] '서사지'에게 재앙이 생길까요?

[5] 물어봅니다. '지'에게 재앙이 없을까요?

[6] '지'에게 재앙이 생길까요?

[7] '지'에게 재앙이 없을까요?

[8] 재앙이 생길까요?

[9] '지'에게 재앙이 없을까요?

[10] 재앙이 생길까요?

> **해설**

이 갑골은 『갑골문합집』 제05637편에 보이는데, 제1기(典賓類) 복사에 속한다. 전체 갑골 모두가 서사지(西史旨)가 왕의 일을 도우러 갈 때 재앙이 생길지 생기지 않을지를 물은 내용이다. 모두 10개의 복사로 되었는데 긍정과 부정의 형식으로 다음과 같은 대칭 구조로 되었다.

| 긍정 형식 | 부정 형식 |
|---|---|
| 西使旨亡禍載 | 西史旨其有禍 |
| 西使旨亡禍載 | 西史旨其有禍 |
| 旨亡禍 | 旨其有禍 |
| 旨亡禍 | 其有禍 |
| 旨亡禍 | 其有禍 |

서사지(西史旨)가 왕의 일을 도울 때 분명히 어떤 위험성이 존재했음을 보여준다. 그래서 여러 차례에 걸쳐 점을 쳤고, 여러 차례 진행되었기에 명사(命辭)의 기록이 갈수록 줄어들었다. 예컨대 서사지(西史旨)를 간단히 줄여 이름자인 지(旨)로만 불렀고 그의 관직명은 생략했다. 또 '재왕사(載王事)'라는 표현도 '재(載)'로만 줄여 부르든가 아예 완전히 생략하기도 했다.

이 갑골에 '상고(二告)'를 비롯해 '불오(不啎)' 등과 같은 조사(兆辭)가 보이는데, 이의 진정한 의미에 대해서는 더 깊은 연구가 필요하다.

**05636**　　　　**05635**

## 108
## "璞周"

광석 채굴 (Mining the Ore) 06812

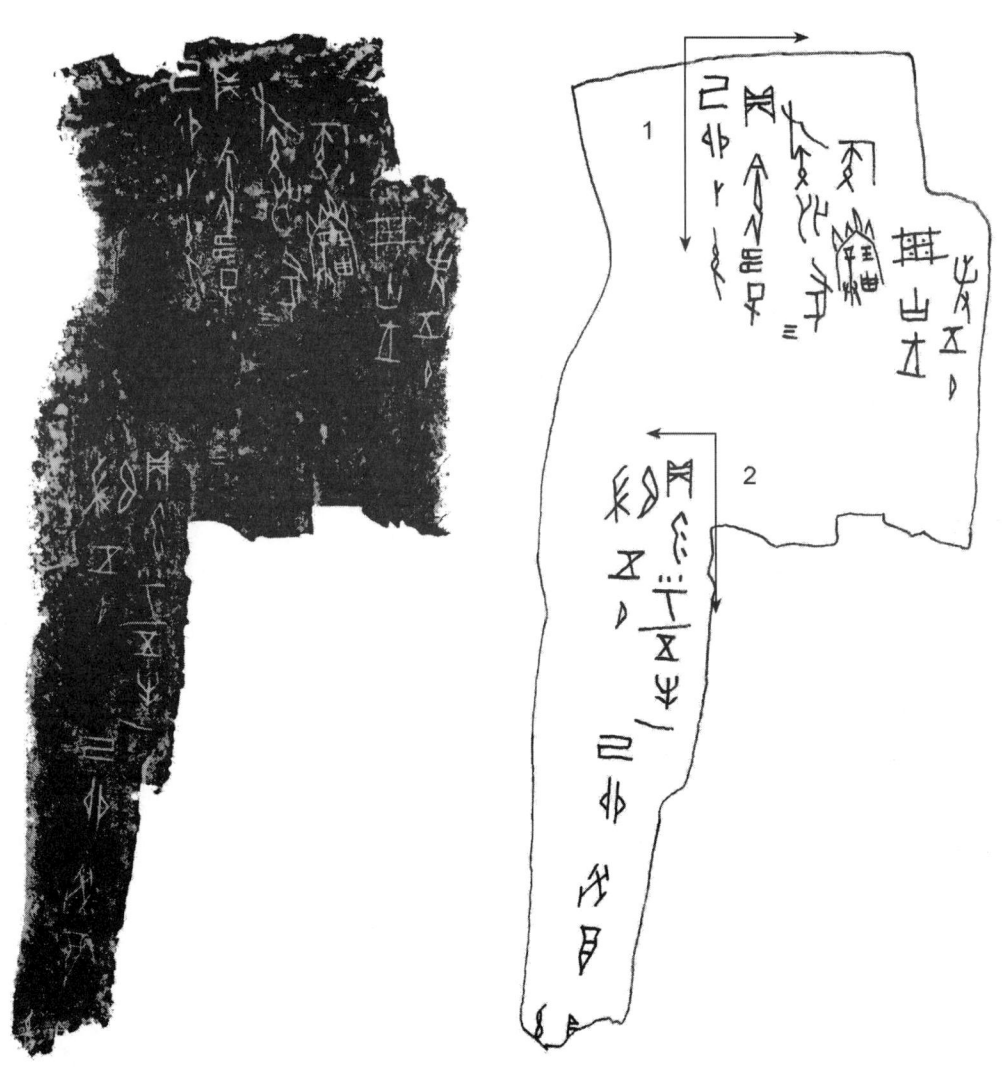

傳寫

### 번역

【1】 己卯卜, 㱿貞: 令多子族比犬侯璞周, 載王事. 五月.

【2】 貞勿呼歸. 五月.

[1] 기묘일(제16일)에 점을 칩니다. '해'가 물어봅니다. '다자족'에게 명령을 내려 '견후'를 소집하여 광물을 캐도록 할까요? 5월이었다.

[2] 물어봅니다. 돌아오지 말라 할까요? 5월이었다.

### 해설

이 갑골은 『갑골문합집』 제06812편에 보이는데, 제1기(賓組 제1그룹) 복사에 속한다. 첫 번째 복사는 당시의 왕이었던 무정(武丁)이 다자족(多子族)에게 명령을 내려 견후(犬侯)를 참여시켜 광물 채굴에 나서도록 하여, 왕의 일을 돕도록 한 내용이다. 두 번째 복사의 명사(命辭)는 3글자로 되어 '돌아오지 말라 할까요? (勿呼歸)'라는 내용이다. 이 두 가지 복사는 서로 연관이 없어 보인다. '복주(璞周)'에 대해서, 어떤 학자들은 주방(周方)을 정벌하다는 뜻으로 해석하기도 하고, 광물을 채굴하다는 뜻으로 해석하기도 한다. 갑골문의 '박(璞)'자를 구성하는 부분에 광물을 채굴하는 도구가 들어 있기에, '박주(璞周)'는 상나라 때의 광물 채굴과 관련된 것으로 보인다.

### 글자풀이

① 갑골문 (3150): 㱿자로 옮길 수 있는데, '해(㱿)'의 초기 글자이다. 점복관의 이름이다.

② 갑골문 (2559): 화살촉이 깃대 아래에 놓인 모습으로, '족(族)'의 초기 글자이다. 족(族)은 고대사회에서 씨족(氏族)과 군대가 합쳐진 조직이었다. 복사에 의하면, 왕족(王族), 자족(子族), 다자족(多子族), 삼족(三族), 오족(五族) 등의 다양한 족(族)이 등장한다.

③ 갑골문 (0067): '비(比)'자로 해석된다. 군사 동맹 관계를 체결하다는 뜻을 갖고 있으며, 동반자 관계임을 표시하기도 한다.

④ 갑골문 (2558): 화살(矢)이 과녁에 모인 모습을 그렸는데, '후(侯)'자로 옮길 수 있다. 방국(方國)의 우두머리를 지칭하는 말로 쓰인다.

⑤ 갑골문 (2122): '박(璞)'자로 해석된다. 당란(唐蘭)과 임운(林澐) 등은 이 글자에 대해, 끌처럼 생긴 커다란 공구를 갖고서 산 속에서 옥돌을 채굴하는 모습에다 광주리에 그것을 담는 모습을 그렸다고 했다. 여기서 표현된 유사한 모습의 끌과 광주리 등이 호북(湖北)성의 대야(大冶) 동록산(銅綠山) 옛 광정에서 실물로 출토되었다. 그래서 이 글자의 원시적 의미는 당연히 옥이나 광물의 채굴과 관련되었을 것이며, 광물 채굴을 표현한 동사로 보인다.

⑥ 갑골문 (2204): '주(周)'자로 해석되는데, 보통 상나라 때의 방국이었던 주방(周方)으로 해석한다. 그래서 ' '를 '박주(璞周)'나 '구주(寇周)'로 해석한다. 섭옥삼(葉玉森, 1880~1933)과 조복림(晁福林, 1943~ ) 등은 '주( )'가 사금을 채굴하는 뜰채를 그렸다고 하면서, '금(金)'의 초기 글자로 보았다. 학자들의 다양한 의견을 종합하면, ' '(璞周)의 원래 뜻은 금속(구리 원석 등)을 채굴하거나 옥을 캐는 것을 의미하는 것으로 보인다. 그래서 이 갑골 편에 보이는 박주(璞周)는 광물 채굴에 관한 것으로 보아야 할 것이다. 상나라 때는 청동기 제작이 매우 발달하였는데, 광물의 채굴은 왕실의 중요한 일 중의 하나였을 것이다.

⑦ 갑골문 (2995): '귀(歸)'의 초기 글자로, 돌아오다(歸來)는 뜻으로 해석된다.

> 연습

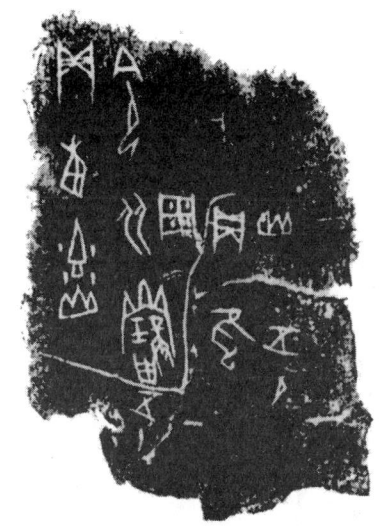

06814

# 109
"王省"
왕의 시찰 (Royal Inspection) 36361

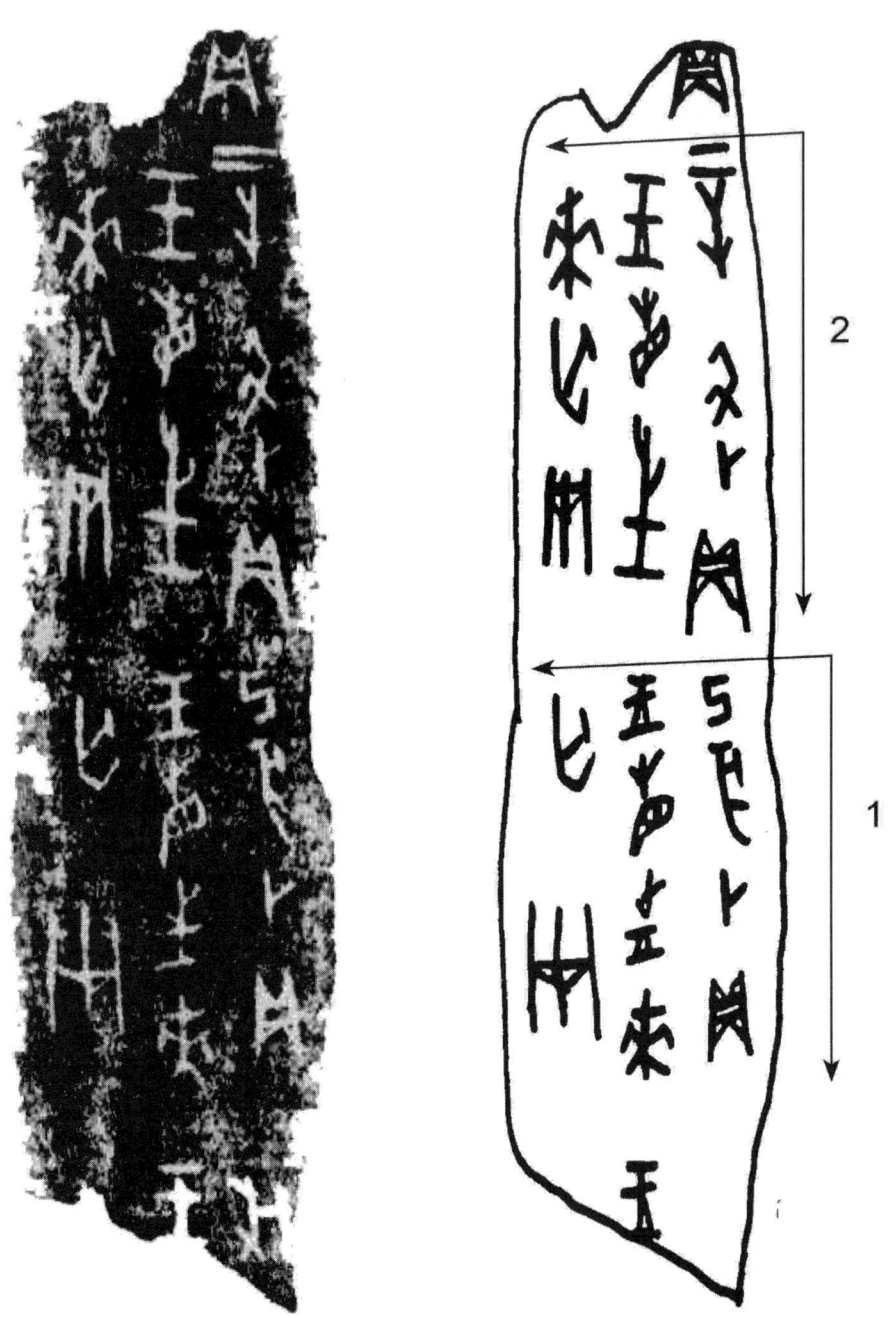

### 傳寫

### 번역

【1】己亥卜, 貞: 王省, 往來亡災.
【2】辛丑卜, 貞: 王省, 往來亡災.

[1] 계해일(제36일)에 점을 칩니다. 물어봅니다. 왕께서 시찰을 나가는데, 오고 감에 재앙이 없겠습니까?

[2] 신축일(제38일)에 점을 칩니다. 물어봅니다. 왕께서 시찰을 나가는데, 오고 감에 재앙이 없겠습니까?

### 해설

이 갑골은 『갑골문합집』 제36361편에 보이는데, 제5기(黃組) 복사에 속한다. 2조항의 복사로 되었는데, 대강의 뜻을 보면, 기해일(제36일)과 신축일(제38일)에 왕의 시찰에 관한 일에 대해 점복한 것으로 오고감에 문제가 없을 것인지를 물은 것이다. 다만 시찰한 지점에 대해서는 구체적 언급이 없다.

### 글자풀이

① 갑골문 ᴥ(0613): 목(目)과 생(生)으로 이루어졌는데, '성(省)'의 초기 글자이다. '성(省)'은 복사에서 다음의 몇 가지 용법이 있다. (i)순시(巡視)하다, 즉 두루 돌아다니며 살피다는 뜻으로 사용되었는데, '往省牢于臺(희생에 쓸 소의 사육을 살피러 돈 땅으로 갈까요?)'이 그렇다. (ii)'王其省田(왕께서 경작지를 살피러 갈까요?)'에서와 같이 사냥을 하다는 뜻이다. (iii)정벌(征伐)하다는 뜻으로, 순벌(循伐)과 같은 의미로 쓰였다.

연습

36369

36362

## 110
"王其省喪田"

왕께서 '상' 땅을 시찰하다 (Inspect the Sàng Field) 28971

 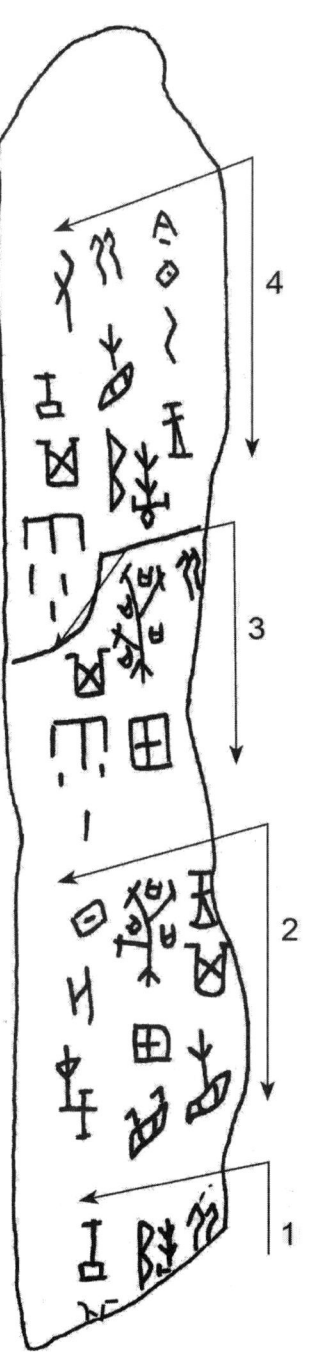

본문(선독) **335**

> 傳寫

```
弜[省]㝅[右]工 其[雨]
王其省喪田 湄日亡災
弜[省]喪田 其雨
今日乙 王弜省㝅右工 其雨
```

> 번역

【1】 弜[省]㝅[右]工, 其[雨].
【2】 王其省喪田, 湄日亡災.
【3】 弜[省]喪田, 其雨.
【4】 今日乙, 王弜省㝅右工, 其雨.

[1] (왕께서) '우공'(오른쪽 공방 지역)의 주둔지를 [시찰하지] 않으면, [비가] 올까요?
[2] 왕께서 '상전'(상 지역의 농경지)을 시찰해도, 종일토록 재앙이 없을까요?
[3] (왕께서) '상전'(상 지역의 농경지)을 [시찰하지] 않으면, 비가 올까요?
[4] 오늘 '을'일에 왕께서 '우공'(오른쪽 공방 지역)의 주둔지를 시찰하지 않으면, 비가 올까요?

> 해설

이 갑골은 『갑골문합집』 제28971편에 보이는데, 제3기(無名組) 복사에 속한다. 총 4조항의 복사로 구성되었다. 첫 번째 복사는 떨어져 나가긴 했지만, 네 번째 복사에 근거해 온전하게 보충할 수가 있다. 두 단락으로 나뉘었는데, 첫 번째 단락은 첫 번째와 네 번째 복사로, 왕께서 우공(右工)의 주둔지를 시찰할 때 비가 내릴 것인지를 물었다. 두 번째 단락에는 두 번째와 세 번째 복사로, 왕께서 '상' 땅의 농경지(喪田)를 시찰할 때 비가 내릴 것인지를 물었다.

> 글자풀이

① 갑골문 古(2905): '공(工)'자로 해석된다. 복사에서는 다음의 용법이 있다. (i)공(貢)으로 가차되어, 공납하다는 뜻인데, '공전(工典)'이 그렇다. (ii)명사로, 직칭(職稱)이나 관칭(官稱)으로, 수공업의 공방과 관련된 것인데, 다공(多工)이나 아공(我工) 등이 그렇다. 복사에 보이는 우공(右工)이나 좌공(左工) 등은 상나라 때 기술자(장인)들을 조직적으로 운영했음을 보여준다.

② 갑골문 (1447): '악(㝅)'자로 옮길 수 있는데, '상(喪)'의 초기 글자이다. 여기처럼 명사로 쓰여 지명을 나타낸다. 동사로 쓰이면 상실하다(喪失)는 뜻인데, '정말로 군사를 잃었다(允喪師)', '양을 잃었다(其喪羊)' 등이 그렇다.

③ 갑골문 (0620): '미(湄)'자로 옮길 수 있다. 미일(湄日)은 미일(彌日)과 같아 '하루 종일'을 뜻한다. '미일무재(湄日無災)'는 복사에 보이는 관용어이며, 수렵 복사에 자주 보인다.

연습

29002

28982

## 111
"今日步于樂"
### 오늘 걸어서 '낙' 땅에 도착하다 (Today Perambulate at Lè) 36501

### 傳寫

### 번역

【1】 乙巳卜, [在口貞]: 王田口, 亡[災]. [獲]兕二十又[口]. [王]來征人[方].
【2】 丙午卜, 在商貞: 今日步于樂, 亡災.
【3】 己酉卜, 在樂貞: 今日王步于喪, 亡災.
【4】 [庚]戌卜, 在[喪]貞: 今日王步于𠖎, 亡災.

[1] 을사일(제42일)에 점을 칩니다. ['口'에서 물어봅니다.] 왕께서 사냥을 나가는데, [재앙이] 없을까요? 무소 스무 [몇 마리를] 잡았다. [왕께서] 돌아올 때 '인[방]'을 정벌하였다.

[2] 병오일(제43일)에 점을 칩니다. '상'에서 물어봅니다. 오늘 '락' 땅으로 손수레를 타고 이동하는데, 재앙이 없을까요?

[3] 기유일(제46일)에 점을 칩니다. 락에서 물어봅니다. 오늘 '상' 땅으로 손수레를 타고 이동하는데, 재앙이 없을까요?

[4] [경]술일(제47일)에 점을 칩니다. ['상'에서] 물어봅니다. 오늘 '제' 땅으로 손수레를 타고 이동하는데, 재앙이 없을까요?

### 해설

이 갑골은 『갑골문합집』 제36501편에 보이는데, 제5기(黃組) 복사에 속한다. 첫 번째 복사는 떨어져 나가긴 했지만, 각사의 의미에 근거해 거의 복원이 가능하다. 제신(帝辛) 10년(기원전 1100년) 3월, 상나라 주(紂)왕이 을사일(제42일) 사냥을 나가 무소 스무 몇 마리를 잡았다는 내용이다. 이튿날인 병오일(제43일)에 상(商)으로부터 낙(樂) 땅에 도착했다. 3일이 지난 기유일(제46일)에 낙(樂) 땅으로부터 다시 상(喪) 땅으로 갔다. 그 이튿날인 경술일(제47일)에 다시 상(喪) 땅으로부터 제(𠖎) 땅으로 갔다는 내용이다.

### 글자풀이

① 갑골문 𠂤(2146): '상(商)'의 초기 글자이다. 이 갑골에서 말하는 상(商)의 도성인 대읍상(大邑商)은 아마도 하남성(河南省) 상구(商丘) 일대를 지칭한 것으로 보인다.

② 갑골문 𣥂(0801): '보(步)'자로 옮길 수 있다. 보(步)의 초기 글자이다. 복사에서 말하는 "왕보우모(王步于某)"나 "왕섭우모(王涉于某)"의 경우, 수레로 이동하는 것을 보(步), 배로 이동하는 것을 섭(涉)이라 했다. 혹자는 보(步)를 보련(步輦)으로 보고, 마차가 아닌 손수레를 타고 이동하는 것을 보(步)라 하기도 한다. "보우모지(步于某地)"는 왕께서 손수레를 타고 어떤 지역으로 이동하다는 뜻이다. 아마도 시찰을 위한 이동이었을 것이다.

③ 갑골문 (3166): '낙(樂)'자로 옮길 수 있다. 복사에서는 지명으로 사용되었다.
④ 갑골문 (1508): '제(沓)'자로 옮길 수 있다. 지명으로 사용되었으며, '제(諸)'로 읽는다.

**연습**

*36488* 　　　　*36483* 　　　　*36372*

## 112
### "其有來聞"
새로운 소식이 오다 (Coming News) 01075

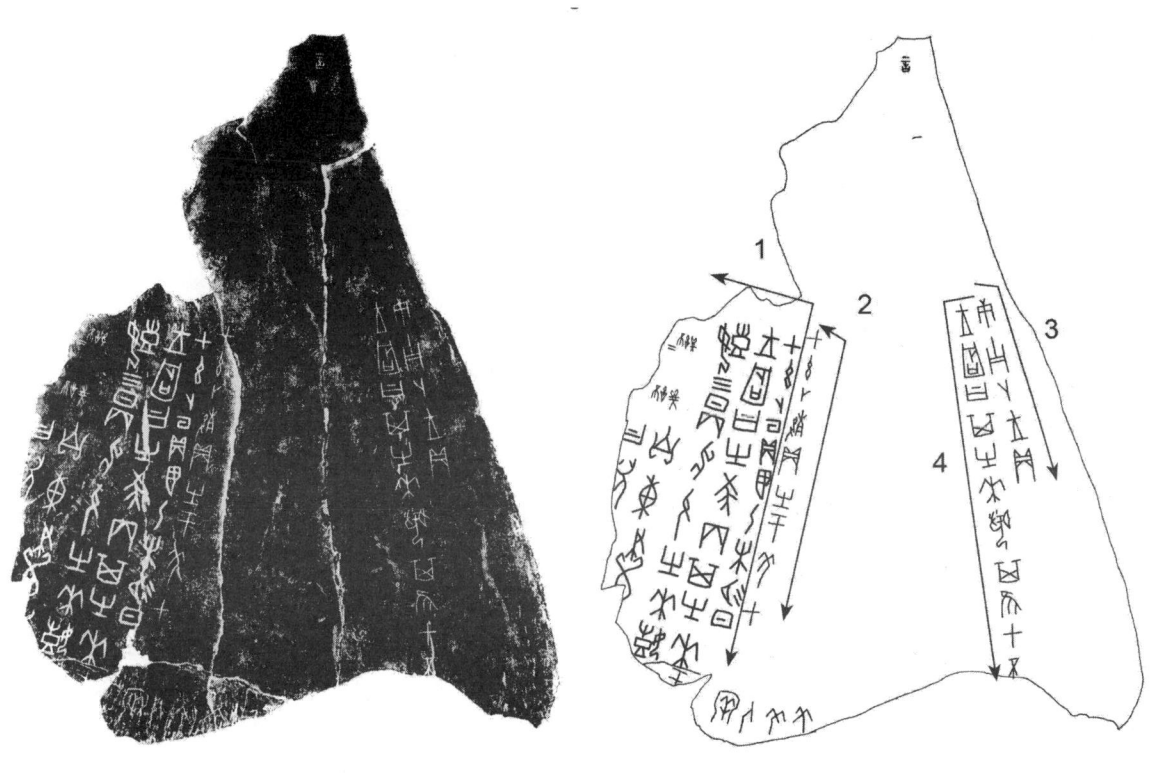

傳寫

> **번역**

【1】 甲午卜亙貞: 翌乙未昜日. 王占曰: 有祟, 丙其有來嬉. 三日丙申, 允有來嬉, 自東, 娩告曰: 兒☐

【2】 甲午卜, 殼貞: 侑于羌甲.

【3】 庚子卜, 王貞: ☐

【4】 王占曰: 其有來聞, 其惟甲(辰)不☐

[1] 갑오일(제31일)에 점을 칩니다. '원'이 물어봅니다. 오는 을미일(제32일)에 날짜를 바꾸어야 할까요? 왕께서 점괘를 해석해 말씀하셨다. (바꾸는 것은 좋지 않다.) 재앙이 있으리라. 병(신)일(제33일)에 어려움이 닥쳐올 것이다. 3일째 되던 병신일(제33일)에 과연 어려움이 닥쳐왔다. 동쪽으로부터 '화'가 보고해왔다. '아☐

[2] 갑오일(제31일)에 점을 칩니다. '유'제사를 '강갑'께 올릴까요?

[3] 경자일(제37일)에 점을 칩니다. 왕께서 물어봅니다. ☐

[4] 왕께서 점괘를 해석해 말씀하셨다. 보고가 있을 것이다. 갑(신)일(제41일)에 ☐ 않을까요?

> **해설**

이 갑골은 『갑골문합집』 제01075편에 보이는데, 제1기(典賓類) 복사에 속한다. 총 4개의 복사로 되었다. 첫 번째 복사는 잔편이지만 대체적인 뜻은 추정할 수 있다. 점복관이 갑오일(제31일)에 점을 쳐 이튿날 날짜를 바꿀 수 있을 것인지를 물었다. 당시 상나라 왕이었던 무정(武丁)이 조상을 보고 '날짜를 바꾸는 것'은 좋지 않다고 했으며, 병신일(제33일)에 문제가 생길 것이라고 했다. 과연 병신일에 재난이 동쪽으로부터 생겼다. 변경을 지키던'화(娩)'가 아방(兒邦)이 일을 벌였다고 보고해 왔다. 아마도 아방(兒邦)이 침입한 일일 것이다. 탁본을 보면 娩자 아래에 '고(告)'자가 있으나 이미 많이 마모되었기에 모사본에서는 뺐다. 두 번째 복사는 강갑(羌甲)의 제사에 대한 점복이다. 세 번째 복사는 경자일(제37일)에 무정(武丁)임금이 직접 점복을 행한 내용이지만, 그 다음 내용은 사라져 알 수가 없다. 네 번째 복사는 무정(武丁)이 조상을 보고서 어떤 긴급한 보고가 있을 것이라고 했다. 그러나 복사가 잘려 나간 바람에 무정(武丁)에게 보고된 내용이 무엇인지를 알 수는 없다.

> **글자풀이**

① 갑골문 ✦(1540): 수(祟)자로 옮길 수 있다. 많은 학자들이 '수(祟)'자로 해석하지만, 구석규(裘錫圭)는 구(求)로 해석했다. 여기서 말한 '유수(止祟)'를 유수(有祟)나 유구(有咎)로 해석해, 재앙이나 어려움이 곧 발생할 것인가라는 뜻이다.

② 갑골문 ✦(2811): 간(嬉)으로 옮길 수 있다. '간(艱)'자로 해석되는데, 나쁜 일이라는 뜻이다. 복사에서 '其有來嬉'이라는 표현이 자주 보이는데, 나쁜 소식이나 재앙이 올 것이라는 뜻이다.

③ 갑골문 ✦(3092): '화(娩)'자로 옮길 수 있다. 인명이나 지명으로 쓰였다.

④ 갑골문 ✦(0048): '아(兒)'자로 해석되는데, 방국(方國)의 이름이다. 복사에 아백(兒伯: 아방의 우두머리)이라는 말도 나온다.

⑤ 갑골문 (0696): '문(聞)'자로 해석된다. 사람이 꿇어 앉아 두 손을 귀에다 대고 귀 기울여 듣는 모습을 그렸다. 『설문해자』에서 "문(聞)은 그 소리를 알아 듣다는 뜻이다(知聲也)"라고 했다. 복사에 보이는 '유문(有聞)'은 어떤 소식이 있다, 어떤 보고가 올 것이라는 뜻이다.

연습

**07215**

**06076**

## 113
"惟美奏"

음악 연주 (Music Performance) 31022

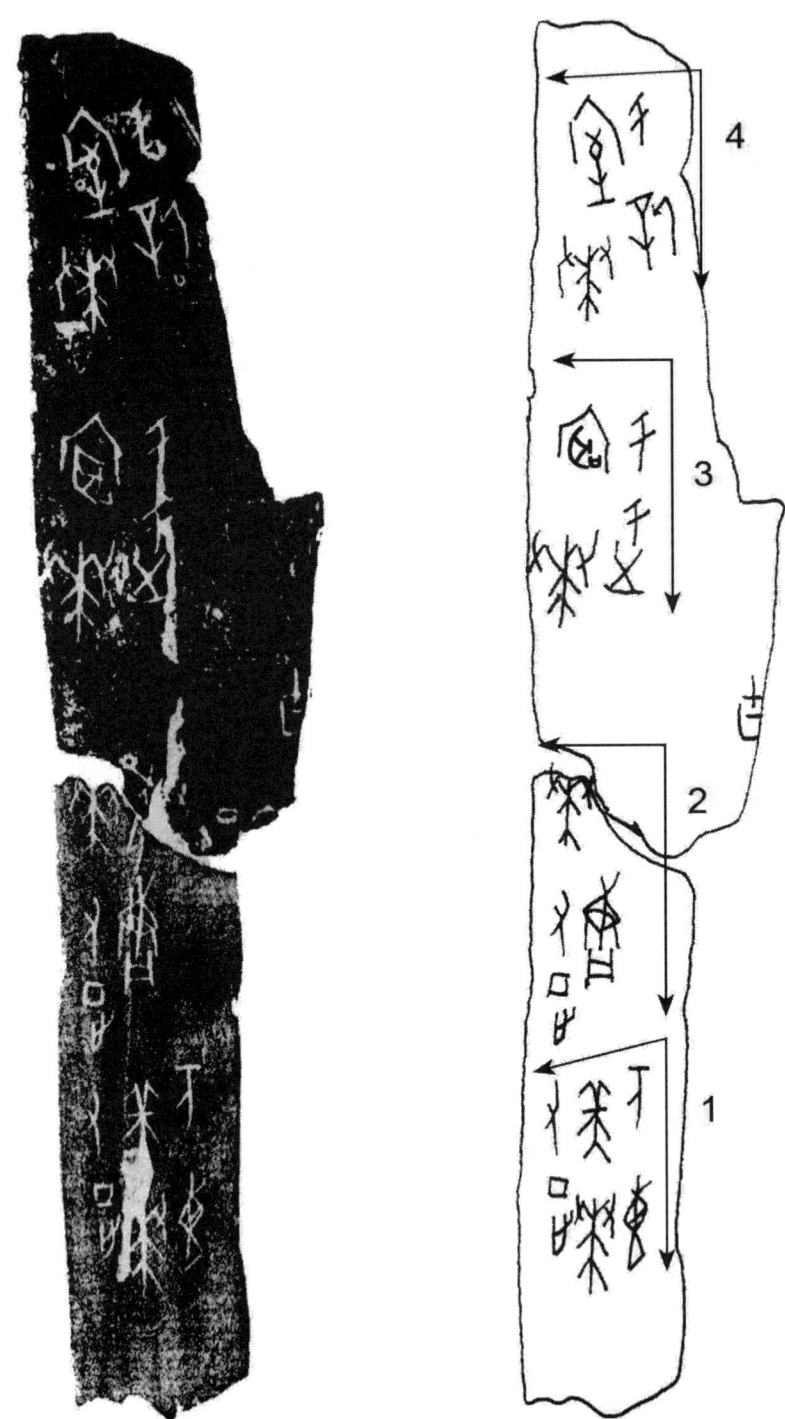

> 傳寫

[갑골문 문자들]

> 번역

【1】 万惠美奏, 有正.
【2】 [万惠]庸奏, 有正.
【3】 于盂廳奏.
【4】 于新室奏.

[1] 악사 '만'이 '미'라는 악기로 연주하면, 올바른 보살핌을 받을 수 있을까요?
[2] [악사 '만'이] '용'이라는 악기로 연주하면, 올바른 보살핌을 받을 수 있을까요?
[3] '우청'(우의 홀)에서 연주를 할까요?
[4] '신실'(새로 만든 방)에서 연주를 할까요?

> 해설

이 갑골은 『갑골문합집』 제31022편에 보이는데, 제3기~제4기(無名組) 복사에 속한다. 정인이 등장하지 않는다. 대강의 뜻을 보면, 악사 만(萬)이 '미(美)'라는 악기로 연주해야 것인지, '용(庸)'이라는 악기를 연주해야 신령의 보살핌을 받을 것인지를 물었다. 그 다음에는 우청(盂廳)에서, 아니면 신실(新室)에서 연주할 것인지를 물었다.

> 글자풀이

① 갑골문 ?(3117): '만(万)'자로 해석된다. 만(万)은 악무(樂舞)를 관장하던 관리이거나 악사로 보인다. 복사에 만을 불러 춤을 추게 할까요?(呼万舞)'라는 내용이 보인다.

② 갑골문 ?(0210): '미(美)'자로 해석된다. 이 갑골에서는 악기 이름으로 쓰였다. 다른 복사에서는 사람이름이나 방국(方國)의 이름으로도 쓰였다.

③ 갑골문 ?(1534): '주(奏)'자로 해석된다. 악기를 연주하거나 사람들을 모아 춤을 추게 하다는 뜻이다.

④ 갑골문 ?(2893): '용(庸)'자로 해석된다. 종(鐘)처럼 생긴 악기를 말한다.

⑤ 갑골문 ?(0821): 이 갑골에서는 '유정(有正)'이라는 말과 연계되어 사용되었다. '유정(有正)'의 정(正)은 정(禎)과 같아서, 음악을 연주하면 신께서 그 음악을 받아들이실 것인가라는 뜻이다. 여기서

말한 신은 조상의 신령이거나 자연신일 것이다. 갑골문에 보이는 정(正)의 다른 용법에 대해서는 제 60편의 [해설]을 참조하기 바란다.

⑥ 갑골문 (2051): '청(廳)'의 초기 글자이다. 건축물의 이름이다.

⑦ 갑골문 ⚎(2043): '실(室)'자로 옮길 수 있다. 즉 '실(室)'의 초기 글자인데, 『설문해자』에서 "실(室)은 실(實)과 같아서 가득 차다는 뜻이다. 면(宀)이 의미부이고 지(至)도 의미부이다. 지(至)는 머무는 곳이라는 뜻이다.(室, 實也, 从宀从至. 至, 所止也.)"라고 했다.

연습

**31025**

**31023**

**31027**

## 114
### "王入于商"
왕께서 '상' 땅에 진입하다 (The King Enters the Shāng) 07780

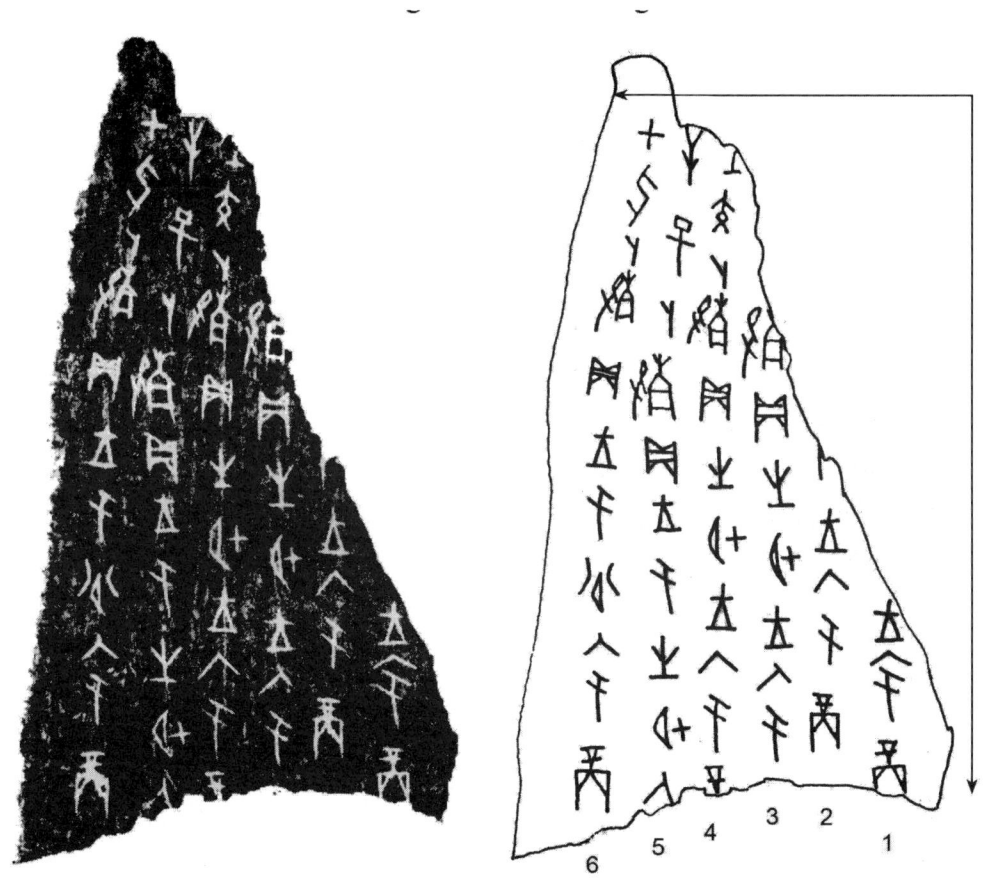

### 번역

【1】 [己巳卜, 殼貞: 生七月]王入于商.
【2】 [壬申卜, 殼貞: 生七月]王入于商.
【3】 [乙亥卜], 殼貞: 生七月王入于[商].
【4】 戊寅卜, 殼貞: 生七月王入于商.
【5】 辛巳卜, 殼貞: 王于生七月入[商].
【6】 甲申卜, 殼貞: 王于八月入于商.

[1] [기사일(제6일)에 점을 칩니다. '각'이 물어봅니다. 오는 7월에] 왕께서 '상'으로 들어가도 될까요?

[2] [임신일(제9일)에 점을 칩니다. '각'이 물어봅니다. 오는 7월에] 왕께서 '상'으로 들어가도 될까요?

[3] 을해일(제12일)에 점을 칩니다. '각'이 물어봅니다. 오는 7월에 왕께서 ['상'으로] 들어가도 될까요?

[4] 무인일(제15일)에 점을 칩니다. '각'이 물어봅니다. 오는 7월에 왕께서 '상'으로 들어가도 될까요?

[5] 신사일(제18일)에 점을 칩니다. '각'이 물어봅니다. 왕께서 오는 7월에 ['상'으로] 들어가도 될까요?

[6] 갑신일(제21일)에 점을 칩니다. '각'이 물어봅니다. 왕께서 오는 8월에 '상'으로 들어가도 될까요?

### 해설

이 갑골은 『갑골문합집』 제07780편에 보이는데, 제1기(賓組 제1그룹) 복사에 속한다. 긍정과 부정 형식으로 된 복사이지만, 서로 연관은 없는 내용이다. 앞면에 6개의 복사가 있는데, 기사일(제6일)로부터 시작해서 갑신일(제21일)까지 3일마다 점을 쳐 무정(武丁)이 어느 날을 선택해 상(商)으로 돌아갈 지를 물었다. 이는 어떤 먼 데로 갔던 사냥이나 전쟁을 마치고 수도인 '상'으로 돌아가는 길에 친 점이 분명하다. 첫 번째 복사부터 세 번째 복사까지 잘려 나가긴 했지만, 전체 문장을 복원할 수 있다. 뒷면에는 '□□卜, 有勺歲母庚. (□□ 점을 칩니다. '유'제사와 '작'제사와 '세'제사를 '모경'께 드릴까요?)'라는 내용의 복사가 새겨졌다. 여기서 말한 모경(母庚)은 소을(小乙)(K20)의 부인, 즉 무정(武丁)의 어머니를 지칭함이 분명하다.

### 글자풀이

① 갑골문 ᙁ(2146): '상(商)'의 초기 글자이다. 상(商)은 상(商)나라의 종묘가 있던 도성, 혹은 상 왕조의 강역을 지칭한다. 종백생(鍾柏生, 1946~ )은 무정(武丁) 시기 때의 상(商)은 오늘날 하남성의 상구(商丘)를 지칭했을 것이라 논증한 바 있다.

② 갑골문 ᙀ(1381): '생(生)'자로 옮길 수 있다. 식물의 싹이 땅을 뚫고 올라오는 모습을 그렸다. 태어나다나 새로 생긴 사물을 뜻한다. '생칠월(生七月)'은 바로 '다가올 7월'이라는 뜻이다.

07777

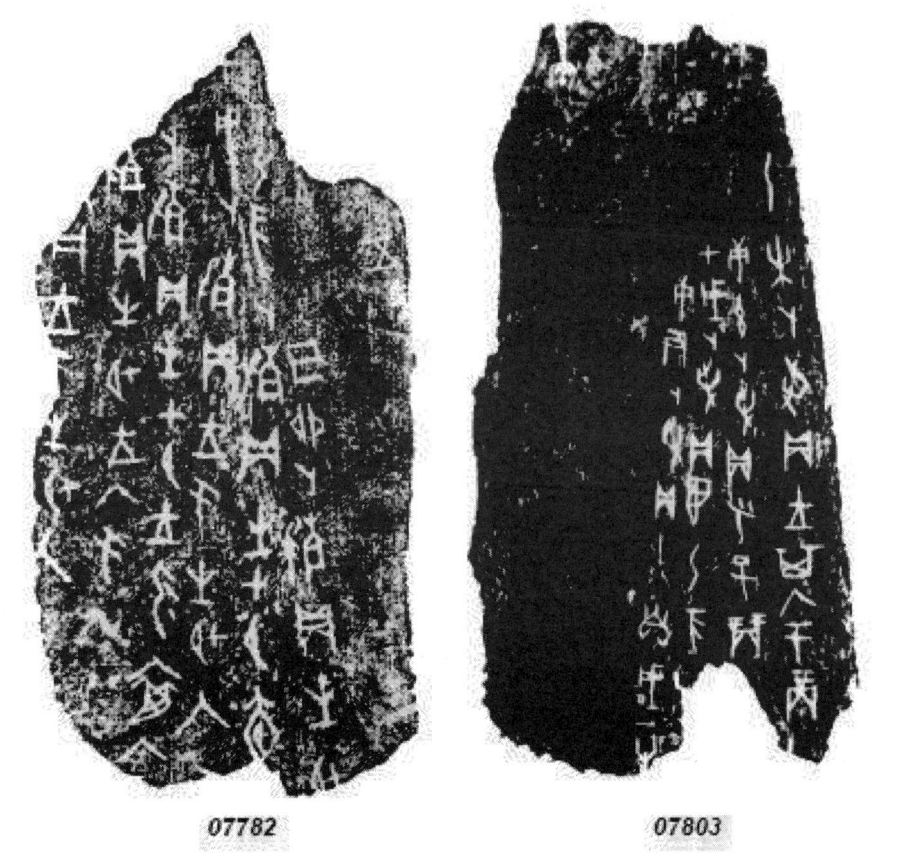

07782　　　　　07803

## 115
## "祊西饗"
### 종묘의 서문에서 베푼 연회 (Banquet at West Temple-Gate) 23340

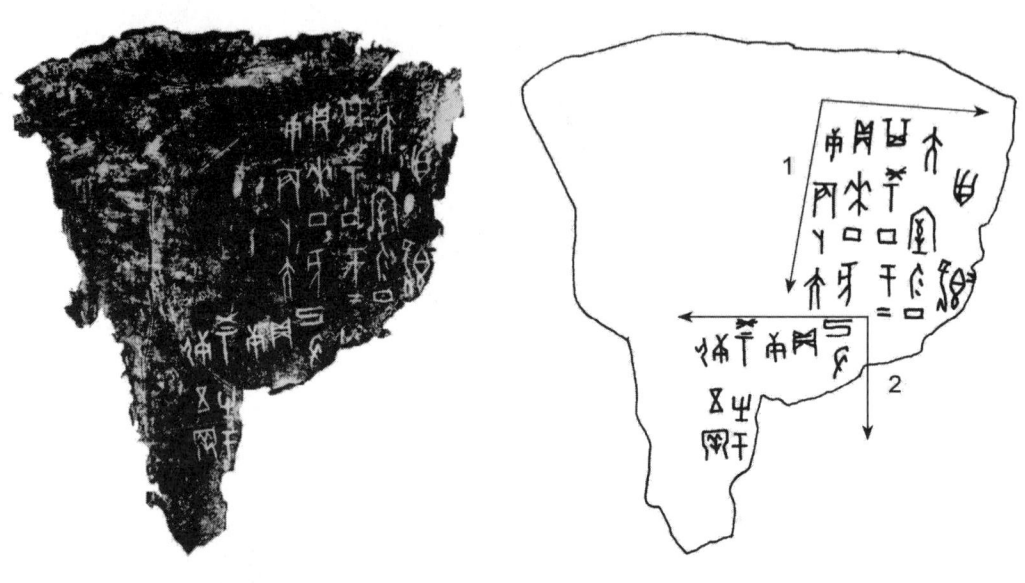

傳寫

번역

【1】庚辰卜, 大貞: 來丁亥, 其叙丁于大室参, 祊西饗.

【2】己丑[卜, 囗]貞: [翌]庚[寅], 叙屮于妣庚五宰.

[1] 경진일(제17일)에 점을 칩니다. '대'가 물어봅니다. 오는 정해일(제24일)에 '료'제사를 (아버지) '정'께 태실에서 올리면서 기도하고, '팽'의 서쪽 행랑에서 연회를 베풀까요?

[2] 기축일(제26일)에 [점을 칩니다. 囗가] 물어봅니다. [다가오는] 경[인]일(제27일)에 '료'제사와 '유'제사를 '비경'에게 드리면서 희생양 5마리를 쓸까요?

> **해설**

이 갑골은 『갑골문합집』 제23340편에 보이는데, 제2기(出組 제2그룹) 복사에 속한다. 2조항의 복사로 되었다. 첫 번째 복사는 대(大)라는 점복관이 경진일(제17일)에 점을 쳐, 7일 이후인 정해일(제24일)에 태실(大室)에서 부정(父丁)께 료(叙)제사를 드려 기도를 할 것인가를 물었다. 그런 다음 사당의 서쪽 행랑(廟祊)에서 연회를 배풀 것인가를 물었다. 두 번째 복사에서는 점복관의 이름은 떨어져 나갔고, 기축일(제26일)에 이튿날인 경인일(제27일)에 비경(妣庚)께 료제사를 드리면서 희생양 5마리를 드릴 것인지를 물었다. 이 갑골에서 말한 부정(父丁)은 무정(武丁)을 말하고, 비경(妣庚)은 소을(小乙)의 부인, 즉 무정(武丁)의 어머니를 말한다.

> **글자풀이**

① 갑골문 ☆, ☆ (1122): '료(叙)'자로 옮길 수 있다. 장작을 제단 위에 놓은 모습, 혹은 나무를 손에 쥐고 제단 앞에 선 모습이다. 제사의 일종이다. 이 갑골에 보이는 료(☆)는 제2기 갑골의 전형적인 필사법이다. 우성오(于省吾)는 료(叙)를 새(塞)자로 읽어야 하며, 귀신이 내리는 복에 '보답하다(報塞)'는 뜻이라고 논증했다. 조을(祖甲), 제을(帝乙), 제신(帝辛) 때에는 료(☆)제사는 등장하지만 료(燎)제사는 보이지 않는다. 아마도 이 두 가지 제사는 비슷한 것이었을 것이다.

② 갑골문 ☆ (0008): '진(畛)'자로 옮길 수 있다. 혹자는 '뇨(尿)'자로, 또는 '물(勿)'자로 옮기기도 한다. '진(畛)'의 초기 글자임이 분명하다. 『예기·곡례(曲禮)(하)』에 "진우귀신(畛于鬼神: 귀신에게 고하다)"이라는 말이 있는데, 귀신에게 제사를 드리다는 뜻이다.

③ 갑골문 ☐ (2179): '팽(祊)'자로 옮길 수 있다. 정(丁)과 팽(祊)자는 모양이 비슷한데, 크기로 구분한다. 즉 큰 것은 팽(祊), 작은 것은 정(丁)자이다. 팽(祊)은 『시경·초자(楚茨)』에서 '팽에서 제사를 지낸다(祝祭于祊)'라고 했고, 『설문해자』에서는 "팽(祊)은 문 안에서 지내는 제사를 말한다(門內祭也)."라고 했다.

④ 갑골문 ☆ (0337): ☆으로도 적는다. '경(卿)'자로 옮길 수 있다. 두 사람이 마주보고 식사하는 모습이다. 향(鄉)자로 해석된다. 즉 '향(饗)'자의 초기 글자이다. 『주례·대종백(大宗伯)』에서 "향례(饗禮)와 증(蒸禮)를 베풂으로써 사방의 손님들과 친하게 한다(以饗蒸之禮親四方之賓客)"라고 했고, 『효경·효치(孝治)』에서 "제사를 드리면 귀신이 그것을 흠향한다(祭則鬼享之)"라고 했다. 남에게 잔치를 베푸는 사람의 경우에는 향(饗)을 쓰지만, 남에게 향연을 받는 자에게는 향(享)을 쓴다. 『주례』에서는 제향(祭享: 제사 음식)에는 향(亯)자를, 향연(饗燕: 잔치 음식)에는 향(饗)자를 사용했다.

24247 　　　　　27648 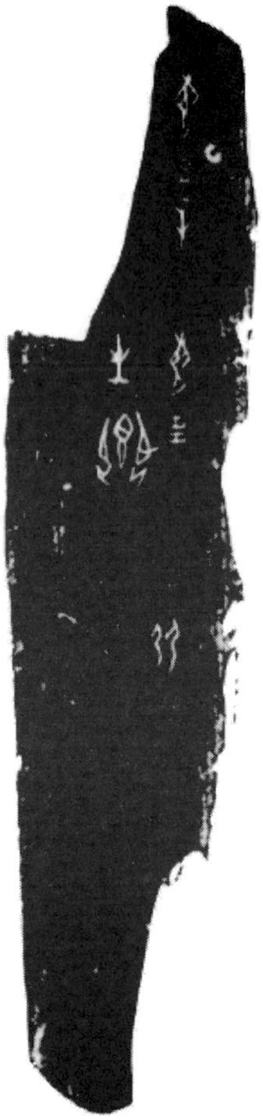　　　　　27650

## 116
### "唯丁自征邵"
**'정'이 '소'나라를 정벌하다** (The Dīng Personally Attack Shào) H3 449

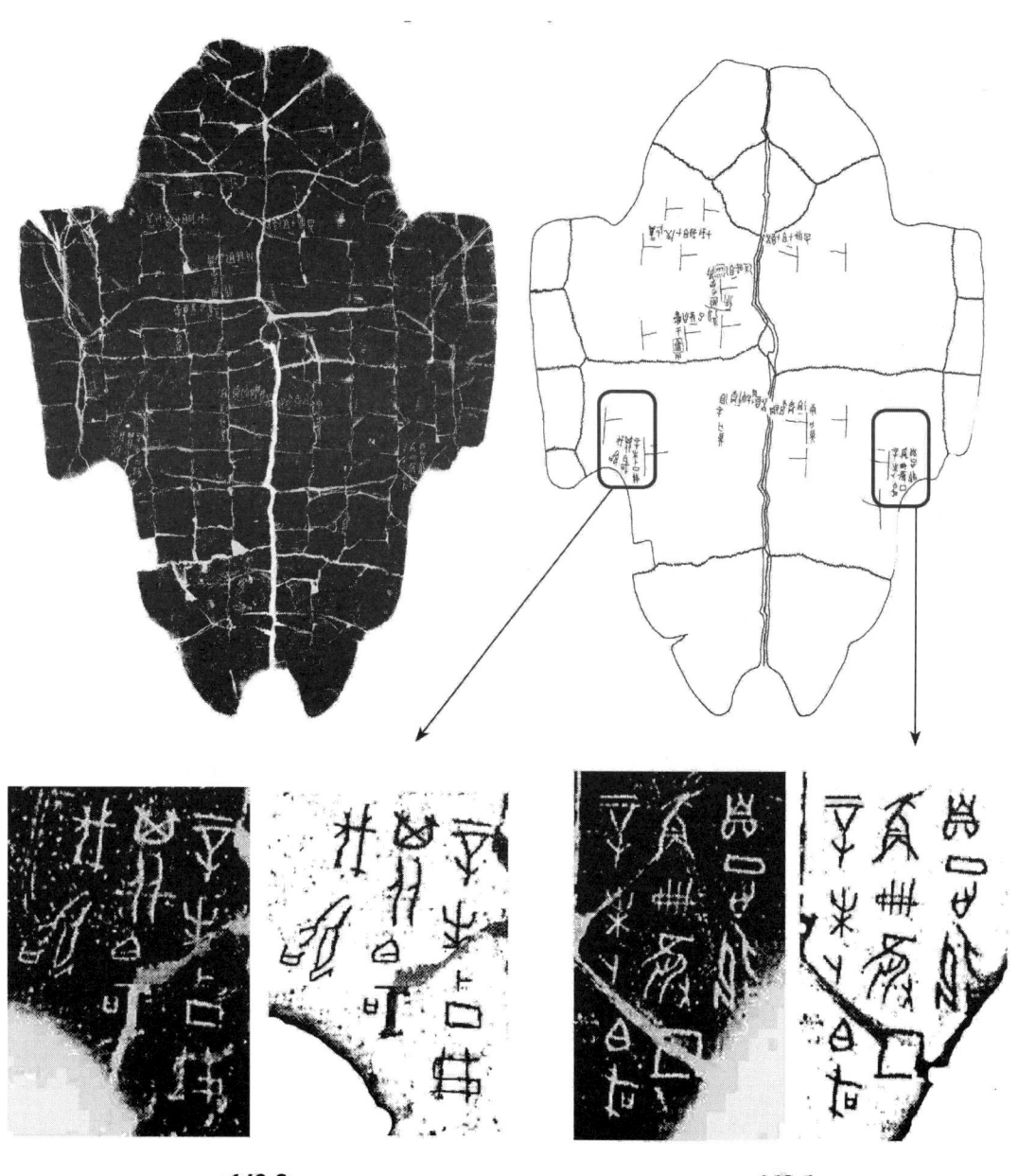

449.2　　　　　　　　449.1

> 傳寫

𐘀 𐘁 𐘂 𐘃 𐘄 𐘅 𐘆 𐘇 𐘈 𐘉 𐘊 𐘋 𐘌

𐘀 𐘁 𐘂 𐘃 𐘄 𐘅 𐘆 𐘇 𐘈 𐘉 𐘊 𐘋

> 번역

【1】 辛未卜: 伯或再册, 唯丁自征卲….
【2】 辛未卜: 丁弗其比伯或伐卲….

[1] 신미일(제8일)에 점을 칩니다. '백국'과 동맹을 맺어, '정'이 직접 '소방'을 정할까요?
[2] 신미일(제8일)에 점을 칩니다. '정'이 '백국'과 연합하여 '소방'을 정벌하지 말까요?

> 해설

이 갑골은 『은허 화원장 동쪽 지역 갑골(殷墟花園莊東地甲骨)』 H3 449편이다. 그중에서도 이 책에서는 소방(卲方)의 정벌에 관한 첫 번째와 두 번째 복사(H3 449.1와 449.2)에 대해 논의하고자 한다. 첫 번째 복사는 신미일(제8일)에 점을 쳐 백국(伯或)과 연맹하여 정(丁) 자신이 직접 군대를 이끌고 소방(卲方)을 정벌할 것인지를 물었다. 두 번째 복사에서는 정(丁)이 백국(伯或)과 연맹하여 소방(卲方)을 정벌할 것인지를 물었다.

1991년 중국사회과학원(中國社會科學院) 고고연구소(考古研究所)는 안양(安陽)의 한 도로건설 공사를 위한 고고 발굴 조사에서 갑골이 가득찬 장방형의 회갱(灰坑)을 발견했는데, '91화동(花東)H3'이라 이름 붙여졌다. 화동(花東) H3' 갱(坑)에서는 총 1,583편의 갑골이 출토되었는데, 그중 글자가 새겨진 갑골이 총 689편(卜甲이 684편, 卜骨이 5편)이었다. 이들 자료는 모두 6책으로 된 『은허 화원 동쪽 지역 갑골(殷墟花園莊東地甲骨)』에 수록되었다. 이 진귀한 갑골 자료를 '화동(花東)복사'라 부른다. 화동(花東)갑골은 비왕(非王)복사에 속한다. 다시 말해 이들은 점복의 주체가 당시의 왕이 아니라 '자(子)'라 불리는 인물들이었다. '자(子)'가 도대체 어떤 인물인지에 대해서는 학자들의 견해가 다양하여 아직 정해진 결론이 없다. 일부 학자들은 아마도 무정(武丁) 초기의 태자인 효기(孝己)가 아닐까 생각하고 있다.

> 글자풀이

① 갑골문 𐘂 (2396): '국(或)'자로 옮길 수 있다. 손해파(孫海波, 1911~1972)에 의하면, '국(囗)'은 성을 그렸고, 무기(戈)로 그것을 지키는 모습으로, 국(國: 나라)라는 의미이다. 여기서의 백(伯)은 방국(方國)의 우두머리를 지칭하는 말이다. 국(或)은 그의 개인 이름일 것이다. 복사에 '지국(沚或)'이라는 이름이 보인다. 그래서 '백국(伯或)'은 아마도 '지국(沚或)'을 말한 것일 것이다. 즉 다시 말해 제64편에서 말한 '지괵(沚聝)'이 그일 것이다.

② 갑골문 口: 『갑골문자고림(詁林)』에는 보이지 않는다. '소(卲)'자로 옮길 수 있다. 방국(方國)의 이름임에 분명하다. 진검(陳劍)은 역조 1류(歷組 제1그룹) 복사에 보이는 '소방의 정벌(伐召方)'에 관한 복사가 이 갑골의 내용과 유사하다고 했다. 예컨대, 『둔남(屯南)』 81편에서의 "辛未貞: 王比沚或伐召方.(신미일에 물어봅니다. 왕께서 '지국'과 연합하여 '소방'을 정벌할까요?)"를 비롯해 『합집(合集)』

제33058편의 "癸酉貞, 王比沚或伐召方, 受祐. 在大乙宗.(계유일에 점을 칩니다. 왕께서 '지국'과 연합하여 '소방'을 정벌하면 신의 보살핌을 받을까요? '대을'의 사당에서였다.)" 등이 그렇다. 이 갑골에서 말한 소방(邵方)은 아마도 왕(王) 복사에서 말한 소방(召方)일 것이다.

# 117
## "歲祖甲"
### '조갑'께 드린 '세'제사 (Suì Ancestor Zǔ Jiǎ) H3 007

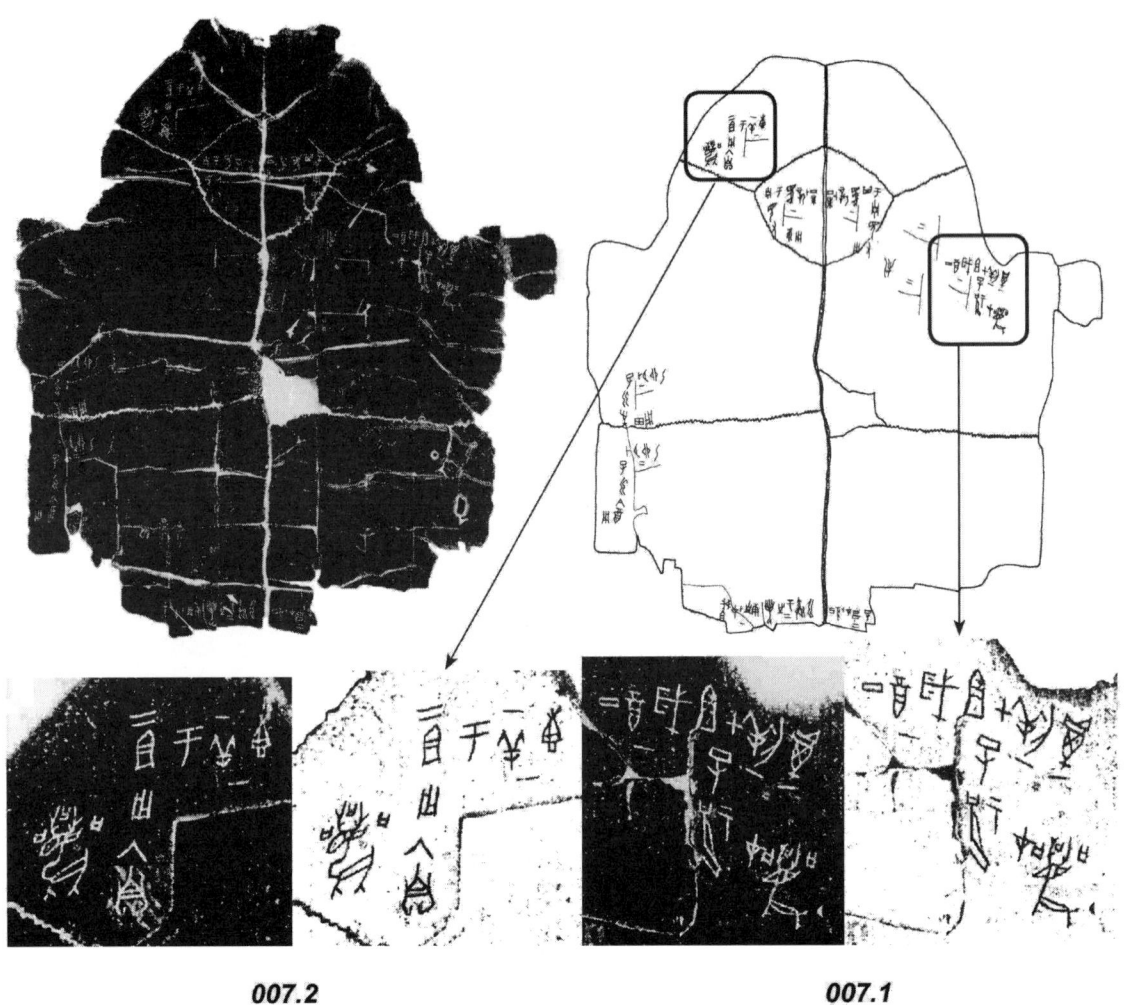

**007.2**　　　　　　　　　　**007.1**

### 번역

【007.1】丁酉: 歲祖甲牝一, 鬯一, 子祝, 在麗.

【007.2】惠一羊于二祖, 用. 入自麗.

[007.1] 정유일(제34일). '세'제사를 '조갑'께 드리는데 암양 1마리, 향초 섞은 술 1주전자를 쓰고, '자'가 축도를 주관하게 할까요? '록'에서였다.

[007.2] 양 1마리를 두 선조께 올릴까요? 그렇게 하라. '록'에서부터 들어왔다.

### 해설

이 갑골은 『은허 화원장 동쪽 지역 갑골(殷墟花園莊東地甲骨)』 H3 007편이다. 여기서 논의하는 복사는 그 중 세(歲)제사를 조갑(祖甲)에게 드리는 첫 번째와 두 번째 복사이다(007.1과 007.2). 첫 번째 복사에서는 자(麗)라는 곳에서 암양 1마리와 향초를 섞은 술 1주전자(卣)로써 세(歲)제사를 조갑(祖甲)께 드리는데, 자(子)가 와서 이 제사의 축도를 주관했다. 학자들에 의하면, 화동(花東) 복사에서 말한 조갑(祖甲)은 상나라 세계(世系)에서 말한 조갑(祖甲)이 아니라, '화동의 자(花東之子)' 중에서 갑(甲)을 묘호(廟號)로 삼은 선조에 상응하는 사람일 것이며, 그는 양갑(陽甲)(K19)일 것이리 추론했다. 두 번째 복사에서는 양 1마리를 2명의 선조(二祖)께 올린다고 했는데, 아마도 자(子)의 두 선조로, 양갑(陽甲)(K19)과 소을(小乙)(K22)을 말했을 것이다. 자(子)의 신분에 대해서는 학자들마다 의견이 달라, 혹자는 종족(宗族)의 우두머리라고도 하고, 혹자는 무정(武丁)의 아들(子)인 효기(孝己)를 말한다고도 한다.

### 글자풀이

① 갑골문 (2828): '창(鬯)'의 초기 글자이다. 창(鬯)은 고대 제사에서 사용하던 술로, 향초(香草)를 더한 찰기장으로 빚은 술이다. 신을 경배할 때 사용했다. 제50편의 [해설]을 참조하라.

② 갑골문 : 『갑골문자고림(甲骨文字詁林)』에 보이지 않는다. 화동(花東) 복사에 자주 등장하는 지명인데, 자(子)는 이곳에서 여러 활동을 했다. 여기서는 麗으로 옮기고, 잠정적으로 '록(鹿)'자로 읽는다.

## 118
### "其宜羊"
### 양을 사용한 '의'제사 (Sheep for the Yí-Ritual) H3 421

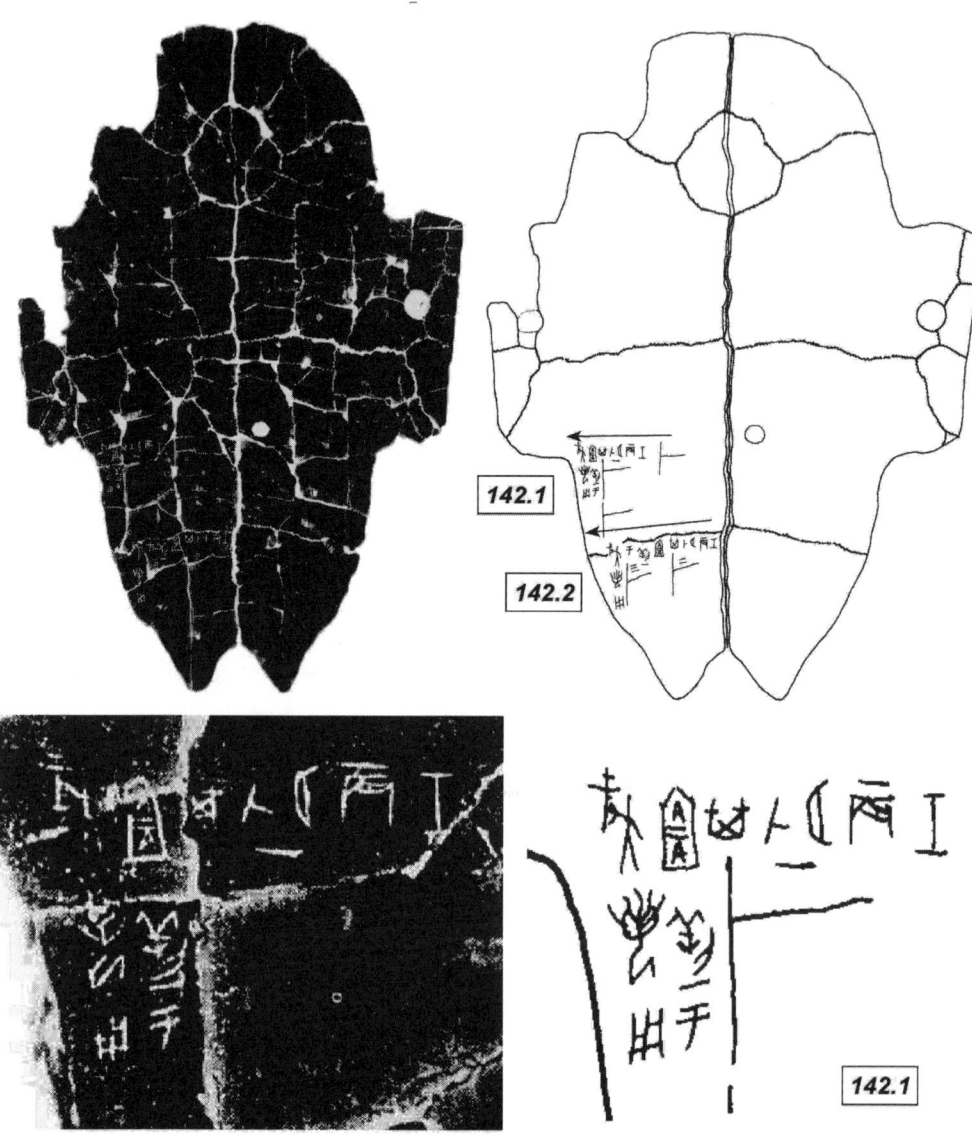

### 번역

【142.1】 壬辰夕卜: 其宜牝一于戠, 若. 用. 一

【142.2】 壬辰夕卜: 其宜牝一于戠, 若. 用. 二三

[142.1] 임진일(제29일) 밤에 점을 칩니다. '의'제사를 드리는 암양 1마리를 올리고 '대'에서 할까요? 허락해 주시겠습니까? 그렇게 하도록 하라. 1.

[142.2] 임진일(제29일) 밤에 점을 칩니다. '의'제사를 드리는 암양 1마리를 올리고 '대'에서 할까요? 허락해 주시겠습니까? 그렇게 하도록 하라. 1. 2.

### 해설

이 갑골은 『은허 화원장 동쪽 지역 갑골(殷墟花園莊東地甲骨)』 H3 421편이다. 전체 갑골에 내용이 완전히 같은 두 개의 복사(421.1과 421.2)가 실려 있다. 첫 번째 복사는 조서(兆序)가 '1'이고, 두 번째 복사는 조서가 '2'와 '3'으로 되었을 뿐 다른 차이는 없다. 복사의 대체적인 뜻은 임진일(제19일) 밤에 암양 1마리를 올려 '대'에서 '의'제사를 드리는 것에 관한 물음이다.

### 글자풀이

① 갑골문 (若): 제19편의 [해설]에도 보인다. 순조로움을 뜻한다. 여기서의 '약(若)'은 명사(命辭)의 일부분으로, 암양 1마리로 의(宜)제사를 드리는데 순조로울 것인 지라는 뜻이다.

② 갑골문 (用): 제36편의 [해설]에도 보인다. 명사(命辭)에 따라 제사를 거행하라는 뜻이다. 『화동(花東)』에서는 '용(用)'이나 '불용(不用)'으로만 사용했지, 은허갑골처럼 '자용(玆用)'이나 '자불용(玆不用)'은 사용하지 않았다. 이의 사용도 대부분 명사(命辭)나 점사(占辭)와 연결해 사용했으며, 어떤 경우에는 '용(用)'을 전제 복사의 다른 부분에 기록해 두기도 했다.

## 119
## "王其逐"
### 왕의 추격 (The King Chased) H11:113

辛未, 王其逐戲兕, 亡眚.
신미일(제8일)에 왕께서 '희'의 무소를 뒤쫓으면, 탈이 없을까요?

### 해설

주원(周原) 갑골이란 1977~1979년에 섬서성의 기산(岐山)의 봉추(鳳雛) 건축물 기초 터에서 H11과 H31로 이름 붙여진 두 회갱에서 출토된 대량의 갑골을 말한다. 이 갑골은 주원갑골(周原甲骨) H11: 113편으로, 제11호 회갱에서 나온 제113 갑골 편이다.

이에 대해 왕우신(王宇信, 1940~ )은 "辛未, 王其逐戯兕, 亡眚.(신미일, 왕께서 '희' 땅의 무소를 쫓아 사냥하면, 탈이 없을까요?)"라고 해독했다. 그러나 서석대(徐錫臺)는 "辛未, 王其逐兕, 翌口亡眚.(신미일, 왕께서 무소를 쫓아 사냥하면, 다가오는 口 탈이 없을까요?)"이라 했고, 조위(曹瑋, 1955~ )는 "辛未, 王其逐虘冡, 亡眚.(신미일, 왕께서 '희' 땅의 무소를 쫓아 사냥하면, 탈이 없을까요?)" 등으로 해독했다. 사진을 자세히 살피면 '희(虘)'자에 이어지는 글자는 '익(翌)'이 아니라 '시(冡)'임을 알 수 있다. 그래서 왕우신과 조위의 해독이 더 정확해 보인다. 대강의 뜻은, 신미일(제8일)에 왕이 사냥을 나갔는데, 왕이 희(虘) 땅의 무소(冡)를 뒤쫓으면 탈이 없겠는지를 물은 내용이다. 그리고 이 갑골에서 말한 '왕(王)'이 도대체 누구인지에 대해서는 좀 더 깊은 연구가 필요하다. 왕우신은 이 갑골에서 지칭한 왕이 주나라 성왕(成王)일 것으로 추정했다.

### 글자풀이

① 갑골문 : 생(生)과 목(目)으로 구성되었는데, '생(眚)'자로 옮길 수 있다. 은허 갑골문의 생()과는 다르다. 『광아(廣雅)』에서 "생(眚)은 독음이 소(所)와 경(景)의 반절이다. 잘못(過), 재앙(災)이라는 뜻이다."라고 했고, 『설문해자』에서는 "생(眚)은 눈에 백태가 끼는 병이다. 목(目)이 의미부이고 생(生)이 소리부이다. 독음은 소(所)와 경(景)의 반절이다.(眚, 目病生翳也. 从目生聲. 所景切.)"라고 했다. 『강희자전(康熙字典)』에서는 생(眚)에 대해 『경전석문』의 자하전(子夏傳)을 인용하여 "요상함(妖祥)을 생(眚)이라 한다."라고 했다. 『좌전』 희공(僖公) 33년 조에서 "하나의 잘못으로 큰 덕을 가릴 수는 없다(不以一眚掩大德)"라고 했다. 생(眚)은 가벼운 손상을 뜻한다. 무생(亡眚)은 무재(亡災)와 같아 '탈이 없다'는 뜻이다.

② 갑골문 : 호(虍)와 두(豆)로 구성되었는데, '희(虘)'자로 옮길 수 있다. 일반적으로 지명을 말한다고 알려져 있는데, 섬서성 임동현(臨潼縣) 동쪽의 희수(戱水)를 말한다고 한다. '희(虘)'자의 아랫부분에 있는 한 글자에 대해, 진전방(陳全方, 1936~ ) 등(『西周甲文注』 2003년 판)에서는 '추(隹)'를 거꾸로 쓴 모습이라 했지만, 여기서는 조위(曹瑋)의 해독을 따라 '시(冡)'자로 해독한다.

## 120

### "寧鳳于四方"

### 사방에서 바람을 잠재우다 (To Calm Wind at Four Corners)*

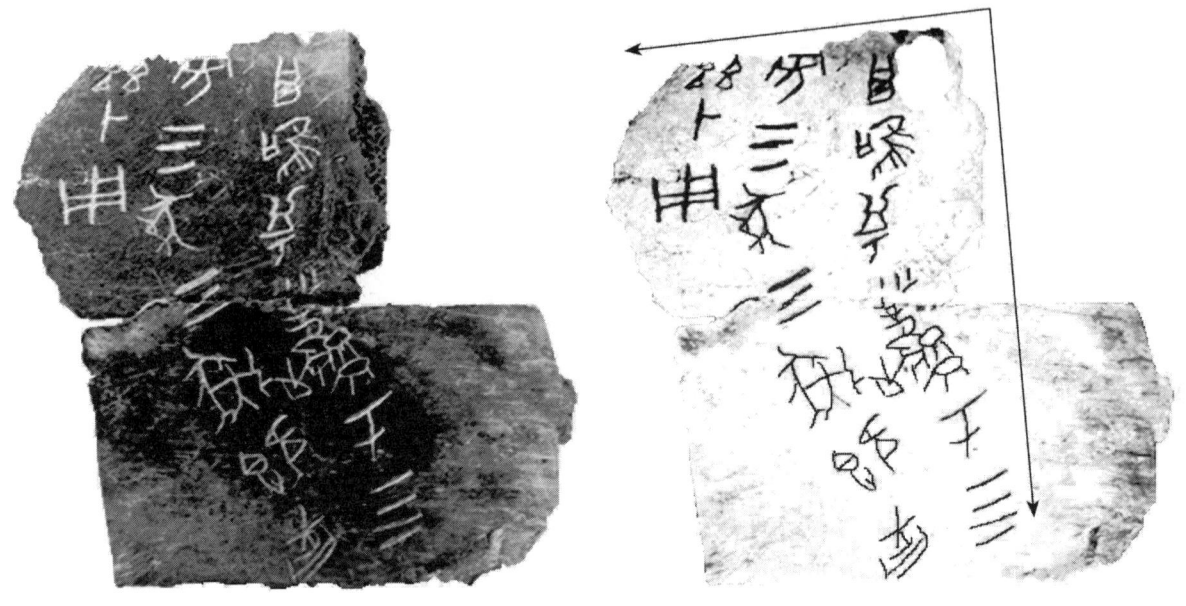

傳寫

번역

曰: 唯寧風于四方, 三犬三豕. 既吉. 茲卜用.

물어봅니다. 사방 신에게 바람을 잠재우게 하는데, 개 3마리, 멧돼지 3마리를 드릴까요? 길하리라. 이 점괘를 사용하라.

---

* 6.48.116.117.118.119.120편을 제외하고는 모두 『갑골문합집』에서 가져왔다.

> **해설**

이 갑골은 주원고고대(周原考古隊)가 발표한 「기산 주공묘 유적지에서 작년 출토된 대량의 서주 갑골자료(岐山周公廟遺址去年出土大量西周甲骨材料)」(『中國文物報』 2009년2월20일 제5판)에 실린 것이다. 짜 맞추기를 통해 완전한 복사로 복원되었다. 대체적인 뜻은, 바람을 잠재우는 제사를 드릴 것인지 그 제사에 개 3마리와 멧돼지 3마리를 올릴 것인지를 물었다. '기길(旣吉)'은 서주복사에 사용된 점사(占辭)로, 점괘가 길함을 나타낸다. '자복용(玆卜用)'은 이 점괘를 사용해도 좋다는 의미이다.

은허복사에 사방신이 보이고, 또 사방의 바람신(四方風神)이 보이는데, 이 갑골 편에서는 사방 신에게 바람을 잠재우는 제사를 지냈고, 개 3마리와 멧돼지 3마리로 사방의 바람신에게 기도를 드렸다.

『합집』 제34137편의 복사에 "갑술일에 물어봅니다. 바람을 잠재우는 제사에 양 3마리, 개 3마리, 돼지 3마리를 쓸까요?(甲戌貞, 其寧風三羊, 三犬, 三豕.)"라는 내용이 보이는데, 이 갑골 편에서의 희생 사용방식이 매우 비슷하다. 이는 바람을 잠재우는 제사 형식이 상나라 때부터 주나라 때까지 계통성을 가지고 전승되었음을 보여준다.

이 갑골 편에 보이는 구(口)가 더해진 '유(唯)'자는 은허복사의 경우 황조(黃組)(예컨대 『합집』 38729)에만 보인다. 이 갑골의 '체(彘)'자는 몸이 풍만하게 그려진 멧돼지로, 은허복사의 '시(豕)'자와 다른 모습이다.

연습

**34137**

**34144**

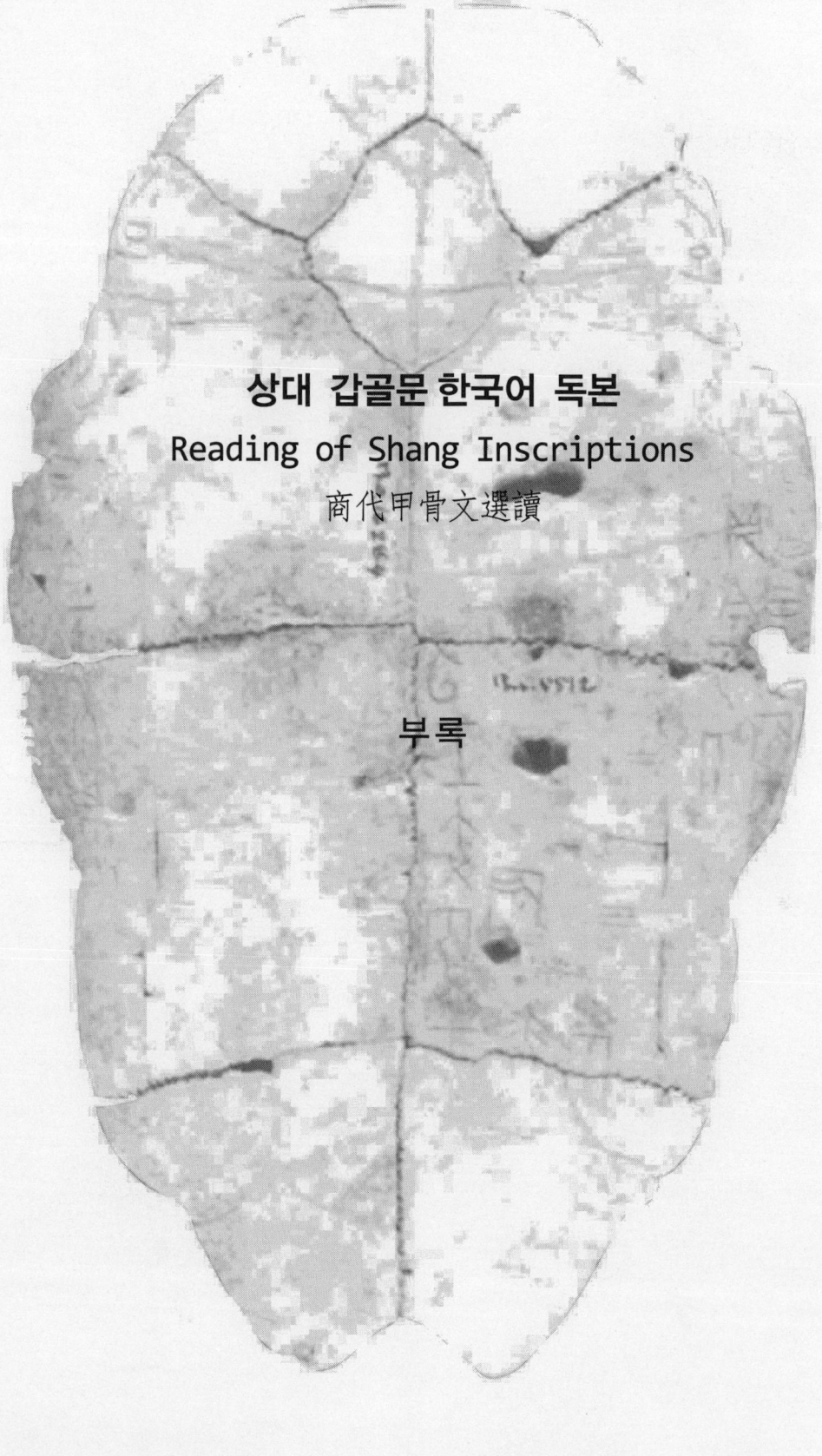

# 상대 갑골문 한국어 독본
## Reading of Shang Inscriptions
### 商代甲骨文選讀

부록

## 부록1 출현 어휘목록

| 번호 | 한어병음 | 갑골문(甲骨文) | 예정(隸定) | 현대한자 | 해석 | 한국어번역 | 본문갑골번호 |
|---|---|---|---|---|---|---|---|
| id | pinyin | OBI[a] | DT | ME | Annotation | Korean Translation | Piece Number[b] |
| 1 | bā | | 巴 | | an enemy state | 파(방국 이름) | 56 |
| 2 | bā | | 八 | | eight | 8(숫자) | 11 |
| 3 | bā shí | | 八十 | 八十 | eighty | 80(숫자) | 72 |
| 4 | bái | | 白 | | white; also see bó 白 | 희다, 우두머리(=伯) | 96 |
| 5 | bǎi | | | | hundred | 100(숫자) | 4 |
| 6 | bān | | 般 | | a person's name | 반(사람이름) | 61 |
| 7 | bào bǐng | | 鞄 | 匚(報)丙 | Bào Bǐng, an ancestor | 보병(임금이름)(PK3) | 25,29 |
| 8 | bào dīng | | 靭 | 匚(報)丁 | Bào Dīng, an ancestor | 보정(임금이름)(PK4) | 25,29 |
| 9 | bào yǐ | | 軋 | 匚(報)乙 | Bào Yǐ, an ancestor | 보을(임금이름)(PK2) | 25,29 |
| 10 | běi | | 北 | | north | 북쪽 | 5 |
| 11 | bēng | | 祊 | | the name of a ceremony; note that this graph is almost identical to the one for dīng 丁 - the only difference is that the graph for bēng is generally slightly larger | 팽(제사이름) | 44,115 |
| 12 | bí | | 自 | 鼻 | nose; also see zì 自 | 코, 자신(=自) | 99 |
| 13 | bǐ | | 啚 | 鄙 | district or area outside a central settlement or city | 변방 | 55,60 |
| 14 | bǐ | | 比 | | to form an alliance | 동맹을 맺다 | 56,64,108 |
| 15 | bǐ | | 匕 | 妣 | female ancestor | 어머니/할머니(여성조상) | 49,96 |
| 16 | bǐ bǐng | | 姍 | 匕(妣)丙 | the consort of Dà Yǐ | 비병(대을의 배우자) | 30 |
| 17 | bǐ gēng | | 㛆 | 匕(妣)庚 | mother of King Wǔ Dīng | 비경(무정의 어머니) | 115 |
| 18 | bì | | 㐸 | 泌/珌 | to start a campaign; to inspect, pacify, to make a punitive expedition against; to arrive at | 원정을 위해 병력을 정비하다, ~에 도착하다 | 74,101 |
| 19 | bì | | 弜 | | do not | 부정사 | 12,42,47 |
| 20 | bīn | | 宀 | 賓/儐 | the name of a Period 1 diviner; to host; to pay homage to; a ceremonial act | 제사이름, 모시다 | 35,43,56,81,85,89,90,105,106 |

| | | | | | | | |
|---|---|---|---|---|---|---|---|
| 21 | bīn | | 㝃 | 賓/儐 | to host; to pay homage to; the name of a ceremony(also written 宀, 㝃, and 㝃) | 제사이름, 모시다 | 30,46 |
| 22 | bīn | | 㝃 | 賓/儐 | to host; to pay homage to; the name of a ceremony(also written 宀, 㝃, and 㝃) | 제사이름, 모시다 | 35 |
| 23 | bīn | | 㝃 | 賓/儐 | to host; to pay homage to; the name of a ceremony(also written 宀, 㝃, and 㝃) | 제사이름, 모시다 | 79 |
| 24 | bǐng | | 丙 | | the third heavenly stem | 병(간지자, 10천간의 세 번째) | 1,2,4,15 |
| 25 | bìng | | 竝 | 並 | to be next to | 아우르다 | 17 |
| 26 | bó | | 白 | 伯 | the head, chief, or lord of a *fāng* state; also see *bái* 白 | 임금, 희다(=白) | 58 |
| 27 | bǔ | | 卜 | | a crack; to make a crack(as part of a divination ritual) | 점을 치다 | 2,3,4,5,6 |
| 28 | bù | | 步 | | to travel by carriage | 걸어가다 | 55,111 |
| 29 | bù | | 不 | | not | 아니다(부정사) | 4,6,9,12, |
| 30 | cái | | 㲋 | 壹 | a ritual | '치'제사(5가지 주요 제사의 하나) | 53 |
| 31 | cán | | 戔 | 殘 | to destroy, to damage | 파괴하다, 짓밟다 | 101 |
| 32 | cè | | 冊 | | a ceremonial codex | 의식용 책자 | 64 |
| 33 | chàng | | 鬯 | | sacrificial wine or liquor | 울창주 | 50, 116 |
| 34 | chén | | 臣 | | minister | 신하 | 79 |
| 35 | chén | | 辰 | | the fifth earthly branch | 진(간지자, 12지지의 5번째) | 1,2,4,10, |
| 36 | chén | | 沈 | 沉 | to submerge or sink | 물에 빠트리다, 익사시키다 | 43,89,91 |
| 37 | chēng | | 再 | 稱 | to declare; to offer or present; to raise an army or initiate warfare | 선언하다, 발표하다, 전쟁을 시작하다 | 64 |
| 38 | chēng | | 偁 | | to call, to state(?) | 부르다, 상태? | 79 |
| 39 | chéng | | 乘 | | a person's name | 승(사람이름) | 56 |
| 40 | chǐ | | 齒 | | tooth, teeth | 이빨 | 98 |
| 41 | chì | | 赤 | | large fire | 세찬 불 | 73 |
| 42 | chǒu | | 丑 | | the second earthly branch | 축(간지자, 12지지의 두 번째) | 1,16,20 |
| 43 | chū | | 出 | | to appear; to come out | 나타나다 | 11,48,55 |
| 44 | cì | | 束 | | a person's name | 속(사람이름) | 45 |
| 45 | cì | | 師 | 師 | to camp or station an army during a military campaign | 군대, 진을 치다 | 59,110 |
| 46 | cóng | | 从 | 從 | to follow, to pass | 따라가다 | 80 |
| 47 | dà | | 大 | | large, great; name of a diviner | 크다 | 8,9,10,12 |
| 48 | dà dīng | | 大丁 | | Dà Dīng, an ancestor | 대정(임금이름)(K2) | 26,29 |
| 49 | dà gēng | | 大庚 | | Dà Gēng, an ancestor | 대경(임금이름)(K5) | 26,29 |

| | | | | | | | |
|---|---|---|---|---|---|---|---|
| 50 | dà jiǎ | 忕 | 妙 | 大甲 | Dà Jiǎ, an ancestor | 대갑(임금이름)(K3) | 26 |
| 51 | dà wù | 忕 | 城 | 大戊 | Dà Wù, an ancestor | 대무(임금이름)(K7) | 26 |
| 52 | dà yǐ | 忕 | 杁 | 大乙 | Dà Yǐ, an ancestor | 대을(상나라 선조) | 26,30 |
| 53 | dān | 单 | 單 | | a place name | 단(장소 이름) | 81 |
| 54 | dàn | 畾 | 旦 | | dawn | 새벽 | 6 |
| 55 | dàng | 盈 | 舣 | 蕩 | navigation by boat; to travel by boat | 배로 가다, 배로 여행하다 | 100 |
| 56 | dǐ | 予 | 乓 | 抵 | to arrive | 도착하다 | 79 |
| 57 | dì | 禾 禾 | 帝 | | Dì, the highest god | 제(최고의 신) | 92,102 |
| 58 | dì | 禾 | 禘 | | the name of a ritual; dì 帝 is sometimes written with this same graph | 체제사(의식의 이름, 때로 帝로 표기되기도 함) | 15,80 |
| 59 | diǎn | 薨 | 典 | | records, codex | 기록하다, 코덱스 | 54 |
| 60 | dīng | □ □ | 丁 | | the fourth heavenly stem | 정(10천간의 네 번째) | 1,2,3,18,25, 26,40,45 |
| 61 | dōng | 菓 | 東 | | east | 동쪽 | 5,11,14,15, 16,55,87,88, 100,112 |
| 62 | duì | 倉 | 冢 | | a place name | 대(장소 이름) | 80 |
| 63 | duì | 倉 | 冢 | | a person's name | 대(사람 이름) | 86 |
| 64 | dūn | 拿 | 敦 | | a place name | 돈(장소 이름) | 10,82,84 |
| 65 | duō | 吕 多 | 多 | | many | 많다 | 27,84,93, 108 |
| 66 | é | 訁 | 餓 | | a place name | 아(장소 이름) | 55 |
| 67 | ér | 兮 | 兒 | | the name of a state | 아(방국 이름) | 112 |
| 68 | èr | = | 二 | | two | 2(숫자) | 1,2,4,19,27, 40,48,51 |
| 69 | èrshí | ⋃ | 廿 | 二十 | twenty | 20(숫자) | 3,111 |
| 70 | fā | 刹 | 癹 | 發 | a person's name | 발(사람 이름) | 79 |
| 71 | fá | 忤 | 伐 | | a kind of sacrificial act or ceremony which likely involved beheading; to behead | 참수하다(참수와 관련된 일종의 희생 행위 또는 의식) | 18,42,45,47, 51,52,56,61, 64,65,89 |
| 72 | fán | 月 | 凡 | | all, in all cases | 무릇, 모든 경우에 | 84 |
| 73 | fǎn | 凡 | 砇 | | a place name | 범(장소 이름) | 101 |
| 74 | fāng | 丬才 | 方 | | side, border, region, (non-Shāng) state; the name of such a state | 가장자리, 경계, 지역, (상나라를 제외한) 국가, 방(방국 이름) | 14,15,67,68, 100,111 |
| 75 | fēi | 莽 | 非 | | not | 아니다(부정사) | 19 |
| 76 | fén | 茁 | 焚 | | to burn | (불에) 태우다 | 73 |
| 77 | fēng | 殳 羔 | 風 | | wind | 바람 | 9,10,14,15, 22,23,24 |
| 78 | fēng/wéi | 丰 | 丰 | =東 =韓 ? | Fēng (or Wéi?), a name of the Western Wind | 풍(위?)(서풍의 이름) | 15 |
| 79 | fú | 凷 | 箙 | | a place name or the name of a state | 복(장소 이름 또는 방국 이름) | 50 |
| 80 | fú | 夶 | 扶 | | the name of a diviner | 부(점복관 이름) | 100 |
| 81 | fú | 勹 | 勹 | 伏 | Fú, a name of the Northern Fāng | 복(북부 지역의 방국 이름) | 14,15 |

| # | | | | | | | | |
|---|---|---|---|---|---|---|---|---|
| 82 | fú | 弗 | | 弗 | | not | 아니다(부정사) | 2,35,56,57,70,92,103,104,106 |
| 83 | fù | 阝 | | 阜 | | mound, high place [is there perhaps some connection here to *shī* 自師 'camp'?] | 흙더미, 높은 언덕[아마도 군대(師)가 설치되었던 곳일 것이다] | 79 |
| 84 | fù | 帚 | | 婦 | | royal consort; woman, lady | 왕실 배우자, 여성, 여자 | 22,49,97 |
| 85 | fù | | | 父 | | father, paternal uncle | 아버지, 아버지뻘의 항렬 | 1,35,45,47,52,67,91 |
| 86 | fù dīng | | | 父丁 | 父丁 | Father Dīng, an ancestor | 부정(상나라 조상) | 46 |
| 87 | fù yǐ | | | 父乙 | 父乙 | Father Yǐ, an ancestor | 부을(상나라 조상) | 98 |
| 88 | gāo | | | 高 | | tall, high | 높다 | 36,52,91 |
| 89 | gào | | | 告 | | to report, presentation | 보고하다, 알리다 | 2,22,51,55,67,71,73,98,103,112 |
| 90 | gé | | | 各 | 格 | see *géyún* 各云 | *géyún*(各云) 참조 | 11 |
| 91 | gēng | | | 麋 | | a place name | 경(장소 이름) | 101 |
| 92 | gēng | | | 庚 | | the seventh heavenly stem | 경(10천간의 일곱 번째) | 1,7,11,18,25,26,31,42 |
| 93 | gōng | | | 工 | 工, 貢 | workers; the official in charge of crafts and engineering; to present(ceremonial records or sacrificial animals); to make tribute to; | 노동자; 공예 및 기계 담당 관리, 공표하다(예식 기록 또는 희생동물, 찬양하기 위해;) | 54,110 |
| 94 | gōng | | | 宮 | | palace; a place name | 궁전, 궁(장소 이름) | 74 |
| 95 | gōng /qiáng | | | 弓 | | a person's name | 공/강(사람 이름) | 55,61 |
| 96 | gōng | | | 舌 | | see *gōngfāng* 舌方 | *gōngfāng*(舌方) 참조 | 55,57,61,62 |
| 97 | gōng(?) | | | 卭 | | a place name | 공(?)(장소 이름) | 68 |
| 98 | gōngfāng | | | 舌方 | | the Gōngfāng, an enemy state of the Shāng | 공방(상의 적국) | 55,57,62 |
| 99 | gòng | | | 収 | 共/供 | to gather or supply; to recruit or raise(soldiers) | (군대를) 소집하거나 제공하다 | 63 |
| 100 | gòu | | | 冓 | 遘 | to encounter; also written 遘 | 만나다(遘로도 씀) | 9 |
| 101 | gòu | | | 遘 | | to encounter; also written 冓 | 만나다(遘로도 씀) | 82 |
| 102 | gǔ(?) | | | 古 | | the name of a Period 1 diviner | 고(?)(제1기의 사람 이름) | 51 |
| 103 | gǔ | | | 骨 | | a place name | 골(장소 이름) | 70 |
| 104 | guī | | | 斂 | | a place name | 귀(장소 이름) | 73 |
| 105 | guī | | | 龜 | | turtle, tortoise | 거북이, 남생이 | 90 |
| 106 | guī | | | 歸 | | to return | 돌아가다 | 108 |
| 107 | guǐ | | | 殼 | | a place name; the name of a state | 고(장소 이름, 방국 이름) | 101 |
| 108 | guǐ | | | 癸 | | the tenth heavenly stem | 계(10천간의 열 번째) | 1,4,5,10,19,20 |
| 109 | guō | | | 郭 | | city wall; also see *guōxī* 郭兮 | 성곽, *guōxī*(郭兮) 참조 | 6 |
| 110 | guōxī | | | 郭兮 | 郭兮 | afternoon, likely around 4 pm | 오후, 오후 4시쯤 | 6 |

| | | | | | | | |
|---|---|---|---|---|---|---|---|
| 111 | guó | 或 | 國 | 馘 | a person's name | 괵(사람의 이름) | 55,56,64 |
| 112 | hài | 亥 | 隻/亥 | 亥 | a special form of hài 亥 used in writing the name of the predynastic ancestor Wáng Hài 王亥 | 해(Wáng Hài 王亥처럼 상나라 조상의 이름을 쓰는 데 사용되는 특수한 형태) | 32, 52 |
| 113 | hài | 匃 | 匃 | | to beg, to pray; harm, damage, detriment | 도움을 청하다, 해를 입히다, 피해를 입다, 손해를 보다 | 79 |
| 114 | hài | | 亥 | | the twelfth earthly branch | 해(12지지의 열두 번째) | 1,4,6,7,13, 15,18,19 |
| 115 | hǎo | 好 好 | 好 | | Hǎo, a person's name; this graph is sometimes transcribed zǐ hǎo(子好) | 호(사람 이름)(이 글자는 때로 zǐ 好(子好)로 표기되기도 한다) | 49,97 |
| 116 | hé | 何 | 何 | | a place name | 하(장소 이름) | 70 |
| 117 | hé | 河 河 | 河 | | river; the Yellow River; an ancestral nature spirit | 강, 황하, 조상의 자연 정신 | 11,32,33,34, 39,43,47,89, 90,91 |
| 118 | hé | 禾 | 禾 | | crops; harvest | 곡식, 추수하다 | 47,91,93 |
| 119 | héng | 亙 | 恆 | | part of a person's name | 항(사람 이름의 일부) | 38 |
| 120 | hóng | 虹 | 虹 | | a rainbow | 무지개 | 11 |
| 121 | hóu | 厌 厌 | 侯 | | leader or lord of a statelet | 제후(지배자 또는 군주) | 60,108 |
| 122 | hòu | 毓 | 后 | | lord or ruler | 임금(군주 또는 통치자) | 27 |
| 123 | hū | 乎 | 呼/評 | | to call upon someone(to do something) | (일을 하기 위해) 누군가를 호출하다 | 55,61,62, 106,108 |
| 124 | hū/qiú | 棗 | 求 | | to pray | 빌다 | 15,26,28,47, 61,89,90,91, 92,93,96 |
| 125 | hú | 狐 | 狐 | | fox | 여우 | 72,73 |
| 126 | hǔ | 虎 | 虎 | | tiger | 호랑이 | 73,83 |
| 127 | huà or yù? | 甹 甹 | 畫 | | a person's name | 사람 이름 | 61,112 |
| 128 | huà | 潅 | 潅 | | a place name | 화(장소 이름) | 71 |
| 129 | huán/huí | 亘 | 亘 | | Huán(or Huí?), the name of a diviner | 환(또는 훼?)(신의 이름) | 16,77,112 |
| 130 | huáng | 黃 黃 | 黃 | | brown, yellow; a person's name(including a diviner); note that yín 寅 is easily confused with huáng 黃 | 갈색, 황색, 사람 이름(황제를 포함하여)(yín 寅자는 huáng 黃자와 쉽게 혼동됨에 유의) | 40,60,61,79, 104 |
| 131 | huǐ | 每 | 悔 | | to regret; could also be interpreted as huì 晦 'dark' | 후회하다. huì 晦(어둡다)로 해석될 수 있음. | 12 |
| 132 | huì | 母 | 晦 | | the darkening of the sky; (for the sky) to darken; mǔ 母 is written with the same graph | 날이 어두워지다. 해가 지다.(mǔ 母로 표기도기도 한다) | 11 |
| 133 | huì | 薈 | 薈 | | a place name | 혜(장소 이름) | 76 |
| 134 | huì | 由 | 惠 | | copula suggesting 'it should be'; particle; also written 叀 | '~해야 한다'는 뜻을 나타내는 접두어(叀로 쓰기도 한다) | 56 |
| 135 | huì | 叀 | 惠 | | copula suggesting 'it should be'; particle; also written 由 | '~해야 한다'는 뜻을 나타내는 접두어(由로 쓰기도 한다) | 36,42,47,52, 61,87,106, 113 |

| # | 拼音 | 甲骨文 | 楷書 | 異體 | 英文 뜻 | 한국어 뜻 | 쪽 |
|---|---|---|---|---|---|---|---|
| 136 | huǒ | | 火 | | fire; Antares(the fire star) | 불, 안타레스(별 이름) | 17 |
| 137 | huò | | 隻 | 獲 | to catch, to capture | 붙잡다, 포획하다 | 72,73,75,76,77,81,83,86 |
| 138 | huò | | 田 | 禍 | disaster; also written 欪 | 재앙(欪 로 쓰기도 한다) | 10,20,21,55,79,107 |
| 139 | huò | | | 禍 | pain in bones(?), disaster(?) | 뼈의 통증(?), 재앙(?) | 55 |
| 140 | huò/huá | 欪 | 欪 | 禍/猾 | disaster; also written 田 | 재앙(田로 쓰기도 한다) | 27,53,54,58,59,60,76,101 |
| 141 | jī | | 箕 | | a place name | 기(장소 이름) | 78 |
| 142 | jī | | 雞 | | a place name | 계(장소 이름) | 72,83 |
| 143 | jí | | 吉 | | auspicious | 길조 | 2,17,53,54,58,72,76,88,97 |
| 144 | jí | | 即 | | to take a meal; to approach, to arrive at; upon; promptly; possibly the name of a general ceremony used to invite the spirits | 식사를 하다, 다가가다, 즉시(아마도 영혼을 초대하는 데 사용된 의식 이름) | 32,46 |
| 145 | jí | | 及 | | to reach, to arrive at | ~에 이르다, ~에 도착하다 | 67,68 |
| 146 | jí | | 疾 | | disease; illness; to suffer from | 병; 질병; ~을 앓다 | 98,99 |
| 147 | jǐ | | 己 | | the sixth heavenly stem | 기(10천간의 여섯 번째) | 1,4,7,16,17,31,39,42 |
| 148 | jǐ | | 汎 | 盥 | a kind of sacrifice, likely ritual bloodletting | 희생의 일종(피를 흘리는 의식으로 추정) | 47,91 |
| 149 | jì/tà | | 眔 | 暨 | together, with | 모두, 함께 | 31 |
| 150 | jì | | 祭 | | the name of a ritual which perhaps involved the presentation of meat | 제(제사 이름으로, 육류와 관련되었음을 표현함) | 53,58 |
| 151 | jì | | 既 | | to finish | 이미 끝났다 | 7,18 |
| 152 | jiā | | 家 | | house; clan; sacrificial hall | 집; 씨족; 제의 장소 | 41 |
| 153 | jiā | | 豭 | | male pig or boar | 수퇘지, 멧돼지 | 96 |
| 154 | jiǎ | | 甲 | | the first heavenly stem | 갑(10천간의 첫 번째) | 1,4,10,13,15,18,25,28 |
| 155 | jiān | | 嬈 | 艱 | catastrophe, calamity, disaster | 재앙, 재난, 어려움 | 17,55,112 |
| 156 | jiān jiǎ | | 戔甲 | | Jiān Jiǎ, ancestor king K13 | 전갑(Jiān Jiǎ, 상나라 선조 왕)(K13) | 53 |
| 157 | jiǎo | | 角 | | a person's name | 각(사람 이름) | 55 |
| 158 | jiào | | 學 | 教 | to teach, to raise; this graph is used to write both jiào 教 'to teach' and xué 學 'to learn' | 가르치다, 키우다(이 글자는 jiào教(가르치다)와 xué學(배우다)을 모두 표현함). | 56 |
| 159 | jīn | | 今 | | now, this, currently | 지금, 이것, 현재 | 4,5,8,12,15,22,45,63,65,69,75,78,110,111 |
| 160 | jīng | | 京 | | a mound or hill; Jīng, a place name | 흙더미, 언덕; 경(장소 이름) | 19,93 |
| 161 | jiǔ | | 九 | | nine | 9(숫자) | 24,52,55,73,82,100 |
| 162 | jiǔ/yǒu | | 酉 | | also read yǒu; the name of a ceremony, possibly involving either cutting or libations | 주('yǒu'로도 읽힘, 자르거나 해체와 관련된 의식이름) | 7,18,25,27,42,46,47,48,52,90,91 |

| | | | | | | | |
|---|---|---|---|---|---|---|---|
| 163 | jiù | | 孜 | 咎 | to harm, to harm, to bring disasters to | 해를 끼치다, 해를 입다 | 103 |
| 164 | jū/chē | | | 車 | | chariot, cart(note the shaft of the cart is broken) | 전차, 수레(전차의 끌채가 파손되었음에 유의) | 79 |
| 165 | jū/chē | | | 車 | | chariot, cart | 전차, 수레 | 79 |
| 166 | jué | | | 爵 | | a place name | 작(장소 이름) | 101 |
| 167 | kǎi | | | 兇 | 凱 | a place name | 작(장소 이름) | 106 |
| 168 | kǎi/wéi | | | 兇 | 凱/微 | Kǎi(or Wéi?), a name of the Southern Wind or of the Southern Fāng | 개(미?)(남풍 또는 남방 신의 이름) | 14,15 |
| 169 | kān/kǎn | | | 毌 | 砍 | to ritually cut | 의식을 거행하기 위해 자르다 | 43 |
| 170 | kù | | | 坙 | | to open up land for farming, to make land ready for planting | 농사를 위해 땅을 개간하다 | 93 |
| 171 | lái | | | 來 | | to come | 오다 | 5,8,17,18,40, 47,52,55,58, 59,60,72,74, 76,98,109, 111,112,115 |
| 172 | lán(?) | | | 闌 | 欄(?) | fence(?), some method of catching animals | 울타리(?), 동물을 잡는 방법의 하나 | 73 |
| 173 | láo | | | 牢 | | penned bovines | 희생에 쓸 소 | 31,44,45,48, 89,91,115 |
| 174 | láo | | | 宰 | | penned ovicaprids(sheep or goats) | 희생에 쓸 양 | 33,48 |
| 175 | lè | | | 樂 | | a place name | 낙(장소 이름) | 111 |
| 176 | lěi | | | 劦 | | auspicious(birth) | 상서로움(출생) | 97 |
| 177 | lì | | | 立 | | to stand; to plant(a flag) | 서다; (깃발을) 세우다 | 23 |
| 178 | lì | | | 歷 | | the name of a diviner | 역(점복관의 이름) | 68 |
| 179 | liáo | | | 燎 | | the name of a ceremony likely performed with a burnt offering | 료제사(제물을 태워 행하는 의식의 이름) | 16,33,34,35, 37,39,47,48, 52,89,91,93 |
| 180 | liè/hāi | | | 殴 | | Liè(or Hāi?), a name of the Northern Wind | 열(해?)(북풍의 이름) | 14,15 |
| 181 | lìng | | | 令 | | to order, to command | 명령하다, 영을 내리다 | 15,45,47,67, 68,92,93,94, 108 |
| 182 | liù | | | 六 | | six | 6(숫자) | 35,54,55,72, 76,79,101 |
| 183 | liù shí | | | 六十 | | sixty | 60(숫자) | 73 |
| 184 | lù | | | 兴 | | a person's name, the name of a non-Shāng state, and a place name | 육(사람 이름, 상나라 이외의 나라나 장소 이름) | 22,105 |
| 185 | lù | | | 彔 | 麓 | the foot of a mountain | 산기슭 | 83 |
| 186 | lù | | | 鹿 | | deer | 사슴 | 73,76 |
| 187 | lù | | | 率 | 繂 | all, in all cases, generally; Lù, a place name [note: I've transcribed this lù instead of shuài, since the graph 繂 is normally pronounced lù(呂邺切)] | 모두, 모든 경우, 일반적으로; Lù(장소 이름)[참고: 繂은 일반적으로 lù(呂邺切)로 발음되기 때문에 솔(shuài) 대신 율(lù)을 사용했음] | 26,39 |
| 188 | mǎ | | | 馬 | | horse | 말 | 79 |

| | | | | | | | |
|---|---|---|---|---|---|---|---|
| 189 | mái | | 粤 | 薶 | to bury, to be buried [or perhaps = ke 礚 'to collide'?] | 묻다[또는 아마도 =ke 礚·충돌하다'?] | 79 |
| 190 | mài | | | 麥 | a crop, most likely wheat | 작물, 보리와 같은 곡물 | 1 |
| 191 | mǎo | | | 卯 | the fourth earthly branch; a method of sacrifice that may have involved splitting the victim in half | 묘(12지지의 네 번째), 짐승을 반으로 쪼개서 지내는 희생의 방법 | 1,5,10,18,20, 33,35,43,50, 52,53,54,55, 56,59,60 |
| 192 | mào | | | 冒 | to cover | 덮다 | 11 |
| 193 | mào | | | 冒 | see màofāng 冒方 | màofāng(冒方) 참조 | 56 |
| 194 | màofāng | | | 冒方 | the Màofāng, an enemy state of the Shāng | 모방(상나라의 적국 이름) | 56 |
| 195 | měi | | | 美 | the name of a musical instrument | 미(악기 이름) | 113 |
| 196 | měi | | | 媚 | a person's name | 미(사람 이름) | 79 |
| 197 | mèng | | | 夢 | dream; to dream | 꿈을 꾸다, 꿈 | 47 |
| 198 | mí | | | 麋 | elk | 큰 사슴 | 71,87 |
| 199 | mí | | | 彌 | completely | 완전히 | 110 |
| 200 | miǎn | | | 娩 | to give birth | 아이를 낳다 | 97 |
| 201 | miè | | | 蔑 | a person's name | 멸(사람 이름) | 37 |
| 202 | miè | | | 蔑 | an emphatic particle which can modify negative adverbs such as bù 不 and wù 勿 | bù 不 및 wù 勿와 같은 부정사를 수식할 수 있는 강조사 | 64 |
| 203 | mǐn | | | 皿 | a place name | 명(장소 이름) | 74 |
| 204 | míng | | | 明 | morning | 아침 | 18 |
| 205 | mìng | | | 命 | charge?; a word used in crack notations which is difficult to understand | 요구하다?; 이해하기 어려운 균열 표기법에 사용되는 단어 | 22,84 |
| 206 | mǔ | | | 母 | mother; huì 母(晦) and nǚ 女 can be written with the same graph | 어머니(huì 母(晦)와 nǚ 女도 같이 쓰인다) | 16,114 |
| 207 | mǔ | | | 牡 | male bovine, bull | 수소, 황소 | 96 |
| 208 | mǔ | | | 羝 | male ovicaprid, ram | 숫양(가축), 들이받다 | 26,96 |
| 209 | nǎi | | | 迺 | hence, accordingly | 따라서, 그리하여 | 46 |
| 210 | nǎi | | | 乃 | thus; also see zhì nǎi zī 拳 乃丝 | 그러므로 zhì nǎi zī (拳 乃丝) 참조 | 79 |
| 211 | nán | | | 南 | south | 남쪽 | 5,14,15,19, 88 |
| 212 | náo | | | 夔 | Náo (sometimes transcribed Kuí 夔 and other forms), the predynastic ancestor who enjoyed the highest status of all the Shāng ancestors | 노(때로 Kuí 夔나 다른 형태로 표기되기도 함, 최고 지위의 상나라 선조) | 35,36,90 |
| 213 | nèi | | | 內 | the name of a diviner | 내(신의 이름) | 15 |
| 214 | ní | | | 麑 | fawn | 엷은 황갈색 | 73,76 |
| 215 | nì | | | 逆 | a place name | 역(장소 이름) | 70 |
| 216 | nián | | | 年 | harvest | 추수하다, 수확 | 2,15,81,88, 89,90,92,94 |

| | | | | | | | |
|---|---|---|---|---|---|---|---|
| 217 | niǎo | 㠯 | 鳥 | | bird; under some circumstances may have the meaning 'suddenly'(?) | 새(상황에 따라 '갑자기'(?)라는 의미도 될 수 있다) | 18 |
| 218 | niè | 孽 | 辥 | 孽 | evil, calamity | 악, 재앙 | 81 |
| 219 | níng | 甹 甹 | 寍/甯 | 寧 | to pacify, to suppress | 진정시키다, 억제하다 | 24,91 |
| 220 | niú | ψ ψ | 牛 | | bovine, ox, cow, etc. | 소 | 19,28,31,33, 35,43,52,67, 84,85,89,91 |
| 221 | nǔ | 女 | 女 | | ; mǔ 母 can be written with the same graph | 여성(mǔ 母로도 쓸 수 있다) | 97 |
| 222 | pǐn | 品 | 品 | | ceremonial items | 제수(의식에 쓰는 용품) | 25 |
| 223 | pú | 璞 | 璞 | | to mine | (광물을) 채취하다 | 108 |
| 224 | qī | 妻 | 妻 | | part of a person's name | 처(사람 이름의 부분 요소) | 55 |
| 225 | qī | 七 | 七 | | seven | 7(숫자) | 17,54,55,78, 101,114 |
| 226 | qí | 齊 | 齊 | | the name of a diviner; a place name | 제(신의 이름, 장소 이름) | 59 |
| 227 | qí | 其 | 其 | | a particle, sometimes used to express 'perhaps' or to express conditional statements | '아마도'를 표현하거나 조건문을 표현하는 데 사용되는 어기사 | 2,5,6,7,9,12, 13,15,17,18, 19,22,23,28, 31,35,38,41 |
| 228 | qǐ | 陟 | 企 | | to ascend, to advance | 상승하다, 전진하다 | 79 |
| 229 | qǐ | 攵 | 攺 | 啟/啓 | (for the sky) to become clear in the daytime(?); to open; a person's name | 낮에 날이 개다, 열다, 계(사람 이름) | 7,12,105 |
| 230 | qǐ | 啟 | 啓 | 啟 | see qǐ 攺 | qǐ 攺 참조 | 12 |
| 231 | qì | 三 | 乞/气 | 迄 | until | ~까지 | 55 |
| 232 | qiān | 千 | 千 | | thousand | 1000(숫자) | 63 |
| 233 | qiāng | 羌 | 羌 | | a place name | 강(장소 이름) | 76 |
| 234 | qiāng | 羌 | 羌 | | the Qiāng, an ethnic group or statelet frequently mentioned as an enemy of the Shāng; people from Qiāng, likely prisoners of war, were commonly used by the Shāng as sacrificial victims; also written 羌 | 강(민족 또는 나라 이름, 주로 상의 적으로 언급됨, 포로가 된 강족들은 상나라 제사의 희생으로 사용되었음, 또 羌 등으로도 표기됨) | 40,42,45,50, 51,52,79,91, 112 |
| 235 | qiāng jiǎ | 羌 | 羌(羌)甲 | | Qiāng Jiǎ, an ancestor | 강갑(조상 이름) | 53 |
| 236 | qiē(or xiè?) | 㕣 | 㕣/兕/兑 | | Qiè, an important ancestor(likely the same figure as Xiè 契, the legendary progenitor of the Shāng) | 설(상나라의 중요한 조상, 상나라의 전설적인 조상인 Xiè 契과 같은 인물) | 39,48 |
| 237 | qīn | 侵 | 㑴 | 侵 | to raid, to invade; also written 㑴 | 습격, 침략하다(또 㑴 으로도 표기됨) | 55 |
| 238 | qīn | 㑴 | 㑴 | 侵 | to raid, to invade; also written 㑴 | 습격, 침략하다(또 㑴 으로도 표기됨) | 55 |
| 239 | qín | 禽 | 禽 | 禽/擒 | to catch(animals or birds); also written 禽 | (동물이나 조류를) 잡다(또 禽 로도 표기됨) | 71,73 |
| 240 | qín | 禽 | 禽 | 禽/擒 | to catch(animals or birds); also written 禽 | (동물이나 조류를) 잡다(또 禽 로도 표기됨) | 78 |

| 241 | qiū | | 蓷 | 秋 | locusts | 메뚜기 | 91 |
|---|---|---|---|---|---|---|---|
| 242 | qiú | | 囚 | | to die, dead; to keep imprisoned | 죽다, 감금되다, 수감되다 | 79 |
| 243 | qiú/hū | | 棽 | 求? | see hū/qiú 棽/求 | hū/qiú 棽/求를 참조 | 15,26,28,47, 61,89,90,91, 92,93,96 |
| 244 | quǎn | | 犬 | | dog; animals in general; equivalent to quǎnrén 犬人, an official responsible for hunting grounds; the name of a tribe or statelet | 개(일반적으로 동물을 지칭함), 견(사냥터를 담당하던 관리인 견인(犬人)과 같음), 견(부족이나 나라 이름) | 3,71,108 |
| 245 | quē | | 殷 | | the name of a Period I diviner | 각(제1시기의 점복관 이름) | 2,18,38,50, 55,56,57,63, 64,65,73,79, 84,85,89,97, 99,104,112, 114 |
| 246 | què | | 雀 | | Què, a statelet within the Shāng polity | 작(상 왕국의 내부에 속한 나라) | 4 |
| 247 | rén | I I | 壬 | | the ninth heavenly stem; also see réndàn 壬旦 | 임(10천간의 아홉 번째), réndàn 壬旦 참조 | 1,4,6,20,25, 29,41,55,69, 76,84,85,114 |
| 248 | rén | | 人 | | people; also see rénfāng 人方; this graph is essentially the same as the one used to write bǐ 匕(妣) | 사람들, 인(나라 이름, rénfāng 人方 참조)(기본적으로 bǐ 匕(妣)를 쓰는 데 사용된 자형과 같음) | 10,12,43,47, 55,59,60,62, 63,89,94,111 |
| 249 | rénfāng | | 人方 | | the Rénfāng, an enemy state of the Shāng | 인방(상나라의 적국) | 59,60,111 |
| 250 | rì | | 日 | | sun, day | 태양, 하루 | 5,6,11,12,13, 15,17,19 |
| 251 | róng | | 肜 | | Róng, a kind of ceremony | 융(가장 중요한 5가지 제사의식의 하나) | 27,46,52,54 |
| 252 | rù | | 入 | | to enter, to send in | 들어가다, 보내다 | 4,22,48,79, 114 |
| 253 | ruò | | 若 | | to approve; approval; smooth; agreeable | 허락하다, 승인, 순조롭다, 기분이 좋다 | 19,57,79,85, 102 |
| 254 | sān | | 三 | | three | 3(숫자) | 7,16,21,25, 28,43,45,50 |
| 255 | sānshí | | 卅 | 三十 | thirty | 30(숫자) | 3,45 |
| 256 | sàng | | 喪 | | a place name | 상(장소 이름) | 74,110,111 |
| 257 | sè | | 嗇 | 穡 | meaning unclear; possible interpretations include 'color' and 'partially broken' | 의미가 분명하지 않음, '색깔'이나 '부분적으로 깨지다'로 해석 가능함 | 7 |
| 258 | sè | | 叙 | 塞 | to repay deities or ancestral spirits through sacrifice | 희생을 통해 신이나 조상의 영혼에 보답하다 | 115 |
| 259 | shāng | | 商 | | Shāng, the Shāng state, the Shāng capital; another place name, probably unrelated to the Shāng capital | 상 왕조, 상(상 왕조의 수도), 상(상나라와 관련이 없는 또 다른 지명) | 88,101,111, 114 |
| 260 | shàng | | 上 | | above, upper | 위, 위로 올라가다 | 101 |
| 261 | shàng jiǎ | | 囲 | 上甲 | Shàng Jiǎ, a high ancestor | 상갑(상나라의 높은 조상) | 18,19,25,26, 27,28,29,32, 33,42,47,52, 54,91,93 |
| 262 | sháo | | 勺 | | a kind of ritual | 소(의식의 일종) | 47,48,114 |
| 263 | shè | | 叹 | 設 | an omen or sign | 징조, 표시 | 18 |

| | | | | | | | |
|---|---|---|---|---|---|---|---|
| 264 | shè | | 射 | | to shoot; a military title; arrow man, shooter | (활을) 쏘다, 군사 목표, 사수(화살을 쏘는 사람) | 42 |
| 265 | shēn | | 申 | | the ninth earthly branch | 신(12지지의 아홉 번째) | 1,18,20,26, 42,47,48,51 |
| 266 | shēng | | 生 | | to give birth, to grow; to come to be | 출산하다, 성장하다, ~가 되다 | 96,114 |
| 267 | shī | | 飮 | | a method of sacrifice | 사(희생의 방법) | 18 |
| 268 | shī | | 自 | 師 | military unit or division; army; general or commander | 군대, 군사 조직, 육군, 장군 또는 사령관 | 61,66,69 |
| 269 | shí | | 飮 | | a method of sacrifice, likely dismembering | 사(해체하는 희생의 방법으로 추정) | 51 |
| 270 | shí | | 十 | | ten | 10(숫자) | 3,22,25,26, 28,33,55,60, 76,79,81,83, 94 |
| 271 | shí | | 食 | | a food utensil; to eat; to be eclipsed; also see shírì 食日 | 음식, 먹다, 일식, 아침 시간대(shírì 食日 참조) | 1,6,19,20,21 |
| 272 | shírì | | 食日 | | morning, likely around 8 am | 오전 8시쯤 | 6 |
| 273 | shǐ(?) | | 燚 | | meaning unclear; possible interpretations include 'to break up or dissipate' | 의미가 불분명하다 (가능한 해석은 '분열시키다'나 '버리다') | 7 |
| 274 | shǐ | | 史 | | minister; also see shī 史 and shì 史 | 관리(shī 史 및 shì 史 참조) | 107 |
| 275 | shǐ | | 史 | 使 | a delegate; to send a delegate; to cause to happen; also see shī 史 and shì 史 | 대리인, 대리인을 보내다, 시키다(shī 史 및 shì 史 참조) | 43 |
| 276 | shǐ | | 豕 | | pig | 돼지 | 16,24,39 |
| 277 | shì | | 奭/奭 | | a word used between the names of ancestral kings and their official consorts | 석(선조 왕의 이름과 그들의 공식적인 배우자 사이에 사용되는 단어) | 30,104 |
| 278 | shì | | 見 | 視 | to inspect, to watch | 검사하다, 보고하다 | 62 |
| 279 | shì | | 史 | 事 | affairs, matters; also see shī 史 | 업무, 일(shī 史 참조) | 105,106,108 |
| 280 | shì | | 室 | | a chamber or self-standing structure | 방 또는 독립 구조물 | 113,115 |
| 281 | shì | | 示 | | spirit tablet; previous generations; to ritually prepare(a scapula or plastron); a prefix used before the heavenly stem of certain ancestors; part of a place name | 제단; 이전의 조상; (견갑골 또는 거북배딱지를 검사하여) 의식을 준비하다; 특정 조상의 천간 앞에 사용된 접두사; 장소 이름의 일부 | 22,25,26,28, 55,84 |
| 282 | shì guǐ | | 祄 | 示癸 | Shì Guǐ, an ancestor | 시계(조상) | 29 |
| 283 | shì rén | | 祄 | 示壬 | Shì Rén, an ancestor | 시임(조상) | 29 |
| 284 | shòu | | 受 | | to receive | ~을 받다 | 2,35,36,38, 56,57,63,81, 88,89,93,94 |
| 285 | shòu | | 獸 | 狩 | to hunt | 사냥하다 | 73,80 |
| 286 | shǔ | | 黍 | | millet | 기장 | 2,89,95 |
| 287 | shù | | 戍 | | to guard, to station, to garrison | 지키다, 역참, 수비대 | 70 |
| 288 | shù | | 戟 | | a kind of ritual | 속(의식의 일종) | 104 |

| # | pinyin | | | | English | Korean | pages |
|---|---|---|---|---|---|---|---|
| 289 | shuǐ | 㳄 | 杏 | | Shuǐ, a place name, likely used interchangably with the different form shuǐ 㳄 | 수(장소 이름) Shuǐ, 다른 형태의 shuǐ 㳄 와 상호 교환해서 사용할 수 있음 | 87 |
| 290 | shuǐ | 㳄 | 㳄 | | Shuǐ, a place name, likely used interchangably with the different form shuǐ 杏 | 수(장소 이름) Shuǐ, 다른 형태의 shuǐ 杏 와 상호 교환해서 사용할 수 있음 | 87 |
| 291 | sī | 司 | 司 | | to sacrifice(?); temple(?); to order(?)(or should this, in piece 55, be 石(石)? | 희생을 바치다(?); 사원(?); 명령을 내리다(?)(혹은 이것이어야만 한다, 제55편에서는 石(?)으로도 해석될 수 있음) | 55 |
| 292 | sì | | 巳 | | the sixth earthly branch; note that zǐ 子, when it is being used to mean 'son', though not when it is a earthly branch, is written with the same form | 사(12지지의 여섯 번째), zǐ 子는 '아들'을 의미함. | 1,4,10,17,18, 22,31,48,53, 54,55,56,59, 60,78,79,88, 91,96,101, 111,114 |
| 293 | sì | | 祀 | | the king's ritual cycle(approximately equivalent to one year by the end of the Shāng era) | 사(왕의 제사 주기)(상나라 때에는 1년의 길이에 해당) | 27,53,83 |
| 294 | sì | | 㺇 | 兕 | rhinoceros | 코뿔소 | 74,77,78,79, 111 |
| 295 | sì | | 四 | | four | 4(숫자) | 2,15,27,53, 73,76 |
| 296 | sì shí | | 卌 | 四十 | forty | 40(숫자) | 73 |
| 297 | sù | | 粟 | | millet; to plant millet | 기장, 기장을 심다 | 47 |
| 298 | sù | | 霂 | | powerful(?), striped(?) | 강력함(?), 줄무늬(?) | 83 |
| 299 | suì | | 祟 | 祟 | harm; a curse; evil omen/evil influence | 해악, 저주, 사악한 징조, 사악한 영향 | 11,17,18,55, 79,112 |
| 300 | suì | | 歲 | | to cut, pierce, or split(a sacrifical victim); the name of a sacrificial ritual(this word in its sacrificial usage is sometimes transcribed guì 劌); year | (희생물을)자르다, 찌르다, 쪼개다; 세(희생 의식의 이름)(희생적 용법에서 때때로 guì 劌로 표기됨), 1년 | 31,35,45,48, 88,114 |
| 301 | sǔn | | 敻 | | a high ancestor or spirit | 위대한 조상, 고귀한 정신 | 91 |
| 302 | tā | | 巷 | | harm; curse; to harm | 해; 저주; 해를 끼치다 | 27,35,98,99 |
| 303 | tà/jì | | 眔 | 暨 | together, with | 함께 | 31 |
| 304 | táng | | 唐 | | Táng, another name for Dà Yǐ 大乙, the founding king of the Shāng dynasty | 당(왕조 이름), 당(왕조의 창시자인 대을 大乙의 다른 이름) | 34 |
| 305 | téng | | 甾 | | a person's name | 등(사람 이름) | 42,91 |
| 306 | tián | 田 | 田 | | a field; to hunt | 들판; 사냥하다 | 12,39,55,72, 74,76,81,82, 87,93,94, 110,111 |
| 307 | tīng | | 庝 | 廳 | hall | 홀, 대청 | 79,113 |

| | | | | | | | |
|---|---|---|---|---|---|---|---|
| 308 | tǔ | | 土 | | land, territory(especially the arable land surrounding the capital); a predynastic ancestor or nature spirit; a person's name; also see tǔfāng 土方 | 토지, 영토(특히 수도를 둘러싼 경작지); 먼 조상 또는 자연신; 사람 이름; 나라 이름(tǔfāng 土方 참조) | 39,55,63,64, 65,88 |
| 309 | tǔfāng | | 土方 | | the Tǔfāng, an enemy state of the Shāng | 토방(상나라의 적국) | 55,63,64,65 |
| 310 | tún | | 豚 | | suckling pig | 어린 돼지 | 3 |
| 311 | tún | | 屯 | | one pair(of bovine scapulae) | (소 견갑골)한 짝 | 84 |
| 312 | wàn | | 萬 | | ten thousand | 1만(숫자) | 86 |
| 313 | wàn | | 万 | | a title of a court musician | 만(궁정 음악의 제목) | 113 |
| 314 | wáng | | 王 | | king | 왕 | 2,4,7,11,18, 23,27,30 |
| 315 | wáng | | 亡 | | to not have | 없다, 갖고 있지 않다 | 8,10,20,21, 23,27,30,35, 53,54,55,58, 59,60,62,69, 71,72,74,76, 79,81,87, 101,107,109, 110,111 |
| 316 | wǎng | | 往 | | to go; to, towards | 가다; ~을 향해 | 61,72,74,76, 78,80,81,84, 85,95,106,109 |
| 317 | wàng | | 望 | | to reconnoiter, to scout; the name of a state or group | 정찰자, 정찰하다; 망(방국 또는 부족 이름) | 56 |
| 318 | wēi | | 危 | | the Xiàwēi 下危 state, an enemy group of the Shāng; also called the Wēifāng 危方 | 위(상나라의 적군인 하위(Xiàwēi 下危), 위방(Wēifāng 危方)이라고도 함) | 56,89 |
| 319 | wéi | | 隹 | 惟/唯 | copula; particle | 문두 어기사 | 7,18,19,27, 53,56,57,58, 59,60,83,97, 98,99,104, 112 |
| 320 | wéi | | 韋 | | Wéi, a name of the Western Fāng | 위(서쪽 방국의 이름) | 14 |
| 321 | wéi | | 韓 | | a person's name | 위(사람 이름) | 106 |
| 322 | wéi/fēng | | 丰 | =隶 =韓 ? | see fēng/wéi 丰 | fēng/wéi 丰 참조 | 15 |
| 323 | wèi | | 未 | | the eighth earthly branch | 미(12지지의 여덟 번째) | 1,21,25,26, 27,28,29,31 |
| 324 | wén | | 聞 | | to hear, to be informed | 듣다, 정보를 보고받다 | 22,62,112 |
| 325 | wǒ | | 我 | | we, I, our, my; the statelet or clan Wǒ; a place name | 우리, 나, 우리의, 나의; 아(방국 또는 종족); 지명 | 2,38,57,73, 89,104 |
| 326 | wǒ | | 硪 | | big rocks | 바위 | 79 |
| 327 | wū | | 巫 | | the Wū power or spirit | 주술사, 무당, 주술사의 힘 또는 영적 능력 | 24 |
| 328 | wǔ | | 午 | | the seventh earthly branch | 오(12지지의 일곱 번째) | 1,18,29,42, 53,54,62,69, 73,79,90, 106,111,112 |
| 329 | wǔ | | 牢 | | a place name | 오(장소 이름) | 74,87 |

| # | | | | | | | |
|---|---|---|---|---|---|---|---|
| 330 | wǔ | | 舞 | | to dance; a dance ceremony | 춤을 추다; 춤을 춰서 행하는 의식 | 104 |
| 331 | wǔ yǐ | | 武乙 | 武乙 | Wǔ Yǐ, an ancestor | 무을(조상 이름) | 44 |
| 332 | wǔ dīng | | 武丁 | 武丁 | Wǔ Dīng, an ancestor | 무정(조상 이름) | 44 |
| 333 | wǔ | | 五 | | five | 5(숫자) | 3,10,33,52,55,63,64,67,70,79,101,108,115 |
| 334 | wǔ qiān | | 五千 | | five thousand | 5천(숫자) | 62 |
| 335 | wǔ shí | | 五十 | 五十 | fifty | 5십(숫자) | 3,4,22,73,91 |
| 336 | wù | | 戊 | | the fifth heavenly stem | 무(10천간의 다섯 번째) | 1,22,47,71,73,74,76,78,79,81,82,90,93,103 |
| 337 | wù | | 勿 | 勿 | negative adverb; do not | 부정부사(~하지 마라) | 34,49,56,57,61,62,64,80,84,85,92,95,108 |
| 338 | X | | | | peacock | 공작 | 81 |
| 339 | xī | | 丝 | | a bundle | 번들(여러 세트) | 25 |
| 340 | xī | | 昔 | | past, former times | 과거, 옛날 | 50 |
| 341 | xī | | 析 | | Xī, a name of the Eastern Fāng | 석(동방의 바람 신 이름) | 14,15 |
| 342 | xī | | 西 | | west; a place name(?) | 서쪽; 서(장소 이름)(?) | 5,14,15,55,81,87,88,93,107,115 |
| 343 | xī | | 夕 | | night, evening; note that the graphs used to write yuè 月 and xī 夕 are interchangable, except that the same form will not be used to write both words in the same inscription | 밤, 저녁; yuè 月과 xī 夕을 쓰는 데 사용된 자형은 같은 모습인데, 이들 두 단어를 쓰는 데 사용되지 않음을 제외하고는 서로 바뀔 수 있다. | 7,10,15,17,20,21,22,55,69,75 |
| 344 | xī | | 兌 | 奚 | the name of a diviner | 해(신의 이름) | 108 |
| 345 | xī | | 兊 | | a place name | 솔(장소 이름) | 82 |
| 346 | xī | | 兮 | | the name of a ancestor or spirit; a ceremonial structure(also written ); also see guōxī 郭兮 | 해(조상 또는 자연신의 이름); 의식 구조( 라고도 함); guōxī 郭兮 참조 | 6,47 |
| 347 | xī | | 兮 | | the name of a spirit or of a ceremonial structure(also written ) | 해(영혼의 이름, 또는 예식 구조, 으로도 씀) | 19 |
| 348 | xǐ | | 喜 | | a person's name | 희(사람 이름) | 60 |
| 349 | xǐ | | 屖 | 徙 | crop rotation | 윤작하다 | 81 |
| 350 | xià | | 下 | | below, lower | 아래, 밑 | 18,56,89 |
| 351 | xiàshàng | | 下上 | | below and above; likely refers to earth and heaven | 아래와 위(아마도 땅과 하늘을 가리킴) | 57 |
| 352 | xiàwēi | | 下危 | | the Xiàwēi 下危 state, an enemy group of the Shāng | 하위(상나라의 적국) | 56,89 |
| 353 | xián | | 咸 | | completion; to complete | 완성하다; 완료하다 | 18 |
| 354 | xiàn(?) | | 鹿 | 陷(?) | to trap or capture | 함정, 사로잡다 | 78 |
| 355 | xiàn | | 甗 | 獻 | to present, to give | 선물하다, 바치다 | 90 |

| | | | | | | | |
|---|---|---|---|---|---|---|---|
| 356 | xiǎng | | 饗 | | a banquet offered to the spirits and consumed by those present | 잔치(신령들에게 제공되고 참석한 사람들이 즐기는 연회) | 115 |
| 357 | xiàng | | 象 | | elephant | 코끼리 | 75 |
| 358 | xiàng | | 向 | | a place name | 향(장소 이름) | 101 |
| 359 | xiàng | | 嚮 | 斷/嚮/向 | the time of day(roughly around midnight) when one day cleaves to the next | 하루가 다음 날로 이어지는 시간대(대략 자정 무렵) | 10,55 |
| 360 | xiǎo | | 小 | | small, lesser | 작다, 적다 | 22,28,48,58,79,98 |
| 361 | xiǎo jiǎ | | 小甲 | | Xiǎo Jiǎ, an ancestor | 소갑(조상 이름) | 25,53 |
| 362 | xié | | 魯 | 劦 | Xié, a kind of ritual; a name of the Eastern Wind; (to plow a field) together; also written 劦, 旨 | 협(의식의 일종), 동풍의 신 이름; 함께(밭을 갈다). 劦이나 旨으로도 씀 | 14,53,94 |
| 363 | xié | | 劦 | 劦 | Xié, a kind of ritual; a name of the Eastern Wind; (to plow a field) together; also written 魯, 旨 | 협(의식의 일종), 동풍의 신 이름; 함께(밭을 갈다). 魯이나 旨으로도 씀 | 15,42,46,83 |
| 364 | xié | | 旨 | 劦 | Xié, a kind of ritual; a name of the Eastern Wind; (to plow a field) together; also written 魯, 劦 | 협(의식의 일종), 동풍의 신 이름; 함께(밭을 갈다). 魯이나 劦으로도 씀 | 36 |
| 365 | xīn | | 辛 | | the eighth heavenly stem | 신(10천간 중 여덟 번째) | 1,4,6,8,12,15,18,24,26,32,37,42,55,66,73,78,83,85,91,96,109,114 |
| 366 | xīn | | 新 | | new | 새로운 | 17,113 |
| 367 | xīn(?) | | 瀋 | | Xīn(?), a place name | 심(?)(장소 이름) | 60 |
| 368 | xīng | | 星 | | star, planet; under some circumstances may be equivalent to qíng 晴 'clear sky; (for the sky) to brighten' | 별, 행성; 경우에 따라 qíng 晴('날이 개다')와 같이 사용할 수 있다. (날이) 밝다. | 17,18 |
| 369 | xǐng | | 省 | | to inspect, to visit, to examine | 검사하다, 방문하다, 살피다 | 84,95,109,110 |
| 370 | xiōng | | 兄 | | elder brother | 형(님) | 31 |
| 371 | xū | | 戌 | | the eleventh earthly branch | 술(12지지 중 열한 번째) | 1,11,13,22,29,42,53,74,76,84,100,103,105,111 |
| 372 | xuán | | 旋 | 旋 | a person's name | 선(사람 이름) | 50 |
| 373 | xún | | 旬 | | the Shāng ten-day week | 1순(10일) | 4,10,20,21,53,54,55,58,59,60,79,97,101 |
| 374 | xún | | 徇 | 循 | to make an inspection or reconnaissance tour; to follow or continue; to cause to obey or comply | 순시(검열이나 정찰을 위한 이동); 따르다, 계속하다; 순종하다, 준수하다 | 56,61,65 |
| 375 | yán | | 誩 | | a place name | 연(장소 이름) | 55 |
| 376 | yán | | 炎 | | a person's name | 염(사람 이름) | 58 |
| 377 | yán | | 延 | 延 | to continue, to extend, to delay | 계속하다, 연장하다, 지연시키다 | 85 |

| | | | | | | | |
|---|---|---|---|---|---|---|---|
| 378 | yāng | | 央 | | a person's name | 앙(사람 이름) | 79,84 |
| 379 | yáng | | 羊 | | sheep, goat, ovicaprid | 양, 산양, 염소 | 3,28,43 |
| 380 | yáng jiǎ | | 䍙 | 昜(陽)甲 | Yáng Jiǎ, an ancestor | 양갑(상나라 조상) | 53,54 |
| 381 | yī | | 衣 | | Yī, a kind of combined ceremony | 의(일종의 종합 의식) | 27 |
| 382 | yī | | 一 | | one | 1(숫자) | 1,15,31,52,73,76,79,94 |
| 383 | yī | | 伊 | | a person's name | 이(사람 이름) | 19,41,48 |
| 384 | yí | | 夷 | | Yí, a name of the Southern Wind | 이(남풍의 이름) | 15 |
| 385 | yí | | 彝 | | Yí, a name of the Western Wind or of the Western Fāng | 이(서풍 또는 서쪽 방국의 이름) | 14,15 |
| 386 | yí | | 宜 | | to dismember; the name of a ceremony; a method of sacrifice; utensil for displaying meat | 해체하다; 의(의식의 이름); 희생의 방법; 도마(고기를 진설하기 위한기물) | 48,79,89,91 |
| 387 | yǐ | | 乙 | | the second heavenly stem | 을(10천간의 두 번째) | 1,4,10,13,18,19,21,25 |
| 388 | yǐ | | 以/㠯 | | to apply, to use | ~하기 위해, 사용하기 위해 | 42,91 |
| 389 | yì | | 邑 | | city, settlement, township | 읍, 도시, 정착지 | 55,102,103,104 |
| 390 | yì | or or ? | 疫 | | bad omen; sickness; catastrophe(?) | 나쁜 징조; 병; 재앙(?) | 79 |
| 391 | yì | | 亦 | | also | 또한 | 4,11,18,55,79 |
| 392 | yì | | 翌 | | next, tomorrow; the name of a ritual offered to ancestral kings(the name of the ritual is sometimes transcribed 翌 ) | 다음, 내일; 익(선조 왕들에게 지내는 의식의 이름)(의례의 이름은 때때로 翌 으로 표기되기도 함) | 6,7,13,16,18,29,30,46,54,62,73,81,85,90,99,104,112 |
| 393 | yì | | 益 | | to pour, to add | 따르다, 더하다 | 105 |
| 394 | yì | | 易 | 昜 | to change; also see yìrì 易日 | 바꾸다; yìrì(易日) 참조 | 13,23,78,99,112 |
| 395 | yìrì | | 易日 | 昜日 | (for the sun) to come out after rain or cloudy weather; interpreted by some as having the opposite meaning, that is, (for the weather) to become cloudy; to select an auspicious date or to change the date of a ceremonial event | 비 또는 흐린 날씨 후에 (해가) 나오다; 어떤 사람들은 반대의 의미, 즉 (날씨가) 맑다가 흐려지는 것으로 해석한다; 길한 날짜를 선택하거나 의식 거행 일을 변경하다 | 13,23,78,99,112 |
| 396 | yīn | | 因 | | Yīn(?), a name of the Southern Fāng | 인(?)(남방 바람 이름) | 14 |
| 397 | yín | | 寅 | | the third earthly branch; note that yín 寅 is easily confused with huáng 黃 | 인(12지지의 세 번째); yín 寅은 huáng 黃과 잘 혼용함 | 1,4,15,18,30,44,47,52,55,74,78,84,85,97,98,99,114 |
| 398 | yǐn | | 歓 | 飲 | to drink; a person's name | 마시다; 음(사람 이름) | 11,55 |
| 399 | yǐn | | 尹 | | to control; an official title for a minister | 제어하다; 장관의 공식 직함 | 19,40,41,45,48,61,93 |
| 400 | yǐn | | 弘 | 引 | extended; extremely | 당기다; 매우 | 53,58,72,97 |
| 401 | yíng | | 嬴 | | a place name | 영(장소 이름) | 93 |

| | | | | | | | | |
|---|---|---|---|---|---|---|---|---|
| 402 | yōng | | 庸 | 鏞 | a large bell | 큰 종 | 113 |
| 403 | yǒng | | 永 | | the name of a diviner; a place name | 영(점복관의 이름; 장소 이름) | 7,22,60 |
| 404 | yòng | | 用 | | to use | 사용하다 | 36,42,44,45,47,66,91 |
| 405 | yōu | | 攸 | | the name of a statelet | 유(지방의 이름) | 60 |
| 406 | yóu | | 尤 | | blame, regret, disaster | 비난하다, 후회하다, 재난 | 30 |
| 407 | yǒu | | 取 | 櫾 | a ceremonial ritual of wood burning [note: what is the relationship that allows qǔ 取(*tsho?/*tshoh in Schuessler's reconstruction) to be borrowed to write the graphically, semantically, & phonetically unrelated yǒu 櫾(*ju?/*juh)?] | 취(장작을 태워 지내는 의식 이름) [참고: Schuessler의 해독에서 qǔ取(*tsho?/*tshoh)를 자형으로나 의미적으로, 그리고 발음적으로 관련이 없는 yǒ(櫾)(*ju?/*juh)로 빌려 썼다고 하는 관련성은 무엇일까?] | 43 |
| 408 | yǒu | | 妠 | | the name of a statelet or tribe | 유(攸) 또는 부족의 이름) | 55 |
| 409 | yǒu | | 醟 | | part of a place name | 유(장소 이름의 일부) | 101 |
| 410 | yǒu | | 酉 | | the tenth earthly branch | 유(12지지 중 열 번째) | 1,3,4,19,20,21,24,26,37 |
| 411 | yǒu/jiǔ | | 酉 | | see jiǔ 酉 | jiǔ(酉) 참조 | 7,18,25,27,42,46,47,48,52,90,91 |
| 412 | yǒu | | 友 | | part of a person's name; a pair; can also be used as yòu, equivalent to either 侑 or 佑/祐(see yǒu 屮 and yòu 又, below) | 우(사람 이름의 일부); 한 쌍; yòu로도 사용되어 유(侑) 또는 우(佑/祐)에 해당함 (아래의 yòu 屮 및 yòu 又 참조). | 55,73 |
| 413 | yǒu | | 屮 | 有 | to have; abundant; this; an honorific; also see yǒu 屮, yòu 又, and yòu 又 | 가지고 있다; 풍부한; 이; 명예; yòu屮, yòu 又 및 yòu 又 참조 | 2,11,17,18,20,21,55,56,63,73,79,81,89,99,107,112 |
| 414 | yǒu | | 又 | 有 | to have; abundant; this; an honorific; also see yǒu 又, yǒu 屮, and yòu 屮 | 가지고 있다; 풍부한; 이; 명예; yòu又, yòu屮 및 yòu屮 참조 | 8,19,47,113 |
| 415 | yòu | | 屮 | 又 | also, again; also see yǒu 屮, yòu 又, yòu 又 | 또한, 다시; yòu屮, yòu 又, yòu又 참조 | 97 |
| 416 | yòu | | 屮 | 侑 | to offer sacrifice; a kind of ritual or sacrifice; to respectfully present; also see yòu 屮, yǒu 又, yòu 又 | 희생을 바치다; 의식 혹은 희생의 일종; 공경스레 바치다; yòu屮, yòu 又, yòu 又 참조 | 18,34,35,38,40,61,62,85,92,112,114,115 |
| 417 | yòu | | 屮 | 佑/祐 | blessing; also see yòu 屮, yǒu 又, yòu 又 | 축복하다; yòu屮, yòu 又, yòu 又 참조 | 38 |
| 418 | yòu | | 又 | | also, again; also see yǒu 又, yǒu 屮, yòu 屮 | 또한, 다시; yòu 又, yòu屮, yòu屮 참조 | 28,60,72,111 |
| 419 | yòu | | 又 | 右 | right, the right side; also see yòu 又, yòu 屮 | 오른쪽; yòu 又, yòu 屮 참조 | 66,110 |

| | | | | | | | |
|---|---|---|---|---|---|---|---|
| 420 | yòu | ㄨ | 又 | 侑 | to offer sacrifice; a kind of ritual or sacrifice; to respectfully present; also see yǒu 又, yòu 出, yòu 出 | 희생을 바치다; 의식 혹은 희생의 일종; 공경스레 바치다; yǒu 又, yòu 出, yòu 出 참조 | 19,31,41,45, 47,48,52,66 |
| 421 | yòu | ㄨ | 又 | 佑/祐 | blessing; also see yǒu 又, yòu 出, yòu 出 | 축복하다; yǒu 又, yòu 出, yòu 出 참조 | 35,36,56,57, 63,89 |
| 422 | yòu | 玨 | 玨 | | a place name | 우(장소 이름) | 76 |
| 423 | yòu | 㓜 | 㓜 | | likely the name of a ritual | 유(의식의 이름으로 추정됨) | 54 |
| 424 | yú | 兪 | 俞 | | an interjection, an exclamation | 감탄사, 감탄해 소리치다 | 79 |
| 425 | yú | 于 | 于 | | to, at, in | ~에, ~에서 | 8,11,15,16, 18,19,27,28 |
| 426 | yú | 盂 | 盂 | | a place name; also see yúfāng 盂方 | 우(장소 이름); yúfāng 盂方 참조 | 58,113 |
| 427 | yúfāng | 盂方 | 盂方 | | the Yúfāng, an enemy state of the Shāng | 우방(盂方)(상나라의 적국) | 58 |
| 428 | yú | 魚 | 魚 | | fish | 물고기 | 86 |
| 429 | yú | 魚 | 魚 | 漁 | to fish | 물고기를 잡다 | 85 |
| 430 | yǔ | 雨 | 雨 | | rain, to rain | 비, 비가 내리다 | 4,5,6,7,8,15, 18,26,48,75, 82,85,92,98, 104,110 |
| 431 | yù | 圉 | 圉 | | to take prisoner, to imprison | 죄인을 잡다, 옥에 가두다 | 55 |
| 432 | yù | | 卸 | 絮/禦/御 | to exorcise; an exorcism ritual; to defend; to apply, to be applicable | 몰아내다; 몰아내는 의식의 일종; 방어하다; 적용하다, 적용가능한 | 49,50,55,72, 76,82 |
| 433 | yuē | 曰 | 曰 | | to say, to speak, to be called | 말하다, ~라 불리다 | 1,2,4,7,11, 14,15,18,53, 54,55,76,77, 79,88,94,97, 112 |
| 434 | yuè | 月 | 月 | | moon, month; note that the graphs used to write yuè 月 and xī 夕 are interchangable, except that the same form will not be used to write both words in the same inscription | 달, 월; yuè 月과 xī 夕을 쓰는 데 사용된 자형은 같은 모습인데, 이들 두 단어를 쓰는 데 사용되지 않음을 제외하고는 서로 바뀔 수 있다. | 1,2,4,10,15, 19,20,21,23, 27,33,43,53, 54,58,59,60, 63,64,69,76, 79,81,82,83, 84,89,94, 100,101,105, 108,114 |
| 435 | yuè | 岳 | 岳 | | Yuè, the name of a predynastic ancestor or nature spirit; a person's name; this graph is sometimes transcribed yáng 砦 | 악(조상 또는 자연신의 이름); 악(사람 이름); 때때로 yáng 砦 으로 표기되기도 한다. | 39,41,43,84, 90,91,92 |
| 436 | yún | 云 | 雲 | | cloud | 구름 | 7,11,97 |
| 437 | yǔn | 允 | 允 | | indeed; as expected | 과연, 예상대로 | 55,73,75,77, 78,81,112 |
| 438 | zāi | 戋 | 災 | | disaster; to injure, kill, defeat | 재앙; 다치다, 죽이다, 패하다 | 35,55 |
| 439 | zāi | 戋 | 災 | | disaster, calamity, damage | 재난, 재앙, 피해 | 71,87,110 |
| 440 | zāi | 巛 | 災 | | disaster, calamity, damage | 재난, 재앙, 피해 | 72,74,76,81, 109,111 |
| 441 | zāi | 甾 | 甾 | | to harness, to drive; also see zài 甾 | (말에) 마구를 채우다, 몰다; 또 zài 甾 참조 | 79 |

| | | | | | | | |
|---|---|---|---|---|---|---|---|
| 442 | zài | | 才 | 在 | at, in | 거기에, 안에 | 10,27,53,54,58,59,60,71,76,78,79,82,83,101,111 |
| 443 | zài or wǔ | | | 再 | again; a word used in crack notations which is difficult to understand | 다시; 오(이해하기 어려운 거북의 점괘를 나타내는 단어) | 22,84 |
| 444 | zài | | | 載 | to perform, to carry out; also see zāi 甾 | 수행, 수행하다; zāi 甾 참조 | 105,106,107,108 |
| 445 | zǎo(?) | | | 早(?) | morning or before dawn(?) | 아침 또는 해뜨기 전 시간대(?) | 63,65 |
| 446 | zè | | | 昃 | the afternoon | 오후 | 11 |
| 447 | zhān | | | 占 | to prognosticate after reading the cracks | 균열을 읽은 후 예후를 예언하다 | 2,4,7,11,18,55,77,79,97,112 |
| 448 | zhān | | | 占 | see zhān 占 | zhān 占 참조 | 53,54,76,88 |
| 449 | zhǎng | | 長 | | a person's name or place name | 장(사람 이름 또는 장소 이름) | 55 |
| 450 | zhào | | 召 | | see zhàofāng 召方 | zhàofāng 召方 참조 | 67,68 |
| 451 | zhàofāng | | 召方 | | the Zhàofāng, an enemy state of the Shāng | 소방(召方)(상나라의 적국) | 67,68 |
| 452 | zhēn | | 鼎 | 貞 | to divine | 신에게 물어보다 | 2,4,7,10,13,15,16,18,19 |
| 453 | zhěn | | 參 | 畛 | to direct prayers to a deity or ancestral spirit | 신이나 조상신에게 직접 기도하다 | 115 |
| 454 | zhèn | | 跈 | 震 | quake; shock; turmoil; disturbance; alarm | 지진; 충격; 혼란; 경보 | 69 |
| 455 | zhēng | | | 爭 | the name of a period I diviner | 쟁(점복관의 이름) | 4,10,18,21,22,103,107 |
| 456 | zhēng or děng? | | 烝/登 | 徵 | to supply, recruit, or raise(troops) | (군대를) 제공하다, 모집하다, 양성하다 | 62,89 |
| 457 | zhēng | | | 正 | the first moon or month of the year; a proper name; also see zhēng 正(征), zú 正(足), and zhèng 正 | 그 해의 첫 달 또는 달; 적절한 이름; zhēng 正(征), zú 正(足), zhèng 正 참조 | 1,19,60 |
| 458 | zhēng | | 正 | 征 | to invade; to undertake a military campaign against(only used if the Shāng are invading others, not if the Shāng are being invaded by others); also see zhēng 正, zú 正(足), zhēng 굔(征), and zhèng 正 | 침략하다; 군사작전을 수행하다(상나라가 다른 나라를 침략을 받는 경우가 아니라 상나라가 다른 나라를 침략하는 경우에만 사용); zhēng 正, zú 正(足), zhēng 굔(征), zhèng 正 참조 | 57,58,59,60,63,101,111 |
| 459 | zhēng | | 굔 | 征 | to invade; to undertake a military campaign against(used either if the Shāng are invading others or if the Shāng are being invaded by others) | 침략하다; 군사작전을 수행하다(상나라가 다른 나라를 침략을 받는 경우가 아니라 상나라가 다른 나라를 침략하는 경우에만 사용) | 55 |
| 460 | zhèng | | 正 | | presentation; auspicious | 드러내다; 길조 | 113 |
| 461 | zhī | | 之 | | this | 이것(지시대명사) | 7,73,75,81 |
| 462 | zhí | | 執 | | fetters; to capture | 수갑을 채우다; 붙잡다 | 10 |
| 463 | zhǐ | | 菑 | | a place name | 치(장소 이름) | 70 |
| 464 | zhǐ | | 坙 | | a place name | 지(장소 이름) | 101 |

| # | pinyin | oracle | 甲 | 乙 | English | Korean | pages |
|---|---|---|---|---|---|---|---|
| 465 | zhǐ | | 沚 | | part of a person's name; a place name | 지(사람 이름의 일부); 지(장소 이름) | 55,56,64,81,84 |
| 466 | zhǐ | | 旨 | | a person's name | 지(사람 이름) | 106,107 |
| 467 | zhì | | 鷙 | | a place name | 지(장소 이름) | 55 |
| 468 | zhì | | 雉/雖 | | to display or review(troops) | 표시 또는 검토 (군대) | 70 |
| 469 | zhì | | 拳 | 桎 | shackles, fetters; also see zhì nǎi zī 拳 乃㠯 | 차꼬, 족쇄; zhì nǎi zī 拳 乃㠯 참조 | 79 |
| 470 | zhì | | 至 | | until, to arrive at | ~에까지, ~에 도착하다 | 6,8,27,47,55,91 |
| 471 | zhì nǎi zī | | 拳乃㠯 | 桎乃茲 | nǎi zī 乃㠯 is an idiom of unclear meaning; the complete phrase perhaps means 'up to this stage', 'up to now', or 'and now' | nǎi zī 乃㠯는 의미가 불명확한 관용구임, 완전한 문구는 아마도 '이 단계까지', '지금까지', '그리고 지금'을 의미할 것임. | 79 |
| 472 | zhōng | | 冬 | 終 | end; to end; to terminate | 끝나다; 끝; 종료 | 55,104 |
| 473 | zhōng | | 中 | | middle; flag, gnomon; a person's name; also see zhōngrì 中日 | 가운데; 깃발, 해시계의 폿대(gnomon); 중(사람 이름); zhōngrì 中日 참조 | 6,23,66,71,79 |
| 474 | zhōng dīng | | 町 | 中丁 | Zhōng Dīng, an ancestor | 중정(상나라 조상) | 26 |
| 475 | zhōngrì | | 中日 | | noon | 정오 | 6 |
| 476 | zhòng | | 眾 | | a group of Shāng people who participated in agricultural or military activity; multitudes — commoners, farmers, soldiers | 중(농업이나 군사 활동에 참여한 상나라 사람들의 그룹); 다수의 평민, 농부, 군인 | 56,94 |
| 477 | zhōu(?) | | 周 | | a place name(?), or copper ore(?) | 주(장소 이름)(?), 혹은 구리광산(?) | 108 |
| 478 | zhū | | 黍 | | a place name | 주(장소 이름) | 111 |
| 479 | zhú | | 安 | | part of a person's name | 주(사람 이름의 일부) | 55 |
| 480 | zhú | | 逐 | | to chase(animals), to pursue; a place name | (동물을) 쫓다, 추적하다; 축(장소 이름) | 70,77,78,79,81,87 |
| 481 | zhù | | 祝 | | to pray; the name of a ritual | 기도하다; 축(의식의 이름) | 7,36 |
| 482 | zhuī | | 追 | | to pursue, to chase | 추적하다, 추격하다 | 67,68 |
| 483 | zhuì | | 队 | 墜 | to fall | 떨어지다 | 79 |
| 484 | zī | | 㠯 | 茲 | this; also see zhì nǎi zī 拳 乃㠯 | 이것; zhì nǎi zī 拳 乃㠯 참조 | 7,44,45,66,72,76,79,82,103,104 |
| 485 | zǐ | | 子 | | the first earthly branch; note that the forms used to write this word are not used to write the related word zǐ 子 'son' | 자(12지지 중의 첫 번째); 이 자형은 아들을 뜻하는 zǐ 子로는 사용되지 않음 | 1,7,23,29,41,42,44,45,47,53,54,79,81,107,112 |
| 486 | zǐ | | 子 | | child; prince; the name Zǐ; note that the earthly branch sì 巳, but not the earthly branch zǐ 子, is written with the same form | 아이; 왕자; 자(사람 이름); 자(12지지의 첫 번째), 12지지의 하나인 sì 巳와 같이 쓰임 | 61,79,84,108 |
| 487 | zì | | 自 | | from; also see bí 自 | ~로부터; bí 自 참조 | 5,8,11,26,27,28,42,47,55,87,91,93,112 |
| 488 | zōng | | 宗 | | ancestral temple | 종묘(조상을 모신 사당) | 44 |

| 489 | zōu | | 夐 | 摍/驟 | sudden, rush, outburst | 갑자기, 돌진하다, 폭발하다 | 10 |
|---|---|---|---|---|---|---|---|
| 490 | zòu | | 奏 | | to perform or play (a musical instrument) | (악기)연주, 연주하다 | 113 |
| 491 | zú | | 正 | 足 | bountiful; also see *zhēng* 正 | 풍족하다; *zhēng* 正 참조 | 92 |
| 492 | zú | | 族 | | clan or clan group; also written 旇 | 부족, 클랜; 또 zú 旇 으로도 씀 | 68,70,108 |
| 493 | zú | | 旇 | 族 | clan or clan group; also written 族 | 부족, 클랜; 또 zú 族 으로도 씀 | 67 |
| 494 | zǔ | | 且 | 祖 | ancestor | 선조, 조상 | 18,25,36,39,50,52,62,85,91,92 |
| 495 | zǔ dīng | | 且 丁 | 且(祖)丁 | Zǔ Dīng, an ancestor king | 조정(상나라 선조) | 26,36 |
| 496 | zǔ jiǎ | | 且 | 且(祖)甲 | Zǔ Jiǎ, an ancestor king | 조갑(상나라 선조) | 53 |
| 497 | zǔ xīn | | 且 | 且(祖)辛 | Zǔ Xīn, an ancestor king | 조신(상나라 선조) | 26 |
| 498 | zǔ yǐ | | 且 | 且(祖)乙 | Zǔ Yǐ, an ancestor king | 조을(상나라 선조) | 26,36 |
| 499 | zuǒ | | 乂 | 左 | left, the left side | 왼쪽, 왼편 | 66 |
| 500 | zuò | | 乍 | 作 | to make, to establish | 만들다, 세우다 | 56,66,93,102 |

# 부록 2
## 참고문헌
### References and Bibliography

1. 저록류

郭沫若 主編·胡厚宣 總編輯, 『甲骨文合集』, 13冊, 中華書局, 1979-1982.
中國社會科學院考古研究所編著, 『小屯南地甲骨』, 上(二分冊) 下(三分冊) 兩冊, 中華書局, 1980-1983.
中國社會科學院考古研究所編著, 『殷墟花園莊東地甲骨』, 6冊, 雲南人民出版社, 2003.
曹瑋編著, 『周原甲骨文』, 世界圖書出版公司, 2002.
彭邦炯·謝濟·馬季凡 編著, 『甲骨文合集補編』, 語文出版社, 1999.
胡厚宣·王宏·胡振宇 編, 『甲骨續存補編』, 天津古籍出版社, 1996.
李學勤·齊文心·艾蘭, 『英國所藏甲骨集』, 上編(上·下冊), 中華書局, 1985; 下編(上·下冊), 中華書局, 1991.


2. 사전류

于省吾 主編, 『甲骨文字詁林』, 中華書局, 1996.
徐中舒 主編, 『甲骨文字典』, 四川辭書出版社, 1988.
李孝定 編述, 『甲骨文字集釋』, "中央研究院"歷史語言研究所專刊之五十, 1965.
孟世凱, 『甲骨學小辭典』, 上海辭書出版社, 1987.
趙誠, 『甲骨文簡明詞典——卜辭分類讀本』, 中華書局, 1990.
崔恒昇, 『簡明甲骨文詞典』, 安徽教育出版社, 1992.
楊郁彦, 『甲骨文合集分組分類總表』, 藝文印書館, 2005.


3. 저술 및 논문

陳夢家, 『殷墟卜辭綜述』, 中華書局, 1988.
郭沫若, 『卜辭通纂』, 科學出版社, 1983.
林澐, 『林澐學術文集』, 中國大百科全書出版社, 1998.
劉源, 『商周祭祖禮研究』, 商務印書館, 2004.
裘錫圭, 『古文字論集』, 中華書局, 1992.
唐蘭, 『殷墟文字記』, 中華書局, 1981.
于省吾, 『甲骨文字釋林』, 中華書局, 1979.
張秉權, 『甲骨文與甲骨學』, "國立"編譯館, 1988.
鍾柏生, 『殷商卜辭地理論叢』, 藝文印書館, 1989.

常玉芝, 『商代週祭制度』, 線裝書局, 2009.
宋鎭豪·劉源, 『甲骨學殷商史硏究』, 福建人民出版社, 2006.
馬如森, 『殷墟甲骨文引論』, 東北師範大學出版社, 1993.

4. 영어저작

David N. Keightley: *The Ancestral Landscape—Time, Space, and Community in Late Shāng*, Institute of East Asian Studies, University of California, Berkeley, 2000, p. 209.

David N. Keightley: *Sources of Shāng History*, The Oracle-Bone Inscriptions of Bronze Age China, University of California, Berkeley, 1978, p. 281.

Ken-ichi Takashima: *Studies of Fascicle Three of Inscriptions from the Yīn Ruins*, Academia Sinica, Volume I(with Paul L-M Serruys), Volume II, 2010.

# 부록 3
## 간지표(60주기 테이블)

**干支次序表**
Gānzhī Table 1

| 甲子<br>jiǎzǐ<br>1 | 乙丑<br>yǐchǒu<br>2 | 丙寅<br>bǐngyín<br>3 | 丁卯<br>dīngmǎo<br>4 | 戊辰<br>wùchén<br>5 | 己巳<br>jǐsì<br>6 | 庚午<br>gēngwǔ<br>7 | 辛未<br>xīnwèi<br>8 | 壬申<br>rénshēn<br>9 | 癸酉<br>guǐyǒu<br>10 |
|---|---|---|---|---|---|---|---|---|---|
| 甲戌<br>jiǎxū<br>11 | 乙亥<br>yǐhài<br>12 | 丙子<br>bǐngzǐ<br>13 | 丁丑<br>dīngchǒu<br>14 | 戊寅<br>wùyín<br>15 | 己卯<br>jǐmǎo<br>16 | 庚辰<br>gēngchén<br>17 | 辛巳<br>xīnsì<br>18 | 壬午<br>rénwǔ<br>19 | 癸未<br>guǐwèi<br>20 |
| 甲申<br>jiǎshēn<br>21 | 乙酉<br>yǐyǒu<br>22 | 丙戌<br>bǐngxū<br>23 | 丁亥<br>dīnghài<br>24 | 戊子<br>wùzǐ<br>25 | 己丑<br>jǐchǒu<br>26 | 庚寅<br>gēngyín<br>27 | 辛卯<br>xīnmǎo<br>28 | 壬辰<br>rénchén<br>29 | 癸巳<br>guǐsì<br>30 |
| 甲午<br>Jiǎwǔ<br>31 | 乙未<br>yǐwèi<br>32 | 丙申<br>bǐngshēn<br>33 | 丁酉<br>dīngyǒu<br>34 | 戊戌<br>wùxū<br>35 | 己亥<br>jǐhài<br>36 | 庚子<br>gēngzǐ<br>37 | 辛丑<br>xīnchǒu<br>38 | 壬寅<br>rényín<br>39 | 癸卯<br>guǐmǎo<br>40 |
| 甲辰<br>jiǎchén<br>41 | 乙巳<br>yǐsì<br>42 | 丙午<br>bǐngwǔ<br>43 | 丁未<br>dīngwèi<br>44 | 戊申<br>wùshēn<br>45 | 己酉<br>jǐyǒu<br>46 | 庚戌<br>gēngxū<br>47 | 辛亥<br>xīnhài<br>48 | 壬子<br>rénzǐ<br>49 | 癸丑<br>guǐchǒu<br>50 |
| 甲寅<br>jiǎyín<br>51 | 乙卯<br>yǐmǎo<br>52 | 丙辰<br>bǐngchén<br>53 | 丁巳<br>dīngsì<br>54 | 戊午<br>wùwǔ<br>55 | 己未<br>jǐwèi<br>56 | 庚申<br>gēngshēn<br>57 | 辛酉<br>xīnyǒu<br>58 | 壬戌<br>rénxū<br>59 | 癸亥<br>guǐhài<br>60 |

**干支表**
Gānzhī Table 2

| | 甲 jiǎ | 乙 yǐ | 丙 bǐng | 丁 dīng | 戊 wù | 己 jǐ | 庚 gēng | 辛 xīn | 壬 rén | 癸 guǐ |
|---|---|---|---|---|---|---|---|---|---|---|
| 子 zǐ | 1 | | 13 | | 25 | | 37 | | 49 | |
| 丑 chǒu | | 2 | | 14 | | 26 | | 38 | | 50 |
| 寅 yín | 51 | | 3 | | 15 | | 27 | | 39 | |
| 卯 mǎo | | 52 | | 4 | | 16 | | 28 | | 40 |
| 辰 chén | 41 | | 53 | | 5 | | 17 | | 29 | |
| 巳 sì | | 42 | | 54 | | 6 | | 18 | | 30 |
| 午 wǔ | 31 | | 43 | | 55 | | 7 | | 19 | |
| 未 wèi | | 32 | | 44 | | 56 | | 8 | | 20 |
| 申 shēn | 21 | | 33 | | 45 | | 57 | | 9 | |
| 酉 yǒu | | 22 | | 34 | | 46 | | 58 | | 10 |
| 戌 xū | 11 | | 23 | | 35 | | 47 | | 59 | |
| 亥 hài | | 12 | | 24 | | 36 | | 48 | | 60 |

## 부록 4
### 갑골 복사에 보이는 상왕 계통표

## 卜辭所見商王世系
*The Royal Genealogy from OBI*

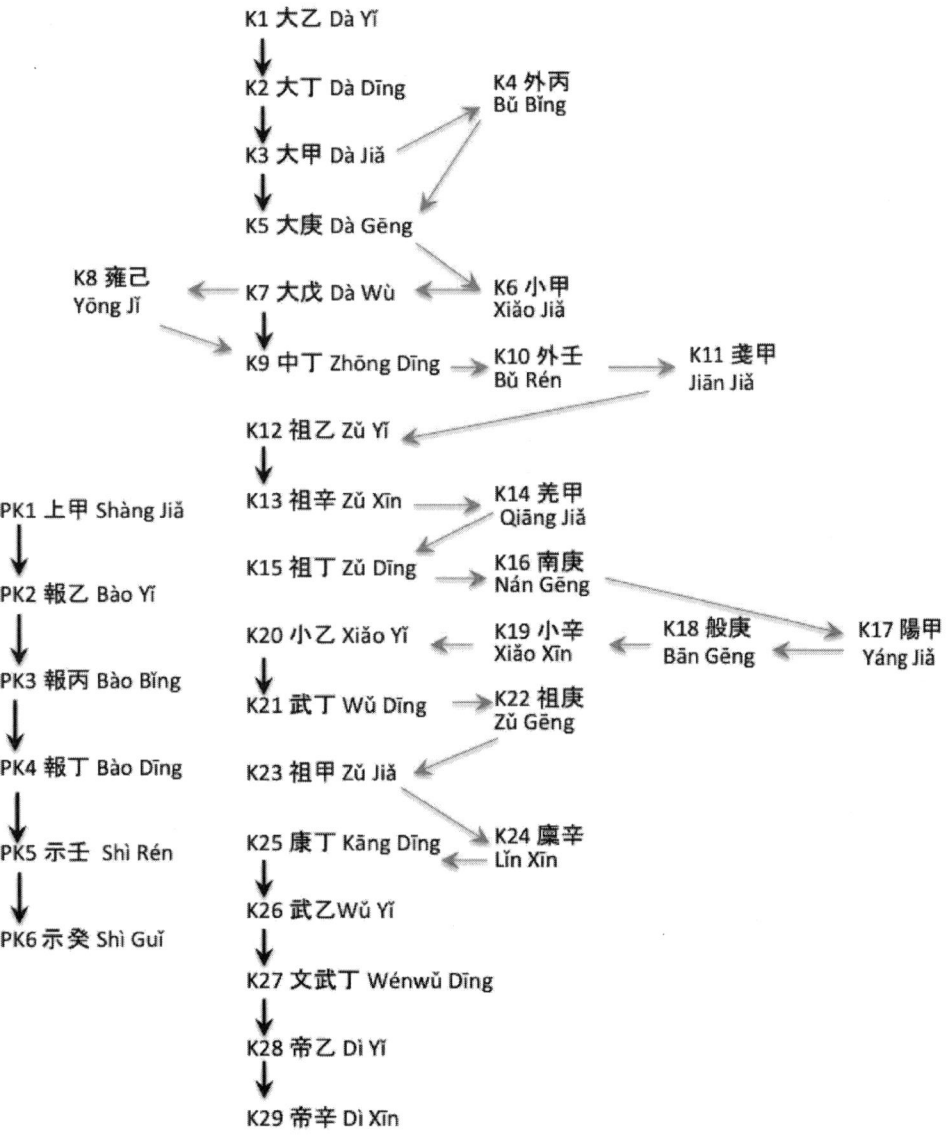

\* 이 표는 갑골 복사의 데이터에 근거해 매긴 순서이다. PK는 성탕(成湯)이 상나라를 세우기 이전의 선왕을 의미하며, K는 성탕(成湯)이 상나라를 세운 이후의 상왕을 의미한다. 숫자는 즉위의 순서를 나타낸다. 수직으로 된 화살표는 대시(大示)에 포함되는 직계 관계를 나타낸다.

# 부록 5
# 주제표(제사주기표)

**周祭表**
Sequence of the Five-Ritual Cycle

| 干 (stem) / 旬序 (week) | 甲 jiǎ | 乙 yǐ | 丙 bǐng | 丁 dīng | 戊 wù | 己 jǐ | 庚 gēng | 辛 xīn | 壬 rén | 癸 guǐ |
|---|---|---|---|---|---|---|---|---|---|---|
| 1 | 上甲 Shàng Jiǎ | 報乙 Bào Yǐ | 報丙 Bào Bǐng | 報丁 Bào Dīng | | | | | 示壬 Shì Rén | 示癸 Shì Guǐ |
| 2 | | 大乙 Dà Yǐ | | 大丁 Dà Dīng | | | | | | |
| 3 | 大甲 Dà Jiǎ | | 卜丙 Bǔ Bǐng | 沃丁 Wò Dīng | | | 大庚 Dà Gēng | | | |
| 4 | 小甲 Xiǎo Jiǎ | | | | 大戊 Dà Wù | 雍己 Yōng Jǐ | | | | |
| 5 | | | | 仲丁 Zhōng Dīng | | | | | 卜壬 Bǔ Rén | |
| 6 | 戔甲 Jiān Jiǎ | 祖乙 Zǔ Yǐ | | | | | | 祖辛 Zǔ Xīn | | |
| 7 | 羌甲 Qiāng Jiǎ | | | 祖丁 Zǔ Dīng | | | 南庚 Nán Gēng | | | |
| 8 | 陽甲 Yáng Jiǎ | | | | | | 般庚 Bān Gēng | 小辛 Xiǎo Xīn | | |
| 9 | | 小乙 Xiǎo Yǐ | | 武丁 Wǔ Dīng | | 祖己 Zǔ Jǐ | 祖庚 Zǔ Gēng | | | |
| 10 | 祖甲 Zǔ Jiǎ | | | 康丁 Kāng Dīng | | | | | | |

이 표는 선대 조상에 대한 5가지 제사를 수행하는 순서를 보여준다. 황조(黃組)의 주제표를 보면, 선왕에서부터 시작하여 강정(康丁)에서 끝난다. 그들의 배우자에 대한 제사는 제2순(旬)에 시작된다. 왕과 왕비에 대한 제사는 상갑(上甲)은 반드시 갑일(甲日)에 거행했던 것처럼, 그들의 간지 명과 일치하는 천간 날짜에 거행되었다.

# 부록 6
# 갑골문에 대한 간단한 소개
## Brief Introduction to Oracle Bone Inscriptions

### 갑골(甲骨)

여기서 말하는 갑골은 주로 상나라 때의 점복에 사용된 소의 어깻죽지 뼈(견갑골)와 거북의 배딱지를 말한다. 이러한 갑골에 새겨진 문자를 갑골 문자 혹은 갑골 각사(甲骨刻辭)라 한다. 갑골문은 초기 단계의 문자가 아니라 매우 성숙한 문자이며, 현재까지 알려진 가장 이른 단계의 한자이다. 갑골문(甲骨文)으로부터 금문(金文), 대전(大篆), 소전(小篆), 예서(隷書)로 이어지는 맥은 한자가 인류 역사에서 가장 오랫동안 사용된 문자가 되도록 만들었다. 갑골 각사는 제사, 천문학, 사냥, 정복, 농사, 질병을 비롯해 10일간의 안녕을 점친 내용이 대부분이다. 갑골문의 발견으로 『사기(史記)』의 「은본기(殷本紀)」에 기록된 내용이 전설이 아닌 역사적 사실임이 증명되었다. 1899년 처음 발견된 갑골은 지금까지 약 13만 편에 이르며, 1편에 평균 10자가 기록되었다고 가정하면 현재까지 발굴된 갑골문은 총 130만 자를 넘는 방대한 후기 상나라 때의 사료로, 매우 귀중한 가치를 지닌다.

### 발견과 발굴

학계에서는 갑골문의 발견을 왕의영(王懿榮, 1845-1900)에게서 시작된 것으로 여기고 있다. 1899년 당시 지금의 국립대학 총장격인 국자감(國子監)의 좨주(祭酒)를 맡고 있던 왕의영이 갑골에 새겨진 글자가 금문(金文)과 유사하다는 것을 처음으로 발견하여 갑골이 상 왕조의 유물이라 여겼고 거기에 새겨진 갑골 문자는 상나라 때의 문자라고 여겼다. 그가 처음 발견했던 갑골문이 골동품 상인들이 가져와 감정을 부탁하는 과정에서 이루어진 것인지, 그가 학질에 걸려 북경의 한약방에서 구입한 데서부터 이루어졌는지는 이미 확인할 수가 없다. 이후로 왕의영은 1900년 의화단(義和團)의 봉기와 8개국 연합군의 북경 침공으로 자살하여 순국했다. 그가 수집한 수천 편의 갑골은 그의 친구였던 유악(劉鶚, 1857-1909)의 소유가 되었다. 1903년 유악은 갑골 1058편을 선별 탁본하여 『철운장귀(鐵雲藏龜)』라는 책으로 출판하였는데, 이 책이 갑골문을 저록한 최초의 책이다.

상나라 갑골은 거의 대부분이 하남성 안양(安陽)시 소둔(小屯) 마을에서 출토되었다. 처음에는 마을 주민들이 발굴하여 골동품 상인들이나 학자들 혹은 외국 선교사들에게 내다 팔았다. 1928년 당시의 중앙연구원(Academia Sinica)의 역사언어연구소(History and Language Institute)의 주도하에 과학적 발굴이 진행되기까지 이러한 일은 계속되었다.

1928년부터 1937년까지 총 15차례에 걸친 은허(殷墟) 유적의 발굴에서 총 3만 편이 넘는 갑골이 출토되었다. 그중 가장 유명한 것은 1936년 YH127 구덩이에서 1만7천여의 갑골이 발굴된 일이다. 일본의 침략에 대한 항일 전쟁과 해방 전쟁을 거쳐 1950년이 되어서야 다시 은허에 대한 고고학적 발굴이 시작되었다. 그 이후의 가장 유명한 두 차례의 발굴은 1973년 소둔(小屯) 마을의 남쪽 지역에서 5천 편 이상의 갑골이 발견된 것과 1991년 화원장(花園莊) 동쪽 지역의 H3 구덩이에서 발굴된 659편의 거북 배딱지와 25편의 거북 등딱지, 그리고 5편의 동물 뼈가 발견된 일이었다. 이들 발굴 결과는 대형 저록집인 『소둔남지갑골(小屯南地甲骨)』과 『은허화원장동지갑골(殷墟花園莊東地甲骨)』에 수록되었다.

### "갑골사당(甲骨四堂)"의 주요 공헌

나진옥(羅振玉, 雪堂, 1866~1940): (1) 안양(安陽)을 직접 방문하여 필드 조사를 한 최초의 학자로, 소둔(小屯) 마을이 바로 역사에서 말하는 은허(殷墟)이며, 여기가 갑골문 출토지라 여김. (2) 갑골문을 대량으로 수집 저록하고 소장 갑골을 출판하여 널리 소개함. (3) 갑골 각사에서 십 수 개의 "은(殷)나라 왕의 이름과 시호"를 발견하여, 갑골이 바로 "은 왕실의 유물"임을 확정함. (4) 400여 자의 갑골문을 해독하고, 고석에 적합한 방법을 제시함.

왕국유(王國維, 觀堂, 1878~1927): (1) 중요하고도 관건적인 수많은 갑골 문자를 해독함. (2) 갑골문을 통해 상왕의 계통표, 상나라 지리, 상나라 제사제도 등에 대해 경이로울 정도의 창의적인 발전을 이루었고 발표한 관련 논문들은 갑골문 연구의 경전적 저작이 됨. (3) 갑골 편을 짜 맞추기[綴合]한 최초의 학자.

동작빈(董作賓, 彥堂, 1895~1963): (1) 1928년부터 1937년까지 이루어진 15차례의 중앙연구원 은허 발굴에 직접 참여하고 주도함. (2) 갑골 각사에서 점복을 주도한 정인(貞人)의 이름을 발견함. (3) 상나라 역법 및 제사 체계를 확립함. (4) 정인(貞人) 및 다른 잣대들을 사용하여 갑골의 시기구분을 한 최초의 학자.

곽말약(郭沫若, 鼎堂, 1891~1978): (1) 갑골문 자료를 가지고 상나라 사회를 전면적으로 연구한 최초의 학자. (2) 많은 갑골 문자를 해독함. (3) 41,956편을 수록한 대형 저록집 『갑골문합집(甲骨文合集)』을 주편함.

### 상나라 때의 점복용 갑골

『국어(國語)·초어(楚語)(하)』에서 이렇게 말했다. "옛날에는 인간과 신이 한데 섞이지 않았다. 인간의 정신은 순정하여 두 가지를 함께 갖고 다니지 않았으며, 그와 동시에 자기 수양적이며 엄숙하고 정직하고 위엄을 갖출 수 있었다. 그들의 지능은 상하를 서로 비교할 수 있었으며, 그들의 성스러움이 멀리까지 빛을 발하여 밝힐 수 있었고, 그들의 총명함이 신의 말을 들을 수도 신의 의지를 꿰뚫어 볼 수도 있었다. 그럴 경우 신명이 그에게 내리게 되는데, 남자일 경우에는 격(覡: 박수), 여자일 경우에는 무(巫: 무당)라 불렸다. (古者民神不雜. 民之精爽不攜貳者, 而又能齊肅衷正, 其智能上下比義, 其聖能光遠宣朗, 其明能光照之, 其聰能聽徹之, 如是則明神降之, 在男曰覡, 在女曰巫.)" 박수와 무당은 인간과 신 사이에 놓여 인간 세상과 신의 세계를 매개해 주는데, 이는 영어에서의 샤먼(shaman, 薩滿)에 해당한다. 샤먼(shaman)이라는 단어는 퉁구스어에서 왔는데, 인간의 신과 인간의 귀신 사이를 오가는 특이한 능력을 가진 주술사를 일컫는 말이다.

샤먼 신앙을 가진 문화권에서 '점복용 뼈[骨卜]'는 주술사들이 사용하는 중요 도구로 중요한 지위를 가진다. 갑골을 사용하여 점을 쳤던 상나라 때의 전통은 신석기 시대에 존재했던 샤먼 신앙을 물려받은 것임은 의심의 여지가 없다. 상나라 때의 샤먼은 다른 고대 샤먼 문화지역(예컨대 중앙아시아, 북아시아, 북미 등)과는 다음의 세 가지 점에서 달랐다. 첫째, 은나라 사람들은 대부분 거북딱지를 사용했다. 둘째, 은나라 사람들은 갑골에 대한 특별한 가공법을 갖고 있었다. 셋째, 은나라 사람들은 점복용 뼈에 행위와 점과 관련된 말을 기록해 놓았다.

상나라의 점복에 사용된 거북딱지는 가끔 등딱지가 사용되기도 했으나 대부분 배딱지였다. 사용된 동물 뼈의 경우 대부분이 소의 어깻죽지 뼈(견갑골)였다. 이러한 갑골은 점복을 행하기 전에 가공 및 다듬기를 거쳐야했다. 예컨대 등딱지와 배딱지를 잘라 나눈 뒤, 튀어나온 가장자리 부분을 제거해 활 모양으로 구부러지게 만든다. 거북껍질의 피부와 비늘은 긁어내고 고르지 않은 부분도 평평하게 되도록 갈아야한다. 어깻죽지 뼈는 척추의 연골과 뼈 판의 앞쪽 가장자리의 연골은 잘라 내야한다. 뼈 판의 앞뒤는 모두 잘 갈아서 뼈 판이 평평하고 매끄럽게 해야 한다. 그런 다음 조(鑿)와 찬(鑽)(세로로 긴 모양의 홈을 鑿, 둥근 모양의 홈을 鑽이라 한다)을 파야 한다. 점을 칠 때에는 먼저 거북딱지를 불로 지지는데, 뒷면에 파 놓은 조(鑿)와 찬(鑽)에다 불을 지진다. 불로 지지는 위치를 보면 "찬(鑽)이 있을 경우에는 찬의 중간 부분에 지지고, 찬(鑽)이 없는 경우에는 통상 조(鑿)의 왼쪽이나 오른쪽에다 지진다. 그러나 가끔 조(鑿)의 원쪽과 오른쪽 모두에 지진 경우도 있다." 지질 때는 두 가지 유형의 불이 사용된다. 하나는 불이 붙어 있는 불이며, 다른 하나는 불 위에 마른 나무줄기를 놓고 태워 숯으로 만들어서 조(鑿)와 찬(鑽)에다 직접 지지는 것이다. 타는 불의 열기로 인해 지진 부분에 대응하는 정면 부분(징조를 나타내는 금이 생기는 부분)이 '뽁'하는 소리를 내면서 복(卜)자 모양으로 갈라진다. 상나라 왕이나 점복관은 이 갈라진 금을 보고서 길흉을 예측한다. 점을 다 친 다음에는 점을 쳤던 사안과 그 내용을 기록한다. 그것이 바로 지금 우리가 보는 갑골 복사이다. 완전한 복사는 전사(前辭: 간지로 된 날짜, 장소, 점복관의 이름), 명사(命辭: 점을 친 내용에 대한 기술), 점사(占辭: 왕이나 점복관이 금을 보고 내린 결론), 험사(驗辭: 점복의 결론이 이루어졌는지의 여부) 등이 포함된다. 그리고 상나라 때에 점복을 치룬 갑골은 특정한 문서 관리소로 옮겨져 보관되었다.

# 부록 7
# 세계 4대 시원문자의 기원

## 1. 개요

　상고시대의 인류들은 전적으로 기호와 말에 기대어 서로 교류하였다. 일정한 시간과 공간이라는 조건 하에서, 문화적 내함의 누적과 이웃 문화의 충격과 영향으로 인류는 도상기호가 음성과 결합할 수 있다는 사실을 알게 되었고, 이로부터 문자를 발명하게 되었다. 문자는 인류 역사에서 가장 중요한 발명 중의 하나이다. 문자를 통한 정보 전달이 있었기에 문명의 탄생과 성장도 가능했다. 인류의 역사를 보면, 총 4개의 독립된 문자가 기원 단계에서 창조되었다. 즉 중동 지역의 수메르 설형(楔形) 문자(Sumerian Cuneiform System), 북부 아프리카 지역의 이집트 신성[聖體] 문자(Egyptian Hieroglyphic System), 메소아메리카(Mesoamerica) 지역의 올멕-마야 신성[聖體] 문자(Olmec-Maya Hieroglyphic System)를 비롯해 중국의 한자(漢字)가 그들이다.

　인더스 강 유역에서 발견된 하라판(Harappan) 문자는 아직 해독이 되지 않고 있어서, 그것이 문자인지 아니면 기호인지 학계는 의견을 확정하지 못하고 있다. 메소포타미아 문자와 이집트 문자는 알파벳 문자의 선하를 이루었으며, 한자는 동아시아 문명의 주춧돌이 되었다. 문자는 그 구조로 볼 때, 형체기호[形符] 문자(logographic writing)와 독음기호[音符] 문자(phonographic writing)로 나뉘는데, 전자는 표의(表意)문자이고 후자는 표음(表音)문자이다. 형체기호 문자는 형체[形]와 독음[音]이라는 두 가지 요소로 의미를 표현하며, 독음기호 문자는 알파벳(alphabet)이나 음절(syllable)로 된 음성기호를 가지고서 의미를 표현한다. 이 4가지 기원 문자는 모두 형체기호 문자 체계에 속했다. 그러나 한자를 제외한 나머지 3가지 문자는 모두 이미 죽은 문자가 되고 말았다. 4가지 기원문자 중, 수메르, 이집트, 마야 문자의 기원 시점은 출토된 고고 자료에 의해 대체로 추정이 가능하다. 그 중 수메르 및 이집트 문자는 기원전 3200년경을 기원 시점으로 보며, 올멕-마야 문자는 최근의 고고학 증거에 의하면 기원전 900년 전까지 기원 시점이 거슬러 올라간다.

　한자에 관한 가장 오래된 고고학적 자료는 갑골문(甲骨文)이다. 그러나 갑골문은 이미 고도로 성숙한 문자체계이다. 그래서 그것을 기원 시점의 직접적 자료로 삼을 수는 없다. 반파(半坡), 강채(姜寨), 마가요(馬家窯), 대문구(大汶口), 이리두(二里頭), 청강(清江)의 오성(吳城) 등 수많은 문화유적지에서 도기에 새겨진 다양한 형식의 도기 문자가 발견되었는데, 이들 시기는 모두 상나라보다 이르다. 이러한 선사 시기의 도기기호를 한자의 기원으로 볼 수 있는지에 대해서는 의견이 분분하다. 여기서는 한자 체계의 연속성에 근거하고 고고자료와 문헌자료 및 한자 형체구조 자료로 한자의 출현 가능 시간을 추정하게 될 것이다. 또한 한자와 다른 세 지역의 문자가 기원한 시간적 공간적 배경 및 문자 구조와 문법도 서로 간단하게 비교해 볼 것이다.

## 2. 문자의 정의와 발생과 발전

말과 문자는 모두 인류의 교제 도구이다. 말의 발생은 인류의 생리적 조건에 의한 것으로, 외부의 힘이나 매개를 빌릴 필요가 없다. 게다가 그것은 시간적 부분만 차지하지 공간적 부분을 차지하는 것은 아니라는 특징을 가진다. 그러나 문자는 이와 반대이다. 어떤 매개를 필요로 할 뿐만 아니라 공간도 차지한다.

말은 인류를 동물과 구분하게 하고 문화를 창조하게 했다. 문자는 문명과 야만을 구분하게 했고, 문명을 창조하게 했다. 문자가 있었기에 인류의 지식은 비로소 축적될 수 있었다. 그래서 문자의 발명이 인류문명에 끼친 공헌은 그 어떤 다른 발명품보다 크다.

말과 문자에 관한 논문과 저작들이 한도 없이 많지만, 문자기원에 대한 논의는 '문자'라는 이 단어에 대한 의견 차이 때문에 항상 논쟁을 일으키고 있다. 그래서 문자의 기원을 논의하기 전에 먼저 '문자'의 대한 정의를 확정해야만 할 것이다. '문자'는 간단히 말하자면, 말 혹은 음성이 특정한 기호와 결합한 체계라고 정의할 수 있다. 문자가 출현하기 전, 상고시대 인류들은 이미 도상을 사용하였으며, 상형이나 회의기호를 교제의 도구로 삼았었다. 인류가 알고 있는 최초의 도상은 유럽에 남아있으며, 지금으로부터 3만7천 년 전에 이르는 암각화가 대양주에서도 발견되었다. 그 후 이들은 기호로 발전하여 어떤 내용을 기술하고 형용하거나 기억을 식별하는 도구로 사용했다. 기호는 인류가 소통하는 수단의 하나이다.

그러나 기호체계가 얼마나 복잡하든 그것에 관계없이 이들은 음성과 결합하지 않은 기호였기 때문에 여전히 문자라고 부르지는 않는다. 음성이 특정한 기호와 결합한 후에야 비로소 해당 기호를 문자라고 부를 수 있기 때문이다. 또 문자체계가 발생했다고 해서 기호체계의 교제방식이 완전히 문자로 대체되었다고 할 수도 없다. 오늘날에 이르러서도 교통 및 공공장소의 식별기호들처럼 기호체계는 여전히 광범위하게 사용되고 있지만, 그것들이 문자인 것은 아니다. 문자의 탄생과 발전과정은 바로 도상기호나 표의기호를 어떻게 표음기호로 바꾸어 말을 편리하게 기록할 것인가 하는 것이라고 할 수 있다. 그래서 특정기호(형체기호나 의미기호)와 음성이 서로 결합했을 때 그 기호를 문자라고 정의할 수 있는 것이다.

인류가 사용한 말의 역사는 적어도 10만 년은 되며, 도형 기호로써 사건을 기록하고 소통하는 도구로 사용한 것만 해도 3만 년의 역사를 갖고 있다. 그러나 문자 발생의 역사는 기껏해야 5천 년 정도에 지나지 않는다. 바꾸어 말해서, 인류는 상당히 기나긴 시간이 지나서야 비로소 말과 기호를 결합하는 열쇠를 찾을 수 있었던 것이다. [그림 1]은 문자 발생의 흐름을 도식화 한 것이다.

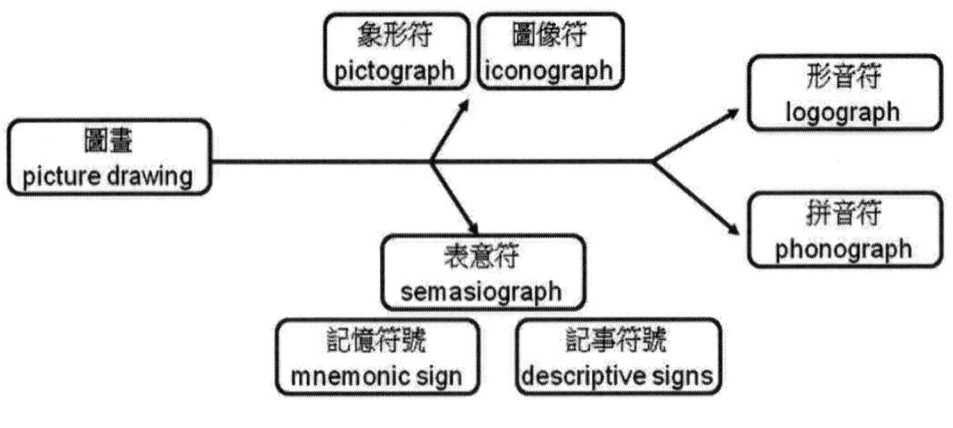

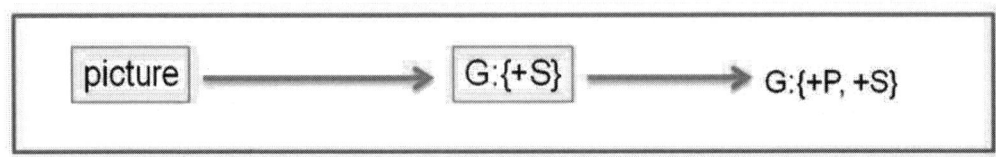

[그림 1] 그림기호에서 문자로 진화하는 과정. G는 'graph'(도형)를, P는 'phonetic element'(음소)를, S는 'sense'(의미)를, G:{+S}는 도형기호를, G:{+P, +S}는 문자(초기 문자(proto-writing)를 포함)를 지칭한다.

인류의 역사에서 등장했던 문자의 경우, 표음 방식에는 다음의 두 가지가 있다. 하나는 형체와 독음이 결합한 방식(형체-독음 문자, logographic or logosyllabic)이고 다른 하나는 독음끼리 결합한 방식(알파벳 문자, phonographic)이다. 현존하는 문자 중, 한자는 형체와 독음이 결합한 문자의 유일한 예이고, 나머지는 모두 알파벳 형식의 문자, 혹은 음표식(alphabetic) 알파벳, 혹은 음절식(syllabic) 알파벳 문자들이다.

## 3. 기원 문자들의 기원 시점(Dating of The Original Writings)

인류 문명의 역사에서 다음과 같은 4가지의 기원 문자(독립적으로 발전된 문자 체계)가 있다. 즉 티그리스 강과 유프라테스 강 유역의 수메르 설형(楔形) 문자, 나일 강 유역의 이집트 신성[聖體] 문자, 메소아메리카(Mesoamerica) 지역의 올멕-마야(Olmec-Mayan) 문자, 황하 강 유역의 갑골문자(OBI)가 그것들이다. 인더스 강 협곡의 하라판(Harappan)이 글자인지 여부는 아직 확실하지 않다. [표 1]은 이들 문자의 주요 특징을 요약한 것이다.

[표 1] 4종 기원 문자의 특징(The key features of the original writings)

| 문자(Writing) | 시간(Time) | 의미기호<br>(# of signs) | 독음기호<br>(# of syllables) | 사용 년수<br>(Lifespan(yrs)) |
|---|---|---|---|---|
| 수메르 문자(Sumerian) | 3200~1800 BCE | 600 | 150 | 1500 |
| 이집트 문자(Egyptian) | 3200 BCE~394 CE | 700 | 100 | 3600 |
| 한자(Chinese)* | 1300 BCE~현재 | 50000 | 62 | >3300 |
| 마야 문자(Mayan)** | 600 BCE~1500 CE | 500 | 50 | 2100 |

\* 중국 문자의 기원은 기원전 2500년으로 추정 되었으나(아래 논의 참조), 여기서는 후기 왕조의 연대를 OBI에 사용했다.
\*\* 최근 고고학적 증거에 의하면 올멕-마야(Olmec-Mayan) 문자의 최초시기를 기원전 900년으로 앞당길 수 있다.

이집트 문자와 수메르 문자는 2천여 년 전에 이미 더는 사용되지 않는 죽은 문자가 되었는데, 18세기에 들어서야 비로소 해독이 되어 그 비밀이 풀렸다. 마야 문자는 16세기에 이미 죽은 문자가 되었는데, 20세기 후반에서야 해독이 되어 그 비밀이 풀렸다. 한자는 기원문자 중 적어도 4천 년 이상 사용되면서 컴퓨터 시대인 오늘날까지도 여전히 사용되고 있는 유일한 문자이다.

### 3.1 수메르 설형 문자 기원의 시간 공간적 지점

수메르의 문명은 현대 이라크의 티그리스 강과 유프라테스 강 유역 남단의 우루크(Uruk) 지역에서 기원했다. 축축한 점토에 쐐기 모양의 비문을 만들기 위해 삼각형 또는 쐐기 모양의 갈대가 사용되었다. 이 때문에 이름을 설형(楔形) 문자(라틴어 cuneus=wedge, forma=shape)라 부르게 되었다. 이 문자는 우루크 제4기(Uruk Ⅳ, ~3300 BCE) 때 탄생했으며, 기원전 2600년경에 이르면(초기 제2기 왕조) 이미 약 940개의 서로 다른 글자 구성 성분을 사용하게 된다. 그러다가 기원전 2100년~기원전 2000년까지의 우르 3세 왕조에 이르면 설형 문자의 수는 500개로 줄어들게 되는데, 이를 신(新) 수메르 설형 문자(Neo-Sumerian Empire, ca. Neo-Sumerian cuneiform)라 부른다.

그 후 수메르 왕조는 아시리아와 바빌론에 의해 멸망하면서 종족 언어가 변하긴 했지만 여전히 설형 문자를 사용하던 전통은 지속되었다. 그리하여 고대 아시리아 설형 문자(Old Assyrian cuneiform, 2000~1500 BCE)와 신 아시리아 문자(Neo-Assyrian, 1000 BCE~75 AD)로 나뉘게 되었고, 자형도 점차 간략화 되어 갔다. 티그리스와 유프라테스 강 유역에 세워진 정권의 경우 엘람(Elam)을 비롯해 멀리 소아시아의 히타이트(Hittite) 족에 이르기까지 모두 이 설형 문자를 사용했다. 서기 1765년 독일의 니부르(尼布爾, C. Niebuhr, 1733~1815)가 페르시아의 고도(Persepolis) 부근의 마을에서 3개어(바빌론 설형 문자, 엘람(Elam) 설형 문자, 고대 페르시아 설형 문자)가 나란히 병기된 베히스턴 비문(Behistun inscription)을 발견하면서 수메르 문자를 해독하는 열쇠를 얻게 되었다. 그 과정에서 영국의 헨리 롤린슨 경(Henry C. Rowlinson, 1810~1895)의 공헌이 가장 컸다. 현재 수메르 문자 중 시기가 가장 이른 고고학적 증거는 고성 우루크(Uruk)에서 출토된 우루크 제4기 왕조 때의 5천여 점에 이르는 설형 진흙 점토판 조각들인데, 그 시기는 기원전 3200년에서 기원전 3000년까지 거슬러 올라간다. 이러한 진흙 점토판은 대부분 숫자나 농산물을 기록한 것이다. 거기에 기록된 내용들은 상품교역, 세금징수, 장부 기록 등과 같은 경제활동과 행정관리와 관련되었다. [그림 2]에서 보이는 설형 문자 진흙 점토판의 경우, 거기에 기록된 숫자 기호는 '135000리터'에 해당하는 용량에 대해 기록하고 있다.

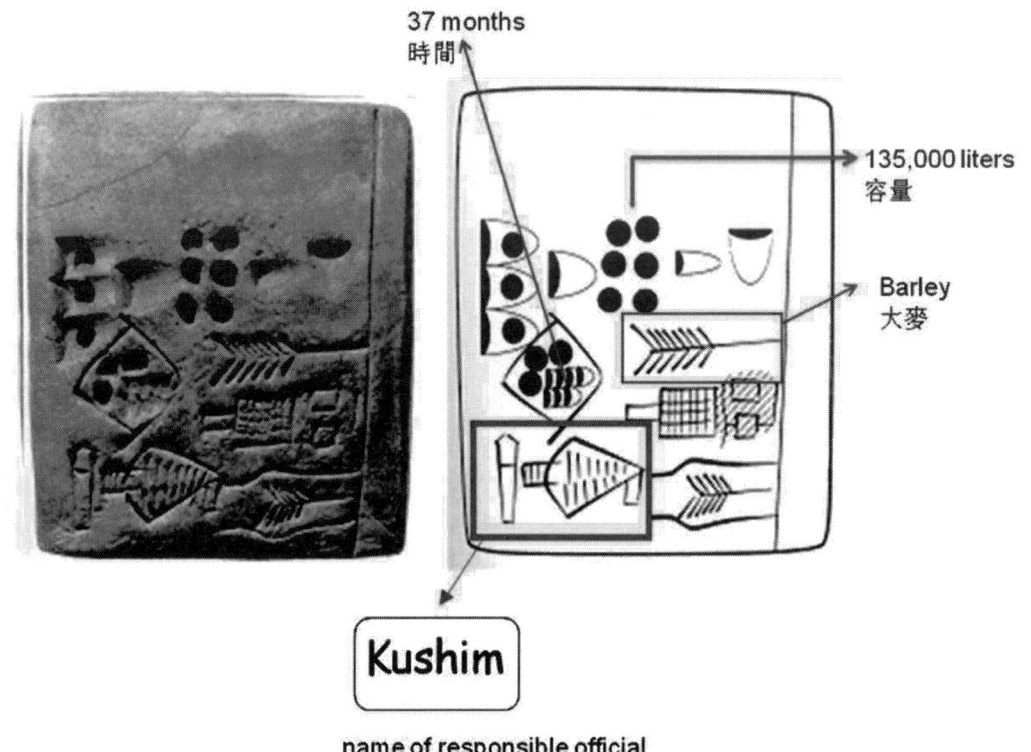

[그림 2] 기원전 3300년경의 수메르 점토판에 새겨진 기록.

마름모꼴의 영역 내에 기록된 숫자 기호는 그것이 '37개월'임을 표시하고 있다. 또 다른 도형 기호는 그것이 '보리'임을 나타내 주고 있으며, 점토판의 오른쪽 아랫부분의 기호 두 개는 완전한 해독이 이루어지지 않았다. 하지만 이 점토판 기록의 목적인 세금 징수나 술의 제조나 교역에 관한 기록일 것으로 추정된다. 점토판 왼쪽 아래의 두 가지 기호는 다른 점토판에서도 자주 등장하는데, 인명이나 관직명으로 추정된다. 그 구조는 이후 이미 해독된 독음기호와 비슷하기 때문에 '쿠심(Kushim)'으로 읽는다. 이 때문에 학계에서는 대체로 우루크 제4기 왕조 때의 수메르 인들은 이들 문자가 이미 음성을 특정한 도상기호와 결합했던 것으로 추정하며, 그래서 이들 문자의 기원 시기를 기원전 3200년 전후로 확정한다.

### 3.2 이집트 신성 문자(Egyptian Hieroglyphic Writing) 기원의 시간 공간적 지점

고대 이집트 왕조는 기원전 3300년부터 기원전 343년까지 총 31명의 파라오를 거쳤다. 이들 왕조의 역사는 이집트 문자의 발생 및 발전과 매우 밀접한 관계를 갖고 있다.

이집트 신성 문자는 제1왕조(Dynasty 1) 때 이미 존재했음이 확인되었고, 3천여 년의 역사를 거쳐 서기 394년 이후에 죽은 문자가 되었다. 19세기 중엽, 프랑스 샹폴리옹(宜博良, F. Champollion, 1790~1832)이 로제스타 석(羅塞塔石碑, Rosetta stone, 196 BCE)에 새겨진 세 가지 언어의 서체(신성체, 속체, 고대 그리스문자)에 근거해 이집트 신성체 문자를 해독해냈다. 이집트 문자의 기원에 관해서, 지금까지 알려진 가장 이른 시기의 고고학적 증거는 나일 강 중류 지역의 아비도스(Abydos) 마을인데, 나카다(Naqada) 제3기 무덤 유적지인 U-j 무덤에서 출토된 토기와 상아 및 뼛조각에 새겨진 도형 기호이다. U-j 무덤의 절대 연도는 기원전 3200년에 해당하는데, 이는 이집트의 제로 왕조(Dynasty 0) 시대에 속한다.

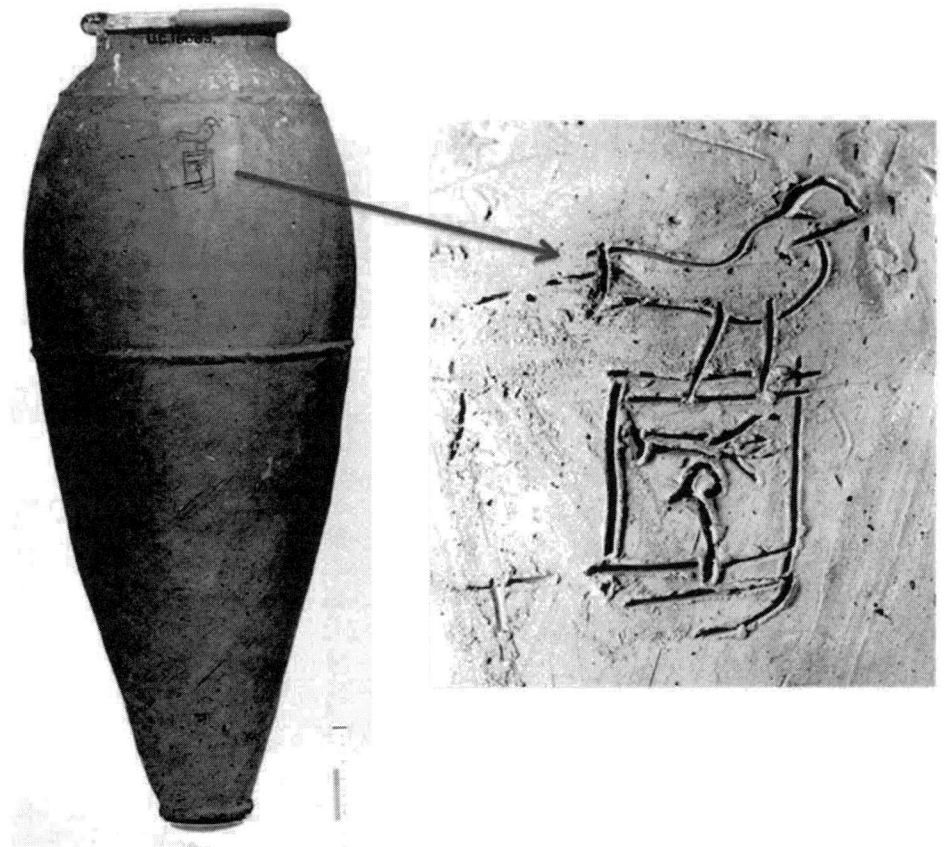

[그림 3] 이집트 U-j 무덤에서 출토된 그림 문자가 있는 도자기 항아리(높이 약 55cm)와 그에 새겨진 기호.

[그림 3]은 U-j 무덤에서 출토된 도자기 항아리[陶尊]로, 표면에 기호가 새겨져 있다. 새 한 마리가 네모 상자 위에 앉은 모습이고, 상자 안에는 두 개의 기호가 새겨졌는데, 제로 왕조 시기 파라오의 이름임이 이미 밝혀졌다. 그래서 전체 그림기호는 왕권을 상징하는 파라오의 이름이다. 제로 왕조에서 제3왕조에 이르기까지 파라오의 이름은 모두 이런 식의 그림기호로 표현되었다.

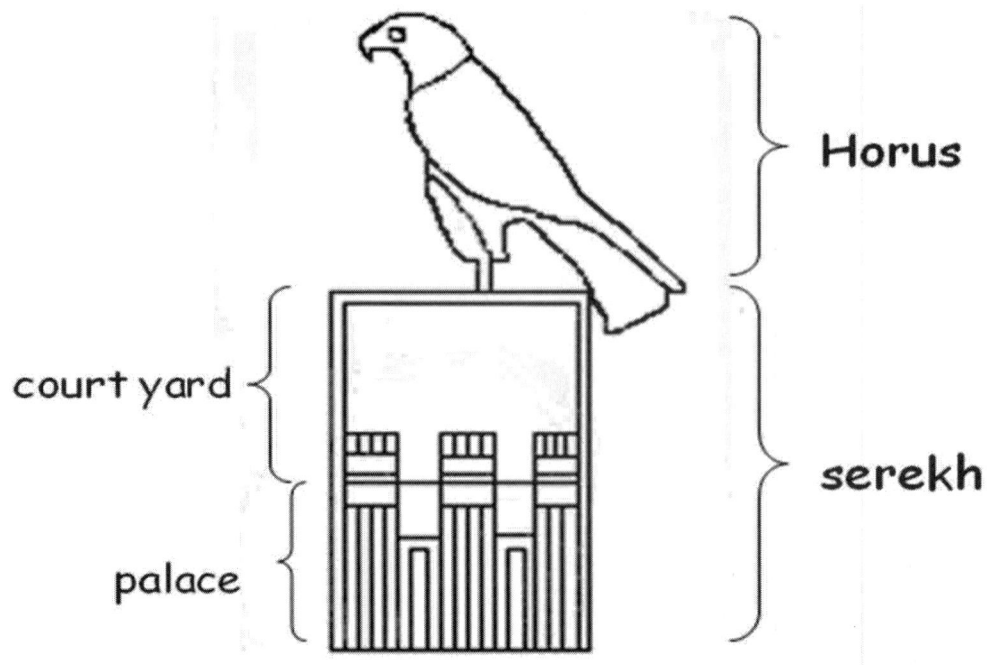

[그림 4] 표준적인 파라오의 휘장. 이 상징적인 파라오의 휘장은 제로 왕조에서부터 제3왕조까지 지배자 파라오가 사용했다. 직사각형의 틀은 왕궁을 나타내는데, 'serekh'라 불리는 이 부분은 다시 둘로 나뉜다. 하단은 왕궁의 외관을, 상단은 왕궁의 내부 궁정을 나타낸다. 여기에다 파라오의 이름을 추가할 수 있다. 네모상자 위에 매가 한 마리 그려졌는데, 이는 태양신이자 파라오의 수호신으로 호루스(Horus)라 불린다.

[그림 4]는 표준적인 왕권을 표현한 그림기호이다. 그중 직사각형의 틀은 궁전의 돌기둥을 나타내는데, 왕궁의 외관을 상징한다. 'serekh'라 불리는 이 부분은 다시 둘로 나뉜다. 하단은 왕궁의 외관을, 상단은 왕궁의 내부 궁정을 나타낸다. 이 빈 틀 속에다 당시 왕인 파라오의 이름을 추가할 수 있다. 네모 상자 위에다 매를 한 마리 그렸는데, 이는 태양신이자 파라오의 수호신으로 호루스(Horus)라 불린다. 그래서 전체 기호가 대표하는 의미는 '태양신이 보살펴 주시는 궁전 속의 어떤 파라오'라는 뜻이 된다.

[그림 3]의 도기 항아리[陶尊]에 새겨진 당시 왕의 이름은 제로 왕조 시기의 다른 토기와 석물에서도 자주 보인다. 그 중에서도 가장 유명한 것은 [그림 5]에서 보이는 석판이다.

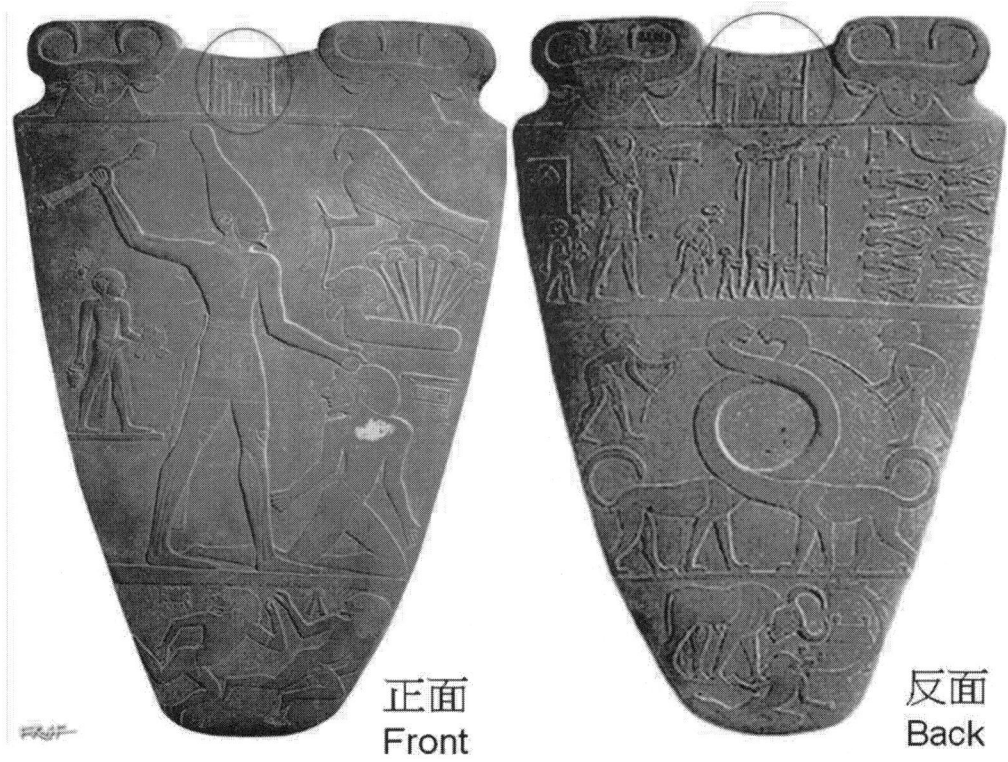

[그림 5] 나머 석판(Narmer Palette). 파라오의 이름인 'nar'와 'mer' 두 글자가 석판 상단의 두 개의 소머리 사이로 네모 테두리(serekh) 속에 새겨져 있다.

석판 상단에 있는 두 개의 여성 얼굴을 한 소머리(여신 BAT를 표상한) 사이의 네모 속에는 [그림 3]과 같은 두 개의 기호가 있는데, 윗부분에 있는 것은 메기(鯰魚, catfish)의 모습이고, 아랫부분은 송곳을 만드는 모습이다. 전자는 이미 'nar'로, 후자는 'mer'로 읽힌다는 것이 밝혀졌다. 이를 합쳐서 읽으면 'narmer'(음역: 나머)가 된다.

바꾸어 말해서, 네모 테두리 속에 더해진 두 개의 기호는 바로 '파라오 나머'라는 뜻이다. 그리고 [그림 5]에서 머리에 쓴 왕관은 큰 키의 인물, 즉 당시의 파라오 나머를 형상한 것이다. 석판의 양면에는 적을 사로잡은 모습을 새겼다. 석판에서 파라오가 쓴 것은 상 이집트의 백색 왕관을 상징하고, 석판의 뒷면에서 쓴 것은 하 이집트의 홍색 왕관을 상징한다. 그래서 석판의 정면과 뒷면은 나머 파라오가 상하 이집트를 통일하였음을 뜻한다. 석판의 뒷면에서는 나머를 상징하는 기호를 나머 왕의 머리 부분 앞쪽에다 직접 새겨 넣었는데, 그것이 지시하는 의미가 매우 분명했기 때문에 더 이상 네모 테두리인 'serekh'로써 강조하지는 않았다. 파라오의 초상 앞에다 그의 이름을 새겨 넣는 이러한 방법은 후대에서도 자주 보인다.

예컨대, [그림 6]의 A는 권력의 지팡이 머리 부분(macehead)에 기록된 기사(記事)도상인데, 머리에는 흰색 모자를 썼고(상 이집트를 통치함을 상징), 손에는 괭이처럼 생긴 무기를 든 파라오와 그의 머리 앞에 전갈 기호가 그려졌다. 이 전갈 기호는 도기 항아리[그림 6b]에도 보인다. 그래서 설사 도기 항아리에 새겨진 이들 그림기호의 독음을 알지 못한다 하더라도 그것이 기원전 3200년 전후의 어떤 파라오의 이름이라

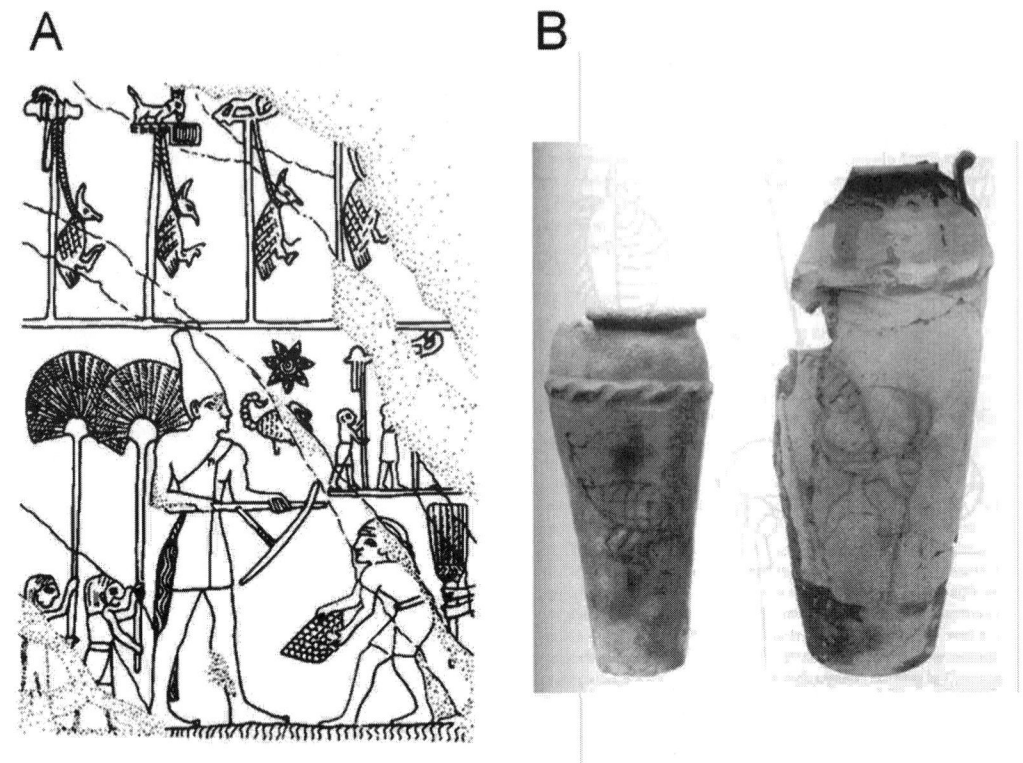

[그림 6] (A) 권위를 상징하는 지팡이 위에 새겨진 기사 그림. 파라오의 이마 앞에 '전갈' 그림이 새겨져 있다.
(B) 아비도스(Abydos)의 U-j 무덤에서 출토된 도자기 항아리, 그 위에 '전갈' 그림이 새겨졌다.

확정하는 데는 문제가 없다. 결론적으로, 파라오의 이름으로 쓰인 나머 기호나 전갈 기호가 이미 독음과 결합했었다는 점에는 의심의 여지가 없으며, 그래서 이를 문자로 볼 수 있다. 그래서 학자들은 이집트 신성체 문자의 기원의 시작점을 제로 왕조가 상하 이집트를 통일했던 그 때쯤으로 보고 있다.

이 때문에 U-j 무덤에서 출토된 200여 편의 골편(骨片) 꼬리표에 새겨진 기호[그림 7]는 한 개의 독립된 모습으로만 출현하지만 이미 형체와 독음이 결합된 원시 신성체 문자일 가능성이 크며, 그 시기는 대략 기원전 3300~기원전 3200년 정도에 해당한다. 문자 탄생에서 관건적인 부분은 사람들이 독음이나 말(음성)이 어떤 특정 그림기호나 기호와 연계 결합하여 더욱 특정적인 표현이나 소통의 기능을 인지했느냐에 있다. U-j 무덤에서 출토된 그림기호로 볼 때, 당시의 이집트인들은 그림기호와 음성과의 결합을 알고 있었기에 문자 창조에서 관건적인 문지방은 이미 넘어섰다고 할 수 있다.

그 후 이집트 문자의 발전은 그림기호를 이용해서 어떻게 문법을 나타내고 어떻게 문자를 구어(말)와 결합시킬 것인가 하는데 집중했다. 그리하여 이집트 중기 왕국시대(~2000 BCE)에 이르면 고대 이집트 문자는 이미 대단히 성숙한 문자 체계에 진입했다

[그림 7] U-j 무덤에서 출토된 골편 표식. 기원전 3200년경의 작품이며, 나콰다 3a(Naqada IIIa) 시기에 속한다.

부록 7 세계 4대 시원문자의 기원 **403**

## 3.3 올멕-마야(Olmec-Mayan) 문자 기원의 시간 공간적 기점

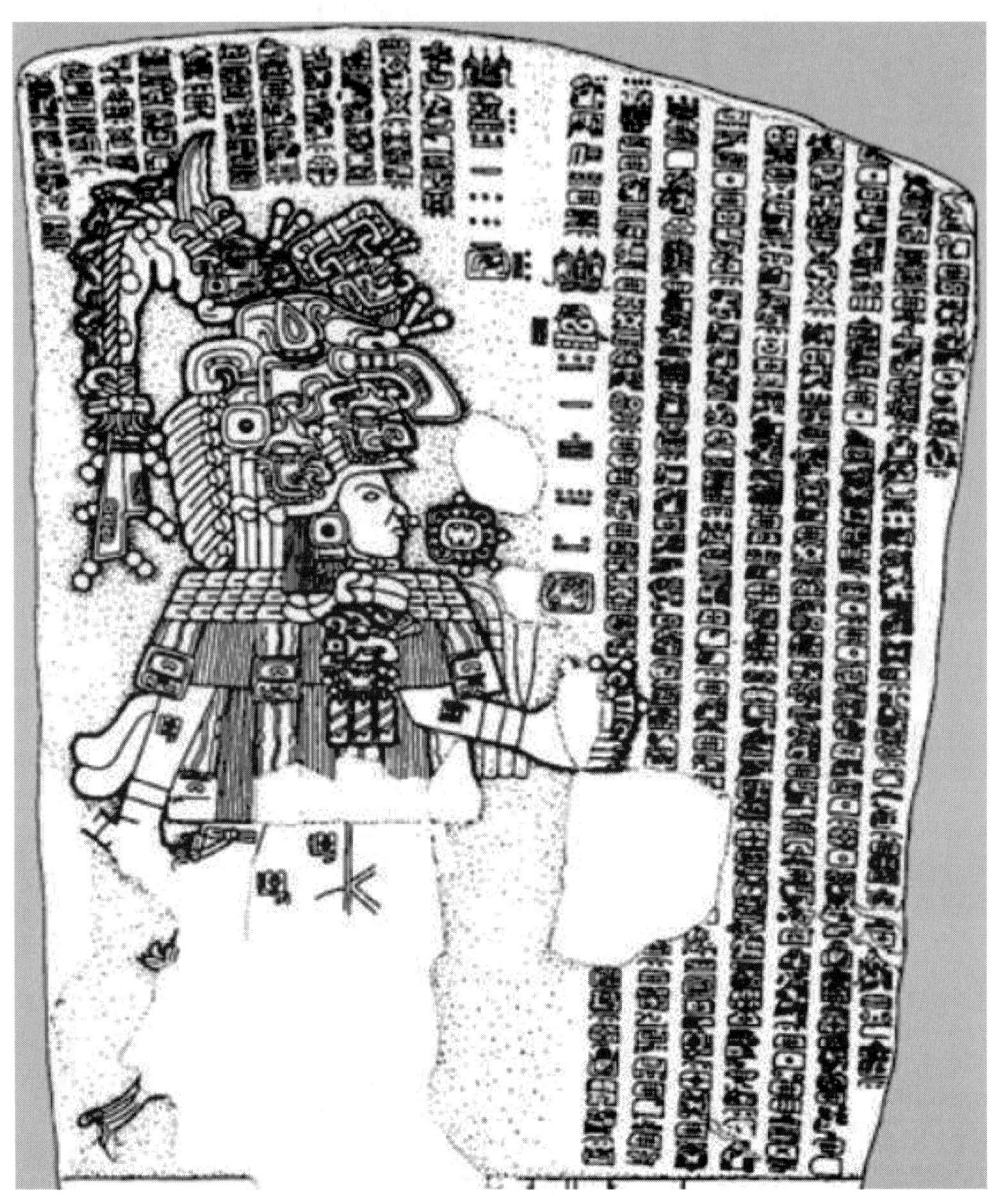

[그림 8] 에피 올멕(Epi-Olmec)의 라 모자라(La Mojarra) 석비. 1986년에 발견되었으며, 기원전 300년경의 작품이다. 총 535개의 글자 기호가 새겨졌다.

마야 문명은 멕시코의 동부, 과테말라, 벨리즈, 온두라스의 서쪽 등을 포함한 메소아메리카에 분포했으며, 대체로 다음과 같은 3시기로 나누어진다. (1) 기원전 1500년~서기 300년의 형성기, (2) 서기 300년~서기 900년까지의 고전기(古典期), (3) 서기 900년부터 16세기까지의 후고전기(後古典期)가 그것이다. 고전기 및 후고전기에 이르면 마야 문명의 전체 지역에는 크고 작은 도시국가들이 들어섰다. 그들의 언어문자, 종교신앙, 습속전통은 모두가 하나의 문화권에 속해 있었지만, 줄곧 하나의 통일된 왕국을 이루지는 못했다.

마야 인들은 나무껍질로 만든 것을 서사 도구로 삼았다. 수 천 종에 이르는 마야 문명의 책들이 1562년 스페인 식민제국의 선교사 란다 카데론(蘭德, Diego de Landa Calderón, 1524~1579)에 의해 불태워져 소실되고 말았으며, 겨우 서너 권만 운 좋게 살아남았다. 그러나 마야 문자는 여전히 메소아메리카의 1백여 곳이 넘는 유적지와 고고 발굴과정에서 출토된 녹석(綠石, Green stone), 옥기, 도기, 부조석비, 문미(門楣), 돌계단 등에서 발견되고 있다.

비록 마야 문자가 일찍부터 죽은 문자가 되긴 했지만, 메소아메리카를 사는 4~5백 만 명의 마야 인디언들은 오늘날도 여전히 각종 마야어 계열의 방언을 사용하고 있다. 마야어의 존재는 마야 문자의 비밀을 푸는데 큰 도움을 준다. 마야 문자의 비밀을 푸는데 가장 공이 컸던 사람은 러시아 학자 크노로소프(諾若索夫, Y. V. Knorosov, 1922~1999)였다. 해독의 결정적인 부분은 그가 발견한 겨우 살아남은 필사본 중 어떤 기호들이 현재의 마야 방언과 연결할 수 있다는 데 있었다. 예컨대, 필사본 중 그림기호()는 언제나 칠면조의 도상과 연계되었다. 칠면조는 마야 방언에서 'kutz'라고 읽히고, 그래서 이 중 그림기호()는 'ku'를 대표하고, 그림기호()는 'tzu'를 대표한다고 가정할 수 있다. 그리고 마야어에서 '개'를 'tzulu'라고 읽고 있기에 그는 개가 마야 문자에서는 그림기호()와 'lu'를 표시하는 또 다른 그림기호로 조합되어 있다고 생각했다. 과연 그의 추정대로 필사본에서 개를 그린 도상 옆에 그림기호()가 존재했다.

크노로소프는 이런 식으로 유추해서 마야의 그림기호가 표음을 가진 문자임을 증명했다. 크노로소프의 연구는 1970년대가 되어서야 비로소 서양 학자들의 주목을 받게 되었다. 그리고 이로부터 마야 문자 연구는 뜨거운 관심 분야로 변했다. 마야 문자는 원래 형성기의 후기(~200 CE)까지 거슬러 올라갈 수 있다. 그러나 최근 20년 동안 메소아메리카 지역의 고고학적 성과가 큰 진전을 이루었다.

[그림 9] 라 벤타(La Venta)에서 출토된 도기 인장[陶璽]과 거기에 새겨진 새가 읽어낸 그림기호. 최초의 올멕 문자로 여겨지고 있다. 시기는 대략 기원전 650년경에 해당한다.

현재 이미 알려진 바처럼 메소아메리카에는 적어도 세 가지 문자가 마야와 올멕(Olmec)을 비롯해서 자포텍(Zapotec)의 세 지역에 분포해 있었다. 이를 통칭하여 올멕—마야 문자체계라 부른다. 올멕 문명은 기원전 1200년경, 산 로렌조(San Lorenzo) 고지의 열대 밀림 지역에서 등장했다. 올멕 문명의 수많은 특징들, 예컨대 건축, 옥기, 재규어(아메리카 표범), 깃털달린 뱀(羽蛇神, Feathered Serpent)의 숭배 등은 분명 메소아메리카 문명의 공통 요소의 전신임이 분명하다. 유적지에서 발견된 올멕 문자 그림기호와 이후의 마야 문자는 서로 비슷하나 완전히 동일하지는 않다. 예컨대, 멕시코의 베라크루즈(Veracruz)주에서 발견된 라 모자라(La Mojarra)비석[그림 8]의 시간대는 서기 150년 전후인데, 거기에 새겨진 535개의 글자 기호는 마야 문자에 근거해 부분적으로 해독이 가능하다. 몇 년 전 라 벤타(La Venta) 유적지 부근의 산 안드레스(San Andres)에서도 올멕 도기 인장[그림 9]이 발견되었다. 거기에는 날개를 퍼덕이는 새가 한 마리 그려졌는데, 새의 부리 앞쪽에 발언을 하는 모습의 기호가 그려졌고, 다시 두 개의 비교적 복잡한 그림기호가 연이어져 있었는데, 이 두 개의 기호가 새의 부리에서 읽혀져 나오는 것처럼 형상되었다. 윗부분의 그림기호는 아마도 왕을, 아랫부분의 그림기호는 날짜를 가리켜, 이들은 왕의 이름으로 쓰였던 것으로 추정된다.

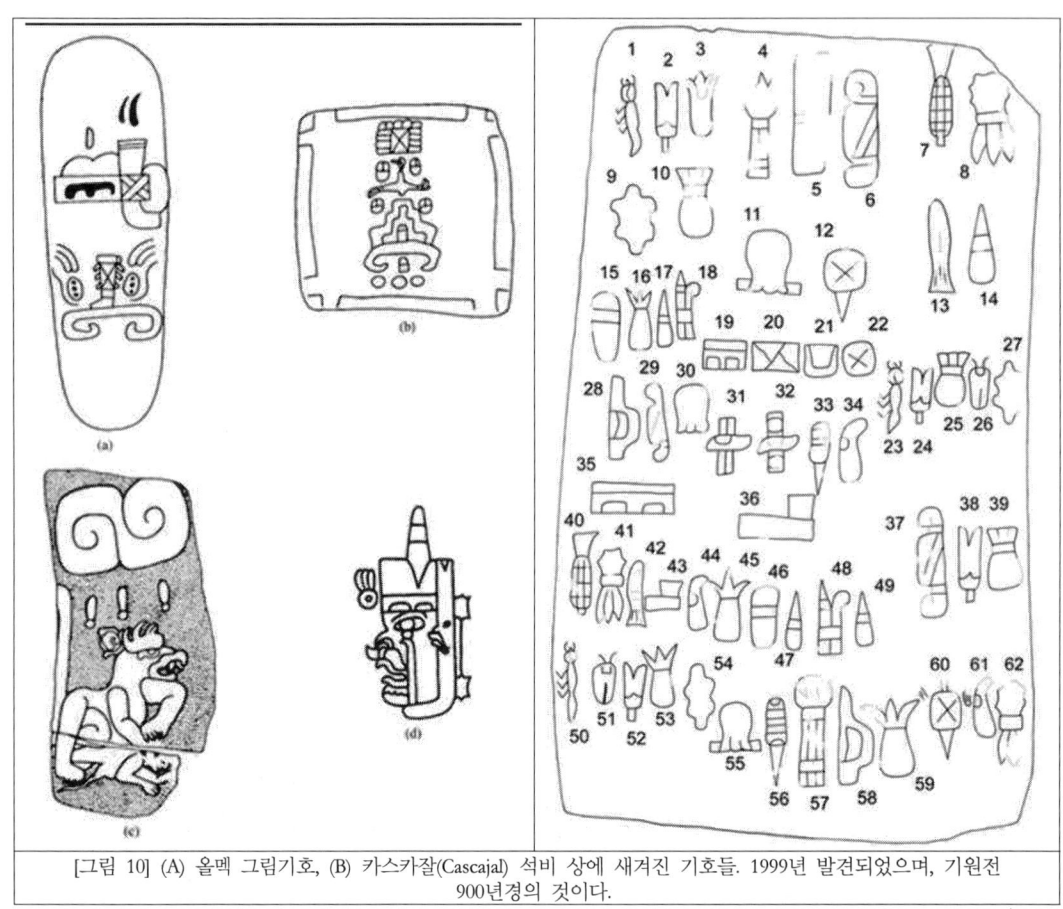

[그림 10] (A) 올멕 그림기호, (B) 카스카잘(Cascajal) 석비 상에 새겨진 기호들. 1999년 발견되었으며, 기원전 900년경의 것이다.

그래서 새의 주둥이로부터 읽혀져 나오는 것은 당시의 왕의 이름이라 할 수 있는데, 학자들은 이를 'King 3 Ajaw'(아조 3세 왕)라고 해석했다. 도기 인장이 출토된 유적지의 시간대가 기원전 650년에 상당하기에, 마야의 체계적인 문자는 적어도 기원전 650년쯤까지 거슬러 올라갈 수 있다. 메소아메리카 지역에서는 기원전 3000년쯤부터 관련 문화유적이 존재하기 시작했으며, 기원전 1500년경의 여러 형성 시기의 유적들에서 그림기호를 가진 문물이 출토되었는데, 동질적이기도 하지만 이질적인 것도 있다. 이러한 기호들 간의 관계와 후대 마야 문자와의 관계 및 메소아메리카 문명의 기원이 일원적인지 아니면 다원적인지에 대해 학자들의 관심이 집중되고 있다. 예컨대, [그림 10A]의 그림기호(기원전 900년~기원전 600년)가 지명을 나타내는지에 대해서 학자들의 열띤 논의가 이루어졌다. 만약 이러한 그림기호가 지명이나 인명으로 사용되었다면 해당 독음이 분명 존재했을 것이며, 그렇다면 문자로 볼 수 있기 때문이다. 최근 멕시코의 산 로렌조(San Lorenzo)의 카스카잘(Cascajal)의 한 도로 건설 과정에서 파낸 돌무더기에서 직사각형의 돌덩이가 발견되었는데, 거기에는 62개의 올맥 기호가 새겨져 있었다[그림 10B]. 감정 결과, 이들 자료의 고고학적 연대가 기원전 900년으로 확정되었기에 일부 학자들은 이것이 지금까지 발견된 최초의 올맥-마야 문자라고 하기도 한다.

### 3.4 한자 기원의 시간 공간적 기점

한자는 가장 오랫동안 사용되어 왔으며, 또 살아서 지금의 컴퓨터시대까지 진입한 유일한 기원 문자이다. 현재 가장 오래된 한자의 고고학적 증거는 상나라 때의 갑골문(甲骨文)이다. 이는 주로 하남성 안양(安陽) 소둔(小屯)의 은허(殷墟)에서 출토된 십 수만 편의 거북딱지와 짐승 뼈에 새겨진 점복용 기사 문자로, 대부분 상나라 무정(武丁)에서부터 제을(帝乙) 임금까지 2백여 년간에 걸친 왕실의 유물이다. 상나라 때의 문자는 갑골 이외에도 청동기에 새겨진 금문(金文) 및 일부 도기에 새겨진 도기 문자가 있는데, 이들 시기는 상나라 중기를 넘지는 않는다.

상나라 갑골 문자 중 현재 알려진 글자 수는 4천 여자에 이르며, 연구와 고증을 통해 정확한 의미를 확정할 수 있는 글자는 1천여 자에 이른다. 나머지 3분의 2에 해당하는 글자들은 대부분 지명이나 인명이라, 설사 정확하게 해독할 수 없다 하더라도 갑골문의 내용을 읽어내는데 큰 방애가 되지는 않는다. 세계의 모든 고대 문자 중에서 은상의 갑골문만이 수수께끼를 풀 필요가 없는 유일한 기원 문자가 되었다. 현재까지 알려진 바에 의하면, 갑골 문자를 사용했던 지역은 오늘날의 산동성, 하남성, 섬서성 등 3개 지역이며, 그 면적은 다른 기원 문자가 차지한 지역보다 훨씬 넓다. 상나라 때 갑골 문자가 이미 상당히 성숙한 문자임을 고려하면 한자의 기원 시점은 은상보다 이를 것으로 생각된다.

한자의 기원을 찾기 위해서는 신석기 시대 때 출현한 도기 문자[陶文]를 살피지 않을 수 없다. 중국 경내에서 각획기호를 가진 기물이 출토된 신석기시대 문화 유적지로는, 가호(賈湖), 쌍돈(雙墩), 앙소(仰韶), 용산(龍山)문화로부터 상나라 중기 문화에 이르기까지 약 6천년의 역사를 포함하고 있다[표 2]. 그 중에서도 하남성 무양(舞陽) 가호촌(賈湖村) 유적의 각획기호는 그 시기가 기원전 5000년경에 해당한다. 이외에도 주목할 만한 것은 이러한 문화 유적지의 지리적 위치인데, 거의 모두가 예외 없이 강이나 호수 가에 자리했다는 점이다. 즉 황하, 장강, 회하(淮河) 등 삼대 강 유역에 자리하고 있다. 이렇게 볼 때, 서로 다른 당시의 문화 유적지들 간에는 수로 교통이 상당히 발달했으며, 이를 통해 서로 다른 문화 간의 상호 영향이 이루어졌을 것이다. 예컨대, 방부(蚌埠)의 쌍돈(雙墩) 문화지역은 회하(淮河)의 수많은 지류를 이용하여, 북으로는 황하와 연결되었고, 남으로는 장강과 연계되었다. 가호(賈湖) 유적지로부터 용산(龍山)문화 유적지에 이르기까지 보이는 각획기호는 모두 단일 기호로, 기물 하나에 한 개의 기호가 새겨졌을 뿐이다. 도기에 새겨진 기호의 위치 및 일부 유적지에서 출토되는 기물의 규칙에 근거해 볼 때, 각획기호는 일정한 사회적 기능이 있었음은 분명하다. 그러나 그것이 제사, 경제, 정치 등과 관련된 것인지, 아니면 소유권과 관련된 기능인지 등에 대해서는 여전히 더 깊은 연구가 필요한 상태이다.

기원전 2500~기원전 2000년에 이르면, 연속된 각획기호가 출현한다. 기호가 서로 몇 개씩 연결되어 문장은 아니지만 짧은 구와 같은 모습을 이룬다. 저명한 예로는 바로 정공촌(丁公村)의 도기 문자(용산형 문화), 고우(高郵) 용규장(龍虯莊)의 도기조각(南蕩 문화), 징호(澄湖) 흑도관이호(黑陶貫耳壺)에 새겨진 4개의 각획기호(良渚 문화)를 비롯해 회흑관이호(灰黑貫耳壺)에 새겨진 9개의 각획기호(良渚 문화) 등이 있다. 이외에도 산서성 양분(襄汾)의 도사(陶寺)에서 출토된 도기로 된 납작 호리병[扁壺]에는 붉은 색으로 필사된 기호가 있었다. 이러한 기호가 문자인지의 여부에 대해서는 아직 정론이 없긴 하지만, 몇 개의 기호가 연결된 것들은 이미 상형의 모습을 벗어났으며, 모두 네모꼴 모습을 이루고 있다.

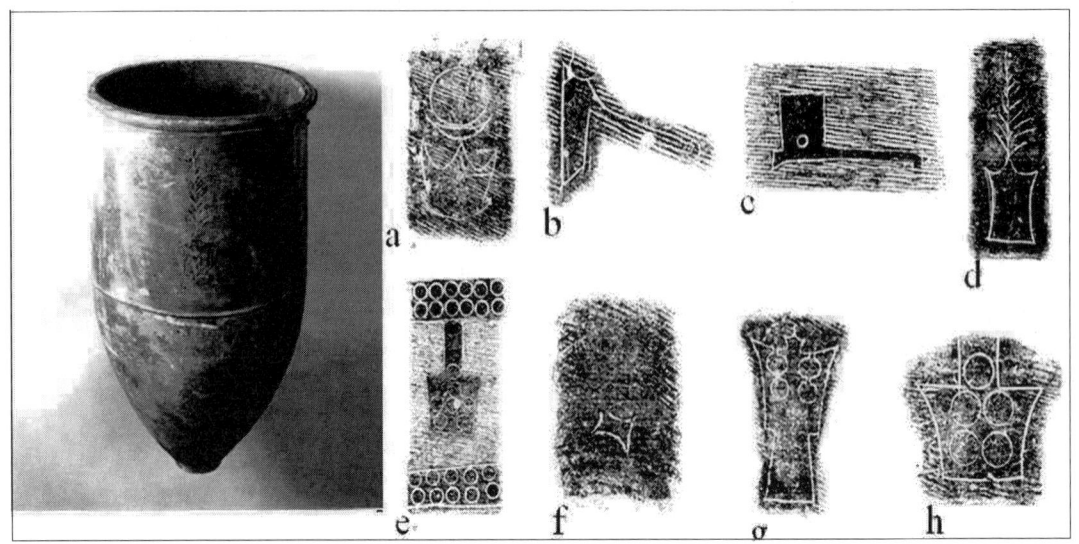

[그림 11] (A) 대문구(大汶口)에서 출토된 큰 아가리를 가진 도기 항아리. 그 곳에 단독으로 된 기호가 새겨졌다(d). (B) 대문구(大汶口) 도자기 항아리에 새겨진 8개의 다양한 문자기호들.

관이호(貫耳壺)에 새겨진 연속된 기호들이 아직 해독되지 않았지만, 그 구조는 갑골 문자와 이미 상당히 근접해 있다. 그러나 용규장(龍虬莊)과 정공촌(丁公村)의 도기 조각은 갑골 문자의 구조와 비교적 멀어 보여, 그들 간의 계승관계를 찾기가 어렵다. 정공촌의 도기에 새겨진 11개의 기호는 가로로 배열되어 짧은 문장처럼 보인다. 어떤 학자들은 일찍이 정공촌의 기호가 고대 이족 문자[古彝文]와 비슷하여, 고대 이족 문자로 된 문헌 및 이족들의 점복 습속, 그리고 고대 이족 문자와 결합한다면 해독이 가능할 것으로 믿고 있다. 물론 이것이 가능할지는 더 깊은 연구가 필요하다.

설사 정공촌과 용규장에서 발견된 연속된 도기기호들이 갑골문의 직접적인 전신인지는 알 수 없다 해도, 그것들의 발견은 적어도 기원전 2000년쯤이면 중국의 3대강 유역에 이미 문자 체계가 존재했음을 말해준다. 중국의 영토가 광활함을 고려할 때, 상고 시대의 중국에 몇 가지 서로 다른 문자를 비롯해 언어체계가 존재했다는 것은 분명히 가능한 일이다. 이렇게 추론해 볼 때, 전통 문헌에 등장하는 치우(蚩尤), 전욱(顓頊), 공공(共工), 불굴(不窟, 즉 不窋), 경절(慶節), 차불(差弗), 훼(毁), 한착(寒浞), 불강(不降) 등과 같은 상고 시대의 몇몇 이름들은 사용된 글자도 이상하고 원래의 뜻도 무엇인지 알기도 어렵다. 혹자는 이러한 이름들이 어쩌면 비(非)한자 체계의 인명이었을 가능성이 있으며, 이후 음역으로 인해 한자를 빌려서 독음 그대로 번역하였으며, 그것이 한자로 된 문헌에 전해졌다고 보기도 한다.

한자 기원의 시작점에 대해 논의하자면, 제일 먼저 '문자'라는 이 용어에 대한 정의부터 시작해야 할 것이다. 예컨대, 도기상에 새겨진 기호(소위 도기 문자) 및 청동기에 새겨진 명문에 속하지 않는 그림기호 등을 학자에 따라 문자로 보기도 하고, 도상 문자나 문자그림 등으로 보기도 하여, 의견이 분분하여 하나로 통일되지 않고 있다. 그것은 문자에 대한 정의에 일치된 의견을 보이지 못했고, 게다가 문자그림이나 그림문자 등과 같은 명칭에 대해서도 그 정의가 불분명한 바람에 논의를 해도 교집합점이 존재하지 않고 도리어 문제를 복잡하게 만들었기 때문이다. 문자와 기호는 인류의 문명사에서 줄곧 함께 존재해 왔다. 예컨대 '물고기[魚]'의 그림이 은상 시대보다 더 이른 시기의 기물에서 단독으로 출현한다고 하면, 그것이 문자일 수도 있다. 하지만 그것은 단지 하나의 그림기호에 지나지 않을 수도 있다. 이들을 어떻게 구분할 것인가? 그것의 기능이 무엇인지를 보아야 할 것이다. 만약 그 기호를 통해 그 기물 속에 담긴 것이 물고기라는 것을 나타내는 기능이라면 이 '물고기' 그림은 도형 기호에 지나지 않는다. 그러나 그것이 '물고기[魚]'라는 이름을 가진 개인이나 집단을 지칭한다면 이 '물고기[魚]' 기호는 이미 음성과 결합하였을 것이고, 그렇다면 문자로 볼 수 있다. 그래서 하나의 도형 기호가 단독으로 출현한다 하더라도 그것이 이미 음성과 결합했다는 보조적 증거만 있다면 그 그림기호는 문자로 보아야 할 것이다. 다시 말해, 공간을 차지한 그림기호가 시간적 속성인 음성과 결합하여 새긴 시점이 바로 문자기원의 시작점이 되는 것이다. 이런 인식에 기초하여 고고자료와 문헌자료를 이용해서 수학적 모델로 한자의 기원 시점을 논의해 보기로 한다.

| 유적지 | 문화 | 시기 (기원전) | 유역 | 지리적 위치 | 개별 개수 | 연속 개수 |
|---|---|---|---|---|---|---|
| 河南 舞賈 湖村 | 裴李崗 | 6000 | 淮河 | 洪河 邊 | >20 | |
| 安徽 蚌埠 雙墩 | 雙墩 | 5000 | 淮河 | 渦河와 淮河 교차지점 | >60 | |
| 陝西 臨潼 姜寨 | 仰韶 | 4600~3600 | 黃河 | 涇河와 渭河 교차지점 | >40 | |
| 湖北 宜昌 楊家灣 | 大溪 | 4000~3400 | 長江 | 西河가 長江으로 흘러드는 지점 | >50 | |
| 陝西 西安 半坡 | 仰韶 | 4000~3000 | 黃河 | 渭河 남쪽 20킬로미터 지점 | ~30 | |
| 上海 青浦 崧澤村 | 崧澤 | 3910~3230 | 長江 | 定山湖 동쪽 8킬로미터 지점 | >8 | |
| 河南 汝州 洪山廟村 | 仰韶 | 3000 | 黃河 | 汝河 北岸 | >6 | |
| 湖北 天門 石家河 | 石家河 | 2700~2000 | 長江 | 天門河 北岸 | >16 | |
| 山東 歷城 城子崖 | 龍山 | 2500~1800 | 黃河 | 黃河南 6킬로미터 | >20 | |
| 山東 大汶口 | 大汶口 | 2500 | 黃河 | 大汶河 北岸 | >10 | |
| 山東 寧陽 堡頭村 | 大汶口 | 2500 | 黃河 | 大汶河 남쪽 20킬로미터 지점 | >1 | |
| 山東 鄒平 丁公村 | 龍山 | 2200~2100 | 黃河 | 黃河 남쪽 40킬로미터 지점 | 11 | |
| 浙江 杭州 良渚 | 良渚 | 2200 | 長江 | 錢塘江 입구 | >20 | |
| 江蘇 吳縣 澄湖 | 良渚 | 2150 | 長江 | 太湖 서쪽 20킬로미터 | >20 | 4 |
| 浙江 餘杭 南湖 | 良渚 | 2150 | 長江 | 東苕溪 東岸 | >20 | 8 |
| 高郵 龍虯莊 | 南蕩 | 2000 | 長江 | 高郵湖 東岸 | 8 | |
| 山西 襄汾 陶寺 | 陶寺 | 2000 | 黃河 | 汾河 東岸 | 3 | |
| 青海 樂都 柳灣 | 馬家窯 | 2000 | 黃河 | 湟水 北岸 | ~130 | |
| 甘肅 馬家窯 | 馬家窯 | 2000 | 黃河 | 莊浪河 邊 | 10 | |
| 河南 偃師 二里頭 | 二里頭 | 1900~1500 | 黃河 | 洛河 北岸 | 25 | |
| 河南 商縣 紫荊 | 二里頭 | 1900~1500 | 黃河 | 丹江 北岸 | | |
| 河南 澠池 鄭窰 | 二里頭 | 1900~1500 | 黃河 | 澗水 北岸 | | |
| 山東 恒臺史家 | 岳石 | 1900~1500 | 黃河 | 黃河 30킬로미터 지점 | 6 | |
| 河南 鄭州 小雙橋 | 二里崗 | 1600~1300 | 黃河 | 黃河 南岸 | | |
| 河北 藁城 臺西 | 二里崗 | 1600~1300 | 黃河 | 滹沱河 南岸 | 26 | |
| 江西 清江 吳城 | 商代 | 1500 | 長江 | 贛江 南岸 | | |

[표 2] 도기 문자기호가 발견된 신석기시대의 문화유적지 일람표

### (1) 고고학적 자료

한자가 기원 발전에서부터 은상 갑골문자와 같은 성숙한 단계에 이르는 데는 상당히 긴 시간을 필요로 했다. 문제는 이 기간이 얼마나 길었느냐는 것이다. 지금까지 여러 문화 유적지에서 출토된 도기상에 새겨진 수많은 각종 기호들이 한자의 전신에 관한 고고학적 증거이다. 이들이 새겨진 기물이 주로 도기이기에 이러한 기호를 '도기기호[陶文]'라 부른다. 도기기호가 포함하는 시간은 선사시대부터 상주시기에 이르며, 지역도 거의 중국 대륙 전체를 포함한다. 구석규(裘錫圭, 1935~ )는 도기기호를 기하학적 기호와 실물도형의 두 가지로 나눌 수 있으며, 일반적으로 반파(半坡) 유적지에서 출토된 기하무늬 형 도기기호는 단지 어떤 기호에 지나지 않아 문자로 볼 수 없지만, 대문구(大汶口)나 양저(良渚) 및 정공촌(丁公村)의 도기기호는 한자의 기원과 관련 있다고 보았다.

#### 1. 대문구(大汶口) 도기기호

산동성 대문구, 거현(莒縣) 능양하(陵陽河) 및 제성(諸城)의 전채(前寨) 등지에서 출토된 회색 도기의 커다란 술통[尊]에 새겨진 개별 기호의 시기는 대략 기원전 2800~기원전 2300년 정도에 해당한다[그림 11]. 이 도기로 된 술통은 대형과 중형의 무덤에서 발견되는데, 무덤 주인의 신분이 제법 높았을 것으로 추정된다. 이러한 개별 기호 혹은 도기기호라 불리는 것들의 문자 여부에 대해 학자들의 의견이 갈린다. 대문구의 개별 도기기호는 대부분 두세 개의 그림기호로 조합되어 있는데, 한자의 글자 창제 방법인 육서(六書) 중에서 회의(會意)에 해당하여, 은상 갑골문과 금문과도 연결이 된다.

이외에도 동일한 도기기호가 거기서 100킬로미터 떨어진 다른 유적지에서 출토되었다. 이는 이러한 도기기호가 고정된 형식을 가졌으며, 상당히 광범위한 지역에서 사람들에게 받아들여졌고, 이미 공통 인식이라는 기초를 갖고 있었으며, 일정 정보를 전달하는 기능을 갖추어 상당한 사회성을

[그림 12] 오현(吳縣)의 징호(澄湖) 양저(良渚) 문화유적지에서 출토된 흑색 도기로 된 생선 광주리 모양의 관이호(貫耳壺)(위), 거기에 새겨진 4개의 기호를 확대한 모습(아래).

갖고 있었음을 보여준다. 그러나 이러한 개별 도기기호가 연결되어 단어를 이룬 모습은 볼 수 없어, 음성과 결합되었는지의 직접적 증거는 찾을 수 없다. 그래서 현재까지 이를 문자라 확정하지는 못하고 있다.

#### 2. 양저(良渚) 도기기호

양저 문화(2800~1900 BCE)는 강소성과 절강성에 분포해 있는데, 신석기시대 후기에 속하는 고대 문화로, 그 시간대는 하나라나 상나라보다 앞선다. 상해의 마교(馬橋) 유적지에서는 흑도로 된 잔의 바닥부분에 대나무 마디 모습을 새긴 두 개의 기호가, 오현(吳縣)의 징호(澄湖)의 고대 우물에서 출토된 관이흑도호(貫耳黑陶壺)의 배 부분에서 네 개의 도기기호가 병렬된 모습으로 등장한다[그림 12].

이외에도 양저 문화 유적지에서 출토된 세 점의 옥벽(玉璧)에는 복합 기호가 새겨져 있었는데, 새[鳥] 한 마리가 다른 어떤 기호 위에 앉은 모습이다. [그림 13]은 두 점의 옥으로 된 벽[玉璧]에 새겨진 기호이다. 이학근(李學勤, 1933~2019)은 이 도형기호가 봉우리가 다섯인 산이며, 새[鳥]가 산(山) 위에 앉은 모습으로 이후의 '도(島)'자와 일치하며, 이는 「우공(禹貢)」에서 말한 도이(島夷)와 관련 있을 것이라고 했다. 양저 문화 유적지에서 발견된 새 기호는 고대 이집트에서 파라오(왕)를 대표하는 신성한 송골매—궁전 기호[그림 14]와 매우 비슷하다.

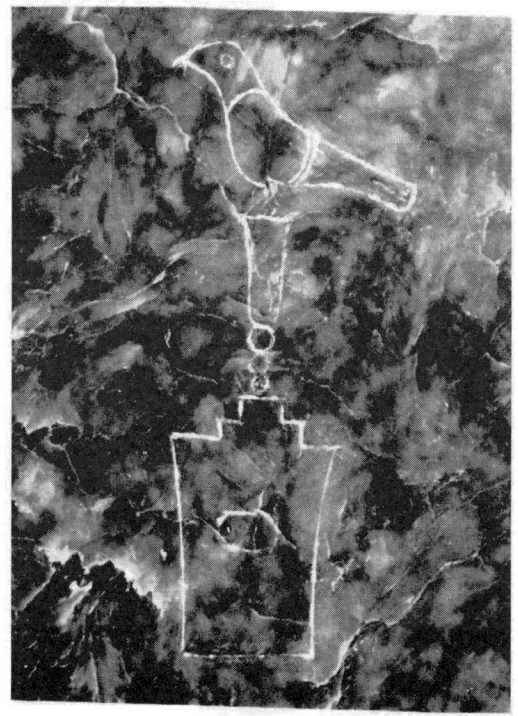 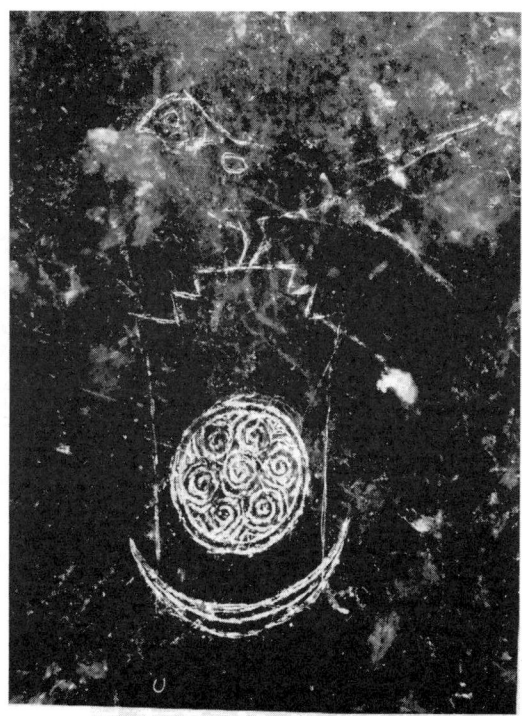

[그림 13] 양저 문화 유적지에서 발견된 두 점의 옥으로 된 벽[玉璧]에 새겨진 새 모양의 복합형 기호.

[그림14] (A) 양저(良渚) 문화의 옥벽(玉璧)에 새겨진 새 모양의 복합기호. 새 한 마리가 또 다른 기호 위에 앉은 모습을 했다. (B) 이집트 파라오 왕을 상징하는 복합 기호.

3. 정공(丁公) 도기기호

산동성 추평현(鄒平縣) 원성(苑城)의 정공촌(丁公村) 유적지에서 발견된 도기로 된 동이[盆]의 평평한 아랫부분에서 5행으로 나열된 11개의 도기기호가 새겨졌는데, 이를 정공(丁公) 도기기호라 부른다[그림 15]. 형체도 매우 분명하게 새겨졌고 배열도 가지런하여, 짧은 문장을 이룬 것으로 보이나, 아직 해독이 이루어지지 않고 있다.

[그림 15] 정공촌(丁公村)의 도기 문자. 지금으로부터 4100년에서 4200년 전(2200~2100 BCE)의 작품이다.

이 11개의 각획 문자는 한자의 서로 다른 어떤 문자 체계에 속한다고 보아야만 할 것이다. 연구에 의하면, 이 유적지는 정공 도기기호는 용산문화의 약간 이른 후기문화에 속하며, 그 절대 연도는 지금으로부터 4100년에서 4200년 전쯤으로 알려졌다. 정공 도기기호는 설사 해독이 이루어지진 못했다고 하지만 그 형체 구조는 이미 기호의 범위를 벗어났으며, 대문구의 개별 단위로 된 각획기호와 갑골문자의 중간 위치에 자리하였다 할 수 있고, 기원전 2천여 년 전에 바닷가에 인접한 산동 지역에서 존재했던 문자의 일종이라 추정할 수 있다.

이외에도 고우(高郵) 용규장(龍虯莊)의 남탕(南蕩) 문화 유적지에서 발견된 도기에서도 8개의 기호가 나란히 배열되었는데, 현재 해독이 어려운 상태이다.

## 4. 도사(陶寺) 도기기호

[그림 16]은 산서성 양분현(襄汾縣)의 도사(陶寺) 유적지에서 출토된 도기로 된 납작 호리병[扁壺]의 잔편이다. 이는 기원전 2600~기원전 2000년 전 쯤의 유적이다. 납작 호리병[扁壺]에 새겨진 2개의 붉은 색으로 그려진 도기기호 중, 하나는 갑골문의 '문(文)'자와 완전히 같다.

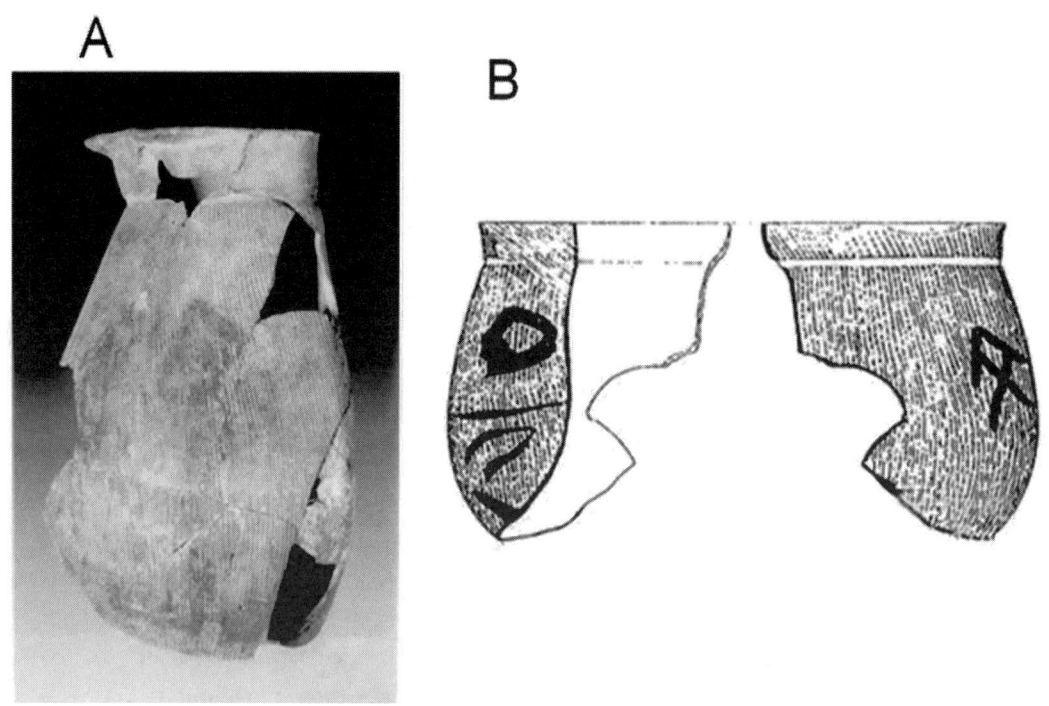

[그림 16] (A) 산서성 양분현(襄汾縣) 도사(陶寺) 유적지에서 출토된 납작 호리병[扁壺]. 붉은색으로 도기 문자가 새겨졌다.
(B) 납작 호리병[扁壺]에 새겨진 두 개의 도기기호.

'문(文)'자를 제외한 나머지 도기기호에 대해 학자들은 '요(堯)'나 '읍(邑)'으로 해독하기도 하지만 아직 결론은 없다. 산서성 임분(臨汾)이 바로 문헌 기록에서 말하는 고대 제왕 요(堯)가 도읍했던 평양(平陽)임을 고려하면, 어쩌면 앞으로 이 유적지에서 한자 기원의 시작점을 결정해줄 더욱 결정적인 고고자료가 나올지도 모를 일이다.

양저와 정공에서 출토된 도기기호는 이미 그림(도상)의 단계를 벗어났다. 게다가 여러 개가 나란히 나열되어 있어 이미 문장이나 구를 이룬 것으로도 보여, 이러한 도기기호의 경우 문자를 대표할 가능성이 매우크다. 비록 한자와 직접적으로 연결되지는 않지만, 그래도 수수께끼가 풀리기를 기다리는 어떤 미지의 문자로 볼 수는 있다. 그래서 양저와 정공 도기기호는 용산 문화 시기에 이미 문자가 존재했다는 간접적 증거가 될 수 있다. 이밖에도 주목할 만한 것은 양저 옥기(玉器)에 보이는 새를 그린 기호이다. 이러한 새 기호는 이집트의 신성한 매-궁전 기호와 놀랍도록 비슷하여[그림 14], 사람의 감탄을 자아낸다. 이집트와 마야 문자의 가장 오래된 고고학적 증거도 새 도형과 함께 배치된 왕 이름이었다. 이집트의 왕 이름은 신령스런 매의 보호 아래에 있었고, 마야-올멕 도기 인장상의 왕의 이름도 새의 주둥이에서 나오는 모습을 했다. 이러한 현상은 『시경』의 '하늘이 현조에게 명을 내리셔서, 내려와 상을 탄생하게 하셨네.(天命玄鳥, 降而生

商.)'라는 신화를 연상하게 한다. 이를 이집트와 마야의 고고학 자료에 적용해 본다면, 양저 문화의 옥기에 새겨진 새 모양의 그림기호는 혹여 우연이 아닐 수도 있다. 『좌전』 소공(昭公) 17년 조에 이런 기록이 있다. '가을, 담자가 조회하러 왔다. 공께서 그에게 연회를 베풀었다. 소공의 아들이 물었다. 소호씨가 새로써 관직의 이름을 삼았던 것은 무슨 연유입니까? 담자가 대답했다. 우리 조상들의 일이기에 제가 알고 있지요. 우리 고조이신 소호 지(摯)께서 왕위에 올랐을 때 봉새가 날아들었습니다. 그래서 새로써 기념하게 되었으며, 새로써 각 관직의 우두머리 이름을 짓게 했던 것입니다.(秋, 郯子來朝, 公與之宴. 昭子問焉, 曰: 少皞氏鳥名官, 何故也？郯子曰: 吾祖也, 我知之. 我高祖少皞摯之立也, 鳳鳥適至, 故紀于鳥, 爲鳥師而鳥名.)'

양저 문화의 옥기에 새겨진 새 모양의 그림기호에 등장하는 서로 다른 기호는 왕 이름이나 족명(族名)과 관련되었을 수도 있다. 삼대(三代) 때의 인명이 대부분 단음절 문자로 되었다. 그래서 양저 문화의 새 모양 그림기호의 단독으로 된 기호나 대문구 문화의 단일 형체의 도기기호가 개인의 이름이나 씨족 명, 혹은 씨족의 공동 지배자의 이름이라고 가정한다면, 이러한 독립 형태의 그림기호나 도기기호는 이미 표음 기능을 갖고 있었을 것이며, 그 기능은 이집트에서 출토된 제로 왕조 시대의 나머 석판과 도기기호, 혹은 멕시코에서 출토된 올멕의 도기로 된 인장 문자와 같다고 가정할 수 있다. 만약 그렇다면 양저와 대문구의 도기기호는 우리가 말하는 음성과 기호가 서로 결합된 문자의 정의에 부합할 뿐 아니라 이후의 한자와도 직접적인 전승 관계가 존재한다. 바꾸어 말해서, 한자의 기원은 적어도 그 시작 시점을 대문구 문화와 양저 문화로 잡을 수 있다. 결론적으로 말해서, 인류의 다른 세 가지 기원 문자의 시작점에서 사용되었던 고고학적 증거를 고려한 다음, 양저와 대문구 등의 유적지의 고고자료를 비록 한자 기원의 시작점으로 확정할 수는 없지만, 한자가 적어도 기원전 2500년 전후 쯤 탄생했다는 방증은 될 수 있다.

(2) 고대 문헌

수메르, 이집트, 마야 기원 문자의 탄생에서 가장 이른 시기의 고고학적 자료는 모두 기물에 새겨진 인명들이다. 즉 나머(Narmer)와 아조 3세 왕(King 3 Ajaw)과 같은 당시 왕의 이름자가 이집트와 마야에서 출현한 고고학적 증거로서 가장 이른 시기의 문자들이다. 앞서 말했듯이, 양저와 대문구 문화의 개체로 된 도기기호도 인명이나 족명일 가능성이 크지만, 현재 전해지는 전통 문헌 자료와 연계시킬 방법이 없다.

그리고 고대 문헌으로 중국의 상고시대 인명을 증명하려 해도, 고고학적 자료의 부족으로, 거기에 보이는 인명들이 역사 인물인지 신화적 인물인지 확정하기도 쉽지 않다. 고대 문헌에 보이는 상나라 때의 제왕의 이름은 모두 갑골복사에 등장하여, 복사에 보이는 인명 중 상갑(上甲) 이하는 모두 역사적 인물임을 증명할 수 있다. 마찬가지로, 전해지는 전통 문헌에 기록된 상나라의 먼 조상들과 신하, 예컨대 왕해(王亥) 같은 인물의 이름은 갑골복사에도 등장하는데, 이들은 역사적 인물로 보아야 할 것이다. 그리고 전통이 전래 문헌에 기록된 상나라 인물들이라면 대부분 갑골복사로 증명이 가능하다. 그렇다면 고대 문헌에 보이는 하(夏)나라 초기 주(周)나라 인물들도 비록 고고학적 증거자료는 없지만, 그들이 살았던 시간이 초기 상나라 사람들과 겹쳐진다는 점을 고려한다면 결코 허구라고 볼 수만은 없다. 예컨대 복사에 보이는 고조(高祖)에 대해, 왕국유(王國維)는 고조노(高祖夒)이며 그가 바로 제곡(帝嚳)이라 보았다. 『금본죽서기년(今本竹書紀年)』에 의하면, 제곡(帝嚳)은 또 고신씨(高辛氏)라고 불렸으며, 상나라의 시조이다. 갑골 복사에서 를 고조(高祖)라 불렀고, 그에 대한 제사도 매우 성대하게 치러졌다. 갑골문에서 자의 자형 구조에서 강조한 사람의 머리와 손, 몸통, 발 등을 분석해 보면 '노(夒)'자와 극히 비슷하다. 『사기』와 『죽서기년』 등의 고대 문헌의 기록을 나란히 배열해 보면, 제곡(帝嚳)이 살았던 시기는 대략 기원전 2100년쯤 된다. 그래서 당시 제곡(帝嚳)을 ▨라 불렀을 것이라 추정할 수 있다. 바꾸어 말해서, ▨라는 이 그림기호는 기원전 2100년 전쯤 되면 이미 음성과 결합하여 문자가 되었다고 할 수 있다. 갑골복사에는 이외에도 ▨, ▨, ▨ 등과 같은 글자들이 존재하는데, 이들 형태는 ▨와 매우 비슷하다. 이들도 인명일 것으로 보이며, 그중에서도 ▨은 선공(先公)일 가능성이 크다. 갑골문에 등장하는 ▨은 일반적으로 '혈(頁)'자로 인식한다. 『설문해자』에서 '혈(頁)은 머리를 말한다(頭也).'라고 했다. 주목할 만한 것은 문헌에 등장하는 상고시대 인명에서도 '혈(頁)'을 포함한 것들이 많다는 것인데, 전욱(顓頊)도 그렇고 더욱 이른 시기의 창힐(倉頡)도 그렇다. 먼 상고시기에 사람 얼굴이나 사람 머리 그림으로 표현한 이름의 경우, 현재까지 보이는 것 중 ▨와 ▨ 등과 같은 것은 충분히 가능한 예라 할 수 있다. 복사에 등장하는 제사 대상이 된 상나라의 선공(先公)은 약 15명에 이른다. 그중 어떤 사람들은 이후에 전해지는 고대 문헌과도 서로 증명이 가능하다. 예컨대, 복사에서 제사를 받던 대상 중의 하나인 ▨의 경우, 학자들은 이가 바로 고대 문헌에서 말하는 요(堯)라고 보고 있다.

결론적으로, 만약 ▨를 문헌에서 말하는 노(夒)로, ▨를 문헌에서 말하는 요(堯)라고 확정할 수 있다면, ▨, ▨, ▨ 등은 노(夒)와 요(堯) 시기에 이미 존재했으며, 이들은 먼 상고시기 때부터 상나라 때까지 남겨진 한자의 살아 있는 화석이라 할 수 있다. 만약 그렇다면 한자의 존재는 노(夒), 요(堯) 시절까지 올라갈 수 있으며, 그 시기는 대략 기원전 2000년 정도에 해당하거나 그보다 더 이를 수 있다.

### (3) 문자학의 수학적 모델

4가지 기원 문자의 구조 방식을 보면 모두가 의미와 독음이 병존하는 형체-독음(形音) 문자(logograph), 즉 형체부[形符]와 의미부[義符]와 독음부[音符]로 구성된 문자이다. 바꾸어 말해서, 문자는 형체[形]와 독음[音]과 의미[義]의 세 가지 요소를 갖춘 모습이다. 기원전 18세기, 수메르, 이집트 문자의 형체-독음 구조 방식이 갑자기 알파벳식의 문자로 바뀌었다. 이 이후로 한자를 제외하고는 알파벳이 모든 문자의 구조방식으로 자리 잡았다.

오늘날 존재하는 모든 문자들 중, 한자만이 형체-독음 문자로, 여전히 형체와 뜻과 독음의 삼요소를 간직하고 있다. 한자는 상나라 때의 갑골복사에서부터 이후의 금문, 그리고 전서, 예서, 해서를 거쳐 현대 중국의 컴퓨터 문자에 이르기까지 그 전통을 계속 이어가 한 번도 중단된 적이 없다. 이 놀라운 연속성이 우리에게 한자의 기원을 찾아 나설 수 있는 정보를 제공해 줄지도 모른다. 형체와 뜻과 독음의 삼요소를 갖춘 한자 체계에 대해, 일찍이 동한 시대 때 허신(許慎, 약 58~약 147)은 육서(六書) 원칙에 근거해 체계적이고도 전면적인 분석을 진행한 바 있다. 육서는 글자를 만드는 방법이며, 동시에 한자의 구조이론으로, 그 속에 담겨진 형체와 뜻과 독음의 관계 및 그들 간의 비중을 분석하는 방법이다. 육서와 형체와 독음과 의미와의 관계는 다음의 표와 같이 도식화 할 수 있을 것이다.

　　　상형(象形): 형체의 표현을 위주로 함
　　　지사(指事): 의미의 표현을 위주로 함
　　　회의(會意): 의미의 표현을 위주로 함

형성(形聲): 독음과 의미를 함께 중시함
가차(假借): 형체를 빌려서 독음을 표시함
전주(轉注): 의미를 빌려서 독음을 표시함

이 여섯 가지 글자 만드는 방법 중에서 상형과 지사와 회의의 표음성분은 숨겨져 있으나, 형성, 가차, 전주의 표음성분은 드러나 있다. 한자의 발전과 육서의 관계는 [그림 17]과 같이 도식화 할 수 있다.

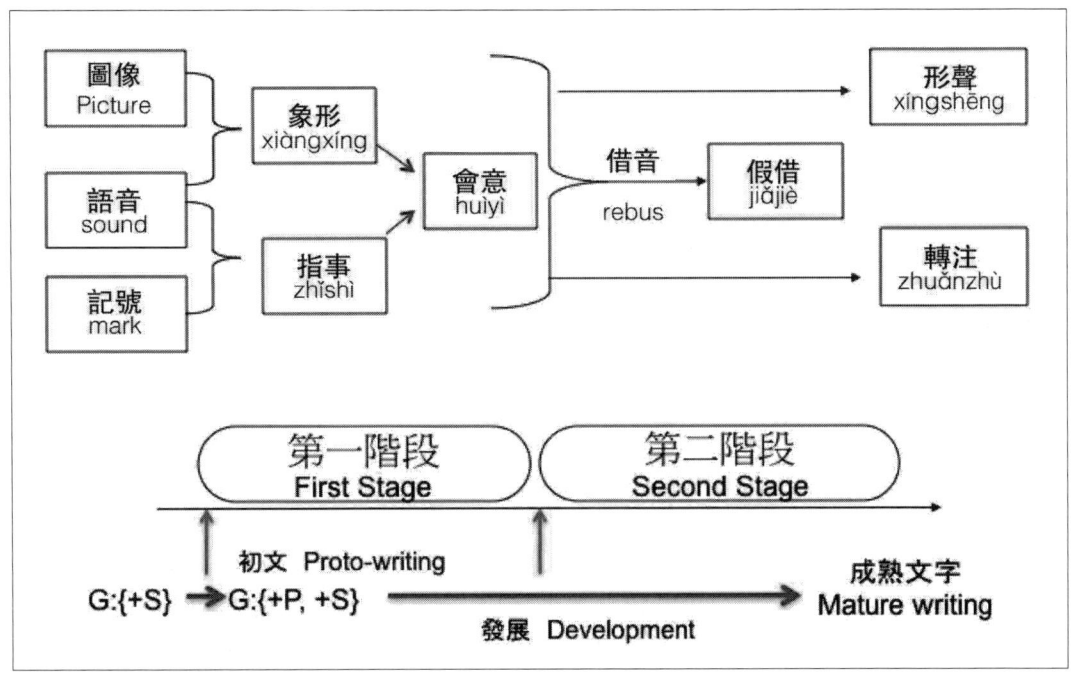

[그림 17] 문자기원발전 과정과 육서(六書)의 관계. 제1단계에서 한자는 독음을 갖고는 있었으나 그 구조에서는 음소기호가 포함되지 않았는데, 이를 '초문(初文)'이라 한다. 제2단계에서는 형성(形聲), 가차(假借), 전주(轉注)를 통해 독음성분을 끌어들여 성숙한 문자 체계로 발전했다.

그림에서 말하는 소위 제1단계는 한자의 기원 단계를 지칭하는데, 상형, 지사, 회의의 세 가지 방식으로 문자를 만들어냈다. 제2단계는 한자체계의 발전을 말하는데, 독음을 드러내는 서로 다른 방식을 이용해 글자의 양을 풍성하게 만들었다.

한자 기원의 시작점은 도상과 음성이 결합한 상형자의 시기에 두어야 할 것이다. 그러나 상형, 지사, 회의는 문자를 만들어 내는데 한계가 있다. 한자의 발전은 오로지 가차, 형성, 전주의 방식에 힘입어 한자의 숫자를 증가시키고 풍부하게 만들 수 있다. 그래서 표음성분(혹은 音素)을 포함한 한자(형성자, 가차자가 대표적)의 숫자가 시간이 흐르면서 늘어나기 마련이다. 구석규(裘錫圭)는 한자 구조의 역사적 발전을 관찰하면서, 다음의 주요한 세 가지 변화를 지적한 바 있다. (1) 형성자의 비중이 점차 상승함. (2) 사용한 의미부가 형체[形符] 중심에서 의미[義符] 중심으로 변함. (3) 기호자(記號字)와 반기호자(半記號字)가 점차 증가함. 그중에서도 형성자 비중의 증가는 한자발전의 주요한 표지이다. 그래서 필자는 한자체계에서 형성자 비중의 증가 현상을 계량화 할 수 있다면 한자의 역사적 변화에 관한 궤적을 그려낼 수 있을 것이라 생각한다. 이러한 변화의 궤적을 따라서 어떤 학자는 한자 기원의 대략적 시기를 추측하기도 한다. 관건은 역대 한자의 자형구조 분석 수치의 질과 양에 있다. 한자의 분석에 필요한 것을 양적인 부분으로 말하자면, 역사적으로 등장했던 상나라 때의 갑골문, 양주 시대의 금문, 전국 때의 죽간, 한나라 때의 간백(簡帛) 등을 포함해야 할 것이고, 질적으로 말하자면, 문자학과 관련된 영역이 확장됨에 따라 갑골문을 포함한 역대 한자들의 자형구조 분석을 포함해야만 더욱 정확해질 것이다. 필자는 이러한 수치가 질과 양적인 측면에서 부단히 발전해 가고 있으며, 수학적 모델을 활용해야만 한자의 비교적 과학적인 기원 시점을 찾을 수 있다고 생각한다.

| 時代 | ~1300 BCE 甲骨文 李孝定 | 1300 BCE 甲骨文 張再興 | 1300 BCE 甲骨文 朱歧祥 | ~1000 BCE 早期金文 祝敏申 | ~800 BCE 西周金文 張再興 | 200 BCE 秦簡 張再興 | 100 CE 東漢說文 朱駿聲 | 1100 CE 宋代 鄭樵 |
|---|---|---|---|---|---|---|---|---|
| 象形 | 23 | 28.3 | 28.99 | | 23.2 | 10.5 | 4 | 3 |
| 指事 | 2 | | 2.99 | | | 2.2 | 1 | 0.4 |
| 會意 | 32 | 45.8 | 46.5 | | 35.1 | 24.6 | 12 | 3 |
| 轉主 | 0 | | | | | | 0 | 1.5 |
| 假借 | 11 | | | | | | 1 | 2.5 |
| 形聲 | 27 | 21.7 | 19.8 | 56.3 | 41.5 | 62.5 | 81 | 90 |
| 音素(%) | 38 | 22 | 20 | 56 | 42 | 63 | 82 | 93 |

[표 3] '육서'에 의한 역대 한자의 구조 분석

[표 3]에서 그간 수집한 육서로 분석한 역대 한자들의 관련 수치들을 제시했다. 표에서는 형성, 가차, 전주의 세 가지 합을 통해 표음성분(즉 음소)을 포함한 한자를 표시했다. 그런 다음 역대 한자 속에 포함된 음소 한자의 백분율을 그와 상응하는 연대와 시간과의 관계를 좌표로 표시해 두었다. 갑골문자의 분석 수치가 학자에 따라 차이가 크기 때문에 [그림 18]에서는 이효정(李孝定, 1918~1997)의 수치에 근거했고, [그림 19]에서는 다시 장재흥(張再興, 1968~ )과 주기상(朱歧祥, 1958~ )의 수치에 근거했다. 이 두 가지 표에 근거해 볼 때 다음과 같은 초보적인 결론을 얻을 수 있다. (1) 한자의 발전은 줄곧 기원 전후에 이르기까지 선형적 발전을 이루었다. (2) 한자의 발전은 기원 이후에 접어들면 이미 정형을 이루었는데, 다시 말해 육서의 비율이 더는 변화하지 않으며, 형성과 가차의 비중이 90% 정도를 차지한다.

그래서 필자는 한자의 발전은 두 번의 질적 변천 단계를 거쳤다고 생각한다. 하나는 음성과 도상이 결합하여 탄생한 상형자, 즉 우리가 말하는 한자 기원의 시작시점(제1단계)이고, 그런 다음 차음(借音)의 방식으로 탄생한 가차와 형성자를 통해 한자 체계(제2단계)로 발전한 것인데, 선형적 발전의 특성을 이용했다. 필자는 [그림 18]과 [그림 19]로부터 한자가 발전하기 시작하여 한자체계로 진입한 시간, 즉 제2단계의 시작 시간대를 확정할 수 있다.

필자가 가정한 제1단계의 한자 탄생과 제2단계의 한자 발전 간의 시간차이가 크지 않다면(십 수 년 혹은 수십 년), 한자 기원의 시작점은 응당 [그림 18]과 [그림 19]로 결정될 것이다. [그림 18]의 선형 방정식에 의하면, 한자의 기원 시점은 2526BCE이고, [그림 1]의 방정식에 의하면 그 시작점은 1977BCE이다.

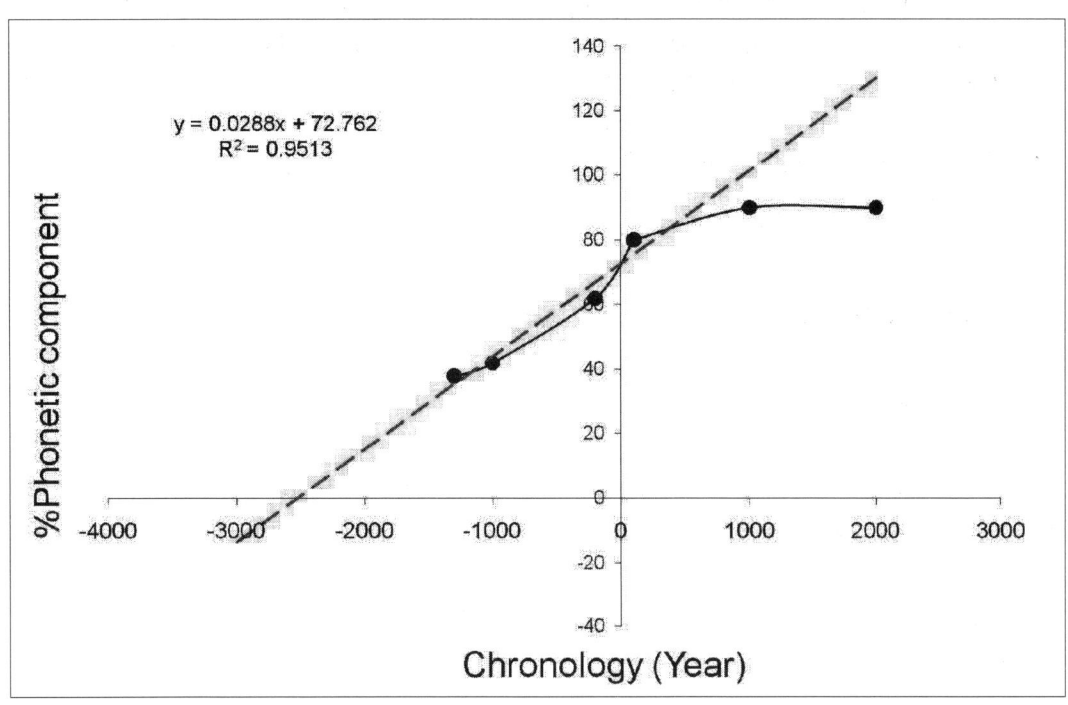

[그림 18] 한자 발전 시스템의 선형 모델(1). 중국어 기반의 독음 구성 요소의 비율은 상나라 때(1300 BCE)에서 동한(100 CE)까지 연대기의 시간적 선형 함수로 증가했다.

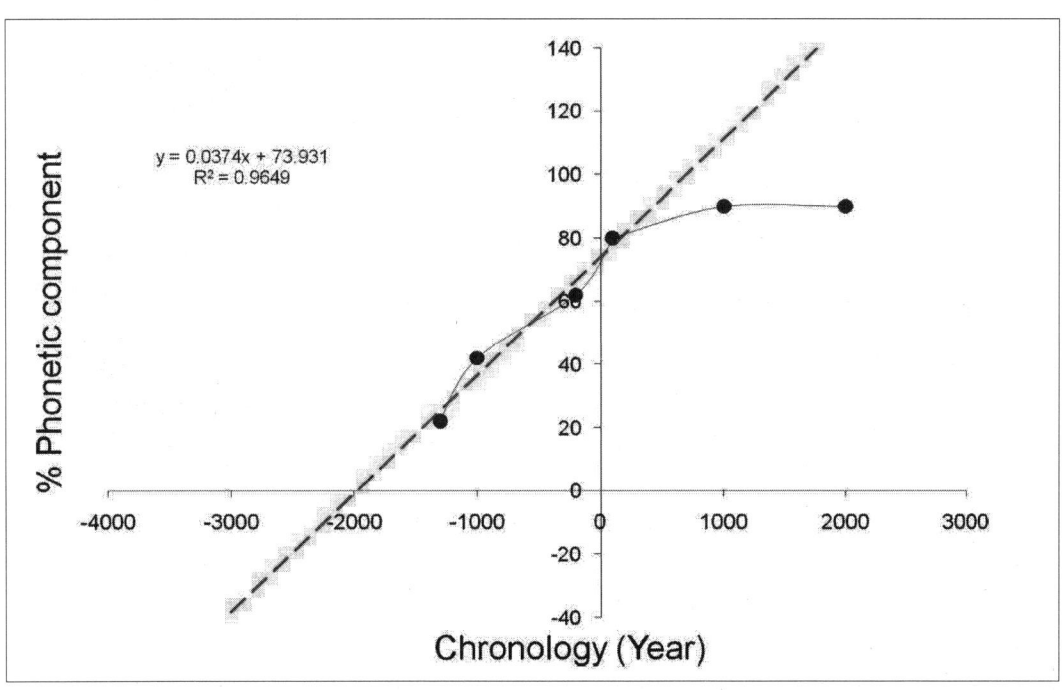

[그림 19] 한자의 선형 발전 모델(2). 서로 다른 데이터 집합이 사용되었지만 한자의 독음 구성 요소의 비율은 여전히 상나라(1300 BCE)에서 동한(100 CE)까지 시간적 순서의 선형 함수로 증가했다.

이렇게 볼 때, 갑골 문자의 자형구조 분석이 한자 기원의 시간을 확정하는데 결정적인 요소임을 알 수 있다. 요효수(姚孝遂, 1926~1996) 등과 같은 다른 학자들의 갑골문 속에 포함된 가차자의 통계를 사용한다면 우리는 [그림 18]과 같은 시작점을 채택할 수 있을 것이다. 만약 앞서 기술한 고고학 및 문헌 자료를 고려한다면 한자 기원의 시작점을 기원전 2500년 전후로 잡을 수 있는데, 이 연대가 각종 수치에 근거한 가장 합리적인 계산이라 할 수 있다.

## 4. 4종 기원 문자의 구조

### 4.1 수메르 문자

수메르 문자에서 최초로 사용되었던 형체기호의 상형성은 매우 높았다. 그러나 진흙판과 갈대 줄기를 필사도구로 사용하였던 탓에 기원전 2400년의 수메르 문자는 이미 추상적으로 변했다[그림 20A].

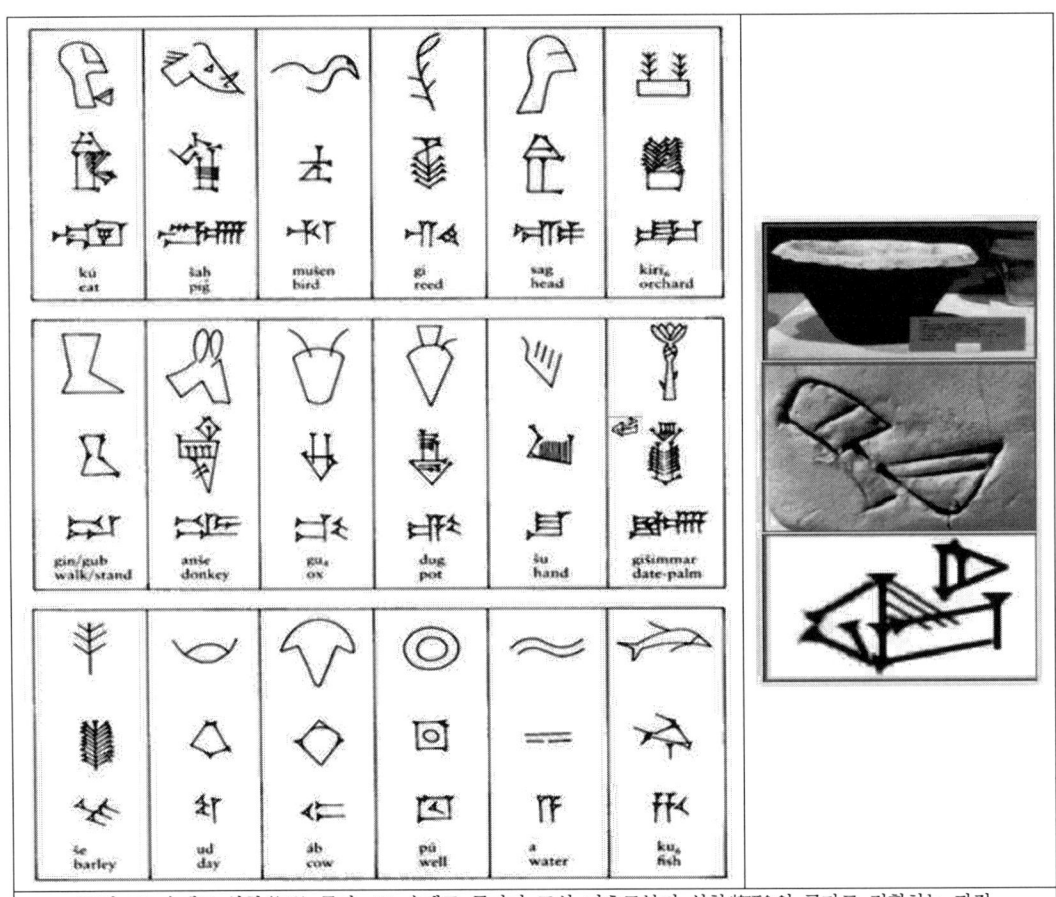

[그림 20] 수메르 설형(楔形) 문자. (A) 수메르 문자가 도상 기호로부터 설형(楔形)의 글자로 전환하는 과정. (B) 의미를 결합하는 방법[會意法]에 의해 글자를 만들어 내는 방법의 예시. 그릇(a)과 사람 머리를 결합하여 '먹다'(b)는 글자를 만들어 냄. 이를 45°로 회전시켜 만든 설형(楔形) 문자.

상형으로 된 형체기호 외에도, 수메르 문자는 회의와 유사한 방식으로 글자를 만들어냈다. 예컨대 구성성분인 '머리[頭]'에다 구성성분인 '사발[碗鉢]'을 더하여 새로운 의미부인 '먹다[吃]'는 글자(🍴)를 만들어냈다[그림 20B]. 수메르 문자는 기원전 2800년 전후가 되면, 이미 특정한 형체기호를 갖고서 음절기호를 대신해 사용하게 된다. 예컨대 '보리'를 기원전 3000년에는 ⋙라고 썼고, 'še'(xie와 비슷하게 읽힘)라고 읽었는데, 이후 '보리'와는 관계없이 'še'라는 독음 기호로 사용되었다. 독음기호의 발명은 구어(말) 속의 문법적 요소를 구체적 문자로 표현 가능하게 만들었고, 문자와 구어의 결합을 촉진했다. 수메르 설형 문자가 상형으로부터 180도 뒤바뀌어 추상화하는 과정을 다음과 같은 예로써 표시할 수 있다.

하나는 기원전 3200년경에 '머리[頭]'를 표현하는 그림기호인데, 기원전 1000년에 이르면 이미 원래의 모습을 알아보기 어렵게 변했다. 수메르 문자가 극도로 설형화 한 것이 아마도 중동의 다른 문자들이 독음기호화 하게 된 주요한 원인의 하나일 것이다.

### 4.2 이집트 문자

이집트 문자는 처음에는 형체-독음 문자였다. 그러나 기원전 2700년쯤 해서 일부 형체기호가 독음기호로 분화하기 시작했으며, 24개의 단자음기호(1-consonant sign, 혹은 이집트 자모라 부름)와 70여 개의 복자음기호(2-consonant sign) 및 삼자음기호(3-consonant sign)를 형성했다. 비록 이론적으로 이집트 문자는 완전한 알파벳 방식으로 표현을 할 수 있다지만, 그러나 줄곧 형체-독음이 병존하는 형식을 보존해 왔다. 의미를 나타내는 형체기호를 결정적 기호(界定符, determinative)라 부른다. 예컨대 '젊은 미인'(靚女, the nubile young woman)을 고대 이집트 문자에서는 이렇게 쓴다.

이는 5개의 그림기호로 구성되었는데, 왼쪽의 ☥는 3개의 자음으로 된 독음기호로 'n-f-r'이라 읽힌다. 중간에 있는 3개의 그림기호 중 위의 2개는 단자음기호인 'f'와 'r'이며, 아랫부분은 독음기호로 't'로 읽히는데, 이는 이 글자가 여성임을 나타내주는 문법소 기능을 한다. 오른쪽의 그림기호는 결정적 기호[界定符]로 이 글자가 젊은 여자를 가리킴을 결정한다. 그래서 왼쪽부터 중간까지의 재구음은 'n-f-r-t'이고, 'neferete'라 읽는다. 뜻은 열 서너 살 되는 꽃다운 여자를 말한다.

또 '떠나다[離開]'라는 뜻을 가진 동사를 이렇게 썼다.

이 역시 3개의 그림기호로 구성되었다. 왼쪽 윗부분의 기호는 집을 그렸는데, 여기서는 복자음 기호로 'p-r'로 읽힌다. 왼쪽 아랫부분의 기호는 입을 그렸는데, 형체기호로 쓰일 때에는 '입[嘴]'을 뜻하며, 'r'로 읽히고, 독음기호로 기능할 때에는 알파벳 'r'로 쓰인다. 여기서는 독음기호로 쓰였고, 왼쪽 2개의 기호가 이 글자에서는 표음 기능을 한다. 오른쪽의 그림기호는 두 다리로 걸어가다는 뜻인데, 이 부분이 결정적 기호[界定符]이다. 그래서 글자 전체는 '나가다'나 '떠나가다'는 의미를 나타낸다. 신성체 문자의 특징은 형체기호든 독음기호든 관계없이 그 상형정도가 매우 높아 글자와 글자 간의 구분이 분명하지 않고, 각 개별자의 길이도 일정치 않아, 독음기호나 부가기호 얼마인 것을 보고서 결정된다는데 있다. 예컨대, [그림 21]에서 나타내는 첫 번째 행은 거대 이집트 무덤에서 나온 기도문 벽화인데, 모두 8개의 이집트 문자로 구성되었다.

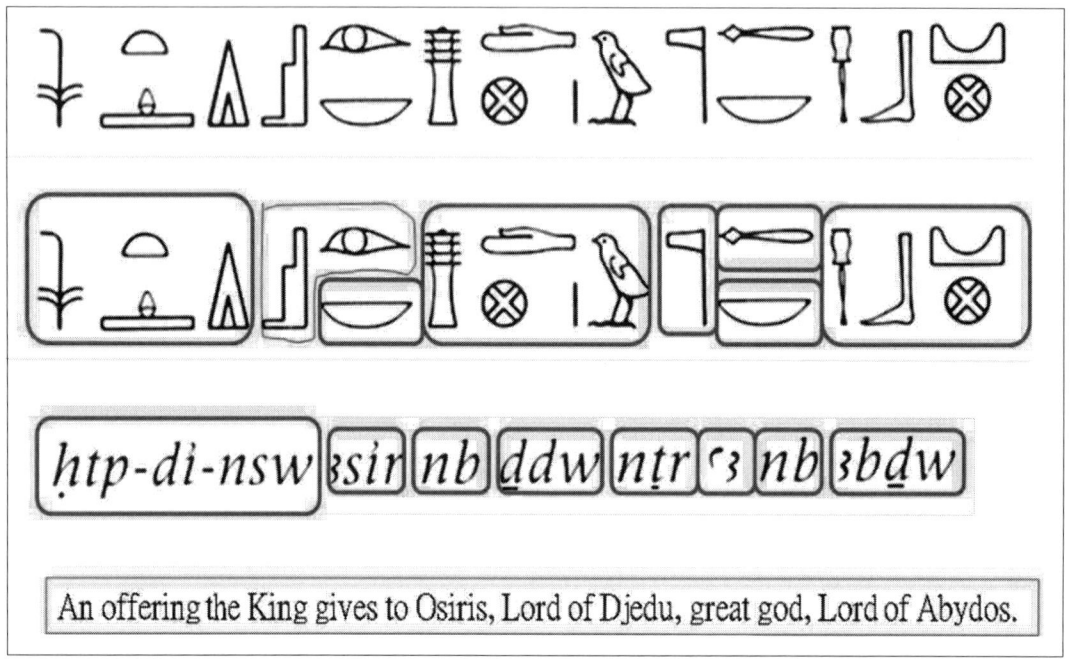

[그림 21] 기원전 1900년쯤의 지위가 높고 귀한 'Amenemhet'의 무덤에서 가져온 석비 상에 새겨진 기도문. 첫 번째 줄은 신성체로 기록된 원문이고, 두 번째 줄은 신성체로 조합한 8개의 글자이며, 세 번째 줄은 이를 추정한 고대 이집트의 독음이며, 마지막 줄은 이의 영어 번역이다.

두 번째 줄은 네모 테두리를 사용해 이 8개의 글자가 어떻게 구분되는지를 표시했고, 세 번째 줄은 추정한 재구음이며, 네 번째 줄은 이의 영어 번역이다. 대체적인 뜻은 이렇다. '왕께서 제물을 'Osiris'에게 올립니다. 'Djedu'의 주인이시여, 위대한 신이시여, 'Abydos'의 주인이시여!'

### 4.3 마야 계열 문자

고전기의 마야 문자를 대표하는 미주 지역의 고대 문자 체계는 음절을 포함한 형체-독음문자(logosyllabic writing)이다. 이론적으로는 30개의 음절기호만 있으면 마야 구어를 전사하는데 문제가 없다. 그러나 그 원인에 대해서는 더 깊은 연구가 필요하겠지만 마야 문자는 시종 순수한 알파벳의 독음기호 문자로 변하지 않았다. 마야 문자는 독음기호와 형체기호가 포함된 글자 기호(glyph)를 서로 다른 방식으로 조합하여 만든 블록 문자(glyph block)이며, 이러한 블록 문자는 조합되어 문장을 이룬다. [그림 22]는 각각의 블록 문자의 크기가 비슷하며 네모꼴에 가까움을 보여준다. 또 1개의 글자 기호가 주요기호(main sign)가 되고 그 주위 사방에 다른 글자기호들이 부가되어 있다. 이들은 위치에 따라 전철(前符, prefix), 후철(後符, postfix), 상철(上符, superfix), 하철(下符, subfix)로 불린다. 어떤 경우에는 주성분[主符] 속에 다시 내철(內符, infix)이 추가되기도 한다. 일반적으로 말해서, 주성분은 통상 형체기호나 의미기호가 되고, 부가성분은 표음이나 문법적 성분을 나타낸다.

[그림 22]

예컨대, 위의 예에서 첫 번째 구성성분 'CH'AM'은 형체기호인데, 손으로 무엇인가를 쥔 모습이다. 두 번째 구성성분은 여기에다 아래쪽에 하철 'm(a)'를 더해 독음이나 전체 글자가 독음기호로 쓰였음을 나타낸다. 세 번째 구성성분에는 전철(前符) 'u'를 더했는데 3인칭인 그나 그녀를 지칭한다. 또 하철(下符)인 'wa'를 더해 이 글자가 동사로 쓰였음을 나타냈다.

마야 문자의 구성성분은 1500종 이상에 이르며, 1개의 글자 기호가 종종 여러 개의 독음을 가지며, 1개의 음절은 다시 여러 개의 글자 기호로 표현된다. 여기에다 하나의 블록 글자는 서로 다른 글자 기호를 서로 다른 방식으로 조합하고 있으며, 필사법도 다양하여 실제로는 매우 복잡한 양상을 띤다.

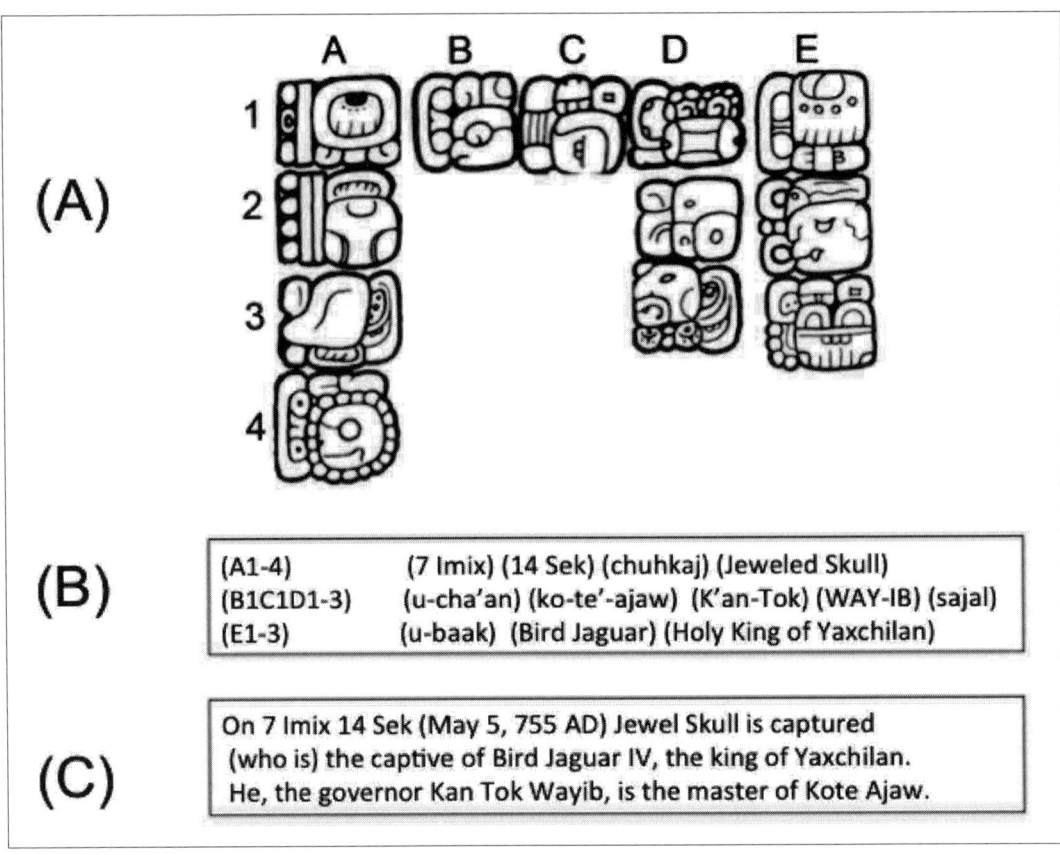

[그림 23] 'Yaxchilan Lintel 8'에 새겨진 마야 문자. (A) 12개의 마야 문자가 3단락으로 나뉘어져 있다. (B) 학자들이 추정 재구한 마야어 독음인데, 각각의 괄호가 하나의 블록 문자를 대표한다. 첫 번째 단락과 세 번째 단락의 인명의 독음은 아직 확정하지 못했다. (C) 이의 영어 번역이다.

　　[그림 23]은 'Yaxchilan Lintel 8'의 부조 물에 새겨진 마야 문자인데, 12개의 마야 문자가 3단락으로 나뉘어져 있다. 즉 블록 글자 A1부터 A4까지가 첫 번째 단락이고, 블록 글자 B1, C1, D1, D2, D3가 두 번째 단락이고, 블록 글자 E1, E2, E3가 세 번째 단락이다. 이 12개 글자의 아랫부분에는 학자들이 추정 재구한 독음과 영어 번역문을 첨부했다. 대략적인 뜻은 이렇다. '7 Imix 14 Sek이라는 이 날, Yaxchilan 왕 Bird jaguar(새 재규어라는 뜻이다)께서 적의 우두머리 Jewel Skull을 포로로 잡으셨다. 왕의 신하 Kan Tok Wayib이 적의 우두머리인 Kote Ajaw의 주인이 되었다.'

## 5. 결론

음성(시간의 점유)과 도상(공간의 점유)은 평행적으로 대립하는 인류의 두 가지 교류방식이다. 인류의 소통과 교류는 주로 청각 인지언어에 기대지만, 시각 변별 도상기호에도 기댄다. 인류가 사용한 구어는 10만 년의 역사를 갖고 있지만, 도상을 사용한 역사는 3만 년에 지나지 않는다. 문자의 탄생은 이러한 교류 방식의 교집합의 결합을 상징한다. 기원 문자의 탄생과 발전 및 성숙 과정은 다음의 몇 가지 단계를 포함한다. (1) 상고 시기의 도상 혹은 기호를 이용하여 기사와 소통하던 단계인데, 동일문화권의 공통 인식의 기초 하에서, 부분적인 도상기호는 고정된 그림기호로 발전했다. (2) 부분적인 그림기호가 특정한 독음과 결합하여 시초 문자(protowriting)를 탄생시켰다. (3) 시초 문자는 말과 비교적 밀접하게 결합한 성숙된 문자로 발전하였다. 문자탄생 단계에서, 문자는 아직 구어와 밀접하게 결합하지 못했다. 그래서 이 단계의 문자를 '시초 문자'라 부른다. 하나의 그림기호가 그것이 함유한 특정한 독음을 대표한다면, 이는 하나의 시초 문자로 볼 수 있다. 그래서 최초로 탄생한 문자(즉 시초 문자)는 아마도 인명이나 지명이나 물명을 나타냈을 것이다. 부분적인 그림기호가 분화하여 독음기호로 사용되어 문법을 나타내거나 가차되어 독음을 표시하는데 쓰일 때, 문자는 비로소 구어와 비교적 밀접하게 결합하여 성숙한 문자로 발전했다고 할 수 있다. 학자들의 논의와 추정에 의하면 수메르, 이집트, 마야 등 고대 문자의 기원의 시작점에서 사용되었던 방식은 모두 고고학적 유적지에서 발견된 그림기호가 표음 기능을 갖고 있었느냐의 여부를 결정하는데 있었다. 만약 이러하다면, 해당 그림기호는 문자라 할 수 있다. 이에 근거한다면, [그림 6A]에 보이는 도자기 항아리에는 하나의 그림기호만 존재하지만, 해당 그림기호는 파라오의 이름임을 확정할 수 있다. 그것이 사람의 이름을 뜻한 것이라면 그에 수반되는 독음이 분명 있었을 것이다. 그래서 당시의 독음이 무엇이었는지는 고증할 수 없지만 기원전 3200년 쯤 해서 이집트에서 이미 시초 문자가 출현했다고 볼 수 있다. 이러한 준거에 근거해 본다면, 수메르 문자에서 최초의 고고학적 증거는 숫자, 실물, 인명을 새긴 진흙 판인데[그림 2], 설사 당시의 독음을 알지는 못한다 하더라도 이러한 것들이 이미 형체-독음이 서로 결합한 문자임을 추정할 수 있다. 마찬가지로, 학자들은 메조아메리카의 올멕-마야 문자체계도 기원전 600년까지 거슬러 올라갈 수 있다고 한다.

한자의 기원에 관해서는, 갑골문이 이미 발전한 성숙한 문자체계이지만, 한자가 은상 이전에 상당히 긴 탄생과 발전과정을 거쳤는지에 대해서는 현재까지 잘 알 수가 없다. 최근 수십 년 동안의 고고학적 발굴과정에서 도기에 새겨진 그림기호들이 많은 문화 유적지에서 출토되었다. 예컨대, 가호(賈湖), 쌍돈(雙墩)으로부터 정공촌의 도기기호에 이르기까지, 시간적 간격은 약 4천년에 이른다. 각각의 문화유적지에 보이는 도기기호의 기능에 대해서, 그 내재적, 외재적 관계, 시간의 선후 관계, 그리고 이러한 각획기호가 문자인지, 또 한자의 전신인지 등은 중요한 연구 과제이다. 도기기호와 한자의 기원에서 관건적인 부분은, 이러한 각획기호가 어떤 조건 하에서 그것들이 문자적 기능을 갖추었음을 증명할 수 있을 것인가에 있다. 대문구의 도기 항아리에 대해, 학자들은 일찍부터 그 그림기호가 회색 도기의 커다란 아가리 바깥벽의 복부 위쪽에 새겨졌고, 어떤 경우에는 붉은색을 칠해 넣었으며, 자형구조의 위치가 상나라 때의 청동기 명문과 유사함에 주목했다.

커다란 아가리를 가진 도기 항아리는 대형과 중형의 무덤에서만 발견되는데, 이는 도기 항아리의 무덤 주인의 신분에 관한 기능을 갖고 있었음을 말해준다. 어떤 각획기호는 두세 개의 그림기호로 구성되었음이 분명하며, 이미 회의(會意)의 구조적 원칙에도 부합하고 있다. 이외에도, 동일한 각획기호가 100킬로미터 떨어진 다른 유적지에서도 출토되었는데, 이는 각획기호가 이미 공통의 인식을 갖고 있었으며, 특정의 정보를 전달하는 기능을 갖고 있었음을 말해준다. 대문구의 도기 항아리에 새겨진 각획기호를 이집트 초기의 도기 항아리에 새겨진 당시 왕의 이름을 표현한 그림기호와 대조해 보았을 때, 만약 대문구의 각획기호가 인명이나 족명 혹은 신의 이름을 표현한 것이라면, 이미 독음을 갖추었을 것이고, 그렇다면 이는 시초 문자의 조건에 부합하게 된다. 이런 잣대로 본다면, 양저 문화의 몇몇 각획기호, 특히 대문구와 비슷한 각획기호들도 마찬가지로 시초 문자로 보아야 할 것이다. 고대 문헌에 기록된 몇몇 삼대(三代)의 상고 시기 인물의 이름자도 상나라 때의 복사에 보인다. 예컨대, 🔡, 🔡, 🔡 등은 이러한 갑골 문자들이 아마도 이러한 인물들이 세상을 살았던 시기(기원전 2200~기원전 2000년 전후)의 이름이라 추정할 수 있다. 그래서 고고학 및 문헌 자료의 추론에 근거할 때, 한자는 적어도 기원전 2000년 이전에는 탄생했다고 추정할 수 있다.

한자발전에서 보이는 연속성의 경우, 역사적으로 서로 다른 시대의 한자의 자형구조 분석 자료를 수학적 모델을 가져와 한자기원의 시간을 추정하는데 활용할 수 있다. 갑골 문자의 자형구조 분석에 대한 제가들의 차이를 고려하여, 필자는 이효정(李孝定)의 수치를 활용하여 [그림 18]에서처럼 얻은 방정식으로 한자의 기원이 기원전 2500년보다 더 늦지는 않을 것이라 추정했다. 이러한 논증은 기본적으로 고고학적 자료 및 문헌자료에서 추정한 시간적 범위에 부합한다.

문자기원의 논의에서는 일반적으로 점진적인가 돌발적인가에 관한 모델이 존재한다. 수메르, 이집트 문자의 탄생은 그림기호로부터 시초 문자의 출현까지, 매우 짧은 시간을 경과했다. 그래서 학자들은 그 문자의 탄생이 돌발적이었을 것이라 추정한다. 한자에 있어서도, 만약 한자의 탄생 시점이 기원전 2500년 전후라면, 그림기호로부터 시초 문자에 진입하기까지 무려 2천 년이라는 긴 시간이 존재한다. 배태 시기가 이렇게 길다고 한다면, 한자탄생은 당연히 점진적인 모델에 속할 것이다. 이외에도 이집트와 수메르 문자의 경우, 하나는 나일 강 유역에 있고, 하나는 티그리스 강과 유프라테스 강 유역에 있었는데, 이들 문자 탄생의 시작지점은 아마도 단일적인 것이었을 것이다.

이와 비교해 볼 때 황하, 장강, 회하 등 3대 강의 광활한 유역에 분포한 수많은 문화유적지에서 모두 그림기호로 된 도기기호가 탄생했다. 그래서 한자 탄생의 지리적 배경은 수메르, 이집트에 비해 훨씬 복잡하다. 상고시기의 중국에서는 아마도 몇 가지의 시초 문자가 탄생하여 존재했을 것이다. 정공촌의 도기기호, 고우 용규장의 남탕(南蕩) 문화의 도기기호에는 각기 11개와 8개의 도기기호가 병렬되어 존재했는데, 이는 아마도 한자와는 다른 어떤 시초 문자였을 것이다. 3대 강 유역에 존재하는 몇 가지 상고 시대의 시초문자는, 서로 격동의 과정을 거치면서 혹은 도태되고 혹은 융합되면서, 결국에는 이후의 성숙한 갑골 문자로 출현했으며, 우리가 잘 아는 한자로 발전했을 것이다.

이러한 가설에 근거한다면, 한자의 탄생은 다원적이어야 할 것이며, 그 탄생과 발전과정에서 경험한 길은 이집트나 수메르 문자와는 매우 달랐다. 문자탄생의 논의에서 존재하는 또 다른 하나의 과제는 기원 문자를 탄생시킨 주된 동력에 대한 분석이다. 지금까지 알려진 자료에 근거한다면, 제로 왕조 시기, 파라오가 상하이집트를 통일하여 통치하게 된 일은 고대 이집트에서 경천동지할 만한 커다란 사건이었는데 이는 왕권이 이집트 문자탄생의 동력임을 보여준다. 수메르 문자탄생의 동력은 아마도 상업행위 및 행정관리였을 것이다. 올멕-마야 문자의 탄생도 아마 도시국가의 왕권과 관련 있을 것이다. 한자의 탄생이 만약 다원적이라면 중국의 삼대 강 유역에서 각기 달리 탄생한 여러 가지 시초 문자의 동력이 도대체 무엇이었는지에 대해서도 더 깊은 연구가 필요하다.

## 6. 참고자료

(1) 이 논문은 필자의 다음의 2편의 논문을 수정 보완해 작성되었다.
陳光宇: 「試論漢字起源定點與世界古文字溯源比較」, 『文博』 2008年 第4期, 26~34쪽.
陳光宇: 「世界四種古文字的起源時空與文字結構」, 『古文字研究』 2008年 第27輯, 1~15쪽.

(2) 기원 문자에 관한 논의에 참고한 자료들은 다음과 같다.
Stephen Houston(edit), *The First Writing-Script Invention as History and Process*, Cambridge University Press, 2004, pp.1~417.
拱玉書, 顔海英, 葛英會: 『蘇文爾, 埃及及中國古文字比較研究』, 科學出版社(2009年版), 1~352쪽.

(3) 고대 이집트, 고대 마야 문자에 관한 입문서
Michael D. Coe and Mark van Stone, *Reading The Maya Glyphs*, Thames & Hudson Ltd., London, 2001, pp.1~176.
Mark Collier and Bill Manley, *How to Read Egyptian Hieroglyphs*, University of California Press, Ltd., 1998, pp.1~179.

# 역자 후기

1999년 8월, 갑골문 발견 100주년 기념 학회가 열렸을 때 역자는 갑골문 출토지 안양(安陽)을 처음 방문했다. 갑골문이 출토된 곳을 난생 처음 직접 방문했다는 감격, 그리고 책에서만 볼 수 있었던 갑골학의 세계적 대가들을 한자리에서 직접 뵐 수 있는 축복에 학회 기간 내내 흥분에 차 있었다. 중국의 이학근(李學勤), 이포(李圃), 구석규(裘錫圭), 왕우신(王宇信), 임운(林澐), 홍콩의 요종이(饒宗頤), 대만의 뇌환장(雷煥章), 동옥경(董玉京), 일본의 이등도치(伊藤道治), 송환도웅(松丸道雄), 아십철차(阿辻哲次), 캐나다의 겐이치 타카시마(高嶋謙一, Ken-ichi Takashima), 미국의 사라 알란(Sarah Allan), 프랑스의 르두안 자무리(Redouane Djamouri) 교수 등이 참석하셨다. 3300년 전 생산되었다가 겨우 100년 전에서야 처음 세상에 존재를 알린 갑골문의 고향, 그곳에서 이 많은 학자들을 한자리에서 뵐 수 있었으니, 그 감동을 어떻게 말로 다 표현할 수 있었겠는가?

은허의 궁전과 종묘 유적지를 구경하고, 그곳을 에워싸고 흐르는 원수 강가를 거닐면서 '올해 풍년이 들까요?', '이 상나라 도읍에 홍수가 날까요?'라며 점복을 쳤던 당시의 갑골문에 기록들을 상상했다. 황토 사이로 간혹 드러나 보이는 도기 파편을 주워들고, 곳곳에 잔재한 유적지를 둘러보면서 이들의 의미를 하나하나 자세히 설명해 주시던 여러 석학들의 모습은 아직도 기억에 선하다. 그 때 왕우신(王宇信) 교수께서 갑골문 발견 100주년을 기념하여 그간의 연구사를 집대성한 『갑골학 일백년』을 직접 주시면서 한국에 번역할 수 있으면 좋겠다는 말씀을 하셨고, 돌아와 시작한 이의 번역이 역자와 갑골문을 더는 떨어질 수 없도록 만들었다. 그것의 번역을 계기로 역자는 갑골문으로 대표되는 초기 한자, 그 배후에 녹아 있는 문화성을 연구하게 되었고 그 매력에 한없이 빠져들고 말았다.

지금은 갑골문 연구가 이미 우리의 상상을 넘는 인기 있는 세계적인 학문이 되었다. 특히 중국이 세계의 중심으로 부상하면서 중국의 역사와 문화는 세계인들이 꼭 알아야 할 상식이 되었고, 중국 역사와 문화의 출발점인 갑골문은 세계인이 주목하는 핵심 주제가 되었다. 단순히 중국의 힘 때문만은 아니리라. 인류가 발명한 가장 훌륭한 도구의 하나인 문자, 그중에서도 한자는 특별한 지위를 갖고 있고, 인류를 지혜롭게 살게 했고 또 무한한 상상력을 제공해주는 은혜로운 존재라는 점도 한몫을 했을 것이다.

그 후로 왕우신 교수님은 한국을 특별히 좋아하셔서 한국에도 자주 오시고 우리 연구소에서 강연도 하시고 역자의 연구실까지도 여러 번 다녀가셨다. 80세의 산수(傘壽)를 넘기신 나이임에도 여전히 왕성한 저술활동을 하고 계시는 선생님, 몇 년 전 선생님의 초청으로 산동성 치박(淄博)시 고청(高青)에서 열린 주나라 초기 유적지 발굴 관련 국제학술대회에서 이 책의 저자 장광우(張光宇) 교수님을 뵈었던 것으로 기억한다. 공동저자 송진호(宋鎮豪) 교수도 학회에서 여러 번 뵌 적이 있다. 갑골문 자료를 활용한 상나라 사회사 연구에서 최고의 학자이시다. 예리한 분석과 정확한 판단, 매사에 대단히 적극적인 혈기 왕성한 분이다. 그러다 시간은 흘러 작년 초에 선생님께서 서구학자들에게 갑골문 해독 능력을 기르기 위한 책을 갑골문 발견 120주년을 기념하여 출간하였다고 보내오셨다. 이를 보는 순간 갑골학을 독학할 수 있는 최적의 책이라 생각되었다. 한국의 독자들을 위해 소개하기로 마음먹었고, 선생님과 출판사의 허락을 얻었다.

갑골문은 한자학에서 가장 기초이자 출발점이 되는 부분이다. 그래서 중국도 그렇고 한국도 일본도 서구도 한자학을 제대로 배우기 위해서는 갑골문의 이해와 해독이 필수적이다. 그래서 중국을 비롯한 여러 나라에서 갑골문 해독 과정이 개설되었다. 우리 연구소에서도 재작년에 시민강좌로 갑골문 해독 반을 개설했었는데 뜻밖의 큰 호응을 얻었다. 자유로운 시민강좌이고 한 학기 내내 이어지는 긴 강의였는데도 멀리 서울과 대구 등지에서까지 참여해 갑골문에 대한 관심도를 확인하게 해 주었다.

갑골문이 출토된 이후 비약적인 연구가 되었고 현대한자와도 상대적으로 연결성이 높다고는 하지만, 무려 3300년 전의 초기 단계 한자인터라, 그런 자료를 짧은 시간 내에 직접 보고 해독하며 풀어내는 능력을 키운다는 것은 여간 어려운 일이 아니다. 그간 이러한 능력을 배양해 줄 갑골문 해독을 위한 교재가 많지는 않았지만 그래도 몇몇 중요한 출간은 있었다. 중국에서는 왕우신 교수님의 『갑골문정수해역(甲骨文精粹解譯)』(운남인민출판사) 등의 책이 나왔고, 한국에서도 양동숙 교수님의 『갑골문해독』(이화출판사)이 출간되어 이러한 갈증을 풀어주고 있다.

그럼에도 진광우 교수의 이 책은 기존의 책과는 다른 장점을 많이 갖고 있다. 한자문화권 독자가 아닌 서구권 독자를 대상으로 하였기에 무척이나 친절하게 관련 내용들을 설명하고 있고, 또 서구 학문의 장점인 체계성과 과학성을 담보하여 치밀하게 설계되었다는 점이 무엇보다 돋보인다. 한자에 훨씬 익숙한 우리들이지만 서구에서 출간된 관련 책들을 보면 더 쉽게 이해되고 유용함이 많다고 느껴지는 것은 바로 이러한 점 때문일 것이다. 이것이 이 책을 한국 독자들에게 소개하게 된 가장 큰 이유이다.

그 외에도 이 책이 갖는 장점을 좀 더 구체적으로 소개하면 다음과 같다. 우선, 갑골 편의 선정에서도 세밀한 의미를 부여했다. 갑골문 발견 120주년을 기념하여 120편을 선정했다. 물론 이들이 많지 않은 숫자로 제한적이라 할 것이다. 그러나 갑골문을 익힐 형식은 물론 상나라의 중요한 문화를 반영한 내용을 두루 고려하여, 체계와 사료라는 언어학적 역사학적 의미를 갖는 대표적인 자료들을 뽑아 단계적으로, 순차적으로 배치했다는 점은 큰 미덕이다. 둘째, 개별 갑골 편에 대해서도 제목, 원래의 탁본, 전자화 된 폰트로의 전사, 현대 한자로의 대역, 해석, 대강의 내용, 개별 글자에 대한 상세한 해설, 그리고 연습문제까지 제공하고 있다는 점도 눈여겨보아야 한다. 이는 갑골문 학습자들이 가장 빠른 시간 내에 다른 전문가의 도움 없이도 스스로 전문적 영역으로 들어갈 수 있는 좋은 길잡이가 될 것이다. 셋째, 갑골문 해독과 상나라 역사에 대한 이해를 돕기 위해 제공한 다양한 부록도 큰 장점이다. 즉 (1) 출현하는 글자/어휘의 목록표, (2) 간지표와 60주기 배합표, (3) 상왕의 계통표, (4) 상나라 제사 주기에 대한 목록표, (5) 갑골문 이해에 필요한 개략적 해설, (6) 참고문헌, (7) 세계 4대 기원 문자에 대한 최신연구 성과 등 총 7가지의 부록을 제공하고 있는데, 모두 매우 유용한 자료들이다. 특히 공을 들여 만든 500개의 개별 한자/어휘 목록 표는 갑골문을 학습하는데 더없이 유용한 자료가 될 것이다. 이들 갑골문만 제대로 익혀도 훌륭한 갑골문 이해자로 들어설 수 있는 길이 열릴 것이다. 게다가 한자의 특징과 기원 등을 세계의 나머지 3대 기원문자, 즉 수메르 문자, 이집트 문자, 올멕-마야 문자 등과 연관해서 상세히 설명한 저자의 최신 연구 성과도 주목할 만하다. 인류문명의 최고 발명품의 하나라고 할 문자의 기원과 속성을 세계 4대 문명이라는 비교적 시각에서 과학적으로 접근하여 한자의 발생과 특징을 설명해주고 있기 때문이다. 넷째, 신중하고도 과학적인 학문적 태도를 견지하고 있다는 점이다. 복사가 의문문인가에 대한 복사의 본질적 문제를 비롯해 개별 한자의 해독과 해설에 대해서도 보편적으로 통용되는 합리적 해설을 채택하면서도 다양한 견해를 함께 인용하여 다른 의견을 배제하지 않음으로써 독자들로 하여금 창의적 생각을 할 수 있는 여지를 열어두었다. 나아가 갑골문에 등장하는 임금의 재위 순서를 잘 알아볼 수 있도록 'K(혹은 PK)+숫자'의 형식을 사용하여 그 왕이 상나라 역사에서 어느 정도의 순서에 자리하는지를 가늠케도 하였다. 또 현대인들에게는 익숙하지 않은 60간지의 해당 간지를 '신축(제38일)'의 식으로 표기하여 해당 날짜수를 병기함으로써 시간의 흐름을 잘 이해하도록 하였다. 조그만 것이라고 할지라도 독자의 입장을 헤아린 대단히 세심한 배려가 아닐 수 없다.

내용의 질적 담보에도 큰 공을 들였다. 공동 저자로 참여한 송진호(宋鎭豪) 교수는 앞서 말했듯 중국사회과학원 소속으로 갑골문 사료를 활용한 상나라 사회사 연구의 최고 권위자이다. 뿐만 아니라 편찬 과정에서 많은 자문을 구한 임운(林澐) 교수는 갑골문 해독에서 최고 권위가라 할 만한 분이다. 이렇듯, 여러 전문가들과의 협업을 통해 해설의 전문성과 권위성을 가능한 높였다고 할 수 있다.

이러한 장점 때문인지 2017년 책이 발간되자마자 중국에서도 상당한 주목을 받았고, 2021년 6월에는 프랑스국가과학원 동방언어연구소에서 프랑스어 번역판이 출간되었다. 원래는 한국어 번역판도 프랑스어 번역판과 함께 동시에 동서양에서 '갑골문 발견 120주년 기념'을 축하하려 했으나 역자의 게으른 천성 탓에 일정이 지연되어 기회를 놓치고 말았다. 아쉽고 저자께 송구한 부분이 아닐 수 없다.

한국은 중국을 제외하면 한자를 사용한 역사가 가장 긴 나라이다. 우리의 역사에서 한자를 빼고는 논의가 어려울 정도로 우리 문명에서 한자가 차지하는 비중은 크다. 우리 문화를 제대로 이해하려면 한자의 이해와 장악이 필수적이고, 한자를 제대로 배우려면 그 근원인 갑골문의 학습이 중요하다. 중국문화를 이해하기 위해서도 마찬가지이다. 갑골문이 한자의 가장 이른 출발점이기도 하겠지만 중국적 사유의 근원적 모습을 잘 반영하고 있기 때문이다. 그것을 통해 중국인들의 원시적 사유와 문화가 어떻게 형성되었는지 알 수 있을 것이다. 또 이후의 발전과정을 통해 중국인들은 물론 한자문화권 사용자들의 문화가 어떻게 한자 속에 녹아들어 지금까지 변용 발전되어 왔는가, 그리고 거기에서 어떤 현재적 의미와 미래적 가치를 찾을 것인가도 알 수 있게 해 줄 것이다. 한자 자체에 대한 연구 외에도, 중국 고대문명사의 연구, 고고학, 과학사, 서예사의 근원 연구 등도 마찬가지이다.

언제나 그렇듯 책이 한권 나오기까지는 여러 사람의 도움과 큰 희생이 필요하다. 자형을 일일이 찾아 넣어준 김태균 동학과 여러 차례에 걸쳐 세심한 교정을 봐 준 김화영 교수님께 감사드린다. 물론 이 책을 한국의 독자들에게 소개할 기회를 주시고 번역 과정에서 갖은 도움을 마다 않고 베풀어주신 대표저자 진광우 교수님께 가장 감사드려야 할 것이다. 더구나 한국어로 된 번역판 최종 조판 파일까지 움켜쥐고서 하나하나 꼼꼼히 살펴 빠진 곳, 잘못 변환된 폰트, 소소한 오류까지 바로 잡아주셨다. 또 원서에서도 새로 발견된 오탈자를 마지막 순간까지 알려주시어 한국어 번역판에 반영하게 해 주셨다. 끝까지 최선을 다하시는 노 교수님의 모습에 경의와 존경을 표할 뿐이다.

2021년 9월  
도고재에서 하영삼 씀

## 저자

### 진광우(陳光宇, 1946~ )
미국 뉴저지 주 주립 러트거스 대학 석좌 교수.
대만대학 화학과 학사, 예일대학 화학과 석사, 박사.
전공은 화학이나, 갑골의 화학적 성분 분석에 관여하면서 갑골문 융합 연구를 하고 있다.
갑골문의 해독은 물론 상나라 신화, 제사를 비롯해 한자의 기원 문제 등에 관한 논문을 지속적으로 발표하고 있다.

### 송진호(宋鎭豪, 1949~ )
중국사회과학원 연구원, 중국사회과학원 학부위원, 중국사회과학원 역사학과 교수, 박사지도교수.
중국사회과학원 학사, 석사.
갑골학, 고문자학, 중국 상고사 연구에 종사하고 있으며, 『하상(夏商)사회생활사』, 『중국 춘추전국 습속사』, 『중국음식사·하상권』, 『중국풍속통사·하상권』, 『중국고대문명과 국가형성연구』(공저) 등의 저서와 『갑골문헌집성』, 『백년갑골학논저목』 등을 주편했다.

### 유원(劉源, 1973~ )
중국사회과학원 연구원, 중국사회과학원 역사연구소 선진사(先秦史)연구실 부주임, 중국은상문화학회 부회장.
섬서사범대학 학사, 남개대학 역사학과 석사, 박사.
갑골문과 상대 고대사 및 의식 연구에 집중하고 있으며, 『상주 제조례(祭祖禮) 연구』, 『갑골학 은상사 연구』(공저), 『예(禮)와 중국고대사회』(선진권)(공저) 등이 있다.

### 매튜 앤더슨(安馬修, Matthew Anderson, 1977~ )
고대 중국 독립연구자.
펜실베이니아 주립대학 동아시아 언어와 문명학 박사.
중국 문자의 기원과 진화, 중국어, 중국어의 언어적 발전, 고대 중국의 종교 관습 및 의식, 최초의 중국 국가와 주변 인구 간의 상호 작용 등을 연구하고 있으며, 『은허(殷墟) 소둔(小屯) 중촌(中村) 남쪽지역 갑골(甲骨)』을 번역 중이다.

## 역자

### 하영삼(河永三, 1962~ )
경성대학교 중국학과 교수, 한국한자연구소 소장, HK+사업단 단장.
부산대 중문과 학사, 대만 정치대 중문과 석사, 박사.
한자에 반영된 문화성 연구를 주로 하고 있으며, 『한자어원사전』, 『한자와 에크리튀르』, 『갑골학 일백년』(역서), 『중국청동기시대』(역서) 등을 출간했다.

**경성대학교 한국한자연구소**
**HK+ 한자문명연구사업단 한자총서 07**

## 상대 갑골문 한국어 독본
Reading of Shang Inscriptions

초판 1쇄 인쇄 2021년 9월 20일
초판 1쇄 발행 2021년 9월 25일

주편 진광우(陳光宇), 송진호(宋鎭豪),
　　　유원(劉源), 매튜 앤드슨(Matthew Anderson)
번역 하영삼(河永三)
펴낸이 정혜정
펴낸곳 도서출판3
표지디자인 김소연

출판등록 2013년 7월 4일 (제2020-000015호)
주소 부산광역시 금정구 중앙대로 1929번길 48
인쇄 호성피앤피
전화 070-7737-6738
팩스 051-751-6738
전자우편 3publication@gmail.com

ISBN: 979-11-87746-60-7 (93720)
잘못된 책은 구입처에서 교환해 드립니다.
가격은 겉표지에 표시되어 있습니다.